全国高职高专院校药学类专业核心教材

临床医学概论

（供药学类、药品与医疗器械类专业用）

主　编　于凤秀　宋桂红

副主编　林华伟　陈金锐　罗灿兰　吴静怡

编　者　（以姓氏笔画为序）

于凤秀（长春医学高等专科学校）

吕升扬（山东中医药高等专科学校）

闫婷婷（长春医学高等专科学校）

杨子琪（杨凌职业技术学院）

连　健（福建卫生职业技术学院）

吴静怡（浙江药科职业大学）

宋桂红（山东中医药高等专科学校）

陈金锐（长春医学高等专科学校）

林华伟（山东医学高等专科学校）

罗灿兰（遵义医药高等专科学校附属医院）

孟　松（漯河医学高等专科学校）

鄂红莲（白城医学高等专科学校）

崔　敏（山东中医药高等专科学校）

中国健康传媒集团

中国医药科技出版社

内 容 提 要

本教材为"全国高职高专院校药学类专业核心教材"之一，按照"以学生为中心、学习成果为导向、促进自主学习"思路开发设计，并融入"以德树人、课程思政"的教学理念。全书主要包括诊断学基础、内科系统疾病、外科学基础、急危重症、妇科疾病、儿科疾病、皮科及五官科疾病等内容，重点介绍临床各科常见病、多发病的病因、临床表现、诊断及治疗。

本教材为书网融合教材，即纸质教材有机融合电子教材、教学配套资源（PPT、微课、视频、图片等）、题库系统、数字化教学服务（在线教学、在线作业、在线考试），使教学资源更加多样化、立体化。

本教材主要供高职高专院校药学类、药品与医疗器械类专业用。

图书在版编目（CIP）数据

临床医学概论/于凤秀，宋桂红主编 . —北京：中国医药科技出版社，2021.12（2024.7 重印）

全国高职高专院校药学类专业核心教材

ISBN 978 – 7 – 5214 – 2877 – 3

Ⅰ.①临…　Ⅱ.①于…　②宋…　Ⅲ.①临床医学 – 高等职业教育 – 教材　Ⅳ.①R4

中国版本图书馆 CIP 数据核字（2021）第 253569 号

美术编辑　陈君杞
版式设计　友全图文

出版　**中国健康传媒集团** | 中国医药科技出版社

地址　北京市海淀区文慧园北路甲 22 号

邮编　100082

电话　发行：010 – 62227427　邮购：010 – 62236938

网址　www.cmstp.com

规格　889mm×1194mm $\frac{1}{16}$

印张　20 $\frac{1}{2}$

字数　562 千字

版次　2021 年 12 月第 1 版

印次　2024 年 7 月第 3 次印刷

印刷　北京印刷集团有限责任公司

经销　全国各地新华书店

书号　ISBN 978 – 7 – 5214 – 2877 – 3

定价　**58.00 元**

获取新书信息、投稿、为图书纠错，请扫码联系我们。

为了贯彻党的十九大精神，落实国务院《国家职业教育改革实施方案》文件精神，将"落实立德树人根本任务，发展素质教育"的战略部署要求贯穿教材编写全过程，充分体现教材育人功能，深入推动教学教材改革，中国医药科技出版社在院校调研的基础上，于2020年启动"全国高职高专院校护理类、药学类专业核心教材"的编写工作。在教育部、国家药品监督管理局的领导和指导下，在本套教材建设指导委员会和评审委员会等专家的指导和顶层设计下，根据教育部《职业教育专业目录（2021年）》要求，中国医药科技出版社组织全国高职高专院校及其附属机构历时1年精心编撰，现该套教材即将付梓出版。

本套教材包括护理类专业教材共计32门，主要供全国高职高专院校护理、助产专业教学使用；药学类专业教材33门，主要供药学类、中药学类、药品与医疗器械类专业师生教学使用。其中，为适应教学改革需要，部分教材建设为活页式教材。本套教材定位清晰、特色鲜明，主要体现在以下几个方面。

1. 体现职业核心能力培养，落实立德树人

教材应将价值塑造、知识传授和能力培养三者融为一体，融入思想道德教育、文化知识教育、社会实践教育，落实思想政治工作贯穿教育教学全过程。通过优化模块，精选内容，着力培养学生职业核心能力，同时融入企业忠诚度、责任心、执行力、积极适应、主动学习、创新能力、沟通交流、团队合作能力等方面的理念，培养具有职业核心能力的高素质技能型人才。

2. 体现高职教育核心特点，明确教材定位

坚持"以就业为导向，以全面素质为基础，以能力为本位"的现代职业教育教学改革方向，体现高职教育的核心特点，根据《高等职业学校专业教学标准》要求，培养满足岗位需求、教学需求和社会需求的高素质技术技能型人才，同时做到有序衔接中职、高职、高职本科，对接产业体系，服务产业基础高级化、产业链现代化。

3. 体现核心课程核心内容，突出必需够用

教材编写应能促进职业教育教学的科学化、标准化、规范化，以满足经济社会发展、产业升级对职业人才培养的需求，做到科学规划教材标准体系、准确定位教材核心内容，精炼基础理论知识，内容适度；突出技术应用能力，体现岗位需求；紧密结合各类职业资格认证要求。

4. 体现数字资源核心价值，丰富教学资源

提倡校企"双元"合作开发教材，积极吸纳企业、行业人员加入编写团队，引入一些岗位微课或者视频，实现岗位情景再现；提升知识性内容数字资源的含金量，激发学生学习兴趣。免费配套的"医药大学堂"数字平台，可展现数字教材、教学课件、视频、动画及习题库等丰富多样、立体化的教学资源，帮助老师提升教学手段，促进师生互动，满足教学管理需要，为提高教育教学水平和质量提供支撑。

编写出版本套高质量教材，得到了全国知名专家的精心指导和各有关院校领导与编者的大力支持，在此一并表示衷心感谢。出版发行本套教材，希望得到广大师生的欢迎，对促进我国高等职业教育护理类和药学类相关专业教学改革和人才培养做出积极贡献。希望广大师生在教学中积极使用本套教材并提出宝贵意见，以便修订完善，共同打造精品教材。

全国高职高专院校药学类专业核心教材

建设指导委员会

姚腊初　益阳医学高等专科学校
贾　强　山东药品食品职业学院
高璀乡　江苏医药职业学院
葛淑兰　山东医学高等专科学校
韩忠培　浙江药科职业大学
覃晓龙　遵义医药高等专科学校
程一波　广西卫生职业技术学院

委　　　员（以姓氏笔画为序）

王庭之　江苏医药职业学院
兰作平　重庆医药高等专科学校
司　毅　山东医学高等专科学校
刘　亮　遵义医药高等专科学校
刘林凤　山西药科职业学院
李　明　济南护理职业学院
李　媛　江苏食品药品职业技术学院
李小山　重庆三峡医药高等专科学校
何　雄　浙江药科职业大学
何文胜　福建生物工程职业技术学院
沈　伟　山东中医药高等专科学校
沈必成　楚雄医药高等专科学校
张　虹　长春医学高等专科学校
张奎升　山东药品食品职业学院
张钱友　长沙卫生职业学院
张雷红　广东食品药品职业学院
陈　亚　邢台医学高等专科学校
陈　刚　赣南卫生健康职业学院
罗　肿　湖南食品药品职业学院
郝晶晶　北京卫生职业学院
胡莉娟　杨凌职业技术学院
徐贤淑　辽宁医药职业学院
高立霞　山东医药技师学院
黄欣碧　广西卫生职业技术学院
康　伟　天津生物工程职业技术学院
傅学红　益阳医学高等专科学校

数字化教材编委会

主　编　于凤秀　宋桂红
副主编　林华伟　陈金锐　罗灿兰　吴静怡
编　者　（以姓氏笔画为序）
　　　　于凤秀（长春医学高等专科学校）
　　　　吕升扬（山东中医药高等专科学校）
　　　　闫婷婷（长春医学高等专科学校）
　　　　杨子琪（杨凌职业技术学院）
　　　　连　健（福建卫生职业技术学院）
　　　　吴静怡（浙江药科职业大学）
　　　　宋桂红（山东中医药高等专科学校）
　　　　陈金锐（长春医学高等专科学校）
　　　　林华伟（山东医学高等专科学校）
　　　　罗灿兰（遵义医药高等专科学校附属医院）
　　　　孟　松（漯河医学高等专科学校）
　　　　鄂红莲（白城医学高等专科学校）
　　　　崔　敏（山东中医药高等专科学校）

前 言

随着中国老龄化社会形成，疾病谱日益复杂，民众健康意识增强，人们对合理用药指导的需求也在不断增加，中国对药学服务型人才的需求越来越大。药学人才的需求逐渐从以保障药品供应为中心向提高临床药学技术服务转变，药学人才的培养从以药品为中心向以患者为中心转变，所以药学生掌握相关临床医学知识非常重要。

临床医学概论是高等职业教育药学类专业的专业基础课程，是学生熟悉疾病发病机制、临床症状、药物治疗等知识的重要课程。本教材面向药学类专业学生介绍临床医学基础知识，分为四部分内容：第一部分诊断学基础，主要介绍临床诊断的基本程序、基本方法与病历书写；第二部分内科系统疾病，主要介绍了呼吸系统、循环系统、消化系统、泌尿系统、血液系统、内分泌与代谢系统、神经精神系统等内科各系统常见疾病；第三部分外科学基础，主要介绍外科体液失衡、麻醉、围手术期处理、烧伤冻伤及外科损伤等外科常见疾病；第四部分其他临床各科疾病，主要介绍妇科、儿科、皮肤科和五官科常见疾病等。

本教材主要特点如下。

1. 围绕教学培养目标，在专业重点知识基础上，摒弃以往教材求多求全的痼疾，坚持"五性"（思想性、科学性、先进性、启发性、适用性）和"三基"（基本理论、基本知识、基本技能）的要求，充分体现以药学等行业岗位任职要求、职业标准、工作过程等作为主体内容编写教材。突出药学等相关专业学科特色。

2. 创新编写"情景案例""看一看""药爱生命""重点回顾"等模块教学结构设计，增加教材的可读性和互动性。

3. 本教材中融入"以德树人、课程思政"的教学理念。注重企业忠诚度、责任心、执行力、沟通交流、团队合作等素质的培养，为行业培养具有职业核心能力的高素质技能型人才。

4. 优化吸收医药行业人员加入编写团队，树立精品意识，确保教材质量，融入专业岗位案例，实现岗位情景再现，让学生能够提前了解岗位需求；容纳知识性数字资源内容，培养学生辩证思维学习能力；完善教材的配套学习材料及拓展习题巩固练习，实现教材资源多样化。

希望全国广大院校在使用教材过程中多提供宝贵意见，反馈使用信息，以逐步完善教材内容，提高教材质量。

编 者
2021 年 8 月

前　言

目 录

第一章　诊断学基础

📖 导学情景

情景描述：患者，男，50 岁。自 5 年前开始，每于剧烈活动时发作胸骨后压榨性疼痛，伴左肩麻木，休息或含服"硝酸甘油"数分钟后可缓解。

情景分析：根据患者的临床特点，初步诊断为"心绞痛"。

讨　　论：1. 患者的主要症状是什么？
　　　　　　2. 该症状的特点有哪些？

学前导语：通常疾病状态的人体会有一些相应的症状和不适，这些症状是诊断疾病的重要依据。

第一节　常见症状

PPT

一、发热 ⓔ微课1

发热是指机体在致热原作用下或各种原因引起体温调节中枢的功能障碍时，体温升高超出正常范围。

正常体温在不同个体之间略有差异，且常受机体内、外因素的影响稍有波动。在 24 小时内下午体温较早晨稍高，剧烈运动、劳动或进餐后体温也可略升高，但一般波动范围不超过 1℃。妇女月经前及妊娠期体温略高于正常。老年人因代谢率偏低，体温相对低于青壮年。此外，在高温环境下体温也可稍升高。

（一）病因

发热的病因很多，可分为感染性和非感染性两大类，以感染性发热多见。

1. 感染性发热　各种病原体如病毒、细菌、支原体、立克次体、螺旋体、真菌、寄生虫等引起的感染，均可引起发热。

2. 非感染性发热

（1）无菌性坏死物质吸收　如大手术后组织损伤、内出血、大血肿、大面积烧伤等；心肌、肺、脾等内脏梗死或肢体坏死；恶性肿瘤、溶血反应等。

（2）抗原－抗体反应　如药物热、血清病、结缔组织病等。

（3）内分泌代谢障碍　如甲状腺功能亢进、重度脱水等。

（4）皮肤散热减少　如广泛性皮炎、鱼鳞病、慢性心力衰竭等引起的发热，一般为低热。

（5）体温调节功能失调　物理性的如中暑，化学性的如重度安眠药中毒，机械性的如脑出血、脑震荡、颅骨骨折等。

（6）自主神经功能紊乱　由于自主神经功能紊乱，影响正常的体温调节过程，使产热大于散热，体温升高，多为低热，常伴有自主神经功能紊乱的其他表现。如感染后低热、夏季低热、原发性低热等。

（二）临床表现

1. 发热的分度　以腋窝温度为标准，可将发热分为：

（1）低热　37.1～38.0℃。

（2）中等度热　38.1～39.0℃。

（3）高热　39.1～41.0℃。

（4）超高热　41.0℃以上。

2. 发热的临床过程及特点

（1）体温上升期　机体产热大于散热使体温上升。常有疲乏无力、肌肉酸痛、皮肤苍白、畏寒或寒战等表现。

1）骤升型　体温在几小时内达39℃或以上，可伴有寒战。常见于流行性感冒、大叶性肺炎、急性肾盂肾炎、败血症等。

2）缓升型　体温逐渐上升在数日内达高峰，多不伴寒战。可见于结核病、布鲁菌病、伤寒等。

（2）高热期　指体温达到高峰后保持一定时间，持续时间长短可因病因不同而有差异。此阶段产热与散热过程在较高水平保持相对平衡。寒战消失，皮肤发红并有灼热感，呼吸加快变深，心率增快，开始出汗并逐渐增多。

（3）体温下降期　体温调定点逐渐降至正常，散热大于产热，体温降至正常。此期表现为出汗多，皮肤潮湿。

1）骤降型　体温在数小时内迅速下降至正常或略低于正常，常伴有大汗淋漓。可见于大叶性肺炎、急性肾盂肾炎、疟疾等。

2）缓降型　体温在数日内逐渐降至正常。常见于风湿热、伤寒等。

3. 热型与临床意义　发热患者在不同时间测得的体温数值分别记录在体温单上，将各体温数值点连接起来成体温曲线，该曲线的不同形态（形状）称为热型。

（1）稽留热　体温恒定地维持在39～40℃以上的高水平，达数天或数周，24小时内体温波动范围不超过1℃。常见于大叶性肺炎、斑疹伤寒及伤寒高热期等。

（2）弛张热　又称败血症热型。体温常在39℃以上，波动幅度大，24小时内波动范围超过2℃，但都在正常水平以上。常见于败血症、风湿热、重症肺结核及化脓性炎症等。

（3）间歇热　体温骤升达高峰后持续数小时，又迅速降至正常水平，无热期（间歇期）可持续1

天至数天，如此高热期与无热期反复交替出现。常见于疟疾、急性肾盂肾炎等。

（4）波状热　体温逐渐上升至39℃或以上，数天后又逐渐下降至正常水平，持续数天后又逐渐升高，如此反复多次。常见于布鲁菌病。

（5）回归热　体温急骤上升至39℃或以上，持续数天后又骤然降至正常水平。高热期与无热期各持续若干天后规律性交替一次。可见于回归热、霍奇金淋巴瘤等。

（6）不规则热　发热的体温曲线无一定规律。可见于结核病、风湿热、支气管肺炎等。

✎ 练一练1-1

关于体温，下列选项中错误的是（　）

A. 正常人一天之中体温波动不超过1℃　　　　B. 妇女在月经期体温会轻度升高

C. 进餐可引起体温轻度升高　　　　　　　　　D. 心肌梗死后会出现发热

E. 脑血管疾病可导致中枢性发热

答案解析

二、咳嗽

咳嗽是一种反射性防御动作，通过咳嗽可以清除呼吸道内分泌物或异物。痰是气管、支气管的分泌物或肺泡内的渗出液，借助咳嗽动作将其排出称为咳痰。

（一）病因

1. 呼吸道疾病　咽喉部和气管、支气管的炎症、结核、肿瘤；各种理化因素和过敏因素对气管、支气管的刺激；各种原因所致的肺部感染及肺部肿瘤等。呼吸道感染是引起咳嗽、咳痰最常见的原因。

2. 胸膜疾病　各种原因所致的胸膜炎、自发性气胸、胸膜间皮瘤等。

3. 心血管疾病　二尖瓣狭窄或其他原因所致左心衰竭引起肺淤血或肺水肿，右心或体循环静脉栓子脱落造成的肺栓塞。

4. 中枢神经因素　脑炎、脑膜炎等。

5. 其他因素所致慢性咳嗽　如服用血管紧张素转化酶抑制剂后咳嗽、胃食管反流病所致咳嗽、习惯性及心理性咳嗽等。

（二）临床表现

1. 咳嗽的性质

（1）干性咳嗽　咳嗽无痰或痰量极少。常见于咽喉炎、喉癌、急性支气管炎初期、支气管异物、胸膜疾病等。

（2）湿性咳嗽　咳嗽伴有咳痰。常见于慢性支气管炎、支气管扩张、肺炎、肺脓肿和空洞型肺结核等。

2. 咳嗽的时间与规律　突发性咳嗽常由于吸入刺激性气体或异物、淋巴结或肿瘤压迫气管或支气管分叉处引起。发作性咳嗽见于百日咳、咳嗽变异性哮喘等。长期慢性咳嗽多见于慢性支气管炎、支气管扩张、肺脓肿及肺结核等。夜间咳嗽常见于左心衰竭、咳嗽变异性哮喘。

3. 咳嗽的音色　咳嗽声音嘶哑常见于声带炎症或肿瘤压迫喉返神经；鸡鸣样咳嗽表现为连续阵发性剧咳伴有高调吸气回声，多见于百日咳、会厌、喉部疾病或气管受压；金属音咳嗽常见于纵隔肿瘤、主动脉瘤或支气管癌直接压迫气管；咳嗽声音低微或无力多见于严重肺气肿、声带麻痹及极度衰弱者。

4. 痰的特点

（1）痰的性质　可分为黏液性、浆液性、脓性和血性等。黏液性痰多见于急性支气管炎、支气管哮喘及大叶性肺炎的初期，也可见于慢性支气管炎、肺结核等。浆液性痰见于肺水肿、肺泡细胞癌等。脓性痰常见于化脓性细菌性下呼吸道感染，如肺炎、支气管扩张、肺脓肿等。血性痰是由于呼吸道黏膜受侵害、损害毛细血管或血液渗入肺泡所致。上述各种痰液均可带血。

（2）痰量　急性呼吸道炎症时痰量较少，痰量多常见于支气管扩张、肺脓肿和支气管胸膜瘘等，痰量多时痰液静置后可出现分层现象，上层为泡沫，中层为浆液或浆液脓性，下层为坏死物质。日咳数百至上千毫升浆液泡沫痰者应考虑肺泡细胞癌的可能。

（3）痰的颜色与气味　铁锈色痰为典型肺炎球菌肺炎的特征；黄绿色或翠绿色痰提示铜绿假单胞菌感染；痰白黏稠且呈拉丝状提示真菌感染；粉红色泡沫痰是肺水肿的特征；恶臭痰提示厌氧菌感染。

三、呼吸困难

呼吸困难是指患者主观感到空气不足、呼吸费力，客观上表现为呼吸运动用力，严重时可出现张口呼吸、鼻翼扇动、端坐呼吸，甚至发绀，呼吸辅助肌参与呼吸运动，并且可有呼吸频率、深度、节律的改变。

（一）病因

引起呼吸困难的原因很多，主要为呼吸系统疾病和循环系统疾病。

1. 呼吸系统疾病

（1）气道阻塞　如喉、气管、支气管的炎症、水肿、肿瘤或异物所致的狭窄等。

（2）肺部疾病　如肺炎、肺脓肿、肺结核、肺不张、肺淤血、肺水肿、弥漫性肺间质疾病等。

（3）胸壁、胸廓、胸膜腔疾病　如胸壁炎症、严重胸廓畸形、胸腔积液、气胸、广泛胸膜粘连等。

（4）神经肌肉疾病　如脊髓灰质炎病变累及颈髓、急性多发性神经根神经炎和重症肌无力累及呼吸肌等。

（5）膈肌运动障碍　如膈肌麻痹、大量腹腔积液、腹腔巨大肿瘤、妊娠末期等。

2. 循环系统疾病　常见于各种原因所致的心力衰竭、心包积液和原发性肺动脉高压等。

3. 中毒　如糖尿病酮症酸中毒、吗啡类药物中毒、有机磷杀虫药中毒、亚硝酸盐中毒和急性一氧化碳中毒等。

4. 神经精神性疾病　如脑出血、脑外伤、脑肿瘤、脑炎、脑膜炎等颅脑疾病引起的呼吸中枢功能障碍；癔症等精神因素所致的呼吸困难。

5. 血液病　常见于重度贫血、高铁血红蛋白血症、硫化血红蛋白血症等。

（二）发病机制及临床表现

1. 肺源性呼吸困难　主要是呼吸系统疾病引起的通气、换气功能障碍导致缺氧和（或）二氧化碳潴留引起。临床上常分为以下三种类型。

（1）吸气性呼吸困难　主要表现为吸气费力，严重者吸气时可出现"三凹征"，表现为胸骨上窝、锁骨上窝和肋间隙明显凹陷。常见于喉部、气管、大支气管的狭窄与阻塞。

（2）呼气性呼吸困难　主要表现为呼气费力，呼吸时间明显延长，常伴有呼气期哮鸣音。主要是由于肺泡弹性减弱、小支气管的痉挛或炎症所致。常见于慢性喘息型支气管炎、慢性阻塞性肺气肿、支气管哮喘等。

（3）混合性呼吸困难　表现为吸气期及呼气期均感呼吸费力，呼吸频率增快、深度变浅，可伴有呼吸音异常或病理性呼吸音。主要是由于肺或胸膜腔病变使肺呼吸面积减少导致换气功能障碍所致。常见于重症肺炎、重症肺结核、大面积肺栓塞、大量胸腔积液、气胸等。

2. 心源性呼吸困难　主要是由于左心或右心衰竭引起，尤其是左心衰竭时呼吸困难更为严重。左心衰竭引起的呼吸困难主要由肺淤血所致。活动时呼吸困难出现或加重，休息时减轻或消失，卧位明显，坐位或立位时减轻。当患者病情较重时，常被迫采取半卧位或端坐呼吸。急性左心衰竭时，常可出现夜间阵发性呼吸困难，表现为夜间睡眠中突感胸闷气急，被迫坐起，惊恐不安，轻者数分钟至数十分钟后症状逐渐减轻、消失；重者可见端坐呼吸、面色发绀、大汗，有哮鸣音，咳浆液性粉红色泡沫痰，两肺底有较多湿性啰音，心率加快，可有奔马律。严重右心衰竭引起的呼吸困难主要由体循环淤血所致，呼吸困难较左心衰竭时轻。心包积液时心脏舒张受限，体循环静脉淤血，亦可引起呼吸困难。

3. 中毒性呼吸困难 尿毒症、糖尿病酮症等代谢性酸中毒时可导致血中代谢产物增多，刺激颈动脉窦、主动脉体化学感受器或直接刺激呼吸中枢，出现深长而规则的呼吸，可伴有鼾音，称为酸中毒深大呼吸（kussmaul 呼吸）。某些药物如吗啡类、巴比妥类等中枢抑制药物和有机磷杀虫药中毒时，可抑制呼吸中枢引起呼吸困难，表现为呼吸缓慢、变浅伴有呼吸节律异常的改变，如潮式呼吸或间停呼吸。

4. 神经精神性呼吸困难 神经性呼吸困难主要是由于呼吸中枢受增高的颅内压和供血减少的刺激，使呼吸变为慢而深，并常伴有呼吸节律的改变，如双吸气（抽泣样呼吸）、呼吸遏制（吸气突然停止）等。精神性呼吸困难主要表现为呼吸频率快而浅，伴有叹息样呼吸或出现手足搐搦，严重时可出现意识障碍，其发生机制多为过度通气而发生呼吸性碱中毒。

5. 血源性呼吸困难 多由红细胞携氧量减少、血氧含量降低所致，表现为呼吸浅、心率快。

四、水肿

水肿是指人体组织间隙有过多的液体积聚使组织肿胀。水肿可分为全身性与局部性。当液体在体内组织间隙呈弥漫性分布时呈全身性水肿；液体积聚在局部组织间隙时呈局部水肿；发生于体腔内称积液，如胸腔积液、腹腔积液、心包积液。

（一）病因

1. 全身性水肿

（1）心脏疾病 右心衰竭、缩窄性心包炎、心包积液等。

（2）肾脏疾病 肾小球肾炎、肾病综合征、慢性肾盂肾炎等。

（3）肝脏疾病 慢性肝炎、肝硬化等。

（4）营养不良 慢性消耗性疾病晚期、蛋白丢失性胃肠病、重度烧伤等所致低蛋白血症或维生素 B_1 缺乏症。

（5）内分泌功能紊乱 甲状腺功能减退、肾上腺皮质功能亢进、长期使用肾上腺皮质激素或性激素等。

（6）其他 女性经前期紧张综合征者可出现经期前水肿，育龄期或更年期妇女可出现特发性水肿等。

2. 局限性水肿 主要见于局部静脉回流受阻、淋巴回流受阻或毛细血管通透性增加的情况，如静脉血栓形成、血栓性静脉炎、丝虫病、局部蜂窝织炎、疖痈、丹毒、药物或食物过敏等。

（二）发生机制

1. 毛细血管血流动力学改变 毛细血管内静水压增加、血浆胶体渗透压降低、组织液胶体渗透压增高、组织间隙机械压力降低、毛细血管通透性增强。

2. 钠水潴留

（1）肾小球滤过功能降低 肾小球滤膜通透性降低、球管平衡失调、肾小球滤过面积减少、肾小球有效滤过压下降。

（2）肾小管对钠水的重吸收增加　肾小球滤过分数增加、醛固酮分泌增加、抗利尿激素分泌增加。此外，静脉、淋巴回流障碍也会导致水肿。

（三）临床表现

1. 全身性水肿

（1）心源性水肿　常见于右心衰竭，首先出现于身体下垂部位；为对称性、凹陷性水肿。常伴有颈静脉怒张、肝大、肝–颈静脉回流征阳性等表现。

（2）肾源性水肿　首先表现为晨起眼睑与颜面部水肿，随病情发展可出现全身性水肿；发展迅速；水肿处组织软而移动性大；常伴有尿液异常、高血压、肾功能损害等表现。

（3）肝源性水肿　主要见于肝硬化失代偿期。以腹腔积液（简称腹水）为主要表现，也可首先出现踝部水肿，逐渐向上蔓延，而头、面部及上肢一般无水肿。常伴有黄疸、蜘蛛痣等表现。

（4）营养不良性水肿　水肿发生前常有消瘦、体重减轻等表现，常从足部开始，逐渐蔓延至全身。

（5）内分泌性水肿　甲状腺功能减退患者多为黏液性水肿，呈非凹陷性水肿，颜面及下肢较明显，伴乏力、嗜睡、食欲减退等表现。长期使用糖皮质激素患者水肿时常伴有满月脸、面红、向心性肥胖等。

（6）其他　经前期紧张综合征多于月经前 7～14 天出现眼睑、踝部及手部轻度水肿，可伴乳房胀痛及盆腔坠痛感，月经后水肿逐渐消退。特发性水肿多见于妇女，主要表现在身体下垂部分，目前认为是内分泌功能失调所致。

2. 局部性水肿　受阻静脉的回流区域内出现明显水肿，可伴有局部浅表静脉的充盈显露与曲张，水肿局部皮肤发绀。淋巴回流受阻性水肿以象皮腿为特点，指压无凹陷。炎症性水肿多伴局部红、热、痛。变态反应所致的水肿多与药物、食物有关，表现为皮肤、黏膜的局限性水肿，常以荨麻疹为主要表现。

📎 **练一练1–2**

患者眼睑浮肿并逐渐蔓延至全身，符合（　　）

A. 肾源性水肿　　　　　　　B. 心源性水肿　　　　　　　C. 肝源性水肿

D. 特发性水肿　　　　　　　E. 营养不良性水肿

答案解析

五、咯血、呕血与便血

（一）咯血

喉及喉部以下的呼吸道任何部位的出血，经口腔咯出，称为咯血。少量咯血有时仅表现为痰中带血。大咯血时血液从口鼻涌出，严重者可阻塞呼吸道，造成窒息死亡。

1. 病因

（1）支气管疾病　支气管扩张、支气管肺癌、支气管结核、慢性支气管炎等。

（2）肺部疾病　肺结核、肺炎、肺脓肿等。

（3）心血管疾病　二尖瓣狭窄、先天性心脏病所致肺动脉高压等。

（4）其他　白血病、血小板减少性紫癜、血友病、流行性出血热、系统性红斑狼疮等。

2. 临床表现

（1）年龄　青壮年咯血常见于肺结核、支气管扩张、二尖瓣狭窄等；40 岁以上有长期吸烟史者应高度警惕支气管肺癌的可能。

（2）咯血量 每日咯血量在100ml以内为小量，100~500ml为中等量，500ml以上或一次咯血100~500ml或发生窒息为大量。大量咯血主要见于空洞性肺结核、支气管扩张和慢性肺脓肿。支气管肺癌少有大咯血，主要表现为痰中带血。

（3）颜色和性状 肺结核、支气管扩张、肺脓肿和出血性疾病所致咯血，其颜色为鲜红色；铁锈色血痰可见于典型的肺炎球菌肺炎，也可见于肺吸虫病和肺泡出血；砖红色胶胨样痰见于典型的肺炎克雷伯杆菌肺炎；二尖瓣狭窄所致咯血多为暗红色；左心衰竭所致咯血为浆液性粉红色泡沫痰；肺栓塞引起咯血为黏稠暗红色血痰。

（二）呕血

呕血是上消化道疾病（指屈氏韧带以上的消化器官，包括食管、胃、十二指肠、肝、胆、胰及胃空肠吻合术后的空肠）或全身性疾病所致的上消化道出血经口腔呕出。

1. 病因 临床上呕血原因复杂多样，但以消化性溃疡最常见，其次为食管胃底静脉曲张破裂、急性胃黏膜病变和胃癌。

（1）消化系统疾病 ①食管疾病：食管静脉曲张破裂、食管癌、反流性食管炎、食管异物、外伤和黏膜糜烂等。②胃、十二指肠疾病：消化性溃疡、慢性胃炎、急性糜烂性胃炎、胃黏膜脱垂症、胃癌、急性胃扩张等。③肝、胆、胰腺疾病：肝硬化门静脉高压、肝癌、胰腺癌、出血性坏死性胰腺炎、胆囊与胆管结石等。

（2）全身性疾病 ①血液系统疾病：白血病、再生障碍性贫血、过敏性紫癜、血小板减少性紫癜、血友病等。②结缔组织病：结节性动脉炎、系统性红斑狼疮、皮肌炎等。③感染性疾病：急性重型肝炎、流行性出血热、钩端螺旋体病等。④其他：肺源性心脏病尿毒症、呼吸衰竭等。

2. 临床表现

（1）呕血与黑便 出血的颜色常取决于出血的部位、出血量、出血的速度及血液在胃肠内停留的时间长短。出血量少或在胃内停留时间长，则因血红蛋白与胃酸作用形成酸化正铁血红蛋白，使呕出物呈棕褐色或咖啡渣样；出血量多、在胃内停留时间短或出血位于食管，则血色鲜红或暗红色。呕血的同时因部分血液经肠道排出体外，可形成黑便。

（2）失血性周围循环衰竭 出血量占循环血容量10%以下时，患者一般无明显临床表现；出血量占血容量的10%~15%时，可伴有头晕、无力等症状，多无血压、脉搏变化；出血量超过血容量的20%以上时，则出现周围循环衰竭的表现，如出冷汗、四肢厥冷、面色苍白、烦躁不安、心悸、脉搏细速、血压下降、呼吸急促等。

（3）血液学改变 早期可无明显血液学改变，常在出血3~4小时后因输液或组织液渗出等情况，血液被稀释，红细胞数量及血红蛋白值下降。

（4）其他 大量呕血可出现氮质血症、发热等表现。

咯血与呕血的鉴别见表1-1。

表1-1 咯血与呕血的鉴别

	咯血	呕血
病因	肺结核、支气管扩张、支气管肺癌、肺炎、心脏病等	消化性溃疡、肝硬化、急性胃黏膜出血等
出血前症状	喉部痒、胸闷、咳嗽等	上腹部不适、恶心、呕吐等
出血方式	咯出	呕出，可为喷射状
血的颜色	鲜红色	暗红色、棕色，有时为鲜红色

续表

	咯血		呕血
血中混有物	痰、泡沫		食物残渣、胃液
酸碱反应	碱性		酸性
黑便	无，若咽下血液量较多时可有		有，可为柏油样便，呕血停止后仍可持续数日
出血后痰的性状	常有血痰数日		无痰

（三）便血

便血是指消化道出血，血液由肛门排出。便血颜色可呈鲜红、暗红或黑色。少量出血不造成粪便颜色改变，需经隐血试验才能确定者，称为隐血。

1. 病因

（1）下消化道疾病　①小肠疾病：肠结核、急性出血性坏死性肠炎、钩虫病、克罗恩病、小肠血管瘤、空肠憩室炎或溃疡、肠套叠等。②结肠疾病：急性细菌性痢疾、血吸虫病、溃疡性结肠炎、结肠憩室炎、结肠癌、结肠息肉等。③直肠肛管疾病：直肠肛管损伤、直肠炎、直肠息肉、直肠癌、痔、肛裂、肛瘘等。④血管病变：血管瘤、毛细血管扩张症、血管畸形、缺血性肠炎等。

（2）上消化道疾病　见呕血。

（3）全身性疾病　白血病、血小板减少性紫癜、血友病、维生素 C 及维生素 K 缺乏症、严重的肝脏疾病、流行性出血热等。

2. 临床表现　便血多为下消化道出血，可表现为急性大出血、慢性少量出血及间歇性出血。便血颜色可因出血部位不同、出血量的多少以及血液在肠腔内停留时间的长短而异。如出血量多、速度快，肠蠕动快，则呈暗红色或鲜红色便；若出血量小、速度慢，血液在肠道内停留时间较长，血红蛋白中的铁与肠道硫化物反应生成硫化铁，则呈柏油样便。粪便可全为血液或混合有粪便，也可仅黏附于粪便表面或于排便后肛门滴血。消化道出血每日在 5 ~ 10ml 以内者，无肉眼可见的粪便颜色改变，需用隐血试验才能确定，称为隐血便。

六、胸痛

胸痛主要由胸部疾病所致，少数由其他疾病引起。胸痛的程度因个体痛阈的差异而不同，与疾病病情轻重程度不完全一致。

（一）病因

1. 胸壁疾病　急性皮炎、皮下蜂窝织炎、带状疱疹、肋间神经炎、肋软骨炎、流行性肌炎、肋骨骨折等。

2. 心血管疾病　冠状动脉粥样硬化性心脏病、肥厚型心肌病、主动脉狭窄、急性心包炎、主动脉夹层、肺动脉高压等。

3. 呼吸系统疾病　胸膜炎、胸膜肿瘤、自发性气胸、支气管炎、支气管肺癌等。

4. 纵隔疾病　纵隔炎、纵隔气肿、纵隔肿瘤等。

5. 其他　过度通气综合征、痛风、食管炎、食管癌、膈下脓肿、肝脓肿、脾梗死等。

（二）临床表现

1. 发病年龄　青壮年胸痛多见于结核性胸膜炎、自发性气胸、心肌炎等；40 岁以上患者则多考虑心绞痛、心肌梗死、肺癌等。

2. 胸痛部位　胸壁疾病所致的胸痛常固定在病变部位，且局部有压痛，若为胸壁皮肤的炎症性病变，局部可有红、肿、热、痛表现；带状疱疹所致胸痛沿一侧肋间神经分布，成簇的水疱伴剧痛，且疱疹不超过体表中线；肋软骨炎引起胸痛，常在第1、2肋骨处见单个或多个隆起，局部有压痛，但无红肿表现；心绞痛及心肌梗死的疼痛多位于在胸骨后，边界模糊，可向左肩和左臂内侧放射；夹层动脉瘤引起疼痛多位于胸背部，向下放射至下腹、腰部与两侧腹股沟和下肢；胸膜炎引起的疼痛多在胸侧部；食管及纵隔病变引起的胸痛多在胸骨后；肝胆疾病及膈下脓肿引起的胸痛多在右下胸，侵犯膈肌中心部时疼痛放射至右肩部。

3. 胸痛性质 胸痛的程度可呈剧烈、轻微和隐痛。胸痛的性质可有多种多样。如带状疱疹多呈刀割样或灼热样剧痛；食管炎多呈烧灼样痛；肋间神经痛多为阵发性灼痛或刺痛；心绞痛常呈压榨样痛并伴有窒息感或濒死感，心肌梗死疼痛更为剧烈，持续时间更长；胸膜炎常呈隐痛、钝痛或刺痛。

4. 疼痛持续时间 平滑肌痉挛或血管狭窄缺血所致的疼痛为阵发性，炎症、肿瘤、栓塞或梗死所致疼痛常呈持续性。

5. 影响疼痛因素 心绞痛常在劳力或精神紧张时发作，休息后或含服硝酸甘油1~2分钟内可缓解；心肌梗死的胸痛不能被硝酸甘油所缓解；食管疾病多在进食时发作或加剧，服用抗酸剂和促动力药物可减轻或消失；胸膜炎及心包炎的胸痛可因咳嗽或用力呼吸而加剧。

七、腹痛

腹痛多由腹部器官疾病引起，也可由腹腔外疾病及全身性疾病所致。

（一）病因

1. 急性腹痛

（1）腹腔器官急性炎症 急性胃炎、急性肠炎、急性胰腺炎、急性胆囊炎、急性阑尾炎等。

（2）空腔脏器阻塞或扩张 肠梗阻、肠套叠、胆道结石、胆道蛔虫症、泌尿系统结石梗阻等。

（3）脏器扭转或破裂 如肠扭转、卵巢囊肿蒂扭转、胃肠穿孔、脾破裂、肝破裂等。

（4）腹腔内血管阻塞 如缺血性肠病、夹层腹主动脉瘤和门静脉血栓形成。

（5）腹膜炎症 多由胃肠穿孔引起，少部分为自发性腹膜炎。

（6）腹壁疾病 腹壁挫伤、脓肿及腹壁皮肤带状疱疹。

（7）胸腔疾病所致的腹部牵涉性痛 肺炎、肺梗死、心绞痛、心肌梗死、急性心包炎、胸椎结核等。

（8）全身性疾病所致的腹痛 腹型过敏性紫癜、尿毒症、铅中毒、血卟啉病等。

2. 慢性腹痛

（1）腹腔脏器慢性炎症及溃疡 慢性胃炎、消化性溃疡、慢性胆囊炎、慢性胰腺炎等。

（2）消化道运动障碍 功能性消化不良、肠易激综合征等。

（3）腹腔脏器扭转或梗阻 十二指肠壅滞症、慢性肠梗阻等。

（4）脏器包膜的牵张 肝淤血、肝炎、肝癌等。

（5）中毒与代谢障碍 铅中毒、尿毒症等。

（6）肿瘤压迫及浸润 以恶性肿瘤居多，与肿瘤不断生长、压迫和侵犯感觉神经有关。

（二）临床表现

1. 腹痛部位 一般腹痛部位多为病变所在部位。如胃、十二指肠和胰腺疾病，疼痛多在中上腹部；胆囊炎、胆石症肝脓肿等疼痛多在右上腹部；急性阑尾炎疼痛在右下腹麦氏（McBurney）点；小肠疾病疼痛多在脐部或脐周；结肠疾病疼痛多在下腹或左下腹部；膀胱炎、盆腔炎及异位妊娠破裂疼痛在下腹部。弥漫性或部位不定的疼痛见于急性弥漫性腹膜炎、机械性肠梗阻、腹型过敏性紫癜等。

2. 腹痛性质和程度　突发的中上腹剧烈刀割样痛、烧灼样痛，多为胃、十二指肠溃疡穿孔；中上腹持续性隐痛多考虑慢性胃炎及胃、十二指肠溃疡；上腹部持续性钝痛或刀割样疼痛呈阵发性加剧多为急性胰腺炎；胆石症或泌尿系统结石常为阵发性绞痛，疼痛剧烈，致使患者辗转不安；持续性、广泛性剧烈腹痛伴腹肌紧张或板样强直提示为急性弥漫性腹膜炎。

3. 诱发因素　胆囊炎或胆石症发作前常有进食油腻食物史；急性胰腺炎发作前则常有酗酒、暴饮暴食史；腹部受暴力作用引起的剧痛并有休克者，可能是肝、脾破裂所致。

4. 发作时间　周期性、节律性上腹痛见于胃、十二指肠溃疡；餐后疼痛可能由胆胰疾病、胃部肿瘤或消化不良所致；子宫内膜异位症患者的腹痛与月经来潮相关；卵泡破裂腹痛发生在月经间期。

5. 与体位的关系　反流性食管炎患者疼痛在躯体前屈时明显，直立位时减轻；胃黏膜脱垂患者左侧卧位疼痛可减轻；十二指肠壅滞症患者膝胸位或俯卧位可使腹痛及呕吐等症状缓解；胰腺癌患者仰卧位时疼痛明显，前倾位或俯卧位时减轻。

八、恶心、呕吐

恶心是一种上腹部不适感和紧迫欲吐的感觉，可伴头晕、流涎、脉缓、血压降低等迷走神经兴奋症状，常为呕吐的先驱症状。呕吐是通过胃的强烈收缩迫使胃或部分小肠内容物经食管、口腔排出的现象。

呕吐是一个复杂的反射动作，可分为三个阶段，即恶心、干呕和呕吐，但有些呕吐可无恶心或干呕的先兆。呕吐中枢位于延髓，由神经反射中枢和化学感受器触发带两个结构组成。当器官、组织发生病变或受到刺激，冲动沿神经传入呕吐中枢引起反射性呕吐。当颅脑病变直接压迫、化学物质或药物刺激呕吐中枢时，可引起中枢性呕吐。

（一）病因

1. 反射性呕吐

（1）咽部受到刺激　吸烟、鼻咽部炎症、剧咳等。

（2）胃肠疾病　胃肠炎、幽门梗阻、急性胃扩张、肠梗阻、急性阑尾炎等。

（3）肝胆胰疾病　急性胆囊炎、急性胰腺炎、急性肝炎等。

（4）腹膜疾病　急性腹膜炎等。

（5）其他　急性心肌梗死、肾输尿管结石、急性中毒、屈光不正、青光眼等。

2. 中枢性呕吐

（1）中枢神经系统疾病　①颅内感染：脑炎、脑脓肿、脑膜炎等。②脑血管疾病：高血压、脑血栓形成、脑出血、脑梗死等。③其他：颅脑外伤、脑肿瘤等。

（2）药物反应　洋地黄、吗啡、抗肿瘤药物等可因兴奋呕吐中枢而致呕吐。

（3）全身性疾病　尿毒症、糖尿病酮症酸中毒、甲亢危象、早孕等。

（4）中毒　乙醇、重金属、有机磷农药、一氧化碳、鼠药等中毒。

3. 前庭功能障碍　如梅尼埃病、迷路炎、晕动病等。

4. 精神性呕吐　如神经性厌食、胃肠神经症、癔症等。

（二）临床表现

1. 呕吐的时间　晨起呕吐见于妊娠早期、尿毒症、慢性酒精中毒或功能性消化不良；鼻窦炎患者因起床后脓液经鼻后孔流出刺激咽部，亦可致晨起恶心、干呕。晚上或夜间呕吐见于幽门梗阻。

2. 呕吐与进食的关系　进食过程中或餐后立刻呕吐，可能为幽门管溃疡或精神性呕吐；餐后1小时以上呕吐，提示胃张力下降或胃排空延迟；餐后较久或数餐后呕吐，见于幽门梗阻，呕吐物可为隔夜宿食；餐后近期呕吐，特别是集体发病者，多由食物中毒所致。

3. 呕吐的特点　进食后立刻呕吐，恶心很轻或缺如，吐后又可进食，长期反复发作且营养状态不受影响者，多为神经官能性呕吐。喷射状呕吐多为颅内高压性疾病。

4. 呕吐物的性质　发酵、腐败气味提示胃潴留；粪臭味提示低位小肠梗阻；不含胆汁说明梗阻平面多在十二指肠乳头以上，含大量胆汁提示在此平面以下；含有大量酸性液体者提示胃泌素瘤或十二指肠溃疡；暗红或咖啡色呕吐物提示上消化道出血。

九、黄疸 📱 微课2

黄疸是由于血清中胆红素增高导致皮肤、黏膜、巩膜发生黄染的症状和体征。血清胆红素在 $17.1 \sim 34.2 \mu mol/L$ 时，肉眼不易察觉，称为隐性黄疸；超过 $34.2 \mu mol/L$ 时，黄疸肉眼可见，称为显性黄疸。

（一）分类

1. 按病因分类　溶血性黄疸、肝细胞性黄疸、胆汁淤积性黄疸、先天性非溶血性黄疸。

2. 按胆红素性质分类　以非结合胆红素增高（UCB）为主的黄疸、以结合胆红素（CB）增高为主的黄疸。

（二）病因与发病机制

1. 溶血性黄疸　红细胞破坏过多过快使非结合胆红素产生过多，超过肝脏的摄取、结合和排泌的能力，使血中非结合胆红素升高出现黄疸。常见于：①先天性溶血性贫血，如珠蛋白生成障碍性贫血、遗传性球形红细胞增多症等；②后天获得性溶血性贫血，如自身免疫性溶血性贫血、不同血型的输血后溶血、新生儿溶血等。

2. 肝细胞性黄疸　肝细胞广泛损伤，对胆红素摄取、结合和排泌的能力降低，使血中非结合胆红素增加；而未受损的肝细胞仍能将部分游离胆红素转化为结合胆红素，部分排入肠道，另一部分则由于肿胀的肝细胞及炎性细胞浸润压迫毛细胆管和胆小管，或因胆栓的阻塞使胆汁排泄受阻而反流入血，致血中结合胆红素增加。常见于各种致肝细胞损害的疾病，如病毒性肝炎、肝癌、中毒性肝炎、肝硬化、钩端螺旋体病和败血症等。

3. 胆汁淤积性黄疸　胆道阻塞致阻塞上方的胆管内压力增高，胆管扩张，小胆管和毛细胆管破裂，胆汁中的结合胆红素反流入血，出现黄疸。常见于：①肝内性胆汁淤积，如肝内泥沙样结石、寄生虫病、病毒性肝炎、原发性胆汁性肝硬化、药物性胆汁淤积等；②肝外性胆汁淤积，如胆总管结石、蛔虫、肿瘤、狭窄、炎症水肿等。

4. 先天性非溶血性黄疸　由肝细胞对胆红素的摄取结合或排泄等方面的缺陷所致。少见，多为家族遗传。

（三）临床表现

1. 溶血性黄疸　皮肤多呈浅柠檬色，无皮肤瘙痒。急性溶血时可有发热、寒战、呕吐、头痛、四肢酸痛，不同程度的贫血和血红蛋白尿，严重者可有急性肾衰竭；慢性溶血多为先天性，常伴贫血和脾大。血清总胆红素升高，以非结合胆红素为主；尿中尿胆原阳性，呈酱油色；粪胆素增高，粪色加深；血液血红蛋白下降，网织红细胞增加，骨髓红细胞系增生旺盛。

2. 肝细胞性黄疸　皮肤黏膜呈浅黄色至深黄色，皮肤轻度瘙痒。伴乏力、厌油、恶心、呕吐、肝大、腹水等肝病表现，严重者可有出血倾向。血清结合胆红素和非结合胆红素均升高，肝功能异常，尿中结合胆红素和尿胆原阳性。

3. 胆汁淤积性黄疸 皮肤黏膜呈暗黄色甚至黄绿色，有皮肤瘙痒和心动过缓。尿色深，粪便颜色变浅，甚至呈白陶土色。血清总胆红素增高，以结合胆红素为主；胆固醇及血清碱性磷酸酶增高；尿胆红素阳性，尿胆原减少或消失。

对黄疸患者的诊断通常先判断黄疸是否存在，再确定黄疸类型和病因。常从临床特点和实验室检查入手，再结合其他必要的检查，综合做出判断。

👁**看一看**

胆红素的正常代谢

总胆红素80%~85%来源于血液循环中衰老死亡的红细胞，由单核-巨噬细胞破坏降解，生成非结合胆红素（UCB）。UCB与血清白蛋白结合，经血液循环运输至肝脏，与白蛋白分离后被肝细胞摄取，在肝细胞内与Y、Z蛋白结合并被运至肝细胞光面内质网，在葡萄糖醛酸转移酶的作用下生成结合胆红素（CB）。CB经胆管排入肠道后，在细菌酶的作用下，生成尿胆原。尿胆原大部分从粪便排出，称为粪胆原。小部分尿胆原由肠道重吸收回肝脏，其中大部分被再次转变为CB并随胆汁排入肠内（胆红素的肠肝循环），小部分经体循环由肾脏排出体外。

十、头痛

头痛指眉弓、耳郭上部、枕外隆突连线以上部位的疼痛。国际上将头痛分为三部分：①原发性头痛；②继发性头痛；③痛性脑神经病、其他面痛和头痛。原发性头痛可视为一种独立的疾病，而继发性头痛则是继发于其他疾病的一种症状。

（一）病因

原发性头痛的病因较为复杂，常常涉及遗传、饮食、内分泌以及精神等因素，其发病机制尚不清楚。继发性头痛则往往存在明确的病因，其分类也以病因为主要依据。

1. 颅脑病变

（1）感染 脑膜炎、脑炎、脑膜脑炎、脑脓肿等。

（2）血管病变 脑出血、蛛网膜下腔出血、脑血栓形成等。

（3）占位性病变 脑肿瘤、颅内转移瘤、颅内囊虫病或包虫病等。

（4）颅脑外伤 脑震荡、脑挫伤、硬膜下血肿、颅内血肿、脑外伤后遗症等。

（5）其他 如偏头痛、头痛型癫痫、丛集性头痛、腰椎穿刺后及腰椎麻醉后头痛等。

2. 颅外疾病

（1）颅骨疾病 颅底凹入症、颅骨肿瘤等。

（2）颈部疾病 颈椎病及其他颈部疾病。

（3）神经痛 三叉神经痛、舌咽神经及枕神经痛等。

（4）其他 如眼、耳、鼻和牙齿疾病所致的头痛。

3. 全身性疾病

（1）急性感染 如流感、肺炎、伤寒、流行性出血热等发热性疾病。

（2）心血管疾病 如高血压、冠状动脉粥样硬化性心脏病（冠心病）、心力衰竭等。

（3）中毒 如铅、酒精、有机磷农药、一氧化碳、药物等中毒。

（4）其他 如尿毒症、低血糖症、贫血、肺性脑病等。

4. 神经症 如神经衰弱及癔症性头痛。

（二）临床表现

1. 发病情况 急性起病并有发热者，常为感染性疾病所致；急剧的头痛持续不减并有不同程度的意识障碍而无发热者，提示颅内血管性疾病；慢性进行性头痛并有颅内压增高的症状，应注意颅内占位性病变。

2. 头痛部位 偏头痛及丛集性头痛多在一侧；高血压引起的头痛多在额部或整个头部；全身性或颅内感染性疾病的头痛多为全头痛；蛛网膜下隙出血或脑脊髓膜炎除头痛外尚有颈痛；眼源性头痛为浅表性且局限于眼眶、前额或颞部；鼻源性或牙源性头痛也多为浅表性疼痛。

3. 头痛的程度与性质 头痛的程度与病情的轻重无平行关系。三叉神经痛、偏头痛及脑膜刺激的疼痛最为剧烈；脑肿瘤的头痛多为中度或轻度；高血压性、血管性及发热性疾病的头痛往往带搏动性。神经痛多为持续数秒至数十秒的电击样痛或刺痛，紧张型头痛多为压迫感、紧箍感或钳夹样痛。

4. 头痛发生的时间 颅内占位性病变往往清晨加剧；鼻窦炎的头痛也常发生于清晨或上午；丛集性头痛常在晚间发生；女性偏头痛常与月经期有关；脑肿瘤的痛多为持续性，可有缓解期。

5. 影响因素 咳嗽、打喷嚏、摇头、俯身可使颅内高压性头痛、血管性头痛、颅内感染性头痛及脑肿瘤性头痛加剧；慢性或职业性的颈肌痉挛所致的头痛可因活动按摩颈肌而逐渐缓解；偏头痛在应用麦角胺后可获缓解。

十一、意识障碍

意识障碍是指人对周围环境及自身状态的识别和觉察能力出现障碍。多由于高级神经中枢功能活动（意识、感觉和运动）受损所引起。

（一）病因

1. 重症急性感染 败血症、肺炎、中毒型菌痢、伤寒、恙虫病、颅脑感染性疾病（脑炎、脑膜炎、脑脓肿）等。

2. 颅脑非感染性疾病 ①脑血管疾病：脑出血、蛛网膜下隙出血、脑栓塞、脑血栓形成、高血压脑病等。②脑占位性疾病：如脑肿瘤、脑脓肿等。③颅脑损伤：脑震荡、脑挫裂伤、颅骨骨折等。④癫痫。

3. 内分泌与代谢障碍 甲状腺危象、尿毒症、肝性脑病、肺性脑病、糖尿病、低血糖症、严重水和电解质紊乱等。

4. 心血管疾病 重度休克、心律失常引起的阿－斯综合征等。

5. 外源性中毒 如安眠药、有机磷杀虫药、氰化物、一氧化碳、酒精、吗啡等中毒。

6. 物理性及缺氧性损害 如中暑、触电、高山病、溺水等。

（二）临床表现

1. 嗜睡 是最轻的意识障碍。是一种病理性倦睡，患者陷入持续的睡眠状态，轻刺激（包括语言刺激）可唤醒，醒后能正确回答问题，配合检查，但反应迟钝，停止刺激后很快又入睡。

2. 意识模糊 是较嗜睡程度深的意识障碍。患者表现思维活动困难，言语不连贯，对时间、地点、人物的定向能力发生障碍，可有幻觉、错觉、思维紊乱、语言不连贯、记忆模糊等。

3. 昏睡 是较严重的意识障碍。患者处于熟睡状态，不易唤醒。虽在强烈刺激下（压迫眶上神经或摇动患者身体）可被唤醒，但很快又再入睡，醒后答话含糊或答非所问。

4. 谵妄 是一种以兴奋性增高为主的高级神经中枢急性活动失调状态。表现为精神异常、定向力丧失、错觉、幻觉、躁动不安、言语杂乱等，常见于急性感染发热期、急性酒精中毒、肝性脑病、某些药物（如颠茄类）中毒等。

5. 昏迷　是最严重的意识障碍，表现为意识完全丧失，不能唤醒，无自主运动。按其程度分类如下。

（1）浅昏迷　对疼痛刺激可出现躲避反应或痛苦表情。角膜反射、瞳孔对光反射、吞咽反射等存在。

（2）中度昏迷　对周围事物及各种刺激均无反应，对剧烈刺激可出现防御反射。角膜反射减弱，瞳孔对光反射迟钝，眼球无转动。

（3）深昏迷　对任何外界刺激均无反应，四肢肌肉松弛，生理反射均消失。生命体征常有改变。

（林华伟）

第二节　病史采集

PPT

病史采集是医生通过对患者或相关人员的系统询问而获取病史资料的过程，又称为问诊。通过问诊，可详细了解疾病的发生、发展、诊治经过、既往健康状况和曾患疾病的情况，然后通过对这些资料进行分析、综合推理，从中获取诊断依据，得出初步的临床诊断。详细的问诊不但能对许多疾病做出准确的诊断，还可为进一步检查与治疗提供线索。问诊是医生诊治患者的第一步，也是加强医患沟通、建立良好医患关系的重要时机。正确的病史采集方法和良好的问诊技巧是获得患者信任的重要因素，也是提高自己沟通能力、向患者提供健康信息的有效途径。

一、病史采集方法及注意事项

（一）询问前准备

患者就诊前常有紧张情绪，医生应主动创造一种宽松和谐的氛围。

1. 选择患者合适的时间，避开患者就餐、排便、情绪激动等时段。如病情危重，则应进行简单问诊，先实施救治，待病情稳定后再补充问诊。

2. 环境应安静舒适，光线、温度适宜，有较好的私密性，注意保护患者隐私。

3. 医生要注意自己的仪表礼节，对患者要和蔼可亲、富有同情心和耐心。

（二）询问方法及注意事项

1. 询问方法　应根据具体情况采用不同类型的提问。

（1）一般性提问（开放性提问）　常用于问诊的开始，可获得某一方面的大量资料，让患者像讲故事一样叙述病情。如"你有哪里不舒服？"待获得一些信息后，再有侧重的询问一些具体问题。

（2）直接提问　用于收集一些特定的有关细节，如"你什么时候开始头痛的？""你疼得厉害吗？"

2. 注意事项

（1）不要生硬地打断患者的叙述。尽可能让患者充分的陈述和强调自己的情况和感受，只有在患者的陈述离病情太远时，才需要医生有技巧的将话题转回。

（2）避免诱导性提问或暗示性提问，如"用了这种药以后病情好多了，是吧？"

（3）避免责备性提问，如"你怎么现在才来呢？"

（4）避免连续不间断的提问，要给患者充分思考和回答问题的时间。

（三）病史询问方法及注意事项

病史询问应从主诉开始，有顺序、有层次、有目的地进行询问。在此过程中，应注意以下内容。

1. 询问时间要准确，注意时间顺序。询问症状要尽量详细。

2. 语言应通俗易懂，避免使用医学术语。

3. 避免不必要的重复提问。杂乱无章的重复提问会减低患者对医生的信心和期望，如确实需要再次核实询问，应做解释说明。

4. 在问诊的两个项目之间合理使用过渡性语言，即向患者说明将要讨论的新话题及其理由。如过渡到家族史之前，可说明有些疾病和遗传因素有关，因此需要了解这些情况。

5. 询问病史的每一部分结束时进行归纳小结，以免遗忘或理解错误。

（四）其他问诊技巧及注意事项

1. 恰当地使用一些评价、赞扬与鼓励语言。如"可以理解""你这一点做得很好"。

2. 医生应了解患者的期望、就诊的确切目的和要求，从而为患者提供最适合的诊治和指导。

3. 尊重患者的文化和宗教信仰，对患者的错误观点不要直接批评。

4. 对患者携带的病史资料要注意核实。

5. 问诊结束时，应谢谢患者的合作，并说明下一步对患者的要求、诊治计划等。

二、病史采集的内容

（一）一般项目

一般项目包括姓名、性别、年龄、籍贯、民族、婚姻、职业、工作单位、现在住址、就诊或入院日期、记录日期、病史陈述者和可靠程度等。病史陈述者若不是患者本人，则应注明其与患者的关系。

（二）主诉

主诉是患者感受最痛苦、最明显的症状和（或）体征及其持续时间，也是患者本次就诊的最主要原因。主诉文字应简明扼要，反映疾病的突出问题，并注明自发生到就诊的时间，如"寒战、高热、咳嗽 3 天""胸痛 3 小时"。若有几个主要症状，则按照时间先后排列。尽可能用患者自己描述的症状，运用规范的医学术语书写，注意尽量不用诊断用语。对当前无症状、诊断资料和入院目的又十分明确的患者，可适当用诊断数语，如"发现胆囊结石 2 周"。

（三）现病史

现病史是病史的主体部分，它记录患者患病后疾病的发生、发展、演变至就诊的全过程。现病史询问围绕主诉进行，具体包括以下内容。

1. 起病情况 包括起病的具体时间、环境、起病的原因或诱因、发病的急缓等。

2. 患病时间 指起病到就诊或入院的时间，如先后出现几个症状，则按照时间顺序分别记录。起病时间一般以年、月、日计算，起病急骤者可按小时、分钟计算。如主诉为"咳嗽、咳痰 20 年，气短 3 年，加重伴下肢水肿 5 天"。

3. 主要症状的特点 包括症状发生的部位、性质、持续时间和程度、加剧或缓解因素等。以疼痛为例，应询问疼痛的部位、疼痛的性质、疼痛持续的时间、疼痛的程度、是否放射、导致疼痛加重或缓解的因素等。

4. 病情的发展与演变 包括患病过程中主要症状的变化或新症状的出现。

5. 伴随症状 在主要症状的基础上出现的其他症状。它是疾病诊断及鉴别诊断的重要依据。

6. 诊治经过 患者于本次就诊前已经接受过的其他诊治情况，包括检查结果、诊断、治疗措施及其效果。所用药物的名称、剂量、给药途径、疗程及疗效等，均应详细记录，为本次诊治提供参考。

7. 一般情况 在现病史的最后，还应询问患者患病后的精神状态、食欲与食量改变、体重、睡眠及大小便情况，并做好详情记录。

（四）既往史

1. 主要内容 包括既往的健康状况、既往曾患过的疾病（包括各种传染病）、预防接种史、手术史、外伤史、过敏史、输血史等，特别是与目前所患疾病有密切关系的情况。

2. 系统回顾 是为避免遗漏其他系统疾病，将各系统所有症状逐个向患者查询，这对全面了解患者健康状况十分重要。

（五）个人史

1. 社会经历 包括出生地、居住地区和居留时间（尤其是疫源地和地方病流行区）、受教育程度、经济生活和业余爱好等。

2. 职业及工作条件 包括工种、劳动环境、对工业毒物的接触情况及时间。

3. 习惯与嗜好 包括起居与卫生习惯、饮食的规律与质量、烟酒嗜好与摄入量以及其他异嗜物和麻醉药品、毒品。

4. 冶游史 有无不洁性交史，有否患过淋病性尿道炎、尖锐湿疣、下疳等性传播疾病。

（六）婚姻史

婚姻状况，包括未婚、已婚或再婚，结（再）婚年龄。配偶的健康状况，若已死亡，应询问死亡原因及时间。

（七）月经史

女性患者注意询问月经史，月经史包括月经初潮年龄、月经周期、行经期天数、经血的量与颜色、经期症状、有无痛经、末次月经日期、绝经年龄。记录格式如下：

$$初潮年龄 \frac{行经期（天）}{月经周期（天）} 末次月经日期或绝经年龄$$

（八）生育史

女性患者注意询问月经史，生育史包括妊娠与生育次数，人工或自然流产的次数，有无早产、难产、死产及计划生育情况等。对男性患者应询问是否患过影响生育的疾病。

（九）家族史

包括患者父母、兄弟姐妹及子女的健康情况和患病情况，是否有与患者相同或类似的疾病。有无与遗传有关的疾病，如血友病、糖尿病等。已死亡的直系亲属应问明死亡原因和年龄。

❓ 想一想

以"发热伴咳嗽、咳痰 3 天"为主诉的患者，在病史采集时应主要包括哪些内容？为明确诊断，需要为患者做哪些实验室检查？

答案解析

（林华伟）

第三节 实验室检查

PPT

一、血液一般检查

血液一般检查是指对外周血细胞成分、数量和形态检测及与血细胞有关的实验室检测，包括红细胞、白细胞和血小板等参数检测。通过观察各种血细胞的数量变化及形态分布，初步筛查疾病，是医生辅助诊断的常用检查方法之一。

（一）红细胞检测和血红蛋白测定

红细胞计数（red blood cell count，RBC）和血红蛋白（hemoglobin，Hb）测定是血液一般检测的基本项目。

【参考区间】

健康人群红细胞及血红蛋白正常参考值见表1-2。

表1-2 红细胞及血红蛋白正常参考值

	红细胞计数（×10¹²/L）	血红蛋白（g/L）
成年男性	$4.0 \sim 5.5$	$120 \sim 160$
成年女性	$3.5 \sim 5.0$	$110 \sim 150$
新生儿	$6.0 \sim 7.0$	$170 \sim 200$

【临床意义】

1. 红细胞及血红蛋白增多 多次检查成年男性 $RBC > 6.0 \times 10^{12}/L$，$Hb > 170g/L$；成年女性 $RBC > 5.5 \times 10^{12}/L$，$Hb > 160g/L$ 时即为增多。生理性增多见于胎儿、新生儿、高原居民等。病理性增多常见于以下情况。

（1）相对性增多 因血浆容量减少，使血浆容量相对增多。见于剧烈呕吐、大面积烧伤、严重腹泻、大量出汗、尿崩症等。

（2）绝对性增多 临床上称为红细胞增多症，原发性增多见于真性红细胞增多症。继发性增多见于严重的慢性心肺疾病，如阻塞性肺气肿、肺源性心脏病等。

2. 红细胞及血红蛋白减少 指单位容积中 RBC 及 Hb 低于参考值低限。生理性减少见于3个月的婴儿至15岁以前的儿童，妊娠中、晚期和部分老年人。病理性减少见于各种贫血。根据 Hb 减少的程度分为：①轻度贫血，男性 $Hb < 120g/L$，女性 $Hb < 110g/L$；②中度贫血，$Hb < 90g/L$；③重度贫血，$Hb < 60g/L$；④极重度贫血，$Hb \leq 30g/L$。

（二）白细胞计数和白细胞分类计数

【参考区间】

成人 $(4 \sim 10) \times 10^9/L$；儿童 $(5 \sim 12) \times 10^9/L$；6个月至2岁小儿 $(11 \sim 12) \times 10^9/L$；新生儿 $(15 \sim 20) \times 10^9/L$。白细胞分类计数见表1-3。

表1-3 白细胞分类计数参考值（成人）

细胞类型	百分率（%）	绝对值（×10⁹/L）
中性粒细胞（N）		
杆状核（st）	$0 \sim 5$	$0.04 \sim 0.5$
核分叶（sg）	$50 \sim 70$	$2 \sim 7$
嗜酸性粒细胞（E）	$0.5 \sim 5$	$0.05 \sim 0.5$
嗜碱性粒细胞（B）	$0 \sim 1$	$0 \sim 0.1$
淋巴细胞（L）	$20 \sim 40$	$0.8 \sim 4$
单核细胞（M）	$3 \sim 8$	$0.12 \sim 0.8$

【临床意义】

白细胞总数主要受中性粒细胞数量的影响，淋巴细胞数量上的较大改变也会引起白细胞总数的变化。

1. 中性粒细胞

（1）增多 中性粒细胞增多常伴随白细胞总数的增多。在生理情况下，下午较早晨为高；饱餐、剧烈运动、情绪激动、严寒、高温、妊娠后期及分娩时增多。病理性增多见于：①化脓性球菌等急性感染是最常见的原因；②严重外伤、大面积烧伤、急性心肌梗死等造成的严重的组织损伤及大量血细胞破坏；③急性大出血尤其是内出血 1～2 小时内，白细胞计数常达 $20 \times 10^9/L$；④代谢性中毒、急性化学药物中毒、生物性中毒等急性中毒；⑤白血病、骨髓增殖性肿瘤及一些恶性实体瘤，特别是消化道恶性肿瘤。

（2）减少　白细胞总数 $<4 \times 10^9/L$ 称白细胞减少。中性粒细胞绝对值 $<1.5 \times 10^9/L$ 时称粒细胞减少症，$<0.5 \times 10^9/L$ 时称粒细胞缺乏症。常见原因：①某些革兰阴性杆菌、病毒、原虫等感染；②再生障碍性贫血及严重缺铁性贫血等血液病；③物理因素、化学物质、化学药物等理化因素损伤；④单核 - 巨噬细胞系统功能亢进，如脾大或脾功能亢进等；⑤自身免疫性疾病，如系统性红斑狼疮。

2. 淋巴细胞

（1）增多　生理性增多见于婴幼儿及儿童。病理性增多主要见于：①病毒感染，如水痘、病毒性肝炎等感染性疾病；②成熟淋巴细胞肿瘤；③急性传染病的恢复期；④移植排斥反应；⑤再生障碍性贫血。

（2）减少　主要见于应用肾上腺皮质激素、免疫缺陷性疾病等。

3. 嗜酸性粒细胞　增多常见于：①变态反应性疾病，如哮喘、食物药物过敏等；②寄生虫病，如蛔虫、血吸虫等；③皮肤病，如湿疹、银屑病等；④血液病，如慢性粒细胞白血病、淋巴瘤等；⑤恶性肿瘤，如霍奇金病、肺癌等；⑥急性传染病等。

4. 嗜碱性粒细胞　增多常见于：①过敏性疾病，如过敏性结肠炎、红斑及类风湿关节炎、食物药物过敏等；②血液病，如慢性粒细胞白血病、嗜碱性粒细胞白血病、骨髓纤维化等；③恶性肿瘤，主要是转移癌；④其他，如糖尿病、水痘、流感、结核等。

5. 单核细胞　生理性增多见于婴幼儿、儿童；病理性增多见于某些感染、结核活动期、急性感染的恢复期及单核细胞白血病、淋巴瘤等血液病。

（三）网织红细胞检测

网织红细胞（reticulocyte，Ret）是晚幼红细胞脱核后的细胞。它较成熟红细胞稍大，直径 8～9.5μm，是瑞特染色血涂片中的嗜多色性红细胞。

【参考区间】

百分数：成人和儿童 0.5%～1.5%；新生儿 2.0%～6.0%。

绝对值：（24～84）$\times 10^9/L$。

【临床意义】

网织红细胞计数是反映骨髓造血功能的敏感指标，对贫血的诊断、鉴别诊断及疗效观察等具有重要意义。

1. 网织红细胞增多　表示骨髓红细胞系增生旺盛，常见于溶血性贫血、急性失血、缺铁性贫血、巨幼细胞贫血等。

2. 网织红细胞减少　表示骨髓造血功能降低，常见于再生障碍性贫血、急性白血病等。

（四）血小板检测

血小板检测包括血小板计数、血小板平均容积、血小板体积分布宽度检测。血小板计数（platelet count，PC）是计数单位容积（L）外周血液中血小板的数量。血小板平均容积（mean platelet volume，MPV）即每个血小板的平均体积。血小板分布宽度（platelet distribution width，PDW）是反映血小板体积大小的变异系数，用 CV% 表示。

【参考区间】

血小板检测项目及参考区间见表1-4。

【临床意义】

1. 血小板计数 可辅助诊断出血性疾病、了解骨髓增生情况、手术前准备等。PLT < 50×10^9/L，外科手术易出血；PLT < 10×10^9/L，常有自发性出血倾向；PLT > 600×10^9/L，提示恶性疾病存在；PLT > 1000×10^9/L，常出现血栓。

表1-4 血小板检测项目参考区间

检测项目	参考区间
血小板计数（PC）	（100～300）×10^9/L
血小板平均容积（MPV）	7～10fl
血小板分布宽度（PDW）	15%～17%

（1）减少 PLT < 100×10^9/L 称为血小板减少。可见于：①血小板生成障碍，见于再生障碍性贫血、急性白血病等；②血小板破坏或消耗过多，见于上呼吸道感染、ITP、系统性红斑狼疮、DIC、血栓性血小板减少性紫癜等；③血小板分布异常，见于脾大、血液被稀释等。

（2）增多 PLT > 400×10^9/L 称为血小板增多。原发性增多见于慢性粒细胞白血病、原发性血小板增多症等。反应性增多见于急性感染、急性溶血、某些癌症患者。其他见于外科手术后。

2. 血小板平均容积

（1）增加 见于 PLT 破坏增加而骨髓代偿功能良好者；造血功能抑制解除后，MPV 增加是造血功能恢复的首要表现。

（2）减少 见于骨髓造血功能不良，PLT 生成减少；多数白血病患者 MPV 减低；MPV 随血小板数而持续下降，是骨髓造血功能衰竭的指标之一。

（五）红细胞沉降率测定

红细胞沉降率（erythrocyte sedimentation rate，ESR）简称血沉，是指红细胞在一定的条件下沉降的速率。

【参考区间】

男 0～15mm/h；女 0～20mm/h

【临床意义】

1. 生理性增快 见于女性月经期、妊娠（怀孕3个月以上）、分娩、老年人。

2. 病理性增快 见于：①炎症，风湿病、结核病、急性细菌性感染所致的炎症；②组织损伤，如严重创伤和大手术后、心肌梗死；③恶性肿瘤、白血病等。

3. ESR 减慢 见于红细胞数量明显增多及纤维蛋白原含量明显降低时，如相对性及真性红细胞增多症及弥散性血管内凝血晚期。

二、尿液检查

尿液检查对泌尿系统疾病的诊断、疗效观察都有重要意义，对其他系统疾病的诊断、预后判断也具有重要参考价值。

（一）一般性状检查

【参考区间】

尿液一般性状检查的参考区间见表1-5。

表1-5 尿液一般性状检查的参考区间

指标	参考区间
尿量	成人为 1000～2000ml/24h，平均为1500ml/24h
尿液外观	新鲜尿液多透明，受食物、药物影响可呈淡黄色至深黄色

指标	参考区间
气味	新鲜尿液无异味
酸碱反应	成人：随机尿液 pH 为 4.5~8.0，平均6.5
尿比重	成人随机尿为 1.015~1.025，晨尿最高，一般 >1.020，婴幼儿偏低

1. 尿量 正常成人24小时尿量为1000~2000ml，尿量多少取决于肾小球滤过率、肾小管浓缩与稀释功能，也与年龄、气温、活动量、摄水量、精神因素及用药等因素相关。

（1）多尿 成人24小时尿量大于2500ml称为多尿。生理性多尿见于饮水过多、饮酒过量、受凉、精神紧张和使用利尿药后。病理性多尿见于尿崩症、糖尿病、慢性肾炎、肾盂肾炎后期等。

（2）少尿或无尿 成人24小时尿量小于400ml或 <17ml/h 称为少尿，24小时尿量小于100ml或12小时内完全无尿称为无尿。生理性少尿见于水分摄入不足或排汗过多。病理性少尿见于：①肾前性，如严重吐泻、烧伤所致脱水，大出血、休克、心力衰竭等；②肾性，各种肾实质病变如急慢性肾炎、肾衰竭，肾移植术后急性排斥反应等；③肾后性，各种原因所致尿路梗阻或排尿功能障碍，如尿路结石、畸形、肿瘤、前列腺增生等。

2. 尿液外观

（1）血尿 无色或红色，常见于泌尿系炎症、结石、肿瘤、结核等。

（2）血红蛋白尿和肌红蛋白尿 呈浓茶色、红葡萄酒色或酱油色，可见于血管内溶血、血型不合输血引起的血红蛋白尿，以及挤压综合征所致的肌红蛋白尿。

（3）胆红素尿 豆油样改变，见于阻塞性黄疸和肝细胞性黄疸。

（4）脓尿和菌尿 白色浑浊或云雾状，见于肾盂肾炎、膀胱炎等。

（5）乳糜尿和脂肪尿 乳糜尿见于丝虫病、肾脏周围淋巴管梗阻，脂肪尿见于脂肪挤压综合征、骨折等。

3. 气味 新鲜尿有氨味，见于慢性膀胱炎；烂苹果味，见于糖尿病酮症酸中毒；蒜臭味，见于有机磷农药中毒。

4. 酸碱反应 即尿 pH，是反映机体酸碱平衡状态和肾脏调节能力的指标。生理情况下，常受饮食影响，肉食者多偏酸，素食者多偏碱。尿液放置过久细菌分解尿素，使尿液偏碱性。检测尿 pH 是诊断呼吸性（代谢性）酸中毒或碱中毒的重要指标，并可用于调节结石病患者饮食状态，以便帮助机体解毒、促进药物排泄。

pH 降低见于代谢性酸中毒、高热、痛风、糖尿病、低钾代谢性碱中毒等；pH 升高见于碱中毒、尿潴留、膀胱炎、肾小管酸中毒、应用利尿剂。

5. 尿比重 尿比重增高见于血容量不足导致的肾前性少尿、糖尿病、急性肾小球肾炎、肾病综合征等。尿比重降低见于大量饮水、慢性肾小球肾炎、慢性肾衰竭、肾小管间质疾病、尿崩症等。

（二）尿液化学检测

尿液化学检测对泌尿系统疾病、肝脏疾病、代谢性疾病（如糖尿病）的诊断及疗效观察有重要价值。

【参考区间】

尿液化学检测的指标与参考区间见表1-6。

【临床意义】

1. 尿蛋白（proteinuria，PRO） 尿蛋白质含量 >150mg/24h（或 >100mg/L），定性试验为阳性，称为

表1-6 尿液化学检测的指标与参考区间

指标	参考区间
尿蛋白	定性：阴性。定量：0~80mg/24h
尿葡萄糖	定性：阴性。定量：0.56~5.0mmol/24h
尿酮体	阴性
尿胆红素	定性：阴性。定量：≤2mg/L
尿胆原	定性为阴性或弱阳性。定量：≤10mg/L
亚硝酸盐	阴性

蛋白尿。

（1）生理性蛋白尿 见于劳累、寒冷、精神紧张引起的功能性蛋白尿，直立或妊娠压迫引起的体位性蛋白尿、摄入性蛋白尿，均为轻度暂时性。蛋白定量＜1g/24h。

（2）病理性蛋白尿 ①肾小球性蛋白尿：最为常见，如原发性或继发性肾小球疾病、肾缺血等。②肾小管性蛋白尿：见于肾盂肾炎、中毒性肾小管损伤等。③混合性蛋白尿：见于肾小球疾病后期、肾小管间质疾病等。④溢出性蛋白尿：见于急性血管内溶血、急性肌肉损伤、多发性骨髓瘤等。⑤组织性蛋白尿：见于肾小管炎症、中毒等。⑥假性蛋白尿：见于泌尿生殖系统感染等。

2. 尿葡萄糖（urine glucose，GLU） 血浆葡萄糖含量＞8.88mmol/L，或肾小管重吸收能力下降，尿糖定性试验阳性，称为葡萄糖尿，简称糖尿。

（1）暂时性糖尿（应激性糖尿） 见于脑外伤、脑出血等应激反应。

（2）血糖正常性糖尿（肾性糖尿） 见于慢性肾炎或肾病综合征等。

（3）血糖增高性糖尿 多见于内分泌疾病，如糖尿病（最常见）、甲状腺功能亢进症、嗜铬细胞瘤、库欣综合征等。

3. 尿酮体（ketonuria，KET） 酮体是β-羟丁酸、乙酰乙酸和丙酮的总称，为脂肪代谢的中间产物。当血酮体增高超过肾阈值，尿酮体检测呈阳性，称酮尿。酮尿可见于糖尿病酮症酸中毒、妊娠剧吐、子痫、饥饿、禁食、全身麻醉后等。

4. 尿胆红素与尿胆原 常同时用于黄疸的诊断和鉴别诊断。肝细胞性黄疸、溶血性黄疸尿胆原增高，胆汁淤积性黄疸时减低或阴性。此外，尿胆原测定也是反映肝细胞损伤的敏感指标，急性黄疸性肝炎尿胆原排泄量首先增加，早于黄疸症状出现。

5. 尿亚硝酸盐（nitrite，NIT） 尿液含食物或蛋白质代谢产生的硝酸盐，如感染大肠埃希菌或其他含硝酸盐还原酶的细菌，则可将硝酸盐还原为亚硝酸盐。阳性者多为尿路感染。

（三）显微镜检查

尿液显微镜检查主要检查尿液有形成分，如来自肾脏或尿脱落、渗出的细胞，肾脏发生病理改变而形成的各种管型、结晶，以及感染的微生物、寄生虫等。

1. 红细胞 红细胞≥3个/HP称镜下血尿。多形性红细胞＞80%，为肾小球源性血尿，常见于急性肾炎、急进性肾炎、慢性肾炎等；多形性红细胞＜50%，为非肾小球源性血尿，见于肾结石、肾结核、尿路感染等。

2. 白细胞和脓细胞 增多见于泌尿系统感染，如肾盂肾炎、膀胱炎、尿道炎、肾结核合并感染等。

3. 上皮细胞 ①鳞状上皮细胞：明显增多或成堆出现并伴白细胞增多，提示尿道炎。成年女性尿液混入阴道分泌物，鳞状上皮细胞会增多。②移行上皮细胞：肾盂、输尿管、膀胱炎症可大量出现，并伴白细胞和红细胞增多。③肾小管上皮细胞：出现或增多提示肾小管有病变。

4. 管型 是蛋白质、细胞或者碎片在肾小管、集合管中凝固而成的圆柱形蛋白聚体。

三、粪便检查

粪便检查对了解消化道及与肠道相通的肝、胆、胰腺等器官有无病变，间接地判断胃肠、胰腺、肝胆系统的功能状态有重要价值。

（一）一般性状检查

正常人的粪便色泽为黄褐色，婴儿为黄色，均为柱状软便，有臭味。粪便的颜色主要受粪胆素影响，当摄入混合性食物时，则呈黄褐色；婴儿的粪便为黄色，主要缘于婴儿的胆色素代谢功能尚未完全。

1. 量　正常 100～300g/d，每天排便一次。健康人的粪便量随食物种类、食量及消化器官的功能状态而异。当胃肠道、胰腺有炎症或功能紊乱时，可使排便次数和排便量增加。

2. 颜色与性状　正常大便呈黄褐色软泥样柱状（即成形便），婴儿的大便往往为不成形的黄色或金黄色糊状便。病理情况有：①黑便或柏油样便，见于上消化道出血，服用铁、铋剂、活性炭等；②白陶土样便，见于胆管阻塞等；③鲜血便，见于直肠息肉、直肠癌、痔疮、肛裂等，鲜血附在粪便表面或便后鲜血滴落；④脓性及脓血便，见于痢疾、溃疡性结肠炎、结肠癌、直肠癌等，阿米巴痢疾时呈果酱样便；⑤米泔样便，粪便呈白色淘米水样，见于霍乱患者；⑥乳凝块便，见于婴儿消化不良及婴儿腹泻；⑦黏液便，见于各种肠炎、痢疾等；⑧稀糊状或水样便，见于感染和非感染腹泻；⑨细条状便，多见于直肠癌、直肠狭窄的患者。

3. 气味　正常时有臭味，患慢性肠炎、结肠癌时有恶臭味，阿米巴肠炎时有血腥臭味，消化不良时有酸臭味。

4. 寄生虫体和结石　正常时无寄生虫体，寄生虫感染时可见虫体。粪便中可见到胆石、胰石、肠石等，其中胆石是最重要、最常见的。

（二）显微镜检查

1. 白细胞　正常时不见或偶见，小肠炎症时白细胞 <15 个/HP，痢疾可见大量白细胞。过敏性肠炎和肠道寄生虫病时嗜酸性粒细胞增多。

2. 红细胞　正常时无红细胞，当下消化道出血、痢疾、直肠及结肠癌时可见到红细胞。细菌性痢疾时红细胞少于白细胞，散在分布，形态正常，阿米巴痢疾红细胞多于白细胞，成堆出现并有残碎现象。

3. 巨噬细胞　见于细菌性痢疾、溃疡性结肠炎等。

4. 肠黏膜上皮细胞　正常粪便中无肠黏膜上皮细胞，结肠炎、假膜性肠炎时肠黏膜上皮细胞增多。

5. 肿瘤细胞　乙状结肠癌、直肠癌时可发现癌细胞。

6. 淀粉颗粒和脂肪小滴　正常偶见。胰腺炎、胰腺功能不全时淀粉颗粒增多。腹泻、消化不良综合征时脂肪小滴增多。

7. 寄生虫和虫卵　正常时无寄生虫和虫卵。有寄生虫感染时可见寄生虫卵或虫体。

（三）粪便隐血试验

胃肠道少量出血（出血量 <5ml），粪便外观无变化，肉眼和显微镜检测均不能证实的出血，称隐血。化学或免疫学方法证实微量出血的试验，称隐血试验。

隐血试验对消化道出血鉴别诊断有一定意义。消化性溃疡呈间断性阳性，消化道恶性肿瘤呈持续性阳性，药物致胃黏膜损伤、溃疡性结肠炎、钩虫病等常为阳性。

四、肝功能检查

肝脏是人体最大的实质性腺体。肝脏参与蛋白质、糖类、脂类、维生素、激素、凝血因子等的代谢，同时还有分泌、排泄、生物转化及胆红素代谢等功能。通过肝脏功能检测，有助于了解肝脏功能状态、病变程度及损伤情况。

空腹静脉采血分离血清。不可用 EDTA 枸橼酸盐、草酸盐抗凝，以免抑制碱性磷酸酶、γ-谷氨酰转移酶等酶活性。不能用肝素抗凝，以免抑制 DNA 聚合酶，造成 PCR 检测假阴性。肝功能实验项目检测前1天应避免饮酒，不进食高脂肪、高蛋白食物，晚9时至第2天采血前不再进食，空腹时间一般为 8～12 小时。

（一）反映肝细胞损伤的指标

常用于肝细胞损伤检测的是丙氨酸氨基转移酶（alanine aminotransferase，ALT）和天门冬氨酸氨基转移酶（aspartate aminotransferase，AST）。

ALT 主要分布在肝脏，其次是骨骼肌、肾脏、心肌等；AST 主要分布在心肌，其次是肝脏、骨骼肌和肾脏。

【参考区间】

Kamen 法：ALT 5~25U/L，AST 8~48U/L，ALT/AST≤1。

【临床意义】

血清转氨酶是敏感的急性肝细胞损伤检测指标之一，但 ALT 与 AST 均为非特异性肝细胞内功能酶。

1. 急性肝细胞损伤　病毒性肝炎、药物性或酒精中毒性肝炎早期，ALT 和 AST 均明显升高，ALT 升高更明显，ALT/AST>1。急性肝炎患者转氨酶降至正常，提示病变恢复；若转氨酶活性不能恢复正常或再升高，提示可能转为慢性。急性重症肝炎可出现胆红素明显升高，但转氨酶降低的"胆酶分离"现象，提示肝细胞严重坏死、预后不良。

2. 慢性病毒性肝炎、肝硬化和肝癌　转氨酶轻度升高或正常，肝硬化时 ALT/AST>2，肝癌时 ALT/AST≥3。

3. 其他疾病　心血管疾病、骨骼肌疾病、肺梗死、胆汁淤积等可轻度升高。

（二）反映肝脏合成、储备功能的指标

【参考区间】

反映肝脏合成、储备功能的指标及参考区间见表 1-7。

表 1-7　反映肝脏合成、储备功能的指标及参考区间

指标	参考区间
血清总蛋白和清蛋白、球蛋白比值	血清总蛋白（STP）60~80g/L；清蛋白（A）40~55g/L；球蛋白（G）20~30g/L；A/G 为（1.5~2.5）∶1
清蛋白电泳	清蛋白 0.62~0.71，α_1 球蛋白 0.03~0.04，α_2 球蛋白 0.06~0.10，β 球蛋白 0.07~0.11，γ 球蛋白 0.09~0.18
血清前清蛋白	透射比浊法：成人 250~400mg/L，儿童约为成人水平的一半，青春期急剧增加达成人水平

【临床意义】

1. 血清总蛋白和清蛋白、球蛋白比值测定　90% 以上的血清总蛋白（total protein，TP）和全部的血清清（白）蛋白（albumin，A）是由肝脏合成，血清总蛋白和清蛋白检测是反映慢性肝损伤和肝实质细胞的储备功能的重要指标。血清总蛋白包括清蛋白和球蛋白（globulin，G）。

血清总蛋白>80g/L 或球蛋白>35g/L 为高蛋白血症，主要是球蛋白增高。血清总蛋白<60g/L 或清蛋白<25g/L 为低蛋白血症，主要是清蛋白减少。

（1）血清总蛋白和清蛋白增高　见于血液浓缩、肾上腺皮质功能减退症。

（2）血清总蛋白和清蛋白降低　见于肝细胞损害、营养不良、蛋白丢失过多、消耗增加及血清水分增加。

（3）血清总蛋白和球蛋白增高　见于慢性肝病、M 蛋白血症、自身免疫性疾病、慢性感染与炎症。

（4）球蛋白降低　见于免疫功能抑制、先天性低 γ 球蛋白血症。

（5）A/G 倒置　见于严重肝功能损害、M 蛋白血症。

2. 清蛋白电泳 ①肝脏疾病时清蛋白和 α_1、α_2、β 球蛋白减少，γ 球蛋白增加。②M 蛋白血症时清蛋白降低，β、γ 球蛋白升高。③肾病综合征、糖尿病肾病时 α_2、β 球蛋白高，清蛋白、γ 球蛋白降低。④结缔组织病时 γ 球蛋白增高，先天性低丙种球蛋白血症时 γ 球蛋白降低而 α_2 球蛋白增高。

3. 血清前清蛋白（prealbumin，PA） PA 测定在判断营养状态和肝脏功能方面比清蛋白更灵敏，是肝脏损伤的早期灵敏指标。

降低见于：①营养不良、慢性感染、恶性肿瘤晚期；②肝胆系统疾病，如肝炎、肝硬化、肝癌及胆汁淤积性黄疸。

（三）反映胆汁淤积、胆梗阻的指标

【参考区间】

反映胆汁淤积、胆道梗阻的指标及参考区间见表 1 - 8。

表 1-8 反映胆汁淤积、胆道梗阻的指标及参考区间

指标	参考区间
血清胆红素	成人：总胆红素（STB）3.4 ~ 17.1 μmol/L 结合胆红素（CB）0 ~ 6.8 μmol/L 非结合胆红素（UCB）1.7 ~ 10.2 μmol/L
碱性磷酸酶	连续监测法：（37℃）成人 40 ~ 110 U/L
γ - 谷氨酰转移酶	连续监测法：男性 10 ~ 60 U/L，女性 7 ~ 45 U/L

【临床意义】

1. 血清胆红素

（1）判断有无黄疸 ①隐性黄疸：STB 17.1 ~ 34.2 μmol/L。②轻度黄疸：STB 34.2 ~ 171 μmol/L。③中度黄疸：STB 171 ~ 342 μmol/L。④重度黄疸：STB > 342 μmol/L。可以判断疗效和指导治疗。

（2）根据黄疸程度推断黄疸的病因 ①溶血性黄疸：STB 增高伴 UCB 明显增高，STB 一般 < 85.5 μmol/L。②胆汁淤积性黄疸：STB 增高伴 CB 明显增高，不完全梗阻者 STB 多为 171 ~ 265 μmol/L，完全梗阻者 STB > 342 μmol/L。③肝细胞性黄疸：STB、CB、UCB 均增高，STB 多为 17.1 ~ 171 μmol/L。

2. 碱性磷酸酶（alkaline phosphatase，ALP） ALP 主要分布在肝、肾、小肠及胎盘中。肝脏的 ALP 经胆汁排入小肠，胆道梗阻时，ALP 生成增加而排泄减少，引起血清中 ALP 升高。胰头癌、胆道结石等肝胆系统阻塞性疾病时，AP 明显升高；用于黄疸的鉴别诊断；骨骼疾病患者血清 ALP 升高；生长中儿童、妊娠中晚期孕妇血清 ALP 生理性增高。

3. γ - 谷氨酰转移酶（γ - GT 或 GGT） 肝内 γ - GT 主要分布于肝细胞毛细胆管一侧和整个胆管系统，随胆汁进入肠道。肝内合成亢进或胆汁排出受阻时，血清 γ - GT 增加，见于原发性或转移性肝癌阻塞性黄疸、病毒性肝炎、肝硬化，以及其他原因所致的肝损伤。

五、肾功能检查

肾脏的主要功能是生成尿液，以维持体内水、电解质、蛋白质和酸碱平衡，同时也有分泌功能，肾脏功能检测主要是检测肾小球滤过功能和肾小管重吸收、酸化等功能。目前肾小球功能检查包括内生肌酐清除率（endogenous creatinine clearance rate，Ccr）、血清肌酐（creatinine，Cr）、血清尿素氮（serum urea nitrogen，BUN）。肾小管功能检查包括 β_2 微球蛋白、浓缩稀释试验（CDT）、尿渗量等。

肾脏功能检测需采集静脉血 3 ml，置红色帽采血管分离血清；内生肌酐清除率测定还需要收集甲苯防腐的 24 小时尿液，与血液同时送检。

（一）内生肌酐清除率

【参考区间】

80~120ml/min（以1.73m² 体表面积计）。

【临床意义】

1. 判断有无肾小球损害 是较早反映肾小球滤过功能的敏感指标，降低主要见于急、慢性肾炎和肾衰竭。

2. 评估肾功能损害程度 根据Ccr一般可将肾功能损害分为以下四期。第1期（肾衰竭代偿期），Ccr为80~51ml/min；第2期（肾衰竭失代偿期），Ccr为50~20ml/min；第3期（肾衰竭期），Ccr为19~10ml/min；第4期（尿毒症期或终末期肾衰竭），Ccr<10ml/min。

3. 指导治疗和护理慢性肾衰竭患者 当Ccr为30~40ml/min时，应限制蛋白质摄入；<30ml/min时，氢氯噻嗪等利尿剂治疗常无效；<10ml/min时应结合临床进行透析治疗。

（二）血清肌酐测定

标本采集法：抽取静脉血1ml，注入抗凝管内，充分混匀。

【参考区间】

全血肌酐：88.4~176.8μmol/L。

血清或血浆肌酐：男性53~106μmol/L，女性44~97μmol/L。

【临床意义】

1. 评价肾小球滤过功能损害程度 ①急性肾衰竭，Cr进行性升高为器质性损害的指标。②慢性肾衰竭，血Cr升高程度与病变严重性一致：肾衰竭代偿期Cr<178μmol/L；肾衰竭失代偿期Cr>178mol/L；肾衰竭期Cr445~707μmol/L；尿毒症期Cr>707μmol/L。

2. 鉴别肾前性和肾实质性少尿 器质性肾衰竭Cr>200μmol/L、肾前性少尿Cr<200μmol/L。

（三）血清尿素氮测定

【参考区间】

成人：3.2~7.1mmol/L；婴儿、儿童：1.8~6.5mmol/L。

【临床意义】

血中尿素氮增高见于：①器质性肾功能损害，尿毒症期BUN增高与病情严重程度一致：GFR<50%、BUN<9mmol/L为代偿期；BUN>9mmol/L为失代偿期；BUN>20mmol/L为肾衰竭期。②肾前性少尿、蛋白质分解或摄入过多。③肾衰竭透析充分性指标。

💗 **药爱生命**

辩证思维不可少

医生评价肾功能最常用的客观指标是血肌酐。检验科通过抽血化验，测得血肌酐高，可以反映肾功能有问题。但不同医院正常参考范围是有一定差距的，并且血肌酐数值也受饮食、运动等情况影响。因此我们在判定肾功能时，不能简单以医院的参考范围来判断，应借助肌酐清除率来进一步评价肾功能和肾脏的情况。

六、临床生物化学检查

（一）肌酸激酶测定

肌酸激酶（CK），也成肌酸磷酸激酶（CPK），在体内主要存在于骨骼肌、脑和心肌组织中，是诊断骨骼肌和心肌疾病最敏感的指标，其增高与骨骼肌、心肌受损的程度基本一致，尤其作为急性心肌梗死的早期诊断指标。另外，心肌梗死溶栓治疗使梗死的血管恢复血流后，CK 达峰时间提前，故动态测定 CK 变化有助于病情的观察和预后估计。

1. 参考范围 男性 25～500U/L，女性 25～170U/L。

2. 临床意义

（1）CK 增高 ①急性心肌梗死：心肌梗死（心肌缺血、心内膜下心肌梗死）、病毒性心肌炎。急性心肌梗死在发病 2～4 小时开始上升，12～48 小时达峰值，2～4 天恢复正常。②各种肌肉疾病：进行性肌肉营养不良发作期、各种肌肉损伤、挤压综合征、多发性肌炎、手术后、剧烈运动或反复肌内注射。③脑血管疾病：脑梗死、急性脑外伤、酒精中毒、惊厥、癫痫、甲状腺功能减退等。④用药：服用羟甲戊二酰辅酶 A 还原酶抑制剂（他汀类药），或他汀类和贝丁酸类药联合应用可增加发生肌病的危险，表现为 CPK 升高。

（2）CK 降低 见于肝硬化等。

（二）血尿酸测定

尿酸（uric acid，UA）为体内核酸中嘌呤代谢的终末产物，经肾小管重吸收和排泄；若肾小球滤过功能受损，可致血尿酸水平升高。当体内核酸大量分解（白血病、恶性肿瘤等）或食入高嘌呤食物时，也可引起血尿酸水平升高。

1. 参考范围 男性：180～440μmol/L，女性：120～320μmol/L。

2. 临床意义

（1）血尿酸增高 ①疾病：痛风、高尿酸血症、急慢性肾炎、肾结核、肾积水、紫癜性疾病、多发性骨髓炎、重症肝炎等。②核蛋白代谢增强：如粒细胞白血病、骨髓增生异常综合征、溶血性贫血、恶性贫血、红细胞增多症、甲状腺功能亢进症、一氧化碳中毒、银屑病等。③生理性增高：食用高嘌呤食物、木糖醇摄入过多、剧烈运动、禁食等。④用药：三氯甲烷、四氯化碳、铅中毒；或使用阿司匹林、氢氯噻嗪、替米沙坦、氯沙坦、胰岛素、环孢素、乙胺丁醇、维生素 C、维生素 B 等，因减少尿酸排泄而引起高尿酸血症。

（2）血尿酸减少 见于恶性贫血、Fanconi 综合征、使用阿司匹林、先天性黄嘌呤氧化酶和嘌呤核苷磷酸化酶缺乏等。

（三）血清淀粉酸测定

1. 参考范围 血清 80～220U/L。

2. 临床意义

（1）淀粉酶增高 血清淀粉酶活性测定主要用于急性胰腺炎的诊断。急性胰腺炎发病后 6～12 小时，血清淀粉酶开始升高，12～72 小时达到高峰，3～4 天恢复正常。此外，尚可见于胰腺脓肿、胰腺损伤、肠梗阻、胃溃疡穿孔、流行性腮腺炎、腹膜炎、胆道疾病、急性阑尾炎、胆囊炎、消化性溃疡穿孔、肾功能不全、输卵管炎、创伤性休克、大手术后、肺炎、肺癌、急性酒精中毒、吗啡注射后，以及口服避孕药、磺胺药、噻嗪类利尿剂、阿片类药物（可待因、吗啡）、麻醉止痛剂等。

（2）淀粉酶降低 见于慢性胰腺炎、胰腺癌、肝硬化、肝炎、肝癌、急性或慢性胆囊炎等。

（四）血糖测定

【参考区间】

3.9～6.1mmol/L（葡萄糖氧化酶法），3.9～6.4mmol/L（邻甲苯胺法）。

【临床意义】

血糖监测是目前诊断糖尿病的主要依据，也是判断糖尿病病情和控制程度的主要指标。

1. 空腹血糖（FBG）增高 FBG 增高而未达到糖尿病的标准时，称为空腹血糖受损（impaired fasting glucose，IFG）；FBG > 7.0mmol/L 称高糖血症，FBG 7.0 ~ 8.4mmol/L 为轻度增高，FBG 8.4 ~ 10.1mmol/L 为中度增高，FBG > 10.1mmol/L 为重度增高，FBG > 9mmol/L（肾糖阈）时尿糖可呈阳性。①生理性增高：高糖饮食、突然剧烈运动等。②病理性增高：见于糖尿病、内分泌疾病（如皮质醇增多症等）、应激性因素（如颅脑损伤、心肌梗死等）、药物影响（如噻嗪类利尿剂等）及麻醉、脱水等。

2. FBG 减低 FBG < 3.9mmol/L 时血糖降低，FBG < 2.8mmol/L 称低糖血症。①生理性减低：见于饥饿、长期剧烈运动等。②病理性减低：见于胰岛素过多、缺乏抗胰岛素激素、肝糖原贮存缺乏性疾病及长期营养不良、急性酒精中毒等。

3. 口服葡萄糖耐量试验（OGTT） 是检测葡萄糖代谢功能的试验。正常人一次口服 75g 葡萄糖粉，血糖浓度仅略升高，且 2 小时后即恢复正常，称为耐糖现象。当糖代谢紊乱时，口服同样剂量的葡萄糖粉后，血糖水平急剧增高，短时间内不能降至正常水平，称为糖耐量异常。主要用于诊断症状不明显或者血糖升高不明显的可疑糖尿病。

【参考区间】

空腹血糖 < 6.1mmol/L；服糖后 30 ~ 60 分钟血糖浓度达高峰，一般为 7.8 ~ 9.0mmol/L，峰值 < 11.1mmol/L；2 小时血糖 < 7.8mmol/L；3 小时血糖应恢复至空腹水平。各检测时间点的尿糖均为阴性。

【临床意义】

（1）诊断糖尿病 ①具有糖尿病症状，FBG > 7.0mmol/L。②OGTT 血糖峰值 > 11.1mmol/L，2 小时血糖仍 > 11.1mmol/L。③具有临床症状，随机血糖 > 11.1mmol/L 且尿糖阳性。临床症状不典型者，需另一天后重复检测确诊。

（2）判断糖耐量减低 指 FBG < 7.0mmol/L，峰值浓度 > 11.1mmol/L，2 小时血糖浓度在 7.8 ~ 11.1mmol/L。多见于 2 型糖尿病、肥胖症、甲状腺功能亢进症及库欣病等。

（3）糖耐量增高 指空腹血糖降低，服糖后血糖上升不明显，2 小时后仍处于低水平。常见于胰岛 B 细胞瘤、腺垂体功能减退症和肾上腺皮质功能减退症等。

（五）糖化血红蛋白测定

糖化血红蛋白（glycosylated hemoglobin，GHb）是血红蛋白 A 与葡萄糖缓慢、连续的非酶促反应的产物，与血糖浓度呈正相关。

【参考区间】

HbA1c 4% ~ 6%，HbA1 5% ~ 8%。

【临床意义】

（1）评价糖尿病控制程度 GHb 增高提示近 2 ~ 3 个月来血糖控制不良。

（2）筛检糖尿病 HbA1 < 8%，可排除糖尿病；HbA1 > 9%，预测糖尿病准确性为 78%、灵敏度 68%、特异性 94%；HbA1 > 10%，预测糖尿病准确性为 89%、灵敏度 48%、特异性 99%。

（六）血清脂质和脂蛋白测定

血清脂类主要包括胆固醇、甘油三酯和游离脂肪酸。

1. 总胆固醇（total cholesterol，TC） 总胆固醇是指血液中所有脂蛋白所含胆固醇之总和。肝脏是合成、储藏和供给胆固醇的主要器官。

【参考区间】 微课3

3. 0 ~ 5. 2mmol/L。

【临床意义】

（1）总胆固醇增多 见于高脂血症、动脉粥样硬化、糖尿病、肾病综合征、甲状腺功能减退、胆总管阻塞、高血压（部分），以及摄入维生素 A、维生素 D、口服避孕药等药物。

（2）总胆固醇减少 见于低脂蛋白血症、贫血、败血症、甲状腺功能亢进、肝病、严重感染、营养不良、肺结核和晚期癌症，以及摄入对氨基水杨酸、卡那霉素、肝素、维生素 C 等药物。

2. 三酰甘油（triglyceride，TG） 甘油是人体内含量最多的脂类，也是人体贮存能量的形式。三酰甘油为乳糜微粒和极低密度脂蛋白的主要成分，并直接参与胆固醇和胆固醇酯的合成。在正常情况下，三酰甘油水平保持在正常值范围内，伴随年龄的增长而逐渐增高。

【参考区间】

0. 56 ~ 1. 70mmol/L。

【临床意义】

（1）TG 增高 ①动脉粥样硬化、原发性高脂血症、家族性高甘油三酯血症。②其他疾病：胰腺炎、脂肪肝、胆汁淤积、阻塞性黄疸、皮质增多症、肥胖、糖尿病、糖原累积症、严重贫血、肾病综合征、甲状腺功能减退等。③生理性 TG 增高：长期饥饿、食用高脂肪食品、大量饮酒等。④应用雌激素、甲状腺激素、避孕药可出现三酰甘油升高。

（2）TG 减少 见于甲状腺功能亢进、甲状旁腺功能亢进、肾上腺皮质功能减退、肝功能严重障碍等。

3. 血清脂蛋白检测 胆固醇在血液中以脂蛋白的形式存在。

（1）低密度脂蛋白（low density lipoprotein，LDL） LDL 是由血浆中极低密度脂蛋白（VLDL）转变而来的，其合成部位主要在血管内，降解部位在肝脏。LDL 的含量与心血管疾病的发病率以及病变程度相关，被认为是动脉粥样硬化的主要致病因子。

【参考区间】

合适水平≤3. 12mmol/L。

【临床意义】

LDL 增多见于高脂蛋白血症、急性心肌梗死、冠心病、肾病综合征、慢性肾功能衰竭、肝病和糖尿病等，也可见于神经性厌食及怀孕妇女。LDL 减低见于营养不良、慢性贫血、骨髓瘤、创伤和严重肝病等。

（2）高密度脂蛋白（high density lipoprotein，HDL） HDL 主要在肝脏合成，是一种抗动脉粥样硬化的脂蛋白，可将胆固醇从肝外组织转运到肝脏进行代谢，由胆汁排出体外。其在限制动脉壁胆固醇的积存速度和促进胆固醇的清除上起着一定的积极作用，HDL 水平与动脉硬化和冠心病的发生和发展呈负相关。

【参考区间】

合适水平 >1. 04mmol/L。

【临床意义】

HDL 降低常见于脑血管病、冠心病、高甘油三酯血症、肝功能损害（如急慢性肝炎、肝硬化、肝癌）、糖尿病、吸烟、缺少运动等。HDL 降低可作为冠心病的危险指标。

七、临床免疫学检查

（一）甲型肝炎病毒（HAV）标志物检测

甲型肝炎（甲肝）病毒感染常规检测项目为 HAV IgM、HAV IgA 和 HAV IgG 抗体。

1. 抗 HAV – IgM 阳性 说明机体正在感染 HAV，是早期诊断甲肝的特异性指标。

2. 抗 HAV – IgA 阳性 说明处于甲肝早期和急性期，由粪便中测得抗 HAV IgA 呈阳性反应，是早期诊断甲肝的指标之一。

3. 抗 HAV – IgG 阳性 提示既往感染，是获得免疫力的标志，可作为流行病学调查的指标。

（二）乙型肝炎病毒（HBV）标志物检测

1. 乙型肝炎病毒表面抗原（HBsAg）阳性 见于急性乙型肝炎（乙肝）潜伏期，HBsAg 本身不具有传染性，但因其常与 HBV 同时存在，常被用来作为传染性标志之一。

2. 乙型肝炎病毒表抗体（抗 – HBs） 是一种保护性抗体，阳性说明机体对乙肝病毒有一定程度的免疫力。一般在发病后 3 ~ 6 个月才出现。注射过乙肝疫苗或抗 – HBs 免疫球蛋白者，抗 – HBs 呈现阳性。

3. 乙型肝炎病毒 e 抗原（HBeAg）阳性 表明乙型肝炎处于活动期，并有较强的传染性。持续阳性，提示肝细胞损害较重，可转为慢性乙型肝炎或肝硬化。

4. 乙型肝炎病毒 e 抗体（抗 – HBe）阳性 表示大部分乙肝病毒被消除，复制减少，传染性减低，但并非无传染性。

5. 乙型肝炎病毒核心抗体（抗 – HBc）阳性 分为 IgM、IgG、IgA 三型，目前检测总抗体。抗 – HBc 总抗体主要反应是抗 – HBc – IgG；抗 – HBc – IgM 阳性是乙型肝炎近期感染的指标，提示 HBV 在体内复制，并提示患者血液有传染性；抗 – HBc – IgG 阳性提示既往感染，对机体无保护作用，阳性可持续终生。

6. 核心抗原（HBcAg） 一般情况下血清中不易检测到游离的 HBcAg。HBcAg 阳性提示患者血清中有感染的 HBV 存在，表示复制活跃、传染性强、预后较差。

7. 乙型肝炎病毒 DNA 测定 表明乙肝复制及有传染性，若 HBV – DNA 阳性表明疫苗阻断效果不佳。

（三）丙型肝炎病毒（HCV）标志物检测

1. 核酸检测 有助于 HCV 感染的早期诊断；丙型肝炎病毒 RNA（CV – RNA）阳性提示复制活跃、传染性强。检测 HCV – RNA 对研究丙型肝炎发病机制和传播途径有重要价值。

2. 免疫学检测 ①抗 IgM 阳性：提示现正感染 HCV，病毒正在复制，具有传染性；持续阳性易转为慢性肝炎。②抗 HCV – IgG 阳性：表明已感染 HCV，但不能作为感染的早期指标。

（四）肿瘤标志物检测

【参考区间】

蛋白类肿瘤标志物检测指标及参考区间见表 1 – 9。

【临床意义】

1. 甲胎蛋白（AFP）

（1）原发性肝细胞癌 AFP 增高，阳性率为 67.8% ~ 74.4%，约 50% 的患者 AFP > 300μg/L，还有 18% 原发性肝细胞癌患者不升高。

（2）生殖腺胚胎肿瘤（睾丸瘤、卵巢瘤、畸胎瘤）、胃癌、胰腺癌 AFP 可不升高。

（3）病毒性肝炎、肝硬化 升高程度 < 300μg/L。

（4）孕妇升高 < 400μg/L，双胎、先兆流产等使孕妇血液和羊水中的 AFP 升高。

2. 癌胚抗原（CEA）

（1）明显增高见于胰腺癌、直肠癌、结肠癌、肺癌、乳腺癌等患者。

表 1 – 9 蛋白类肿瘤标志物检测指标及参考区间

指标	参考区间
甲胎蛋白	定性：阴性。定量 < 25μg/L
癌胚抗原	定性：阴性。定量 < 5μg/L
组织多肽抗原	< 130U/L
前列腺特异抗原	定性：阴性。定量 < 0.4μg/L
鳞状上皮细胞癌抗原	< 1.5μg/L

（2）病情好转时 CEA 浓度下降，病情加重时可增高。

（3）胰腺炎、结肠炎、肝脏疾病、肺气肿、支气管哮喘可见轻度增高。

（4）非吸烟人群 96% ~97% 的人 CEA <2.5μg/L，大量吸烟人群 CEA >2.5μg/L 的人占 20% ~40%，少数人 >5μg/L。

3. 组织多肽抗原（TPA）

（1）恶性肿瘤患者 TPA 显著升高。

（2）好转时 TPA 降低、肿瘤复发时升高。

（3）TPA 与 CEA 同时检测可鉴别恶性与非恶性乳腺肿瘤。

（4）急性肝炎、肺炎、胰腺炎等 TPA 可升高。

4. 前列腺特异抗原（PSA） 是一种由前列腺分泌的单链糖蛋白，在前列腺癌时可见 PSA 水平升高。

（1）60% ~90% 前列腺癌患者的血清总 PSA（t-PSA）明显增高，外科术后有 90% 的患者 t-PSA 明显下降。

（2）若前列腺癌切除手术后 PSA 不下降反而升高，提示肿瘤转移或者复发。

（3）良性的前列腺疾病如前列腺增生、前列腺炎等，有 14% 的患者 t-PSA 轻度增高（4.0 ~10.0μg/L）。

（4）在进行肛门指检、前列腺按摩、膀胱镜等检查及前列腺手术时会引起 PSA 升高。

5. 鳞状上皮细胞癌抗原（SCC）

（1）血清中 SCC 升高 可见于肺鳞癌（25% ~75%）、宫颈癌（83%），临床上常用于肺鳞癌、食管癌的治疗效果、复发、转移的评估。

（2）天疱疮、银屑病（牛皮癣）、肾功能不全、乳腺良性增生等疾病也可引起 SCC 升高。

（3）由于外界因素的影响（如汗液、唾液、其他体液的污染）SCC 会出现假阳性。

● 目标检测 ●

答案解析

一、单项选择题

1. 咳铁锈色痰最常见的疾病是

    A. 大叶性肺炎   B. 疟疾   C. 伤寒

    D. 肾炎   E. 败血症

2. 患者眼睑浮肿并逐渐蔓延至全身，应为哪种水肿

    A. 肾源性水肿   B. 心源性水肿   C. 肝源性水肿

    D. 特发性水肿   E. 营养不良性水肿

3. 黄疸伴上腹部剧烈疼痛最常见于

    A. 病毒性肝炎   B. 原发性肝癌   C. 肝硬化

    D. 败血症   E. 胆道结石

4. 浅昏迷与深昏迷最有价值的鉴别是

    A. 各种刺激均无反应   B. 不能唤醒   C. 无自主运动

    D. 深浅反射均消失   E. 大小便失禁

5. 以夜间阵发性呼吸困难为主要表现，提示

    A. 肺癌   B. 左心衰竭   C. 右心衰竭

D. 气胸   E. 喉头水肿

6. 下列关于腹痛的问诊语言，正确的是

  A. 您腹痛是在右上腹吗   B. 您是什么时候感到腹痛的

  C. 您腹痛是一阵一阵加重的吗   D. 有里急后重感吗

  E. 您肯定是吃了不干净的东西了是吧

7. 不属于血常规检查项目的是

  A. 红细胞计数   B. 白细胞计数   C. 血红蛋白测定

  D. 白蛋白测定   E. 白细胞分类计数

8. 正常情况下，离心尿液红细胞数量应小于

  A. 3 个/HPF   B. 5 个/HPF   C. 10 个/HPF

  D. 15 个/HPF   E. 20 个/HPF

9. 少尿是指 24 小时尿量少于

  A. 100ml   B. 200ml   C. 300ml

  D. 400ml   E. 500ml

10. 粪便外观为白陶土色，主要见于

  A. 消化道出血   B. 胆汁淤积性黄疸   C. 胃癌

  D. 服用铁剂、炭粉   E. 肠道寄生虫感染

二、多项选择题

1. 呼气性呼吸困难常见于

  A. 喉与大气管狭窄或梗阻   B. 慢性阻塞性肺疾病   C. 支气管哮喘

  D. 大量胸腔积液   E. 自发性气胸

2. 下列属于现病史内容的是

  A. 社会经历   B. 病因与诱因   C. 诊疗经过

  D. 主要症状特点   E. 习惯、嗜好

3. 关于呕血，下列哪项是正确的

  A. 常见于消化性溃疡   B. 出血方式为呕出

  C. 出血前常有咽部不适、胸闷   D. 血中混有食物残渣或胃液

  E. 颜色大多为鲜红色

三、简答题

1. 请简述发热的分度。

2. 中性粒细胞增多的病理意义是什么？

（连 健）

书网融合……

重点回顾	微课1	微课2	微课3	习题

第二章　呼吸系统疾病

📖 导学情景

情景描述:患者,男,26 岁。该患于 2 天前去野外钓鱼着凉后出现咽部疼痛,伴有发热及全身酸痛,自行测量体温 37.8℃,未经任何治疗和检查来就诊。

情景分析:结合该患者主诉及现病史,根据其临床发病特点,初步诊断为"上呼吸道感染"。

讨　　论:1. 上呼吸道感染的临床表现特点是什么?

　　　　　　2. 为进一步明确诊断需要进行的下一步检查有哪些?

学前导语:呼吸系统是人体与外界环境间进行气体交换的器官系统,常由于外界各种诱因导致人体免疫力低下,病原体趁虚而入,最终诱发呼吸系统疾病。

第一节　急性上呼吸道感染

PPT

急性上呼吸道感染是鼻腔、咽、喉部急性炎症的总称,常见病原体是病毒,少数为细菌。其发病无年龄、性别、职业和地区差异。一般病情较轻、病程较短,预后良好。但发病率高,具有一定传染性,应积极防治。

一、病因及发病机制

急性上呼吸道感染有 70% ~80% 的患者是由病毒引起,常见病毒有鼻病毒、腺病毒、冠状病毒等。细菌可直接感染或继发于病毒感染之后,以溶血性链球菌为多见,其次为流感嗜血杆菌、肺炎链球菌、葡萄球菌等。

当机体遭遇受凉、淋雨、过度疲劳等情况时,全身或呼吸道局部防御功能降低,原已存在上呼吸道或从外界侵入的病毒或细菌可迅速繁殖,引起发病,尤其是老幼体弱者或有慢性呼吸道疾病者更易罹患。

二、病理

当鼻腔及咽黏膜充血、水肿、上皮细胞破坏，少量单核细胞浸润，有浆液性和黏液性渗出。继发细菌感染后，有中性粒细胞浸润，可出现脓性分泌物。随机体抵抗力的恢复或增强，病变局部炎症可完全恢复，如反复感染可转为慢性炎症。

三、临床表现

根据病因不同，临床表现可有不同类型。

1. 普通感冒　俗称"伤风"，又称急性鼻炎或上呼吸道卡他性炎，常见病原体为鼻病毒、冠状病毒等，常发生于春夏、秋冬季节交替时。起病急，主要表现为鼻咽部卡他症状，如咽痒、喷嚏、鼻塞、流清水样鼻涕，鼻涕2~3天后变稠，可伴有咽痛，有时炎症波及咽鼓管可有耳不适、听力减退，也可出现流泪、声嘶、咳嗽、呼吸不畅等，一般无畏寒发热。检查可见鼻黏膜充血、水肿，有分泌物，咽部充血。如无并发症，一般5~7天痊愈。

2. 咽炎和喉炎　急性病毒性咽炎多由鼻病毒、腺病毒、肠病毒及合胞病毒等引起。临床特点是咽痒和灼热感，咽痛不突出，咳嗽少见。若有明显咽痛或吞咽痛时，常提示有细菌继发感染。检查可见咽充血、水肿。急性喉炎多为流感病毒及腺病毒等引起。临床表现为：发热、声嘶、咽痛、咳嗽，检查可见喉部充血、水肿，局部淋巴结轻度肿大和触痛，并可闻及喘息音。

3. 疱疹性咽炎　常由柯萨奇病毒A引起，临床表现为明显咽痛、发热，检查可见咽充血，咽、扁桃体、软腭表面有灰白色疱疹及浅表性溃疡，周围有红晕。夏季多发，多见于儿童，偶见于成人，病程约为1周。

4. 咽结膜热　主要由腺病毒、柯萨奇病毒等引起。临床表现有发热、咽痛、畏光、咽及结膜充血。常见于夏季，通过游泳传播，儿童多见，病程为4~6天。

5. 细菌性咽扁桃体炎　多由溶血性链球菌引起，其次为流感嗜血杆菌、肺炎链球菌。起病急，有畏寒、高热，体温达39℃以上，咽痛明显，吞咽尤甚，全身中毒症状（头痛、全身酸痛、乏力）明显。检查可见咽部充血明显，扁桃体肿大、充血，表面有黄色点状物渗出，颌下淋巴结肿大并有压痛。

四、实验室和其他检查

1. 血常规　病毒感染时白细胞总数多为偏低或正常，淋巴细胞比例升高。细菌感染时白细胞总数与中性粒细胞比例均升高，严重感染时可出现核左移现象。

2. 病原学检查　可用免疫荧光法、血清学诊断和病毒分离鉴别等方法确定病毒类型，区分病毒和细菌感染。细菌培养可判断细菌类型并同时做药敏试验，以指导临床用药。

五、诊断与鉴别诊断

根据流行情况和临床表现，结合血常规检查可做出临床诊断，进行胸部X线检查有助于排除下呼吸道与肺部感染性疾病。必要时进行病毒分离和细菌培养，可确定病因诊断。

六、治疗

上呼吸道病毒感染目前尚无特殊抗病毒药物，以对症处理、休息、多饮水、戒烟酒、保持室内空气流通和防治继发细菌感染为主。

1. 对症治疗　发热可用阿司匹林、尼美舒利等解热镇痛药，咽痛、咽痒可用溶菌酶含片、草珊瑚含片等，鼻塞、流涕可用氯苯那敏、新康泰克等。

2. 抗病毒药物治疗　早期应用有一定效果，主要口服药物有抗病毒口服液、盐酸吗啉胍片、板蓝根冲剂、大青叶口服液等，注射药物可选用利巴韦林、炎琥宁、干扰素等。

3. 抗菌药物治疗　如有细菌感染，可根据细菌选用敏感的抗菌药物，如青霉素，第一、二代头孢菌素（如头孢拉定、头孢呋辛），大环内酯类（红霉素、罗红霉素、乙酰螺旋霉素、阿奇霉素等），喹诺酮类（环丙沙星、氧氟沙星、左氧氟沙星等）。

✎ 练一练2-1

以下不属于上呼吸道感染的卡他症状的是（　　）

A. 咽痒　　　　　　　　　B. 喷嚏　　　　　　　　　C. 鼻塞

D. 软腭白色疱疹　　　　　E. 流清水样鼻涕

答案解析

第二节　肺炎球菌性肺炎

PPT

肺炎球菌肺炎是由肺炎球菌所引起的肺实质的急性炎症，病变通常累及一个或几个肺段，也可能是一个肺大叶，故又称大叶性肺炎。主要临床特征为急骤起病，伴寒战、高热、胸痛、呼吸困难、咳嗽及咳铁锈色痰。近年来由于抗生素的广泛应用，临床上轻症或不典型病例多见。

一、病因及发病机制　<e> 微课1

病原体为肺炎球菌。该菌为革兰阳性菌，常成对（肺炎双球菌）或呈短链状（肺炎链球菌）排列。有荚膜，其毒力大小与荚膜中的多糖结构及含量有关。根据荚膜多糖的抗原性，肺炎球菌可分为86个血清型。成人致病菌多属1~9及12型，以第3型毒力最强，而儿童多为6、14、19、23型。肺炎球菌在干燥痰中能存活数日，但阳光直射1小时，或加热52℃10分钟即可杀死，对苯酚等消毒剂亦甚敏感。肺炎球菌为上呼吸道正常菌群，平时不致病。当受凉、淋雨、醉酒、过劳等造成机体免疫力降低时，细菌进入下呼吸道并到达肺泡，迅速生长繁殖。其致病力是由于多糖荚膜对组织的侵袭作用，首先引起肺泡壁水肿，迅速出现白细胞和红细胞渗出，含菌的渗出液经Cohn孔（肺泡壁间孔）向肺小叶的中央部分扩散，甚至蔓延至几个肺段或整个肺叶，且容易累及胸膜。肺炎球菌不产生毒素，不引起原发性组织坏死或形成空洞。

二、病理

病理改变分为充血期、红色肝变期、灰色肝变期和消散期。肺组织充血水肿，肺泡内浆液渗出和红细胞、白细胞渗出，白细胞吞噬细菌，继而纤维蛋白渗出物溶解、吸收、肺泡重新充气。四个病理阶段并无绝对分界，在早期应用抗生素的情况下，这种典型的病理分期已不多见。病变消散后肺组织结构多无损坏，不留纤维瘢痕。但极个别病例肺泡内纤维蛋白吸收不完全，形成机化性肺炎。

三、临床表现

发病以冬春季为多，常为平素健康的男性青壮年，发病前常有受凉、淋雨、疲劳、醉酒、过劳等。

1. 症状　起病多急骤，出现寒战、高热、全身肌肉酸痛，体温在数小时内升至39~40℃，高峰在下午或傍晚，多呈稽留热，与脉率相平行。继之出现咳嗽、胸痛、呼吸困难，咳铁锈色痰。可伴有食欲减退，偶有恶心、呕吐、腹痛、腹泻或黄疸，有时误诊为急腹症。

2. 体征 呈急性病容，面颊绯红、鼻翼扇动、皮肤灼热。口角和鼻周可出现单纯疱疹。可出现发绀和巩膜黄染。早期仅有胸廓呼吸运动减弱、病变肺部叩诊轻度浊音，呼吸音减低。随病情发展，出现肺实变体征：视诊局部呼吸运动减弱；触诊局部语音震颤增强；叩诊局部呈浊音，听诊局部闻及支气管呼吸音，充血水肿期或消散期可闻及细湿啰音。

3. 其他表现 感染严重时，可出现感染性休克，称为休克性肺炎，表现为血压下降、四肢厥冷、脉搏细速、尿量减少、意识障碍等。重者有肠胀气，炎症累及膈胸膜时上腹部可有压痛。另外，尚可出现急性胸膜炎、急性呼吸窘迫综合征等。

本病自然病程为 1~2 周，发病 5~10 天发热可以自行骤降或逐渐减退。使用有效抗生素可使体温在 1~3 天内恢复正常，其他症状、体征也逐渐消失。

四、实验室和其他检查

1. 血液一般检查 白细胞计数一般在 $(10~20) \times 10^9/L$，中性粒细胞占 80% 以上，并有核左移或中毒颗粒。重症感染、年老体弱、酗酒、免疫功能低下者白细胞计数可不增高，但中性粒细胞百分比仍增高。

2. 痰液检查 痰涂片检查有大量中性粒细胞和革兰阳性成对或短链状球菌。痰培养在 24~48 小时可以确定病原体。聚合酶链反应（PCR）及荧光标记抗体检测可提高细菌诊断率。

3. X 线检查 这是肺炎球菌肺炎的主要辅助检查，对该病诊断具有重要帮助。早期，肺纹理增粗或受累的肺段，肺叶稍模糊。肺实变期，表现为以肺段或肺叶为特征的大片炎症浸润阴影或实变影，在实变影中可见支气管充气症，肋膈角可有少量胸腔积液。消散期，炎症性浸润逐渐吸收，因有片块区域吸收较快，呈现"假空洞"征。多数病例在起病 3~4 周后可完全消散，老年人病灶消散较慢，容易出现吸收不完全而成为机化性肺炎。

五、诊断与鉴别诊断

诊断要点：①常有受凉、淋雨、疲劳、醉酒、过劳等病史；②突然寒战、高热、咳嗽、咳铁锈色痰、肺实变体征等典型临床表现；③胸部 X 线检查显示以肺段或肺叶为范围的炎症阴影；④血液检查显示白细胞总数升高、中性粒细胞比例升高；⑤痰液检查发现大量肺炎球菌。

六、治疗 ⓔ 微课2

1. 一般治疗 应卧床休息。多喝开水，注意补充足够蛋白质、热量及维生素。加强护理，密切观察体温、脉搏、呼吸和血压变化，及早发现休克指征。

2. 抗菌治疗 一经诊断应立即应用抗生素治疗。首选青霉素 G，每次 80 万 U，每天 2~4 次，肌内注射；病情重者，青霉素 G，每次 240 万~480 万 U，每 6~8 小时一次，静脉滴注。对青霉素过敏、耐青霉素或多重耐药菌株感染者，可用喹诺酮类（左氧氟沙星、加替沙星、莫昔沙星）、头孢菌素类（头孢噻肟、头孢曲松等）、万古霉素等。抗菌药物标准疗程通常为 14 天，或在退热 3 天后停药。

♥ 药爱生命

合理使用抗生素

使用抗生素后，生命力弱的细菌可被杀灭，但残存的细菌则对抗生素产生抵抗力。细菌一旦产生耐药性后，如不使用更加强有力的抗生素则疗效欠佳。如果出现完全获得耐药性，后果不堪设想。近年来抗生素使用不当引发的耐药病原菌种类及由此诱发的各种院内严重感染发病率逐年上升。如很多人用抗生素治疗感冒，虽然抗生素能对抗细菌等微生物，但却不能抗病毒，而感冒多属病毒感染，随意使用抗生素只会增加不良反应，使细菌产生耐药性。因此合理使用抗生素非常重要。

3. 对症治疗 高热患者可使用酒精擦拭、冰袋等物理降温。有明显胸痛者，可给予可待因 15mg，口服。有脱水者，可静脉补液。有呼吸困难或发绀严重者（$PaO_2 < 60mmHg$）应给予鼻导管吸氧。有呼吸道阻塞者，清除呼吸道分泌物，保持气道通畅。有腹胀、鼓肠者可用腹部热敷或肛管排气。有麻痹性肠梗阻或胃扩张者，应暂禁饮食，并进行胃肠减压。有烦躁不安、谵妄，失眠者，可口服地西泮 2.5mg 或 10% 水合氯醛 10~15ml（1~1.5g），禁用抑制呼吸的镇静剂。

4. 感染性休克的处理 感染性休克者，在足量使用抗生素的基础上，按低血容量性休克处理。基本措施为迅速补充血容量，纠正酸中毒，应用血管活性药物，使用糖皮质激素，保护心、脑、肾等重要脏器功能。

练一练2-2

关于肺炎球菌肺炎，以下错误的是（　　）

A. 起病多急骤，出现寒战、高热、全身肌肉酸痛

B. 咳嗽、胸痛、呼吸困难，咳铁锈色痰

C. 呈急性病容，口角和鼻周可出现单纯疱疹

D. 感染严重时，可出现感染性休克

E. 本病自然病程为 1~2 周，抗病毒治疗有效

答案解析

第三节　慢性支气管炎

PPT

慢性支气管炎简称慢支，是指气管、支气管黏膜及其周围组织的慢性非特异性炎症。临床主要表现为咳嗽、咳痰或伴有喘息，并有反复发作的慢性过程。多见于老年人，发病率随年龄增长而增加。常并发慢性阻塞性肺气肿和慢性肺源性心脏病，是一种严重危害人民健康的常见病、多发病。

一、病因及发病机制

病因尚未完全清楚，一般认为是在呼吸道局部功能异常或低下的情况下，由病原体感染引起。

1. 呼吸道局部功能异常或低下

（1）吸烟　吸烟与慢性支气管炎的发生有密切关系。吸烟的时间越长，烟量越大，患病率也越高。戒烟后可使症状减轻或消失，病情缓解，甚至不再复发。动物实验证明，吸烟后副交感神经兴奋性增高，支气管平滑肌痉挛，黏膜上皮纤毛运动受抑制，支气管黏膜充血、水肿，黏膜分泌增多，黏液积聚，气道净化能力减弱。此种情况下，易于病原体入侵，引起感染。

（2）理化因素　①大气污染：大气中的刺激性烟雾、粉尘、有害气体（如二氧化硫、二氧化氮、氯气）的慢性刺激，对支气管黏膜造成损伤，使其防御功能下降，为病原体入侵创造条件。②气候变化：寒冷和环境温度剧变常为慢性支气管炎急性发作的重要原因和诱因，寒冷空气或环境温度剧变可刺激呼吸道，减弱其防御功能，并通过反射引起支气管平滑肌痉挛，黏液排出困难，有利于病原体繁殖；故慢性支气管炎急性发作常见于寒冷冬季，尤以气候突变时。

（3）过敏因素　喘息型慢性支气管炎多有过敏史，痰中嗜酸性粒细胞数量与组胺含量升高，说明慢性支气管炎和过敏因素有关。过敏原有尘埃、花粉、化学气体、寄生虫、细菌等。

（4）自主神经功能失调　呼吸道副交感神经兴奋性增高时，支气管因微弱刺激即可收缩痉挛，分泌物增多而易发感染。

（5）免疫功能低下　包括全身免疫功能减弱和呼吸道防御功能减弱。呼吸道防御功能减弱可为局部气管、支气管黏膜的纤毛运动异常或分泌性免疫球蛋白A减少等。

2. 感染　主要病原体为病毒和细菌。

（1）常见病毒　鼻病毒、黏液病毒、腺病毒及呼吸道合胞病毒等。

（2）常见细菌　细菌感染一般在病毒感染损伤气道黏膜的基础上继发。常见细菌为流感嗜血杆菌、肺炎球菌、甲型溶血性链球菌及奈瑟球菌等。细菌感染是慢性支气管炎形成的主要原因。

二、病理

早期，支气管上皮细胞的纤毛发生粘连、倒伏、脱失，上皮细胞空泡变性、坏死、增生；病程久而重者，炎症由支气管壁向周围组织扩散，黏膜下层平滑肌束断裂、萎缩；晚期，黏膜萎缩性改变，气管周围组织增生，进而间质纤维化，病变波及肺泡壁，可并发肺气肿和肺源性心脏病（肺心病）。

三、临床表现

1. 症状　起病缓慢，病程较长。主要症状为"咳""痰""喘"。

（1）慢性咳嗽　特点是长期、反复、逐渐加重的咳嗽，一般清晨起床后咳嗽较重，白天较轻，临睡前有阵咳或咳痰。冬季或寒冷季节咳嗽较重，夏季缓解或减轻，重者咳嗽频繁，一年四季都出现咳嗽。

（2）咳痰　一般为白色黏液或浆液性泡沫痰，偶可带血丝，清晨排痰较多，急性发作期痰量明显增多，可为黏液脓性痰或脓性痰。

（3）喘息或气促　早期在劳力时出现，后逐渐加重，以至在日常活动中甚至休息时也出现喘息。

2. 体征　早期可无异常体征，急性发作期两肺呼吸音减弱，呼气延长，两肺可有散在性干、湿啰音，多在肺底部，咳嗽排痰后啰音减弱或消失，喘息型慢性支气管炎可闻及哮鸣音。晚期可出现肺气肿体征（视诊：桶状胸、呼吸运动减弱；触诊：呼吸动度减弱，语音震颤减弱；叩诊：双肺过清音；听诊：双肺呼吸音减弱，呼气时间延长）。

？ 想一想

呼吸系统哪些疾病会有发热、咳嗽及呼吸困难的表现？

答案解析

四、实验室和其他检查

1. 血液一般检查　慢性支气管炎急性发作期或并发肺部感染时，血常规中白细胞总数及中性粒细胞百分比升高。喘息型嗜酸性粒细胞升高。缓解期多无明显变化。

2. 胸部X线检查　早期无特殊征象。随病情发展可出现两肺纹理增粗、紊乱，呈网状或条索状阴影，两下肺明显。晚期并发肺气肿时出现肺野透亮度增加、肋间隙变宽、横膈下降等改变。

3. 痰液检查　涂片可见大量中性粒细胞、坏死或变性的上皮细胞，喘息型痰中有较多的嗜酸性粒细胞。涂片或培养可找到致病菌。

4. 动脉血气分析　主要观察血中氧和二氧化碳的浓度。对确定发生低氧血症、高碳酸血症、酸碱平衡失调以及判断呼吸衰竭的类型有重要价值。

5. 肺功能检查 是判断气流受限的主要客观指标，对诊断、程度评估、病程进展、预后判断及治疗反应等有重要意义。主要检查项目有肺活量（最大吸气后呼出的气量）、肺总量（深吸气后肺内所含的总气量）、功能残气量（平静呼气后肺内所含的气量）、最大通气量（单位时间内以尽快的速度和尽可能深的幅度进行呼吸所得到的通气量）等。

五、诊断与鉴别诊断

1. 诊断依据 咳嗽、咳痰或伴喘息，每年发病持续 3 个月，且连续 2 年或以上者，排除其他心、肺疾病（如肺结核、尘肺、支气管哮喘、支气管扩张、肺癌、心力衰竭等），即可作出诊断。若以上表现每年发病持续不足 3 个月，但有明显的检查依据（如 X 线、肺功能检查等），亦可以做出诊断。

2. 临床分型 根据临床表现慢性支气管炎可分为以下两型。

（1）单纯型 表现为咳嗽、咳痰，不伴喘息。

（2）喘息型 表现为咳嗽、咳痰，伴有喘息。

3. 临床分期 根据临床表现慢性支气管炎可分为以下三期。

（1）发作期 指在 1 周内出现脓性或黏液脓性痰；痰量明显多，或伴有发热等炎性症状；或咳、痰、喘任何一项明显加剧者。

（2）慢性迁延期 指咳、痰、喘症状迁延 1 个月以上者。

（3）临床缓解期 经治疗或气候转暖，病情逐渐缓解，症状基本消失，或偶有轻微咳嗽，咳少量痰液，保持 2 个月以上者。

✎ **练一练2-3**

诊断慢性支气管炎的主要依据是（　　）

A. 病史和症状 　　　　B. 阳性体征 　　　　C. 胸部 X 线检查

D. 心电图 　　　　E. 既往史和个人史

答案解析

六、治疗

1. 急性发作期和慢性迁延期的治疗

（1）控制感染 根据病情严重程度和病原菌的药物敏感试验选用抗生素。首选青霉素，若青霉素过敏，可改为大环内酯类，如红霉素、罗红霉素。另外，还可选用喹诺酮类如氧氟沙星、左氧氟沙星、加替沙星等和头孢菌素类第一、第二代如头孢拉定、头孢呋辛等。

（2）祛痰、止咳 在使用有效抗生素的同时，应用祛痰、止咳药，通畅呼吸道。可选用喷托维林，25mg，每天 3~4 次，口服；复方甘草片，0.9g，每天 3 次，口服；虎耳草素片，1~2 片，每天 3 次，口服。不宜使用强镇咳剂，如可待因等。

（3）解痉、平喘 沙丁胺醇，2~4mg，每天 3~4 次，口服；氨茶碱，0.1~0.2g，每天 3 次，口服，或氨茶碱 0.25~0.5g 加入葡萄糖溶液中静脉注射或静脉滴注。

（4）吸氧和雾化吸入 可使用鼻导管吸氧，以提高体内血氧浓度。雾化吸入可使药物直达支气管，提高治疗效果，必要时选用。

2. 临床缓解期治疗 养成良好生活习惯，戒烟，脱离污染环境，预防感冒。注意适当的锻炼，增强体质，以提高机体抵抗力。有条件者可注射卡介苗、转移因子等，以增加机体免疫力。

第四节 慢性肺源性心脏病

慢性肺源性心脏病简称慢性肺心病，是由肺组织、肺血管、胸廓的慢性病变引起肺组织结构和功能异常，肺血管阻力增加，产生肺动脉高压，右心室负荷加重和肥大，伴或不伴右心功能衰竭的心脏病。患病率有地区差异，东北、西北、华北患病率高于南方地区，农村高于城市，并随年龄增高而增加。吸烟者比不吸烟者患病率明显增加，冬春季节气温骤变时，易出现急性发作。

一、病因

1. 支气管、肺疾病 以慢性阻塞性肺疾病（COPD）最为多见，占发病率的80%~90%，其次为支气管哮喘、支气管扩张、重症肺结核、尘肺等疾病。

2. 胸廓运动障碍性疾病 较少见，脊柱或胸廓严重畸形可引起胸廓活动受限、肺受压、支气管扭曲或变形，导致气道不畅、肺功能受损。进而致缺氧、肺动脉高压，发展成慢性肺心病。

3. 肺血管疾病 慢性血栓栓塞性肺动脉高压、肺小动脉炎以及原因不明的原发性肺动脉高压均可引起肺血管阻力增加、肺动脉高压和右心负荷加重，发展成慢性肺心病。

4. 其他 原发性肺泡通气不足及先天性口咽畸形等可发生低氧血症，使肺血管收缩，导致肺动脉高压，发展成慢性肺心病。

二、发病机制和病理

慢性肺源性心脏病的发病是一个缓慢发展的过程，包括肺动脉高压的形成、右心室肥厚扩大、右心衰竭。

1. 肺动脉高压的形成 肺动脉高压的形成与下列因素有关。①肺血管收缩：组织缺氧、高碳酸血症和呼吸性酸中毒均可造成肺血管收缩，其中缺氧是造成肺血管收缩的重要因素。②肺毛细血管床面积减少：慢性阻塞性肺气肿使肺泡内残气量增加，压迫毛细血管，造成毛细血管狭窄、闭塞或肺泡破裂，肺泡间隔及毛细血管消失。③血容量增多和血液黏稠度增加：慢性缺氧可造成继发性红细胞增多及血容量增多，红细胞增多、缺氧和酸中毒可造成血液黏稠度增加。④肺小动脉炎：慢性阻塞性肺疾病时反复发生支气管周围炎，累及邻近的肺小动脉，引起肺小动脉炎，肺小动脉管壁增厚、管腔狭窄。导致肺循环阻力增加，肺动脉高压，右心负荷加重，逐渐发展成肺心病。

2. 右心室肥厚扩大 肺动脉高压引起右心室负荷增加，右心发挥其代偿功能以克服肺动脉压升高的阻力而发生右心室肥厚扩大。

3. 右心衰竭 随着病情的进展，肺动脉压持续升高，超过右心室的代偿能力，右心排出量下降，右心室收缩末期残留血量增加，舒张压升高，出现右心衰竭。

4. 其他重要脏器的损害 心力衰竭造成静脉淤血、缺氧和肺病变造成的缺氧、高碳酸血症等导致脑、肝、肾、胃、肠等重要器官出现功能减退和形态改变。

三、临床表现

本病发展缓慢，临床上除原发疾病症状、体征外，主要是逐步出现肺、心功能减退及其他器官受损的征象。临床依据病情将其分为心肺功能代偿期和失代偿期两个阶段。

1. 心肺功能代偿期

（1）症状 长期慢性咳嗽、咳痰、喘息，逐渐出现乏力、呼吸困难、心悸，活动后加重。

（2）体征 程度不同的发绀、肺气肿体征、肺部干湿性啰音、肺动脉瓣区第二心音亢进、剑突下明显心脏搏动、三尖瓣区收缩期杂音等。

2. 心肺功能失代偿期 多由急性呼吸道感染所诱发，除代偿期症状加重外，相继出现呼吸衰竭和循环衰竭的表现。

（1）呼吸衰竭 主要表现为缺氧和二氧化碳潴留症状。

1）症状 严重的呼吸困难（夜间为甚），伴有头痛、失眠、食欲下降等，可出现表情淡漠、神志恍惚、谵妄、睡眠倒错等肺性脑病的表现。

2）体征 皮肤潮红、多汗、明显发绀、球结膜充血水肿（严重时可有视网膜血管扩张，视乳头水肿等颅内压升高的表现）、腱反射减弱或消失、锥体束征阳性。

（2）右心衰竭 主要是体循环淤血的表现。

1）症状 心悸、气促、腹胀、食欲不振、恶心、少尿等。

2）体征 颈静脉怒张及肝-颈静脉回流征阳性、肝脏肿大伴有压痛、上行性水肿（重者可发生腹腔积液）、心率增快、三尖瓣区可闻及收缩期杂音等。

四、实验室和其他检查

1. 百分比血液检查 红细胞与血红蛋白可增高，血黏度可增加，支气管或肺部感染时，白细胞总数及中性粒细胞百分比增高。部分可有肝肾功能异常、电解质紊乱、酸碱失衡的改变。

2. X 线检查 除肺、胸基础疾病及急性肺部感染的征象外，还可出现：①肺动脉高压症，右下肺动脉干扩张，其横径≥15mm，横径与支气管横径比值≥1.07，肺动脉段明显突出，其高度≥3mm；②右心室肥大征。

3. 心电图检查 主要为右心室肥大的表现：电轴右偏，额面平均电轴≥+90°，重度顺钟向转位（$V_5R/S≤1$），$RV_1+SV_5≥1.05mV$，肺性 P 波，亦可见右束支传导阻滞及低电压图形。

4. 动脉血气分析 可出现低氧血症或合并高碳酸血症。$PaO_2<60mmHg$，$PaCO_2>50mmHg$ 提示有呼吸衰竭。

5. 超声心动图 右室流出道增宽（≥30mm），右室内径增大（≥20mm），左、右心室内径比<2，右肺动脉内径增大，右心房增大等。

6. 其他 肺功能检查对早期或缓解期慢性肺心病有意义。痰细菌学检查对急性加重期慢性肺心病有指导抗生素应用的价值。最大通气量（单位时间内以尽快地速度和尽可能深的幅度进行呼吸所得到的通气量）有一定诊断价值。

五、诊断与鉴别诊断

1. 诊断要点 ①有慢性支气管炎、支气管哮喘、阻塞性肺气肿等慢性肺部疾病或胸疾病的病史；②有肺动脉高压、右心肥厚扩大的临床表现，伴有或不伴有右心衰竭、呼吸衰竭；③X 线、心电图、超声心动图等检查呈现肺动脉高压、右心肥厚扩大的征象。

2. 临床分期

（1）急性加重期 在慢性肺心病的发展过程中，因呼吸道或肺部感染等因素可使病情突然加重，出现心力衰竭或（和）呼吸衰竭，称为急性加重期。

（2）临床缓解期 呼吸道或肺部感染等因素去除后病情恢复，趋于稳定，称为缓解期。

六、治疗

1. 急性加重期 积极控制感染；通畅呼吸道，改善呼吸功能；纠正缺氧和二氧化碳潴留；控制呼吸衰竭和心力衰竭；预防并积极处理并发症。

（1）控制感染　常用抗生素有青霉素类（青霉素 G）、喹诺酮类（氧氟沙星、左氧氟沙星）、头孢菌素类（头孢呋辛、头孢替唑）等。必要时，根据痰培养及药敏试验选择有效抗生素。

（2）氧疗　通畅呼吸道，鼻导管或面罩低浓度持续给氧。

（3）纠正心力衰竭　慢性肺心病一般在积极控制感染、改善呼吸功能后心力衰竭即能得到改善，若控制感染和改善呼吸功能后心力衰竭无改善，可适当选用利尿药、强心苷、血管扩张药纠正心力衰竭。

1）利尿药　原则上宜选作用轻的利尿药，小剂量使用。氢氯噻嗪，25mg，每天 1 ~ 3 次，口服，尿量多时需加用 10% 氯化钾 10ml，口服，防治低血钾；使用保钾利尿药可避免低血钾，可选用氨苯蝶啶 50 ~ 100mg，或螺内酯 20 ~ 40mg，每天 1 ~ 3 次，口服；重者，可用呋塞米口服或静脉注射。保钾利尿药与氢氯噻嗪或呋塞米合用可避免体内钾的丢失。

2）强心苷　肺心病由于慢性缺氧及感染，对洋地黄类强心剂耐受性很低，因此，应注意以下三点：①使用剂量宜小，一般为常规剂量的 1/2 ~ 2/3；②选用作用快、排泄快的制剂，如毒毛花苷 K、毛花苷 C 等；③用药前先纠正缺氧、低钾血症，以免发生药物毒性反应。应用指征是：①感染已被控制，呼吸功能已改善，利尿剂不能取得良好疗效而反复水肿的心力衰竭；②以右心衰竭为主要表现而无明显急性感染者；③出现急性左心衰竭者。使用方法：毒毛花苷 K 0.125 ~ 0.25mg，或毛花苷 C 0.2 ~ 0.4mg，加入 50% 葡萄糖溶液 20ml 内，缓慢静脉注射。

3）血管扩张药　经使用利尿药、强心苷治疗效果仍不理想时，可加用血管扩张药，常用的药物有酚妥拉明、硝普钠、依那普利等。

（4）其他治疗　纠正心律失常、抗凝治疗等。

2. 缓解期　可采用中西医结合的综合治疗，治疗原发疾病，增加营养，注射转移因子，增强机体抵抗力，去除诱因，改善肺功能，防止病情突然加重，延缓病情进展。

练一练2-4

慢性肺源性心脏病右心衰竭时，首选的治疗措施是（　　）

A. 用利尿剂降低心脏前负荷　　　　　B. 用洋地黄药物增强心脏泵功能

C. 用血管扩张剂降低心脏后负荷　　　D. 氧疗、控制呼吸道感染，改善呼吸功能

E. 机械通气

答案解析

第五节　支气管哮喘

PPT

支气管哮喘简称"哮喘"，是由多种细胞（嗜酸性粒细胞、肥大细胞、T 淋巴细胞、中性粒细胞、气道上皮细胞等）和细胞组分参与的气道慢性炎症性疾病。这种慢性炎症与气道高反应性相关，通常出现广泛多变的可逆性气流受限，并引起反复发作的喘息、气急、胸闷或咳嗽等症状，常在夜间和（或）清晨发作、加剧，多数可自行缓解或经治疗缓解。

本病一般在春秋季节发作，可发生于任何年龄，发达国家的患病率高于发展中国家，城市高于农村。我国的患病率为 0.5% ~5% 。一般认为儿童患病率高于青壮年，老年人群的患病率有增高的趋势。成人男女患病率大致相同，本病如诊治不及时，随病程的延长可产生气道不可逆性缩窄和气道重塑。

一、病因及发病机制

1. 病因 哮喘的病因还不十分清楚，个体过敏体质及外界环境的影响是发病的危险因素。哮喘与多基因遗传有关，同时受遗传因素和环境因素的双重影响。

（1）遗传因素 与哮喘相关基因的表达有：①气道高反应性；②IgE 调节和特应性反应；③β 肾上腺素受体功能低下和迷走神经张力亢进。

（2）环境因素 环境激发因素主要包括：①尘螨、花粉、真菌、动物毛屑、油漆、氨气、寒冷空气等各种特异或非特异性吸入物；②细菌、病毒、寄生虫等病原生物感染；③鱼、虾、蛋、牛奶等蛋白性食物；④普萘洛尔、阿司匹林等某些药物，⑤剧烈运动、冷热空气、胃食管反流等。

2. 发病机制

（1）气道免疫异常与炎症 外源性变应原（尘螨、花粉、真菌等）进入体内，刺激机体产生的 IgE 抗体吸附在肥大细胞和嗜碱性粒细胞表面，当同一变应原再次进入体内并与 IgE 抗体结合后肥大细胞脱颗粒，释放出组胺、白三烯（LT）、血小板活化因子（PAF）等介质，这些介质使支气管平滑肌痉挛、黏膜水肿、腺体分泌增多，造成支气管腔狭窄，导致哮喘发作。

（2）气道高反应性（AHR） 气道对各种刺激因子（如变应原、理化因素、运动、药物等）出现过早或过强的收缩反应是哮喘发生、发展的另一个重要因素。导致气道高反应性的重要原因是遗传因素和气道炎症。气道高反应性常有家族倾向，是支气管哮喘患者的共同病理生理特征；多种炎症细胞、炎症介质和细胞因子损害气道上皮，使上皮下神经末梢裸露等致使气道反应性增高。

（3）气道重构 是哮喘的重要病理特征，表现为气道上皮细胞黏液化生、平滑肌肥大/增生、上皮下胶原沉积和纤维化、血管增生等，多出现在反复发作、长期没有得到良好控制的哮喘。气道重构造成对吸入激素的敏感性降低，出现不可逆气流受限以及持续存在的气道高反应性。气道重构的发生主要与持续存在的气道炎症和反复的气道上皮损伤/修复有关。

（4）神经受体失衡 支配支气管平滑肌的 α 受体、M_1 受体、M_3 受体和 P 物质受体，兴奋时可引起平滑肌收缩，管腔缩小；支配支气管平滑肌的 $β_2$ 受体、M_2 受体和血管活性肠肽（VIP）受体，兴奋时可使平滑肌松弛、管径变大。调节支气管管径的神经受体平衡失调，α、M_1、M_3 和 P 物质受体功能增强，而 β、M_2 和 VIP 受体功能不足。

二、病理

疾病早期，肉眼观解剖学上很少有器质性改变。随着疾病的发展，肉眼可见肺膨胀及肺气肿，肺柔软疏松有弹性，支气管及细支气管内含有黏稠痰液及黏液栓。支气管壁增厚、黏膜肿胀充血形成皱襞，黏液栓塞局部可出现肺不张。显微镜下可见气道上皮下有肥大细胞、肺泡巨噬细胞、嗜酸性粒细胞、淋巴细胞与中性粒细胞浸润。气道黏膜下组织水肿，微血管通透性增加，支气管内分泌物潴留，支气管平滑肌痉挛，纤毛上皮细胞脱落，基底膜裸露，杯状细胞增多及支气管分泌物增加等病理改变。若哮喘长期反复发作，表现为平滑肌肌层肥厚，气道上皮细胞下纤维化、基底膜增厚等，导致气道重构和周围肺组织对气道的支持作用消失。

三、临床表现

1. 症状 典型表现为发作性伴有哮鸣音的呼气性呼吸困难。部分发作前有鼻痒、眼睑痒、打喷嚏、流涕、干咳等先兆症状。发作时，被迫采取坐位或呈端坐呼吸，干咳或咳大量白色泡沫痰。哮喘可持续数小时甚至数天，可自行缓解或使用支气管舒张药后缓解。部分在缓解数小时后可再次发作。在夜间及凌晨发作和加重常是哮喘的特征之一。

2. 体征　发作时胸廓饱满、肋间隙增宽，双肺闻及广泛哮鸣音，呼气音延长。严重哮喘可出现心率增快、奇脉、面色苍白，甚至出现发绀等。

3. 不典型哮喘　以咳嗽为唯一症状者称为咳嗽变异性哮喘。以胸闷为唯一症状者称为胸闷变异性哮喘。在运动时出现哮喘者称为运动性哮喘，见于某些青少年。

4. 并发症　发作时可并发气胸、纵隔气肿、肺不张；长期反复发作和感染或并发慢性支气管炎、肺气肿、支气管扩张、间质性肺炎、肺纤维化和肺源性心脏病。

四、实验室和其他检查

1. 血液检查　嗜酸性粒细胞增多，并发感染时白细胞总数和中性粒细胞增多。

2. 痰液检查　镜检可见夏克－雷登（shark－leiden）结晶、枯什曼（curschmann）螺旋体。痰液涂片染色后镜检可见较多嗜酸性粒细胞。

3. 胸部 X 线检查　早期在哮喘发作时可见两肺透亮度增加，呈过度通气状态；在缓解期多无明显异常。如并发呼吸道感染，可见肺纹理增加及炎性浸润阴影。

4. 动脉血气分析　哮喘发作时因气道阻塞可表现为呼吸性碱中毒。若重症哮喘，病情进一步发展，气道阻塞严重，可有缺氧及 CO_2 滞留，$PaCO_2$ 上升，表现为呼吸性酸中毒。若缺氧明显，可合并代谢性酸中毒。

5. 呼吸功能检查

（1）通气功能检测　哮喘发作时呈阻塞性通气功能障碍，呼气流速指标均显著下降，第一秒用力呼气容积（FEV_1）、第一秒用力呼气容积占用力肺活量比值（$FEV_1/FVC\%$）、呼气峰值流速（PEF）均下降或减少。肺容量指标可见用力肺活量减少、残气量增加、功能残气量和肺总量增加，残气量占肺总量百分比增高。缓解期上述通气功能指标可逐渐恢复。

（2）支气管激发试验（BPT）　用以测定气道反应性。常用吸入激发剂为醋甲胆碱、组胺等。吸入激发剂后其通气功能下降、气道阻力增加。运动亦可诱发气道痉挛，使通气功能下降。在设定的激发剂量范围内如 FEV_1 下降≥20%，可诊断为激发试验阳性。

（3）支气管舒张试验（BDT）　用以测定气道气流受限的可逆性。常用吸入型的支气管舒张剂有沙丁胺醇、特布他林等。舒张试验阳性诊断标准为 FEV_1 较用药前增加 12% 或以上，且其绝对值增加 200ml 或以上。

（4）呼气峰值流速（PEF）及其变异率测定　PEF 可反映气道通气功能的变化。若 24 小时内 PEF 或昼夜 PEF 波动率≥20%，则符合气道气流受限可逆性改变的特点。

6. 特异性变应原的检测

（1）体外检测　血清特异性 IgE 可较正常人明显增高。

（2）在体试验　①皮肤过敏原测试：用于指导避免过敏原接触和脱敏治疗，临床较为常用。需根据病史和当地生活环境选择可疑的过敏原进行检查，可通过皮肤点刺等方法进行，皮试阳性提示对该过敏原过敏。②吸入过敏原测试：验证过敏原吸入引起的哮喘发作，因过敏原制作较为困难，且该检验有一定的危险性，目前临床应用较少。在体试验应尽量防止发生过敏反应。

五、诊断与鉴别诊断

1. 诊断标准　①反复发作喘息、气急、胸闷或咳嗽，多与接触变应原、冷空气、物理、化学性刺激、病毒性上呼吸道感染、运动等有关；②发作时在双肺可闻及散在或弥漫性，以呼气相为主的哮鸣音，呼气相延长；③上述症状可经治疗缓解或自行缓解；④除外其他疾病引起的喘息、气急、胸闷和咳嗽；⑤临床表现不典型者（如无明显喘息或体征）应有下列三项中至少一项阳性：支气管激发试验或运动试验阳性、支气管舒张试验阳性、昼夜 PEF 变异率≥20%。

符合上述①~④条或④、⑤条者，可诊断为支气管哮喘。

2. 临床分期　支气管哮喘可分为急性发作期和非急性发作期。

（1）急性发作期　因接触变应原等刺激物或治疗不当诱发，气促、咳嗽、胸闷等症状突然发生或症状加重，常有呼吸困难，以呼气流量降低为其特征。症状在数小时、数天内出现，偶尔在数分钟出现，可危及生命。目前临床上将哮喘急性发作期分为 4 度，详见表 2-1。

表 2-1　哮喘急性发作期病情严重程度分度

临床特点	轻度	中度	重度	危重度
气短	步行、上楼时	稍事活动	休息时	—
体位	可平卧	喜坐位	端坐呼吸	—
讲话方式	连续成句	单词	单字	不能讲话
精神状态	可有焦虑，尚安静	时有焦虑或烦躁	常有焦虑、烦躁	嗜睡或意识模糊
出汗	无	有	大汗淋漓	—
呼吸频率	轻度增加	增加	常 >30 次/分	—
辅助呼吸肌活动及三凹征	常无	可有	常有	胸腹矛盾运动
哮鸣音	散在，呼吸末期	响亮、弥漫	响亮、弥漫	减弱乃至无

（2）非急性发作期　是指相当长的时间内仍有不同频度和（或）不同程度的症状出现（喘息、咳嗽、胸闷等），肺通气功能下降。目前建议根据哮喘控制水平将非急性发作期分为控制、部分控制和未控制 3 个等级，每个等级的具体指标见表 2-2。

表 2-2　哮喘非急性发作期控制水平的分级

临床特征	目前临床控制评估（最好四周以上）		
	控制 （满足以下所有条件）	部分控制 （出现以下任何 1 项临床特征）	未控制
白天症状	无（或≤2 次/周）	>2 次/周	出现≥3 项哮喘部分控制的表现
活动受限	无	有	
夜间症状/憋醒	无	有	
需要使用缓解药或急救治疗	无（或≤2 次/周）	>2 次/周	
肺功能（PEF 或 FEV_1）	正常	正常预计值或个人最佳值的 80%	

六、治疗

目前尚无特效的治疗方法，但长期规范化治疗可使哮喘症状得到控制，减少复发乃至不发作。治疗的目的为控制症状，减少发作，防止病情恶化，尽可能保持肺功能正常，提高生活质量。

1. 脱离变应原　脱离引起哮喘发作的变应原或其他非特异刺激因素是防治哮喘最有效的方法。因此，要尽可能找到或明确不同哮喘病个体的环境激发因素，脱离接触。

2. 药物治疗　哮喘治疗药物分为控制性药物和缓解性药物。控制性药物是指需要长期使用的药物，主要用于治疗气道慢性炎症，使哮喘维持临床控制，亦称抗炎药。缓解性药物是指按需使用的药物，可以迅速缓解支气管痉挛从而缓解哮喘症状，亦称解痉平喘药。各类药物详见表 2-3。

（1）β₂受体激动剂 主要通过激动气道上的 β₂ 受体，激活腺苷酸环化酶，减少肥大细胞和嗜碱性粒细胞脱颗粒和介质的释放，从而舒张支气管平滑肌，是控制哮喘急性发作的首选药物。常用的短效 β₂ 受体激动剂有沙丁胺醇、特布他林、非诺特罗等；长效 β₂ 受体激动剂有福莫特罗、丙卡特罗等。用药方法可采用吸入，包括定量气雾剂（MDI）吸入、干粉吸入、雾化吸入等，也可采用口服或静脉注射。首选吸入法，因药物吸入气道直接作用于呼吸道，局

表 2-3 哮喘治疗药物分类

缓解性药物	控制性药物
短效 β₂ 受体激动剂（SABA）	吸入型糖皮质激素（ICS）
短效吸入抗胆碱能药物（SAMA）	白三烯调节剂
短效茶碱	长效 β₂ 受体激动剂（LABA，不单独使用）
全身用糖皮质激素	缓释茶碱
	色甘酸钠
	抗 IgE 抗体
	联合药物（如 ICS/LABA）

部浓度高且作用迅速，所用剂量较小，全身性不良反应少。雾化吸入多用于重症和儿童。β₂ 激动剂的缓释型及控释型制剂疗效维持时间较长，用于防治反复发作性哮喘和夜间哮喘。注射用药，用于严重哮喘，易引起心悸，只在其他疗法无效时使用。

（2）抗胆碱药 通过阻断节后迷走神经通路，降低迷走神经兴奋性而起到舒张支气管平滑肌的作用，并可减少痰液分泌，与 β₂ 受体激动剂联合吸入有协同作用，尤其适用于夜间哮喘及多痰者。常用的溴化异丙托溴铵，有气雾剂和雾化溶液两种剂型。泰乌托品是近年发展的选择性 M₁、M₃ 受体拮抗剂，作用更强，持续时间更久，不良反应更少，目前只有干粉吸入。

（3）茶碱类 通过抑制磷酸二酯酶，提高平滑肌细胞内的环腺苷酸浓度，拮抗腺苷受体，增强气道纤毛清除功能和抗炎作用，从而起到舒张支气管平滑肌的作用。常用药物是氨茶碱，分为口服和静脉给药。口服用于轻中度急性发作以及哮喘的维持治疗，口服缓释茶碱尤其适合于夜间哮喘症状的控制。静脉给药主要用于重症和危重症。氨茶碱首次负荷剂量 $4 \sim 6 mg/kg$（成人一般为 0.25g），注射速度不宜超过 $0.25 mg/(kg \cdot min)$，维持剂量 $0.6 \sim 0.8 mg/(kg \cdot h)$，每日最大用量一般不超过 1.0g。茶碱的主要不良反应为恶心、呕吐、心动过速、心律失常、血压下降及尿多，偶可兴奋呼吸中枢，严重者可引起抽搐甚至死亡。最好在用药中监测血浆氨茶碱浓度，其安全有效浓度为 $6 \sim 15 mg/L$。发热，妊娠，小儿或老年，肝、心、肾功能障碍及甲状腺功能亢进者尤须慎用。

（4）糖皮质激素 是当前控制哮喘最有效的药物。主要作用机制是：抑制炎症细胞的迁移和活化；抑制细胞因子的生成；抑制炎症介质的释放；增强平滑肌细胞 β₂ 受体的反应性。可分为吸入、口服和静脉用药。

吸入用药：是目前推荐长期抗炎治疗哮喘的最常用方法。常用吸入药物有倍氯米松（BDP）、布地奈德、氟替卡松、莫米松等，后二者生物活性更强，作用更持久。通常需规律吸入 1 周以上方能起效。根据哮喘病情，吸入剂量（BDP 或等效量其他皮质激素）在轻度持续者一般每日 $200 \sim 500 \mu g$，中度持续者一般每日 $500 \sim 1000 \mu g$，重度持续者一般每日 $>1000 \mu g$（不宜超过每日 $2000 \mu g$），氟替卡松剂量减半。吸入治疗药物全身性不良反应少，少数引起口咽念珠菌感染、声音嘶哑或呼吸道不适，吸药后用清水漱口可减轻局部反应和胃肠吸收。长期使用较大剂量（每日 $>1000 \mu g$）者应注意预防全身性不良反应，如肾上腺皮质功能抑制、骨质疏松等。为减少吸入大剂量糖皮质激素的不良反应，可与长效 β₂ 受体激动剂、控释茶碱或白三烯受体拮抗剂联合使用。

口服用药：用于吸入糖皮质激素无效或需要短期加强者。泼尼松（强的松）、泼尼松龙（强的松龙），起始每日 $30 \sim 60 mg$，症状缓解后逐渐减量至 $\leq 10 mg/d$。然后停用，或改用吸入剂。

静脉用药：重度或严重哮喘发作时应及早应用琥珀酸氢化可的松，注射后 $4 \sim 6$ 小时起作用，常用量每日 $100 \sim 400 mg$，或甲泼尼龙（甲基强的松龙，每日 $80 \sim 160 mg$）起效时间更短（$2 \sim 4$ 小时）。地

塞米松一般每日 10～30mg，因在体内半衰期较长、不良反应较多，需慎用。症状缓解后逐渐减量，然后改口服和吸入制剂维持。

（5）LT 调节剂　通过调节 LT 的生物活性而发挥抗炎作用，同时具有舒张支气管平滑肌的作用，可以作为轻度哮喘控制药物的选择之一。常用半胱氨酰 LT 受体拮抗剂，如孟鲁司特、扎鲁司特。不良反应通常较轻微，主要是胃肠道症状，少数有皮疹、血管性水肿、转氨酶升高，停药后可恢复正常。

（6）其他药物　酮替酚、曲尼司特和新一代组胺 H_1 受体拮抗剂阿司咪唑、氯雷他定对轻症哮喘和季节性哮喘有一定效果，也可与 β_2 受体激动剂联合用药。

3. 急性发作期的治疗　急性发作的治疗目的是尽快缓解气道痉挛，纠正低氧血症，恢复肺功能，预防进一步恶化或再次发作，防止并发症。一般根据病情的分度进行综合性治疗。

（1）轻度　短效 β_2 受体激动剂的定量气雾剂，在第 1 小时内每 20 分钟吸入 1～2 喷。随后轻度急性发作可调整为每 3～4 小时吸入 1～2 喷。效果不佳时可加用缓释茶碱片，或加用短效抗胆碱药气雾剂吸入。

（2）中度　吸入短效 β_2 受体激动剂（雾化吸入常用），第 1 小时内可持续雾化吸入。联合应用雾化吸入短效抗胆碱药、激素混悬液，也可联合静脉注射氨茶碱。如果治疗效果欠佳，尤其是在控制性药物治疗的基础上发生的急性发作，应尽早口服激素，同时吸氧。

（3）重度至危重度　持续雾化吸入短效 β_2 受体激动剂，联合雾化吸入抗胆碱药、激素混悬液以及静脉应用茶碱类药物，同时吸氧。尽早静脉使用激素，待病情缓解后改为口服给药。注意维持水、电解质平衡，纠正酸碱失衡，当 $pH < 7.20$ 且合并代谢性酸中毒时，应适当补碱。如病情继续恶化，应及时进行机械通气治疗。此外应预防呼吸道感染。

4. 非急性发作期的治疗　一般哮喘经过急性期治疗症状可得到控制，但哮喘的慢性炎症病理生理改变仍然存在，因此，必须制定哮喘的长期治疗方案。根据哮喘的控制水平选择合适的治疗方案，见表 2－4。

表 2－4　哮喘非急性发作期治疗方案

第 1 级	第 2 级	第 3 级	第 4 级	第 5 级
哮喘教育，环境控制				
按需使用短效 β_2 受体激动剂	按需使用短效 β_2 受体激动剂			
不需要使用控制性药物	选用一种控制性药物	选用一种控制性药物	第 3 级基础上加用一种或以上控制性药物	第 4 级基础上加用一种或两种控制性药物
	△低剂量的 ICS *	△低剂量的 ICS 加长效 β_2 受体激动剂	△高剂量的 ICS 加长效 β_2 受体激动剂	口服最小剂量的糖皮质激素
	白三烯调节剂	△中高剂量的 ICS	白三烯调节剂	抗 IgE 治疗
		△低剂量的 ICS 加白三烯调节剂	缓释茶碱	
		△低剂量的 ICS 加缓释茶碱		

注：* ICS 为吸入型糖皮质激素。△低剂量 ICS200～400μg，中等剂量 400～800μg，高剂量 800～1600μg。

5. 免疫疗法　具有病因治疗与预防的双重作用，分为特异性和非特异性两种，前者又称脱敏疗法（或称减敏疗法）。采用特异性变应原（如螨、花粉、猫毛等）配制的提取液做定期反复皮下注射，浓度由低至高，以产生免疫耐受性，使患者脱（减）敏。例如：采用标准化质量（SQ）单位的变应原疫苗，起始浓度为 100SQ - U/ml。每周皮下注射一次，15 周达到维持量，治疗 1～2 年，若治疗反应良好，可坚持 3～5 年。脱敏治疗可发生皮肤红肿、荨麻疹、结膜炎、鼻炎、喉头水肿等，严重的可发生支气管痉挛或过敏性休克。除常规的脱敏疗法外，季节前免疫法可用于季节性发作的哮喘（多为花粉致敏），可在发病季节前 3~4 个月开始治疗，除皮下注射以外，目前已发展了口服或舌下（变应原）免疫疗法，但尚不成熟。注射卡介苗、转移因子、疫苗等生物制品抑制变应原反应的非特异性疗法有一定辅助的疗效。目前采用基因工程制备的人工重组抗 IgE 单克隆抗体治疗中、重度变应性哮喘，已取得较好效果。

练一练2-5

支气管哮喘与心源性哮喘鉴别不开时，禁用下列哪种药物（　）
A. 地塞米松　　　　B. 氨茶碱　　　　C. 吗啡
D. 阿托品　　　　　E. 沙丁胺醇

第六节 肺结核

肺结核是由结核杆菌引起的呼吸系统的慢性传染病。主要临床表现有低热、盗汗、午后颧红、乏力、消瘦、咳嗽、咯血等。以病程长，易复发为特点。肺结核是全球关注的公共卫生和社会问题，也是我国重点控制的主要疾病之一。

一、病因及发病机制

1. 病因　结核病的病原菌为结核分枝杆菌（简称结核杆菌），包括人型、牛型、非洲型和鼠型 4 类。人肺结核的致病菌 90% 以上为人型，少数为牛型和非洲型。

结核杆菌抗酸染色呈红色，可抵抗盐酸酒精的脱色作用，故称抗酸杆菌。结核杆菌对干燥、冷、酸、碱等抵抗力强，在干燥的环境中可存活数月或数年，在室内阴暗潮湿处能活数月不死。煮沸 5 分钟可杀死结核杆菌。常用杀菌剂中，70% 乙醇最佳，一般在 2 分钟内可杀死结核杆菌。结核杆菌对紫外线比较敏感，太阳光直射下痰中结核杆菌经 2~7 小时可被杀死，实验室或病房常用紫外线灯消毒，10w 紫外线灯距照射物 0.5~1m，照射 30 分钟具有明显杀菌作用。

结核杆菌菌体成分复杂，主要是类脂质、蛋白质和多糖类。类脂质占总量的 50%~60%，其中蜡质约占 50%，其作用与结核病的组织坏死、干酪液化、空洞发生以及结核变态反应有关。菌体蛋白质以结合形式存在，是结核菌素的主要成分，诱发皮肤变态反应。多糖类与血清反应等免疫应答有关。

结核杆菌根据其代谢状态分为 A、B、C、D 4 群。A 菌群：快速繁殖，大多位于巨噬细胞外和肺空洞干酪液化部分，占结核杆菌群的绝大部分，异烟肼对 A 菌群作用强。B 菌群：处于半静止状态，多位于巨噬细胞内酸性环境中和空洞壁坏死组织中，吡嗪酰胺对 B 菌群作用强。C 菌群：处于半静止状态，可有间歇性的生长繁殖，利福平对 C 菌群作用强。D 菌群：处于休眠状态，不繁殖，数量很少。抗结核药物对 D 菌群无作用。B 和 C 菌群由于处于半静止状态，抗结核药物的作用相对较差，有"顽固菌"之称。杀灭 B 和 C 菌群可以防止复发。

2. 发病机制　结核杆菌的致病性主要与菌体某些成分（脂质）对机体的刺激，菌体在组织细胞内大量繁殖引起的炎症、代谢产物的毒性以及菌体成分造成的免疫损伤等有关。

（1）原发感染　结核杆菌首次进入呼吸道逃脱机体的非特异性免疫后在局部肺组织生长繁殖，形成原发病灶。原发病灶中的结核杆菌沿着肺内淋巴管到达肺门淋巴结，形成淋巴管炎和肺门淋巴结炎。原发病灶继续扩大，可直接或经血流播散到邻近组织器官，形成其他部位结核病。结核杆菌侵入肺部激发机体产生特异性免疫，特别是特异性细胞免疫。在特异性细胞免疫的作用下，肺部和播散到其他部位的结核杆菌大部分被消灭，结核病灶迅速吸收消散或留下少量纤维化灶或钙化灶。少量没有被消灭的结核杆菌停止繁殖进入休眠状态，成为潜伏病灶。首次感染结核杆菌称为原发感染或原发性肺结核。原发性肺结核多数呈良性过程，临床表现轻微。

（2）继发感染　结核杆菌再次侵犯肺脏或肺内（或其他脏器）潜伏病灶内休眠的结核杆菌重新生长繁殖形成局部炎症时造成继发感染或继发性肺结核。前者称为外源性重染，后者称为内源性复发。继发性肺结核多发生于机体抵抗力低下时，容易出现肺空洞和体外排菌，传染性大，临床表现明显。

二、流行病学

1. 传染源　主要是继发性肺结核患者。特别是肺结核活动期，在痰里查出结核杆菌的患者，是主要传染源。

2. 传播途径　结核杆菌通过咳痰、喷嚏等排到空气中而传播，亦可通过尘埃传播。飞沫传播是肺结核最主要的传播途径。

3. 易感人群　普遍易感，初入城市的青年人，婴幼儿、老人、慢性病患者等免疫力低下者发病率高。

三、病理

结核病的基本病理变化是炎性渗出、增生和干酪样坏死。结核病的病理过程特点是破坏与修复常同时进行，故上述三种病理变化多同时存在，也可以某一种变化为主，而且可相互转化。这主要取决于结核杆菌的感染量、毒力大小以及机体的抵抗力和变态反应状态。

1. 渗出为主的病变　主要出现在结核性炎症初期阶段或病变恶化复发时，可表现为局部中性粒细胞浸润，继之由巨噬细胞及淋巴细胞取代。

2. 增生为主的病变　表现为典型的结核结节，直径约为 0.1mm，数个融合后肉眼能见到，由淋巴细胞、上皮样细胞、朗格汉斯细胞以及成纤维细胞组成。结核结节的中间可出现干酪样坏死。大量上皮样细胞互相聚集融合形成多核巨细胞称为朗格汉斯（Langhans）巨细胞。增生为主的病变发生在机体抵抗力较强、病变恢复阶段。

3. 干酪样坏死为主的病变　多发生在结核杆菌毒力强、感染菌量多、机体超敏反应增强、抵抗力低下的情况。干酪坏死病变镜检为红染无结构的颗粒状物，含脂质多，肉眼观察呈淡黄色，状似奶酪，故称干酪样坏死。

4. 病理变化转归　在机体特异性免疫作用下或经抗结核药物治疗后，有些病变完全吸收消失，有些病变吸收缩小、纤维化或钙化。机体抵抗力降低时，潜伏病灶可重新活动，形成新的病变。

四、临床表现

肺结核大多起病隐匿，病程长，虽然肺结核的临床表现不尽相同，但有共同之处。

1. 症状

（1）全身症状　大多出现低热、盗汗、午后颧红、乏力、消瘦等症状，常被称为结核中毒症状。发热为最常见症状，若病情在进展期，可有不规则高热。女性可出现月经不调或闭经。

（2）呼吸系统症状

1）咳嗽、咳痰　是肺结核最常见的症状。通常为干咳少痰，空洞形成时，痰量增多。继发其他细菌感染时，痰呈脓性，量亦增多。

2）咯血　1/3~1/2 的患者有咯血。咯血量多少不定，多数为少量咯血，大量咯血易堵塞气管，引起窒息导致死亡。

3）胸痛、呼吸困难 病灶累及胸膜时，可出现胸痛，并随呼吸运动和咳嗽加重。呼吸困难多见于干酪样肺结核、慢性纤维空洞结核和大量胸腔积液。

2. 体征 取决于病变性质和范围。病变范围小可无任何体征，若病变范围较大或病变严重则出现不同的体征。浸润性病灶在锁骨上下部位闻及湿啰音，为临床上常见的体征；干酪样肺炎（大片干酪样坏死），则出现肺实变体征（视诊局部呼吸运动减弱，触诊语音震颤增强，叩诊呈浊音，听诊可闻及支气管呼吸音和/或细湿啰音等）；结核空洞特别是巨大空洞形成时，叩诊呈过清音或鼓音，听诊闻及空洞性呼吸音；两肺广泛纤维化、肺毁损时，患侧部位胸廓塌陷，肋间隙变窄，气管向患侧移位；结核性胸膜炎大量胸腔积液时，气管向健侧移位，患侧胸廓饱满、语颤减弱、叩诊呈实音、听诊呼吸音消失；支气管内膜结核，可闻及局限性的哮鸣音。

五、临床分型

2004 年我国实施新的结核病分类标准，将结核病分为 5 型，其中前 4 型是肺结核的类型。

1. 原发型肺结核 含原发综合征及胸内淋巴结结核。多见于少年儿童，无症状或症状轻微，多有结核病家庭接触史，结核菌素试验多为强阳性，X 线胸片表现为哑铃型阴影，即原发病灶、引流淋巴管炎和肿大的肺门淋巴结，形成典型的原发综合征。原发病灶一般吸收较快，可不留任何痕迹。若 X 线胸片只有肺门淋巴结肿大，则诊断为胸内淋巴结结核。

2. 血行播散型肺结核 含急性粟粒型肺结核及亚急性、慢性血行播散型肺结核。

急性粟粒型肺结核多见于婴幼儿和青少年，特别是营养不良、患传染病和长期应用免疫抑制剂导致抵抗力明显下降的小儿，多同时伴有原发型肺结核。起病急，持续高热，中毒症状严重，全身浅表淋巴结肿大，肝和脾肿大。约一半以上的小儿和成人合并结核性脑膜炎。在症状出现 2 周左右可发现由肺尖至肺底呈大小、密度和分布三项均匀的粟粒状结节阴影，结节直径 2mm 左右。

亚急性、慢性血行播散型肺结核起病较缓，症状较轻，X 线胸片呈双上、中肺野为主的大小不等、密度不同和分布不均的粟粒状或结节状阴影，新鲜渗出与陈旧硬结和钙化病灶共存。慢性血行播散型肺结核多无明显中毒症状。

3. 继发型肺结核 含浸润性肺结核、纤维空洞性肺结核和干酪样肺炎等。

（1）浸润性肺结核 渗出性病变和纤维干酪增殖病变多发生在肺尖和锁骨下，影像学检查表现为小片状或斑点状阴影，可融合和形成空洞。渗出性病变易吸收，纤维干酪增殖病变吸收很慢，可长期无改变。

（2）空洞性肺结核 空洞形态不一。空洞性肺结核多有支气管播散病变，临床症状较多，可有发热、咳嗽、咳痰和咯血等，痰中经常排菌。应用有效的化学治疗后，出现空洞不闭合，但长期多次查痰阴性，空洞壁由纤维组织或上皮细胞覆盖，诊断为"净化空洞"。但有些空洞还残留一些干酪组织，长期多次查痰阴性，临床上诊断为"开放菌阴综合征"，仍须随访。

（3）结核球 多由干酪样病变吸收和周边纤维膜包裹或干酪空洞阻塞性愈合而形成。结核球内有钙化灶或液化坏死形成空洞，同时 80% 以上结核球有卫星灶，可作为诊断和鉴别诊断的参考。结核球直径在 2~4cm 之间，多小于 3cm。

（4）干酪样肺炎 多发生在机体免疫力和体质衰弱，又受到大量结核杆菌感染者，或有淋巴结支气管瘘，淋巴结中的大量干酪样物质经支气管进入肺内而发生。大叶性干酪样肺炎 X 线呈大叶性密度均匀磨玻璃状阴影，逐渐出现溶解区，呈虫蚀样空洞，可出现播散病灶，痰中能查出结核杆菌。小叶性干酪样肺炎的症状和体征比大叶性干酪样肺炎轻，X 线呈小叶斑片播散病灶，多发生在双肺中下部。

（5）纤维空洞性肺结核 病程长，反复进展恶化，肺组织破坏重，肺功能严重受损，双侧或单侧出现纤维厚壁空洞和广泛的纤维增生，造成肺门抬高和肺纹理呈垂柳样，患侧肺组织收缩，纵隔向患侧移位，常见胸膜粘连和代偿性肺气肿。

4. 结核性胸膜炎　含结核性干性胸膜炎、结核性渗出性胸膜炎、结核性脓胸。

5. 其他肺外结核　按部位和脏器命名，如骨关节结核、肾结核等。

练一练2-6

成人肺结核最常见的是（　　）

A. 原发型肺结核　　　　　　B. 浸润型肺结核　　　　　　C. 结核球

D. 结核性胸膜炎　　　　　　E. 慢性纤维空洞性肺结核

答案解析

六、实验室和其他检查

1. 影像学检查

（1）胸部X线检查　是诊断肺结核的常规首选方法，可以发现早期轻微的结核病变，确定病变范围、部位、形态、密度、与周围组织的关系等。影像特点是病变多发生在上叶的尖后段和下叶的背段，密度不均匀、边缘较清楚和变化较慢，易形成空洞和播散病灶。

（2）CT检查　易发现隐蔽的病变而减少微小病变的漏诊；能清晰显示各型肺结核病变特点和性质，与支气管关系，有无空洞，以及进展恶化和吸收好转的变化；能准确显示纵隔淋巴结有无肿大。

2. 痰结核杆菌检查　是确诊肺结核病的主要方法，也是制定化疗方案和考核治疗效果的主要依据。每一个有肺结核可疑症状或肺部有异常阴影者都必须查痰。通常初诊患者要送3份痰标本，包括清晨痰、夜间痰和即时痰，如无夜间痰，宜在留清晨痰后2~3小时再留一份痰标本。复诊患者每次送两份痰标本。无痰患者可采用痰诱导技术获取痰标本。痰涂片检查是简单、快速、易行和可靠的方法，由于非结核性分枝杆菌少，故痰中检出抗酸杆菌有极重要的意义。结核杆菌培养常作为结核病诊断的金标准，同时也为药物敏感性测定和菌种鉴定提供菌株。结核杆菌培养费时较长，一般为2~8周，阳性结果随时报告，培养至8周仍未生长者报告阴性。

3. 纤维支气管镜检查　常用于支气管结核和淋巴结支气管瘘的诊断，可以在病灶部位钳取活体组织进行病理学检查和结核杆菌培养。对于肺内结核病灶，可以采集分泌物或冲洗液标本做病原体检查，也可以经支气管取肺活组织获取标本检查。

4. 结核菌素试验　广泛应用于检出结核杆菌的感染，而非检出结核病。结核菌素试验对儿童、少年和青年的结核病诊断有参考意义。由于许多国家和地区广泛推行卡介苗接种，结核菌素试验阳性不能区分是结核杆菌的自然感染还是卡介苗接种的免疫反应。因此，在卡介苗普遍接种的地区，结核菌素试验对检出结核杆菌感染受到很大限制。目前世界卫生组织推荐使用的结核菌素为纯蛋白衍化物（PPD）。

结核菌素试验选择左侧前臂曲侧中上部1/3处，0.1ml（5IU）皮内注射，试验后48~72小时观察和记录结果，手指轻摸硬结边缘，测量硬结的横径和纵径，得出平均直径[（横径＋纵径）/2]，而不是测量红晕直径，硬结为特异性变态反应，而红晕为非特异性反应。硬结直径<5mm为阴性，5~9mm为弱阳性，10~19mm为阳性，≥20mm或虽<20mm但局部出现水疱和淋巴管炎为强阳性反应。结核菌素试验反应愈强，对结核病的诊断，特别是对婴幼儿的结核病诊断愈重要。凡是阴性反应结果的儿童，一般来说，表明没有受过结核杆菌的感染，可以除外结核病。但在某些情况下，也不能完全排除结核病，因为结核杆菌素试验可受许多因素影响，结核杆菌感染后需4~8周才建立充分变态反应，在此之前，结核菌素试验可呈阴性。营养不良、HIV感染、麻疹、水痘、癌症、严重的细菌感染包括重症结

核病如粟粒性结核病和结核性脑膜炎等，结核菌素试验结果则多为阴性和弱阳性。

七、诊断

1. 诊断要点 ①有肺结核接触史；②有肺结核的临床表现；③X线检查是早期发现肺结核的重要方法；④痰中找到结核杆菌是确诊肺结核的主要依据。

2. 临床分型 肺结核确诊后，还应做出临床分型。根据2004年我国制定的新结核病分类标准，肺结核分为原发型肺结核、血行播散型肺结核、继发型肺结核、结核性胸膜炎四型，各型表现见前述。

3. 临床分期

（1）进展期 凡具备以下一项者为进展期：①新发现的活动性病变；②病变较前增多或恶化；③新出现空洞或空洞增大；④痰菌阳性。

（2）好转期 具备下述一项者属好转期：①病变较前吸收好转；②空洞闭合或缩小；③痰菌转阴。

（3）稳定期 病变无活动性改变，空洞闭合，痰菌连续阴性（每月至少查痰一次）达6个月以上，或者空洞仍然存在，则痰菌需连续阴性1年以上。

进展期或好转期均属活动性，需要治疗；稳定期为非活动性，属临床痊愈。

4. 记录方法 按肺结核类型、病变范围及空洞部位、痰菌检查、活动性及分期依次进行记录。病变范围按左右侧分别记录，右侧病变记在横线之上，左侧记在横线之下。如果一侧无病变，以（－）表示，从第二、第四前肋下缘内端水平，将两肺分上、中、下肺野，并以上、中、下标志病变所在位置，有空洞者，在相应部位用"O"表示。以（＋）或（－）分别代表痰菌阳性或阴性，涂片、集菌和培养法分别以"涂""集""培"表示，无痰或未查痰，应注明"无痰"或"未查"。

诊断记录举例：血行播散型肺结核（急性）$\dfrac{上中下}{上中下}$ 集 （＋） 进展期

$$浸润型肺结核 \dfrac{上\ O\ 下}{上\ O\ 下} 集 （－） 好转期。$$

八、治疗

1. 一般治疗 注意休息，发热时应卧床休息。加强营养，补充蛋白类食物、维生素B及维生素C。

2. 抗结核治疗（化学治疗，简称化疗） 肺结核的治疗主要是抗结核治疗。

（1）化疗原则 早期、联合、适量、规律、全程。

1）早期 对所有检出和确诊患者均应立即给予化学治疗。早期化学治疗有利于迅速发挥早期杀菌作用，促使病变吸收和减少传染性。

2）联合 联合用药系指同时采用多种抗结核药物治疗，可提高疗效，同时通过交叉杀菌作用减少或防止耐药性的产生。

3）适量 严格遵照适当的药物剂量用药，药物剂量过低不能达到有效的血药浓度，影响疗效和易产生耐药性，剂量过大易发生药物毒副反应。

4）规律 严格遵照医嘱要求规律用药，不漏服，不停药，以避免耐药性的产生。

5）全程 保证完成规定的治疗期是提高治愈率和减少复发率的重要措施。

（2）常用抗结核药物

1）异烟肼（INH，H） 异烟肼问世已50余年，但迄今仍然是单一抗结核药物中杀菌力，特别是早期杀菌力最强者。INH对巨噬细胞内外的结核杆菌均具有杀菌作用。成人每日300mg，顿服；儿童每日5～10mg/kg，最大剂量每日不超过300mg，顿服。结核性脑膜炎和血行播散型肺结核的用药剂量可加大，成人每日10～20mg/kg，儿童每日20～30mg/kg。

2）利福平（RFP，R）　对巨噬细胞内外的结核杆菌均有快速杀灭作用，特别是对 C 菌群有独特的杀灭效果。口服后药物集中在肝脏，主要经胆汁排泄，早晨空腹或早饭前半小时服用。利福平及其代谢物为橘红色，服后大小便、眼泪等为橘红色。成人每日 8～10mg/kg，体重在 50kg 及以下者为 450mg，50kg 以上者为 600mg，顿服。儿童每日 10～20mg/kg，顿服。间歇用药为 600～900mg，每周 2 次或 3 次。

3）吡嗪酰胺（PZA，Z）　吡嗪酰胺具有独特的杀菌作用，主要是杀灭巨噬细胞内酸性环境中的 B 菌群。成人每日 1.5g，儿童 30～40mg/kg，分 3 次口服。

4）乙胺丁醇（EMB，E）　主要是抑制结核杆菌 RNA 合成。口服易吸收，成人每日 0.75～1.0g，顿服。

5）链霉素（SM，S）　链霉素对巨噬细胞外碱性环境中的结核杆菌有杀灭作用。成人 0.75g，肌内注射，每周 5 次；间歇用药 0.75～1.0g，肌内注射，每周 2～3 次。

6）抗结核药物固定剂量复合制剂的应用　复合制剂由多种抗结核药物按照一定的剂量比例合理组成，由于应用复合制剂能够有效防止漏服某一药品，而且每次服药片数明显减少，对提高治疗依从性，充分发挥联合用药的优势具有重要意义，成为预防耐药结核病发生的重要手段，目前复合制剂主要用于初治活动性肺结核。卫非特（异烟肼 80mg，利福平 120mg，吡嗪酰胺 250mg），每日 4～5 片，顿服；卫非宁（异烟肼 100mg，利福平 150mg），每日 3 片，顿服。

（3）化疗方法　可分为长程疗法和短程疗法，前者疗程为 12～18 个月，现基本上已被淘汰，后者疗程为 6～9 个月，经国内外严格对照研究证实为切实有效的化疗方法，被作为统一标准方案广泛应用。在化疗过程中，分为强化治疗和巩固治疗两个阶段。强化治疗阶段为开始化疗的 2～3 个月，使用利福平加异烟肼两种杀菌药与其他药物合用，每天用药；巩固化疗阶段为化疗的后 4～6 个月，每周 3 次间歇用药（实验证实间歇给药法也能达到每日给药法同样的效果）。在化疗方案简写公式中，药名多用该药英文首写字母表示，药名前数字表示用药月数，药名右下方数字表示每周用药次数，斜线前表示强化治疗阶段，斜线后表示巩固治疗阶段。

（4）化疗方案

1）初治涂阳肺结核治疗方案

① 每日用药方案：强化期：异烟肼、利福平、吡嗪酰胺、链霉素和乙胺丁醇，顿服，2 个月。巩固期：异烟肼、利福平，顿服，4 个月。简写为：2HRZE/4HR。

② 间歇用药方案：强化期：异烟肼、利福平、吡嗪酰胺和乙胺丁醇，隔日一次或每周 3 次，2 个月。巩固期：异烟肼、利福平，隔日一次或每周 3 次，4 个月。简写为：$2H_3R_3Z_3E_3/4H_3R_3$。

2）复治涂阳肺结核治疗方案

① 每日用药方案：强化期：异烟肼、利福平、吡嗪酰胺、链霉素和乙胺丁醇，顿服，2 个月。巩固期：异烟肼、利福平、乙胺丁醇，顿服，4～6 个月。简写为：2HRZSE/4～6HRE。

② 间歇用药方案：强化期：异烟肼、利福平、吡嗪酰胺、链霉素和乙胺丁醇，隔日一次或每周 3 次，2 个月。巩固期：异烟肼、利福平和乙胺丁醇，隔日一次或每周 3 次，6 个月。简写为：$2H_3R_3Z_3S_3E_3/6H_3R_3E_3'$。

3）初治涂阴肺结核治疗方案

① 每日用药方案：强化期：异烟肼、利福平、吡嗪酰胺，顿服，2 个月。巩固期：异烟肼、利福平，顿服，4 个月。简写为：2HRZ/4HR。

② 间歇用药方案：强化期：异烟肼、利福平、吡嗪酰胺，隔日一次或每周 3 次，2 个月。巩固期：异烟肼、利福平，隔日一次或每周 3 次，4 个月。简写为：$2H_3R_3Z_3/4H_3R_3$。

3. 对症治疗 肺结核的中毒症状在合理化疗下很快减轻或消失，无需特殊处理。但出现下列情况应及时处理。

（1）大咯血 ①保持安静，必要时，给予地西泮。②及时排除积血，保持呼吸道通畅。因血块造成窒息时，应立即取头低足高45°的俯卧位，轻拍击背部尽快使血液从气管排出，或直接刺激咽部咯出血块。有条件者可进行气管插管或气管切开，或用支气管镜吸出积血。③用垂体后叶素5~10U，加入50%葡萄糖40ml静脉缓慢注射，然后将垂体后叶素20U加入5%葡萄糖液500ml内，按0.1U/（kg·h），静脉滴注。高血压、冠心病、心力衰竭及孕妇禁用。

（2）盗汗 可选用阿托品或山莨菪碱口服。

（3）大量胸腔积液及高热等严重中毒症状 在充分有效抗结核药物应用的同时加用糖皮质激素。常选用泼尼松口服，病情紧急时，可选用氢化可的松或地塞米松静脉滴注。

4. 手术治疗 当前肺结核手术治疗主要的适应证是经合理化学治疗后无效、多重耐药的厚壁空洞、大块干酪灶、结核性脓胸、支气管胸膜瘘和大咯血保守治疗无效者。手术方法为肺叶切除术、肺叶 - 胸膜切除术、空洞引流术等。

第七节 呼吸衰竭

PPT

呼吸衰竭是由多种原因引起的肺通气和（或）肺换功能严重障碍，以至在静息状态下亦不能维持足够的气体交换，导致缺氧伴或不伴二氧化碳潴留，进而引起一系列病理生理改变和相应表现的临床综合征。其标准为海平面、静息状态、呼吸空气的情况下动脉血氧分压（PaO_2）<60mmHg，伴或不伴有动脉血二氧化碳分压（$PaCO_2$）>50mmHg，并排除心内解剖分流和原发于心排血量降低等致的低氧因素。主要临床表现为呼吸困难、发绀、神经精神症状等。

一、病因及发病机制

1. 病因

（1）急性呼吸衰竭 严重呼吸系统感染、急性呼吸道阻塞、重症哮喘、急性肺水肿、自发性气胸、颅脑外伤、感染、脑血管病变等。

（2）慢性呼吸衰竭 慢性阻塞性肺疾病（COPD）、重症肺结核、支气管扩张、广泛性肺纤维化、尘肺、胸廓畸形等，以COPD最常见。

2. 发病机制 以上疾病引起缺氧和二氧化碳潴留的机制主要有肺通气功能不足和肺换气功能障碍。

（1）肺通气功能不足 当肺通气功能障碍时，肺泡通气量不足，肺泡氧分压下降，二氧化碳分压上升，可发生Ⅱ型呼吸衰竭，即PaO_2下降和$PaCO_2$升高同时存在。

（2）肺换气功能障碍 肺的气体交换是指肺泡内气体与肺泡周围毛细血管内气体的交换，主要是氧和二氧化碳的交换。①通气/血流（V/Q）比例失调：健康人在静息状态下肺泡通气量约4L/min，肺血流量约5L/min，平均V/Q大约为0.8。当通气量大于肺血流量，即V/Q>0.8，此时进入肺泡的气体不能完全充分与肺泡毛细血管内血液接触，从而得不到充分气体交换，造成无效腔通气。当肺血流量较肺通气量增加时，V/Q<0.8，流经肺泡周围的静脉血不能充分取得氧和排出二氧化碳，造成生理性动 - 静脉分流。②弥散功能障碍：上述疾病造成肺泡膜的通透能力下降，尤其影响氧的弥散。出现低氧血症。

缺氧和二氧化碳潴溜可影响全身各系统器官的代谢和功能，其中缺氧对机体损害更为重要，心、脑、肾、肺、肝脏对缺氧最敏感，损害更重。

二、分类

呼吸衰竭通常有以下 4 种分类方法：①根据病理生理和动脉血气分析结果可分为 I 型呼吸衰竭和 II 型呼吸衰竭。I 型呼吸衰竭是由于换气功能障碍所致，只有缺氧（$PaO_2 < 60mmHg$），不伴有二氧化碳潴留；II 型呼吸衰竭是由于通气功能障碍所致，既有缺氧（$PaO_2 < 60mmHg$），又伴有二氧化碳潴留（$PaCO_2 > 50mmHg$）。②根据病变部位可分为中枢性呼吸衰竭和周围性呼吸衰竭。③根据发生的急缓、病程的长短可分为急性呼吸衰竭和慢性呼吸衰竭。由创伤、休克、电击、急性气道阻塞、急性肺部感染等突发因素引起的呼吸衰竭为急性呼吸衰竭；由慢性阻塞性肺疾病（COPD）、肺结核、间质性肺疾病（尘肺、特发性肺纤维化、结节病）等慢性疾病引起的呼吸衰竭为慢性呼吸衰竭。④按照发病机制分为通气性呼吸衰竭和换气性呼吸衰竭。

三、临床表现

除原发病的表现外，呼吸衰竭的临床表现主要由缺氧和二氧化碳潴留所引起。

1. 呼吸困难 是临床最早出现的症状，表现为呼吸费力、急促，呼气时间延长，严重时呈潮式呼吸、间停呼吸或抽泣样呼吸。

2. 发绀 是严重缺氧的表现，当血液中还原血红蛋白超过 50g/L 时，即可出现发绀。表现为口唇、指端青紫，严重时全身出现发绀。

3. 精神神经症状 早期表现为头痛、失眠、烦躁、睡眠颠倒，晚期出现精神恍惚、谵妄、抽搐、扑翼样震颤、精神错乱，甚至昏迷，可出现腱反射减弱或消失，锥体束征呈阳性。

4. 其他表现 心率增快、脉搏洪大、血压升高、皮肤充血、温暖多汗、搏动性头痛等。

四、实验室和其他检查

动脉血气分析：①动脉血氧分压（PaO_2）$< 60mmHg$（正常值 95 ~ 100mmHg）；②动脉血二氧化碳分压（$PaCO_2$）$> 50mmHg$（正常值 35 ~ 45mmHg），$< 35mmHg$ 为通气过度；③血液酸碱度（pH）常降低（正常值 7.35 ~ 7.45）。

五、诊断

根据呼吸系统疾病病史和呼吸衰竭的临床表现，结合动脉血气分析（$PaO_2 < 60mmHg$ 或伴有 $PaCO_2 > 50mmHg$）即可确诊。

练一练2-7

确定有无呼吸衰竭，最有意义的检查是（　　）

A. 动脉血气分析　　　　　　B. X 线胸片　　　　　　C. 血生化

D. 肺功能检查　　　　　　　E. 气道反应性测定

答案解析

六、治疗

呼吸衰竭的治疗原则是治疗原发病、去除诱因、保持呼吸道通畅、纠正缺氧、解除二氧化碳潴留、纠正缺氧和二氧化碳潴留所引起的各种表现。

1. 保持呼吸道通畅

（1）清除呼吸道分泌物　鼓励患者咳痰，尽量排出呼吸道中的痰液；咳嗽无力者，可采用翻身、拍背、体位引流等帮助排痰；痰液黏稠不易咳出者可用 α - 糜蛋白酶 5mg 加 0.9% 氯化钠溶液 10ml 雾化吸入，或溴己新 16mg，3 次/天，口服。

（2）解除支气管痉挛　正确使用支气管扩张剂，对慢性呼吸衰竭通畅气道，改善呼吸功能是非常有益的。可选用氨茶碱 0.25g 加入 50% 葡萄糖 20～40ml 缓慢静脉注射；沙丁胺醇气雾剂，每次吸入 100～200μg，即 1～2 喷，或特布他林（叔丁喘宁）2.5～10mg 雾化吸入。

（3）机械通气　机械通气是借助于人工装置的机械力量（呼吸机）产生或增强呼吸动力和呼吸功能，是治疗严重呼吸衰竭最有效手段。机械通气时，应建立适当途径的人工气道，如口鼻面罩，属于无创伤性人工气道，可以反复应用。痰液阻塞或病情危重可采用气管插管或气管切开。进行机械通气时要根据病情需要选择合适的通气模式和功能，设置合适的参数，注意机械通气与自主呼吸的协调。要有专人负责管理，严密观察病情，防止通气不足、过度及气胸的发生。

2. 氧气疗法　通过增加吸入氧浓度来纠正缺氧状态的治疗方法即为氧气疗法，简称氧疗。合理的氧疗是治疗慢性呼吸衰竭的重要措施，吸氧装置有鼻导管、面罩和高压氧舱。急性呼吸衰竭一般通气功能正常，但氧合功能障碍，吸氧浓度一般是较高浓度（>35%）快速加压给氧，可迅速缓解低氧血症而不会引起 CO_2 潴留。慢性呼吸衰竭时呼吸中枢对 CO_2 的敏感性降低，主要依赖缺氧刺激外周化学感受器兴奋呼吸，若不限制给氧浓度，氧分压迅速上升，低氧对呼吸的兴奋作用减弱或消失，呼吸被抑制，易发生肺性脑病，故应低浓度（≤35%）持续给氧。

3. 抗感染治疗　因为呼吸衰竭最常见的诱发因素是呼吸道或肺部感染，控制感染对改善通气和换气功能，减轻心脏负担非常重要。可以根据痰的性状、临床表现选择有效抗生素，在经验治疗中，常选择广谱、高效的抗菌药物，如第三代头孢菌素、氟喹诺酮类等，最可靠的方法是根据痰细菌培养与药物敏感试验结果选用。

4. 纠正酸碱失衡和电解质紊乱　慢性呼吸衰竭时常伴有呼吸性酸中毒、代谢性酸中毒，在治疗过程中如长期或大剂量使用利尿剂又易发生低钾、低氯血症，产生代谢性碱中毒，机械通气时如通气过度，CO_2 排出过多发生呼吸性碱中毒。呼吸性酸中毒治疗以改善通气为主；代谢性酸中毒，可静脉滴注适量碱性药物（常应用 5% 碳酸氢钠 100～150ml 静脉滴注）。低钾、低氯血症时，应及时补钾、补氯（可静脉滴注复方生理盐水）。

5. 呼吸兴奋剂的应用　在气道通畅的前提下，通过呼吸兴奋剂刺激呼吸中枢或周围化学感受器，可提高通气量。慢性呼吸衰竭应用呼吸兴奋剂时剂量不宜偏大，常选用阿米三嗪 50～100mg，2 次/天，口服，亦可使用尼可刹米或洛贝林静脉注射。

6. 其他治疗　并发消化道出血、休克、肺性脑病，弥漫性血管内凝血、肝肾功能不全及多器官功能衰竭等应采取相应的治疗措施。

👁 看一看

青霉素常见的不良反应

①变态反应：为青霉素类最常见的不良反应，在各种药物中居首位，最严重的是过敏性休克。②赫氏反应：在应用青霉素 G 治疗梅毒、钩端螺旋体、雅司、鼠咬热或炭疽等感染时，可有症状加剧现象，表现为全身不适、寒战、发热、咽痛、肌痛、心跳加快等症状，多在 24 小时内消失，一般不引起严重后果。③其他：肌内注射时可产生局部疼痛、红肿和硬结；剂量过大（每日用量超过 2000 万单位）或静脉给药过快时可对大脑皮层产生直接刺激作用导致抽搐、震颤等中枢神经系统反应；鞘内注射可导致脑膜或神经刺激症状；大剂量青霉素钾盐或钠盐静脉滴注可引起水、电解质紊乱。

目标检测

答案解析

一、单项选择题

1. 慢性支气管炎急性发作期治疗最主要的是

   A. 止咳、化痰　　　　　B. 控制感染　　　　　　C. 解痉、平喘

   D. 吸氧、补液　　　　　E. 强心、利尿

2. 最容易发生洋地黄中毒的心脏病是

   A. 风湿性心脏病　　　　B. 肺源性心脏病　　　　C. 先天性心脏病

   D. 冠心病　　　　　　　E. 高血压性心脏病

3. 下列哪项是降低肺心病肺动脉高压的首选治疗

   A. 用利尿剂降低心脏前负荷

   B. 用洋地黄药物增强心脏泵功能

   C. 用血管扩张剂降低心脏后负荷

   D. 氧疗、控制呼吸道感染，改善呼吸功能

   E. 机械通气

4. 哮喘急性发作患者出现神志障碍，以下检查应首选哪一项

   A. 血清钠、钾、氯离子　　B. 血糖　　　　　　　　C. 动脉血气分析

   D. 过敏原皮试　　　　　　E. 痰菌检查

5. 肺部感染选择抗生素时最主要的依据是

   A. 患者的经济条件　　　　B. 感染的病原体　　　　C. 体温

   D. 感染的部位　　　　　　E. 药物过敏史

二、简答题

1. 简述慢性支气管炎的诊断标准。
2. 简述呼吸衰竭的分型及表现特点。

（于凤秀）

书网融合……

　重点回顾　　　　e微课1　　　　e微课2　　　　习题

第三章　循环系统疾病

知识目标：

1. **掌握**　循环系统常见疾病的临床表现、诊断和治疗原则。
2. **熟悉**　循环系统常见疾病的病因及防治。
3. **了解**　循环系统常见疾病的治疗手段、常用药物。

技能目标：

能正确运用临床思维方法对循环系统疾病进行诊断，并能提出治疗方案。

素质目标：

具有人文关怀意识和良好的医德医风。

学习目标

导学情景

情景描述：患者，女，60 岁。因头晕、头痛 20 年，加重伴视物模糊 1 天入院。患者 20 年前开始无明显诱因出现轻度头晕、头痛，尤其午后及情绪激动后最为显著，休息后可缓解；近半年因工作繁忙，头痛加重，昨日因情绪激动后出现视物模糊，门诊以高血压收入院。体格检查：血压 260/120mmHg，脉搏 100 次/分，呼吸 20 次/分，面色红润，神志清楚。双侧瞳孔等大等圆，对光反射灵敏。眼底检查：动脉呈银丝状，动静脉交叉压迹明显，左眼底可见散在出血及渗出物。心尖搏动位于第 5 肋间左锁骨中线外 1.5cm。心界向左下方扩大，心音有力，心率 100 次/分，律齐，心尖处可闻及吹风样收缩期杂音，主动脉瓣区第二心音增强。

情景分析：结合主诉及现病史，根据该患者的临床发病特点，初步诊断为"高血压"。

讨　　论：1. 高血压的临床表现特点是什么？

2. 为进一步明确诊断需要进行的下一步检查有哪些？

学前导语：高血压是循环系统常见疾病，好发于中老年人，如果控制不好容易造成靶器官的损伤，结合该患者临床特点进行高血压分级及危险分层，找出该患者高血压的危险因素，指导患者平时生活中如何预防高血压。

第一节　高血压

PPT

正常人的血压随内外环境变化在一定范围内波动，在某些生理、病理因素下血压会有关联性的升高或降低。对于健康人来说，理想的血压值一般为收缩压 ≤120mmHg，舒张压 ≤80mmHg。根据我国最新发布的《2021 高血压防治指南》的定义，高血压是指在未使用抗高血压药物的情况下，以体循环动脉血压增高为主要特征，即收缩压 ≥140mmHg 和（或）舒张压 ≥90mmHg，可伴有心、脑、肾等器官的功能或器质性损害的临床综合征。

临床上将高血压分为原发性高血压和继发性高血压两种。原发性高血压目前病因尚未明确，以血压升高为主要临床表现的独立疾病，占所有高血压患者的 90% 以上。继发性高血压又称为症状性高血压，在这类疾病中病因明确，高血压仅是该种疾病的临床表现之一，血压可暂时性或持久性升高，如肾上腺嗜铬细胞瘤可引发血压异常升高。

一、病因

本病病因尚未明了，目前认为是多种因素作用于不同环节而引起的疾病。称这些因素为易患因素或危险因素，常见的危险因素如下。

1. 遗传因素　大约60%的高血压患者有家族史。目前认为是多基因遗传所致，30%～50%的高血压患者有遗传背景。

2. 精神和环境因素　长期的精神紧张、激动、焦虑，受噪声或不良视觉刺激等因素也会引起高血压的发生。

3. 年龄因素　发病率有随着年龄增长而增高的趋势，40岁以上者发病率高。

4. 生活习惯因素　膳食结构不合理，如过多的钠盐、低钾饮食、大量饮酒、摄入过多的饱和脂肪酸均可使血压升高。吸烟可加速动脉粥样硬化的过程，为高血压的危险因素。

5. 药物的影响　避孕药、激素、消炎止痛药等均可影响血压。

6. 其他疾病的影响　肥胖、糖尿病、睡眠呼吸暂停低通气综合征、甲状腺疾病、肾动脉狭窄、肾脏实质损害、肾上腺占位性病变、嗜铬细胞瘤、其他神经内分泌肿瘤等。

二、发病机制

1. 交感神经系统活性亢进　这是造成血压升高的重要原因，儿茶酚胺刺激肾素的释放、压力感受器的活动与其他刺激也参与了血压升高的过程。

2. 肾素－血管紧张素－醛固酮系统（RAAS）激活　RAAS系统激活能使小动脉平滑肌收缩，刺激醛固酮的分泌，交感神经的正反馈作用使去甲肾上腺素分泌增多，从而升高血压。

3. 血管内皮功能障碍　高血压患者的血管扩张反应性减低可能与释放的一氧化氮给予的刺激有关。

4. 血脂异常　氧化脂蛋白抑制内皮依赖性血管扩张，也会引起血压的升高。随着年龄的增长，血管僵硬度逐渐加重，动脉顺应性随之降低，从而导致收缩压升高、舒张压下降。

三、临床表现

高血压的症状因人而异。早期可能无症状或症状不明显，常见的是轻微的头晕、头痛、颈项板紧、疲劳、心悸等，仅仅会在劳累、精神紧张、情绪波动后发生血压升高，并在休息后恢复正常。随着病程延长，血压明显的持续升高，逐渐会出现头痛、头晕、注意力不集中、记忆力减退、肢体麻木、夜尿增多、心悸、胸闷、乏力等各种症状。

需要注意的是，高血压的症状与血压水平并不严格关联，部分患者即使血压水平已经很高，但自觉无异常，这类患者往往不能及时发觉自己的血压异常。

（一）一般症状

原发性高血压通常起病缓慢，早期常无症状，缺乏特殊表现，可以多年自我感觉良好，而于偶然的体格检查时测量血压发现血压升高，少数患者则在出现心、脑、肾等并发症后才被发现。高血压可以出现头晕、眩晕、疲劳等症状，但并非一定与血压水平相关。高血压后期的临床表现与心、脑、肾等功能不全或器官并发症有关。

（二）体征

该病体征较少，血管杂音、周围血管搏动、心脏杂音可重点探查，心脏听诊可有异常，可听到主动脉瓣区第二心音亢进、收缩期杂音或早期喀喇音。

（三）并发症

血压持久升高可有心、脑、肾、血管等靶器官损害。

1. 心 左心室长期面对外周的高血压，超负荷工作可致左心室肥厚、扩大，最终导致充血性心力衰竭。高血压还可促使冠脉硬化的形成，并使心肌耗氧量增加，可出现心绞痛、心力衰竭、心肌梗死及猝死等。

2. 脑血管病 包括腔隙性脑梗死、脑出血、脑血栓形成和短暂性脑缺血发作。

3. 高血压脑病 多发生在重症高血压患者，由于过高的血压突破了脑血流的自动调节范围，脑组织血流灌注过多引起脑水肿。临床表现以脑病的症状与体征为特点，表现为弥散性严重头痛、呕吐、意识障碍、精神错乱，甚至抽搐、昏迷等。

4. 肾 长期持久的血压升高可致进行性肾硬化，并加速肾动脉粥样硬化的形成，出现蛋白尿、肾功能损害。

5. 视网膜 视网膜小动脉早期发生痉挛，随着病情进展出现硬化改变。血压急骤升高可引起视网膜渗出和出血。

6. 血管 除心、脑、肾血管的病变外，严重的高血压可促使形成主动脉夹层，当主动脉夹层发生破裂时常可致命。

7. 高血压危象 因寒冷、紧张、疲劳、嗜铬细胞瘤发作、突然停服降压药等原因诱发，小动脉发生强烈痉挛，血压急剧上升，影响重要脏器血液供应而产生危急症状。在高血压早期与晚期均可发生。危象发生时，出现头痛、烦躁、眩晕、恶心、呕吐、心悸、气急及视力模糊等严重症状，以及伴有痉挛动脉累及相应的靶器官出现缺血症状。

❓ 想一想

试着思考后分析下面的案例：

男，62岁。死者生前患高血压20余年，半年前开始双下肢发凉，发麻，走路时常出现阵发性疼痛，休息后缓解。近1个月右足剧痛，感觉渐消失，足趾发黑逐渐坏死，左下肢逐渐变细，3天前生气后，突然昏迷，失语，右半身瘫，渐出现抽泣样呼吸。今晨五点患者呼吸、心跳停止。尸检所见：老年男尸，心脏明显增大，重890g，左心室明显增厚，心腔扩张。主动脉、下肢动脉及冠状动脉等内膜不光滑，有散在大小不等黄白色斑块。右胫前动脉及足背动脉，管壁不规则增厚，有处管腔阻塞。左股动脉及胫前动脉有不规则黄白色斑块。右足趾变黑、坏死。左下肢肌肉萎缩明显变细。左大脑内囊有大片状出血。

思考：该患者机体有哪些病变？左心室肥大，扩张及左下肢萎缩的原因是什么？右足发黑坏死的原因是什么？死亡原因是什么？

答案解析

四、实验室和其他检查

1. 尿常规检查 可了解高血压是否影响到肾脏功能，要经常检查尿常规。早期高血压患者尿常规正常，肾脏受累则出现蛋白尿、红细胞尿，偶见管型。

2. 肾功能检查 肾功能损害时，可出现血尿素氮、血肌酐增高。

3. 胸部X线检查 高血压累及心脏发生高血压心脏病时，X线检查可见左心室扩大。

4. 心电图检查 高血压性心脏病时，心电图可出现左室肥厚或伴劳损的心电图改变。

5. 超声心动图检查 超声心动图是诊断左心室肥厚最敏感、最可靠的检查，对高血压使心脏受累情况的了解具有重要意义。

6. 眼底检查 眼底视网膜动脉可作为临床上判断高血压病情的重要体征，是高血压分期分级的依据之一。

7. 24 小时动态血压监测 可由仪器定时自动测量患者血压，一般每 15～30 分钟自动测量一次血压，连续监测 24 小时。动态血压的正常参考值为 24 小时的平均血压 <130/80mmHg，白昼血压平均值 <135/85mmHg，夜间血压平均值 <120/70mmHg。

五、诊断与鉴别诊断

1. 诊断 在 2021 年发布的新标准中，成年人正常血压值定为 130/85mmHg，而之前使用的"正常血压值"120/80mmHg 被定义为理想血压。目前我国采用的为国际上的统一标准，即收缩压 ≥140mmHg 和（或）舒张压 ≥90mmHg 即可诊断为高血压，根据血压增高的水平，可进一步分为高血压第 1、2、3 级（表 3－1）。

表 3－1　血压水平分级

血压类别	收缩压（mmHg）	舒张压（mmHg）
理想血压	120	80
正常血压	130	85
正常高值	130～139	85～89
轻度高血压（1 级）	140～159	90～99
中度高血压（2 级）	160～179	100～109
重度高血压（3 级）	≥180	≥110
单纯收缩性高血压	≥140	<90
低血压	<90	<60

关于高血压的确诊，有以下注意事项。

（1）高血压的诊断依据是测量出的血压值，但并非测量一次即可做出结论，《中国高血压防治指南》要求高血压诊断时要测量非同日的三次血压，三次血压都达到高血压的诊断标准时方可做出诊断。注意，这里的"非同日"严格意义上是指间隔 >1 周，这样才能确保排除引起血压升高的多种因素。

（2）在测量血压的时间上有所选择，人的血压在一天中是不断变化的，但又有一定的规律，全天血压会出现两次高峰及一个低谷，即每天 6：00－10：00、16：00－18：00 是全天血压最高的时段，而夜间是全天血压最低的时段。而高血压的诊断是以最高血压来诊断的，因此测量血压应选择在全天血压处于高峰的两个时段。

（3）注意测量血压的场所，很多人会发现在医院测量的血压往往高于自己在家测量的血压，这在医学上称为"白大褂高血压"，具体原因不明，但确实存在。为此，在高血压的诊断上在医院和在家庭用的诊断标准不同，家庭测量血压时，非同日测量三次血压均超过 135/85mmHg；医院诊室测量血压时，非同日测量三次血压均超 140/85mmHg；24 小时动态血压监测时，24 小时平均血压超过 130/80mmHg，以上情况至少符合其中一项，才可确诊为高血压。

（4）测量方法的准确性，家庭自测血压应使用上臂袖带式电子血压计，而不能是腕式血压计，且测量时取坐位，测量前要禁烟、禁酒，安静休息 5 分钟，袖带松紧适度，手臂与心脏位置平齐，双脚平放地面，不能跷二郎腿，并排空小便。测量三次，每次间隔 2 分钟，取后两次的平均值。

（5）人体全天血压呈现两个高峰一个低谷的变化规律，正常情况夜间低谷血压不超过 120/70mmHg，但有些人白天血压正常，夜间血压却超过了 120/70mmHg，即表明存在"隐匿性高血压"的可能，这种高血压危害最大，需引起高度重视。

（6）经上述测量发现血压异常时，建议进行 24 小时动态血压监测，了解掌握全天血压变化情况，全天平均血压高于 135/85mmHg 即可诊断为高血压，也更容易发现隐匿性高血压。同时也可为下一步制定干预治疗方案提供更加准确的依据。

（7）最后，需要强调的是，既往有高血压史，若正在使用抗高血压药物，测得的血压虽未达到上述水平，亦应诊断为高血压。此外，还需要指出的是，原发性高血压的严重程度并不单纯与血压升高的水平有关，必须结合患者的心血管疾病危险因素及合并的靶器官损害做全面的评价，治疗目标及预后的判断也必须以此为基础。

✎ 练一练3-1 ————————

最新国际标准中，正常血压水平为（　）

A. 收缩压低于 120mmHg，舒张压低于 80mmHg

B. 收缩压低于 130mmHg，舒张压低于 85mmHg

C. 收缩压低于 140mmHg，舒张压低于 90mmHg

D. 收缩压低于 160mmHg，舒张压低于 100mmHg

E. 收缩压低于 139mmHg，舒张压低于 85mmHg

答案解析

2. 鉴别诊断　主要与继发性高血压的原发疾病鉴别。

（1）慢性肾脏病　其特点为尿蛋白、血肌酐升高、容量超负荷。

（2）肾动脉狭窄　颈动脉/腹部杂音；使用 ACEI/ARB 后肌酐升高；年轻人中对药物无反应的高血压（纤维肌发育不良）；肾动脉超声、CT 血管造影或 MRA 可见异常。

（3）内分泌性疾病　库欣综合征、高钙血症、甲状腺功能亢进、甲状旁腺功能亢进。

（4）醛固酮增多症　血钾低是一个支持点，但超过半数的患者血钾正常；血浆醛固酮和肾素的活性比大于 20；盐水输注试验可以明确诊断；醛固酮拮抗剂有效。

（5）假性高血压　无法压紧僵硬的肱动脉；症状与体位相关。

六、治疗

高血压治疗的主要目标是血压达标，降压治疗的最终目的是最大限度地减少高血压患者心、脑血管病的发生率和死亡率。降压治疗应该确立血压控制目标值。另一方面，高血压常常与其他心、脑血管病的危险因素合并存在，例如高胆固醇血症、肥胖、糖尿病等，协同加重心血管疾病危险，治疗措施应该是综合性的。不同人群的降压目标不同，一般患者的降压目标为 140/90mmHg 以下，对合并糖尿病或肾病等高危患者，应酌情降至更低。对所有患者，不管其他时段的血压是否高于正常值，均应注意清晨血压的监测，有研究显示半数以上诊室血压达标的患者，其清晨血压并未达标。

（一）改善生活习惯

减轻并控制体重，减少钠盐摄入，补充钙和钾盐，减少脂肪摄入，增加运动，戒烟、限酒，减轻精神压力，保持心理平衡。

（二）药物治疗

由于病因不同，高血压发病机制不尽相同，临床用药应分别对待，选择最合适药物和剂量，以获得最佳疗效。降压治疗后尽管血压控制在正常范围，血压升高以外的多种危险因素依然对预后产生重要影响。对检出的高血压患者，应使用推荐的起始与维持治疗的降压药物，特别是每日给药 1 次能控制 24 小时并达标的药物，具体应遵循 4 项原则，即小剂量开始、优先选择长效制剂、联合用药、个体化。

1. 常用降压药物 主要有利尿药、β 受体阻断剂、钙通道阻断剂、血管紧张素转换酶抑制剂、血管紧张素 II 受体阻断剂。应根据患者的危险因素、靶器官损害及合并临床疾病的情况，选择单一用药或联合用药。选择降压药物的原则如下。

（1）使用半衰期 24 小时以及以上、每日一次服药能够控制 24 小时血压的药物，如氨氯地平，避免因治疗方案选择不当导致的医源性清晨血压控制不佳。

（2）使用安全、可长期坚持并能够控制每一个 24 小时血压的药物，提高患者的依从性。

（3）使用心脑获益临床试验证据充分并可真正降低长期心脑血管事件的药物，减少心脑血管事件，改善高血压患者的生存质量。

2. 治疗方案 大多数无并发症或合并症患者可以单独或者联合使用噻嗪类利尿剂、β 受体阻断剂等。治疗应从小剂量开始，逐步递增剂量。临床实际使用时，患者心血管危险因素状况、靶器官损害、并发症、合并症、降压疗效、不良反应等，都会影响降压药的选择。2 级高血压患者在开始时就可以采用两种降压药物联合治疗。

第二节　冠状动脉粥样硬化性心脏病

PPT

冠状动脉性心脏病（coronary artery heart disease，CHD），是指冠状动脉血管发生动脉粥样硬化性病变而引起血管腔狭窄或阻塞，造成心肌缺血、缺氧或坏死而导致的心肌功能障碍和（或）器质性病变，因此又被称为缺血性心肌病。理论上 CHD 是多种冠状动脉病的结果，但 95% 以上的冠状动脉性心脏病都是冠状动脉粥样硬化，因此，习惯上把 CHD 视为冠状动脉粥样硬化性心脏病（简称冠心病）同义词。

世界卫生组织将冠心病分为 5 大类：无症状心肌缺血（隐匿性冠心病）、心绞痛、心肌梗死、缺血性心力衰竭（缺血性心脏病）和猝死 5 种临床类型。冠心病多在中年以上发病，男性发病率与死亡率明显高于女性，脑力劳动者较多，严重危害人类健康。

冠状动脉发生粥样硬化可导致血管管腔狭窄，硬化管腔狭窄 <50% 时，心肌供血一般不受影响；管腔狭窄在 50%~70% 时，静息状态时心肌供血不受影响，但在运动、心动过速或激动时，心脏耗氧量会增加，能引起心肌暂时性供血不足，从而引发稳定型心绞痛，且随着血管狭窄情况加剧，稳定型心绞痛会逐渐向不稳定型心绞痛或变异型心绞痛转化。当粥样硬化病变部位的斑块破裂出血，血栓堵塞血管，可引发急性心肌梗死。

一、心绞痛 e 微课1

心绞痛（angina pectoris，AP）是冠状动脉供血不足和（或）心肌耗氧量骤增致使心肌急性、暂时性缺血、缺氧所引起的临床综合征。表现为胸骨后或心前区压榨性或紧缩性疼痛感，有时会放射至左臂。每次发作 3~5 分钟，可数日一次，也可一日数次。休息或用硝酸酯剂后可缓解消失。临床上心绞痛分为以下三种。①稳定型心绞痛：又称为劳累型心绞痛、轻型心绞痛，一般不发作，可稳定数月，仅在重体力、脑力劳动或其他原因所致一过性心肌耗氧量增高时出现症状。②不稳定型心绞痛：发作不稳定，在负荷时、休息时均可发作。发作强度和频度逐渐增加，患者大多至少有一支冠状动脉主干近侧端高度狭窄。与稳定型劳累性心绞痛的差异主要在于虽然也可因劳力负荷诱发，但劳力负荷中止后胸痛并不能缓解。③变异型心绞痛：常于休息或梦醒时因冠状动脉收缩性增加而引起。胸痛的部位、性质与稳定型心绞痛相似，往往由稳定型心绞痛进展而来，在原有稳定型心绞痛基础上，1 个月内疼痛发作的频率增加、程度加重、时间延长和诱发因素变化，发作时往往伴有新症状，比如出汗、心悸、恶心、呕吐或者呼吸困难等，且应用硝酸类药物后较之前缓解作用减弱。发作多无明显诱因，心电图与其他型心绞痛相反，显示有关导联 ST 段抬高。

（一）病因

心绞痛的直接发病原因是心肌供血的绝对或相对不足，因此，各种减少心肌血液（血氧）供应（如血管腔内血栓形成、血管痉挛）和增加氧消耗（如运动、心率增快）的因素，都可诱发心绞痛。心肌供血不足主要源于冠心病。有时，其他类型的心脏病或失控的高血压也能引起心绞痛。

（二）发病机制

基本机制是冠状动脉的供血与心肌的需血之间发生矛盾，冠状动脉血流量不能满足心肌代谢的需要，供不应求，引起心肌急剧的、暂时的缺血缺氧时，即可发生心绞痛。

在正常情况下，冠状循环有很大的储备力量，其血流量可随身体的生理情况变化而有显著的变化；在剧烈体力活动时，冠状动脉适当地扩张，血流量可增加至休息时的 6 ~ 7 倍。缺氧时，冠状动脉也扩张，能使血流量增加 4 ~ 5 倍。动脉粥样硬化病变致冠状动脉狭窄或部分分支闭塞时，其扩张性减弱，血流量减少；若冠状动脉内不稳定的粥样斑块继发病理改变，使局部的心肌血流量明显下降，如斑块内出血、斑块纤维出现裂隙、表面上有血小板聚集或刺激冠状动脉痉挛，就会进一步导致缺血加重。心肌的血液供应若降低到尚能应付心脏平时的需要时，则休息时可无症状。一旦心脏负荷突然增加，如劳累、激动、左心衰竭等，这些情况下心肌张力增加、心肌收缩力增加、心率增快等导致心肌耗氧量增加时，心肌对血液的需求升高，而冠状动脉的供血已不能相应增加，心肌进入无氧代谢状态，无氧代谢过程中产生的一些肽类物质可刺激神经引发剧烈的痛感，即心绞痛。

（三）临床表现

1. 症状 心绞痛症状典型特点如下。

（1）部位 典型心绞痛发生在胸骨体上段或中段之后，波及心前区，大约手掌大小范围，边界不清楚。

（2）性质 胸痛常为压榨性、闷胀性或窒息性，也可有烧灼感，但不尖锐，不像针刺或刀扎样痛。

（3）持续时间 疼痛出现后逐步加重，通常在 3 ~ 5 分钟内渐消失，可数天或数星期发作一次，也有时一日内会多次发作。

2. 体征 发作时患者往往不自觉地停止原来的活动，心率增快、血压升高、表情焦虑、皮肤冷或出汗，部分患者出现第三或第四心音奔马律。

（四）实验室和其他检查

1. 心电图检查 心绞痛发作时，绝大多数患者可出现暂时性心肌缺血引起的心电图 ST 段压低，有时出现 T 波倒置。

2. 心电图负荷试验 最常用运动负荷试验，基本原理是通过运动增加心脏负荷以激发心肌缺血，观察心电图是否出现异常。需要注意的是心肌梗死急性期、明显心力衰竭、不稳定型心绞痛、严重心律失常或急性疾病者禁止做运动平板试验，且运动中如果出现心绞痛、步态不稳、室性心动过速或血压下降时，应立即停止运动。此外，本试验有一定比例的假阳性和假阴性，单纯运动心电图阳性或阴性结果不能作为诊断或排除冠心病的依据。

3. 血清学检查

（1）心脏标志物　血清心肌酶和肌红蛋白、肌钙蛋白测定。

（2）C 反应蛋白和白介素 – 6　大多数不稳定型心绞痛患者血清 C 反应蛋白和白介素 – 6 增高，而稳定型心绞痛则正常。

（3）动态心电监测　让患者在正常活动状态下，携带记录装置，连续记录并自动分析 24 小时心电图（即 Holter 心电监测）。可发现心电图 ST – T 改变和各种心律失常，出现时间可与患者的活动和症状相对照。胸痛发作时相应时间的缺血性 ST – T 改变有助于确定心绞痛诊断。

（4）冠状动脉造影　是目前最有价值的诊断方法。选择性冠状动脉造影可使左、右冠状动脉及其主要分支得到清楚的显影并可估计病变程度。

（五）诊断与鉴别诊断

1. 诊断　根据典型的发作特点和体征，含用硝酸甘油后缓解，结合年龄和存在冠心病易患因素，加上 ECG 改变，除外其他原因所致的一过性心绞痛，一般即可建立诊断。

2. 鉴别诊断　主要与引起胸痛的疾病鉴别。

（1）心脏神经症　本病的特点为：①胸痛时间可长达几小时或为短暂（几秒钟）的刺痛或隐痛，患者深吸一口气或叹息样呼吸症状可缓解；②胸痛部位经常变动，或在左乳房下心尖附近；③症状多在疲劳之后出现，而不在疲劳的当时，做轻度体力活动反觉舒适，有时可耐受较重的体力活动而不发生胸痛或胸闷；④含服硝酸甘油无效或在十多分钟后才"见效"，常伴有心悸、疲乏和其他神经衰弱症状；⑤心电图及其他检查无阳性发现。

（2）急性心肌梗死　本病疼痛部位与心绞痛相似，但性质更剧烈，持续时间可达数小时，常伴有休克、心律失常及心力衰竭。

（3）肋间神经痛　肋间神经痛发作时的疼痛常累及 1~2 个肋间，但并不一定局限在前胸，为刺痛或灼痛，多为持续性而非发作性，咳嗽、用力呼吸和身体转动可使疼痛加剧，沿神经行径处有压痛，手臂上举活动时局部有牵拉疼痛，故与心绞痛不同。

（六）治疗

治疗原则是改善冠状动脉血供和减少心肌耗氧，同时治疗动脉粥样硬化，预防新的动脉粥样硬化产生。长期规律使用阿司匹林和给予有效的降血脂治疗可稳定粥样斑块，减少血栓形成，降低不稳定型心绞痛和心肌梗死的发生。

1. 发作期的治疗　目的在于尽快缓解疼痛并终止发作。

（1）一般治疗　发作时立即休息，一般患者停止原来的活动后症状即可消除。

（2）药物治疗　①硝酸甘油：舌下含服，1~2 分钟开始起作用，约半小时后作用消失。首次使用硝酸甘油时应注意防范可能诱发的直立性低血压。②硝酸异山梨酯：舌下含服，2~5 分钟见效；另外还可选用亚硝酸异戊酯。③亚硝酸异戊酯：取 0.2ml 用手绢包裹压碎后，吸入其挥发气体。应用上述药物的同时，可考虑同时使用镇静药。如果做了以上处理后疼痛不能缓解，或者本次发作较平时重且持续时间长者，应考虑到是否有急性心肌梗死的可能，需要及时到医院做进一步检查。

练一练3-2

心绞痛患者在接受硝酸甘油静脉滴注治疗时，出现颜面潮红、头痛、头涨症状，应向患者解释（　　）

A. 由于患者对硝酸甘油产生过敏反应，应立即停用

B. 药物剂量不足，应加快滴注速度

C. 硝酸甘油致头面部血管扩张所致，是常见副作用

D. 这些症状很严重，需要立即通知医生处理

E. 应减量慢滴

答案解析

2. 缓解期的治疗 一般不需卧床休息，只是日常生活中尽量避免各种诱因：调节饮食，特别是进食不应过饱；戒烟、戒酒；调整日常生活与工作量，减轻精神负担；保持适当的体力活动，但需要注意适度，以不发生疼痛症状为宜。初次发作（初发型）或发作频繁、加重（恶化型），或卧位型、变异型、中间综合征、梗死后心绞痛等，疑为心肌梗死前奏的患者，应休息一段时间，可单独选用、交替应用或联合应用药物，以防心绞痛发作。缓解期药物治疗的三项基本原则是：选择性地扩张病变的冠脉血管；降低血压；改善动脉粥样硬化。

二、心肌梗死 ⓔ 微课2

心肌梗死（myocardial infarction，MI）是指急性、持续性缺血、缺氧所引起的心肌坏死，体征为剧烈而持久的胸骨后或心前区疼痛，休息及硝酸酯类药物不能完全缓解，伴白细胞计数增高、发热、血沉加快，血清心肌酶活性增高及进行性心电图变化，可并发心律失常、休克或心力衰竭，可危及生命。本病在欧美最常见，美国每年约有150万人发生心肌梗死。我国近年来发病率呈明显上升趋势，每年新发至少50万例，现患至少200万例，且患者平均发病年龄有逐渐年轻化的趋势。

（一）病因

心肌梗死大多数由冠状动脉粥样硬化引起，在此基础上并发血栓形成、斑块内出血或持续性痉挛，使冠状动脉管腔突然狭窄甚至阻塞，血流发生减少或中断，心脏负荷加重，导致心肌严重缺血；另外，重体力劳动、剧烈运动或情绪激动等使得心肌耗氧量剧烈增加或冠状动脉痉挛也可诱发急性心肌梗死。

（二）发病机制

基本病理是由于冠状动脉发生粥样硬化造成管腔严重狭窄和心肌血供不足，与此同时，可供缓解的侧支循环未能充分建立。在此基础上，一旦血供进一步急剧减少或中断，使心肌严重而持久地急性缺血达1小时以上，即可发生心肌梗死。发病机制一般为以下几种。

1. 粥样斑块破溃发生出血或血管持续痉挛，血管管腔内血栓形成，使冠状动脉完全闭塞。

2. 休克、脱水、出血、外科手术或严重心律失常等诱因下，致心排血量骤降，冠状动脉的灌流量短时间发生锐减。

3. 重体力活动、情绪过分激动或血压剧烈升高，致左心室负荷明显加重，儿茶酚胺分泌增多，心肌需氧需血量猛增，冠状动脉供血明显不足。

此外，临床研究发现，心肌梗死往往在进食大量脂肪食物后，由于血液黏稠度增高、血小板黏附性增强、局部血流缓慢，血小板易于集聚而致血栓形成有关；同时，上午人体冠状动脉张力高，机体应激反应性增强，易使冠状动脉痉挛；也与用力排便时心脏负荷增加等有关。心肌梗死后并发的严重心律失常、休克或心力衰竭，均可使冠状动脉灌流量进一步降低，心肌坏死范围扩大。

（三）临床表现

患者临床表现与梗死的部位、梗死面积大小、侧支循环情况密切相关。

1. 先兆 50%~81.2%的患者在心肌梗死发病前数日有乏力，胸部不适，活动时心悸、烦躁、气急、心绞痛等前驱症状，其中以新发心绞痛或原有心绞痛加重最为突出。心绞痛发作情况相较以往频繁、程度更剧、持续较久、硝酸甘油效果差、诱发因素不明显。同时心电图显示 ST 段一时性明显抬高或者压低，T 波倒置或者增高（"假性正常化"），即前述不稳定型心绞痛的典型心电图征象。此时如及时住院处理，可使部分患者避免发生心肌梗死。

2. 症状

（1）疼痛 是最先出现的症状，多发生在清晨，疼痛部位、性质与心绞痛相同，但诱因多不明显，并且经常发生在安静时，程度较重，持续时间较长，可达数小时甚或更长，休息及含用硝酸甘油片多不能缓解。患者常烦躁不安、恐惧、出汗或有濒死感。部分患者疼痛不典型，位于上腹部而被误认为是急腹症；疼痛可以放射至下颌、颈部、背部上方甚至表现为"牙痛"，因此容易被误诊。

（2）全身症状 发热、心动过速、白细胞计数增高和红细胞沉降率增快等，由坏死物质被吸收所引起。但体温一般在 38℃ 左右，很少达到 39℃。

（3）胃肠道症状 疼痛剧烈时常伴有频繁的恶心、呕吐及上腹胀痛，多与迷走神经受坏死心肌刺激、心排血量降低、组织灌注不足有关。

（4）心律失常 有 75%~95% 的患者会伴发心律失常，多发生于起病的 1~2 天，以 24 小时内最多见，同时可有乏力、头晕等症状。各种心律失常中以室性心律失常最为多见，尤其是室性期前收缩；若室性期前收缩频发（每分钟 5 次以上），成对出现或呈短阵室速等，常为心室颤动的先兆。室颤是 ST 段抬高型心肌梗死早期，尤其是入院前抢救失败主要的死因。此外，房室传导阻滞和束支传导阻滞也比较多见。

（5）低血压和休克 剧烈疼痛会导致血压下降，故此时未必是休克。若疼痛缓解而收缩压仍低于 80mmHg，有烦躁不安、皮肤湿冷、面色苍白、脉细而快、大汗淋漓、尿量减少、神志迟钝甚或晕厥者，则可判定为休克状态。约 20% 的心肌梗死患者会发生休克，多在起病后数小时到数日内发生，主要为心肌广泛（40% 以上）坏死、心排血量急剧下降所导致。

（6）心力衰竭 主要是急性左心衰竭，此时患者出现呼吸困难、咳嗽、发绀、烦躁等症状，严重者可发生肺水肿，随后可发生颈静脉怒张、水肿、肝大等右心衰竭表现。若为右心室心肌梗死，患者一开始就出现右心衰竭表现，伴血压下降。

3. 体征

（1）心脏体征 可出现第四心音（心房性）奔马律，少数有第三心音（心室性）奔马律；部分患者在起病第 2~3 天出现心包摩擦音；心尖区可出现粗糙的收缩期杂音或伴收缩中晚期喀喇音；可有各种心律失常。

（2）血压 除了极早期血压可增高外，几乎所有患者都会发生血压下降。

（3）其他 可伴发与心律失常、休克或心力衰竭相关的其他体征。

（四）实验室和其他检查

1. 心电图 常有进行性特征性改变，对心肌梗死的诊断、定位、定范围大小、估计病情演变及预后都有帮助。

2. 超声心动图 有助于了解心室壁的运动和左心室功能，诊断室壁瘤和乳头肌功能失调等，能较准确地提供左心室收缩和舒张功能的定量数据。

3. 实验室检查

（1）血液检查 起病 24~48 小时后，白细胞计数明显升高，中性粒细胞增多，嗜酸性粒细胞减少或消失，红细胞沉降率增快，C 反应蛋白增高，可持续 1~3 周。起病数小时至 2 天内血中游离脂肪酸增高。

（2）血心肌坏死标记物增高　肌红蛋白、肌钙蛋白等心肌结构蛋白含量的增高是诊断心肌梗死的敏感指标。此外，肌酸激酶同工酶数值能较准确地反映梗死的范围，其高峰出现时间有助于判断溶栓是否成功。

（五）诊断与鉴别诊断

1. 诊断　根据典型的临床表现，特征性心电图改变及实验室检查，诊断本病并不困难。对老年患者，如突然发生严重心律失常、心力衰竭、休克而原因未明，或突然发生比较严重而持久的胸闷或胸痛者，皆应考虑本病的可能。体征高度怀疑为心肌梗死时，宜先按心肌梗死来迅速应对实施抢救，并尽快进行心电图、血清心肌酶测定和肌钙蛋白测定等的动态观察以确定诊断。对非 ST 段抬高性心肌梗死，血清肌钙蛋白测定的诊断价值更大。

2. 鉴别诊断　主要与引起胸痛的疾病相鉴别。

（1）主动脉夹层　常有"撕裂样"疼痛，放射至背部，双臂血压相差 20mmHg 以上，胸部 X 片上纵隔增宽；脉搏消失；新发神经损害或晕厥。

（2）急性心包炎　常有胸膜炎样胸痛、咳嗽，仰卧位加重、坐起后缓解，伴心包摩擦音，心电图可见广泛的 ST 段抬高。

（六）治疗

1. 监护和一般治疗

（1）休息　绝对卧床休息，保持环境安静。减少探视，防止不良刺激，解除焦虑。若无并发症，24 小时内应鼓励患者在床上行肢体活动，若无低血压，第 3 天就可在病房内走动；梗死后第 4~5 天，可逐步增加室内活动。

（2）监测　在冠心病监护室进行心电图、血压和呼吸的监测，除颤仪应随时处于备用状态。密切地观察患者心率、血压、心律及心功能的变化，一旦出现异常可及时采取治疗措施，避免发生猝死。

（3）吸氧　对于呼吸困难及血氧饱和度降低的患者，开始治疗的前几日须间断或持续鼻管或面罩吸氧。

（4）建立静脉通道保持给药途径畅通。

（5）无禁忌证者立即口服水溶性阿司匹林或嚼服肠溶阿司匹林 150~300mg。

2. 解除疼痛　选用哌替啶或吗啡尽快解除疼痛。

3. 使用药物改善心肌缺血状况

（1）硝酸甘油或硝酸异山梨酯　此类药物可通过扩张冠状动脉、增加冠脉血流及增加静脉容量，从而降低心室前负荷。

（2）β 受体阻断剂　此类药物能减少心肌耗氧、改善缺血区的氧供需失衡，缩小梗死面积，减少心肌缺血复发、再梗死、室颤及其他恶性心律失常，对降低急性期病死率有非常肯定的疗效。

4. 再灌注心肌　起病 3~6 小时，最晚在 12 小时内，通过介入疗法（PCI）或药物溶栓治疗，使闭塞的冠状动脉再通，心肌得到再灌注，濒临坏死的心肌可能得以存活或使坏死范围缩小，对梗死后心肌重塑有利，并可改善预后。

5. 消除心律失常　心律失常必须及时消除，以免演变为严重心律失常甚至猝死。

6. 控制休克　根据休克纯属心源性，有周围血管舒缩障碍或血容量不足等因素存在而分别处理，常用手段包括补充血容量、应用升压药、应用血管扩张剂、纠正酸中毒、避免脑缺血、保护肾功能，必要时应用洋地黄制剂等。

第三节　心律失常

心律失常是心血管疾病中重要的一组疾病，通常指由于窦房结冲动异常或冲动产生于窦房结以外，冲动的传导缓慢、阻滞或经异常通道传导，即心脏活动的起源和（或）传导障碍导致心脏搏动的频率和（或）节律异常。心律失常可单独发病，也可与其他心血管病伴发。其预后与心律失常的病因、诱因、演变趋势、是否导致严重血流动力障碍有关，可突然发作而致猝死，亦可持续累及心脏而致其衰竭。

心律失常有很多类型，常见的有窦性心律失常和病态窦房结综合征、心脏传导阻滞、阵发性室上性心动过速、室性心律失常和心房颤动几种。

一、病因

本类疾病病因较复杂，通常有遗传性和后天获得性两种。遗传性心律失常多为基因通道突变所致，如长 QT 综合征、短 QT 综合征、Brugada 综合征等。后天获得性心律失常可见于各种器质性心脏病，其中以冠心病、心肌病、心肌炎和风湿性心脏病为多见，尤其在发生心力衰竭或急性心肌梗死时。其他病因还有自主神经紊乱、电解质或内分泌失调、麻醉、低温、胸腔或心脏手术、药物作用和中枢神经系统疾病等。亦有部分患者病因不明。

二、发病机制

心律失常的发生机制包括冲动形成的异常和（或）冲动传导的异常。

（一）冲动形成异常

窦房结、结间束、冠状窦口附近、房室结的远端和希氏束蒲氏纤维系统等处的心肌细胞均具有自律性。自主神经系统兴奋性改变或其内在病变，均可导致不适当的冲动发放。此外，原来无自律性的心肌细胞如心房、心室肌细胞，亦可在病理状态下出现异常自律性，诸如心肌缺血、药物、电解质紊乱、儿茶酚胺增多等均可导致自律性异常增高而形成各种快速性心律失常。

（二）冲动传导异常

折返是快速心律失常的最常见发生机制。产生折返的基本条件是传导异常。心脏两个或多个部位的传导性与不应期各不相同，相互连接形成一个闭合环，其中一条通道发生单向传导阻滞，另一通道传导缓慢，使原先发生阻滞的通道有足够时间恢复兴奋性，原先阻滞的通道再次激动，从而完成一次折返激动。冲动在环内反复循环，产生持续而快速的心律失常。

三、临床表现

（一）窦性心律失常和病态窦房结综合征

1. 窦性心律不齐

（1）**窦性心动过速**　成人窦性心律的频率 >100 次/分称为窦性心动过速，患者往往有心悸或出汗、头晕、眼花、乏力等表现，大多心音有力，还可以有原发心脏病的体征。

（2）**窦性心动过缓**　窦性心律的频率 <60 次/分称为窦性心动过缓。心律不低于 50 次/分一般无症状；若心律低于 40 次/分，可引起心绞痛、心功能不全或晕厥等症状。

（3）**窦性停搏**　在规律的窦性心律中，有时因迷走神经张力增大或窦房结障碍，在一段时间内窦房结停止发放激动，称为窦性停搏。窦性停搏如果时间比较短，患者可无感觉；如果窦性停搏的时间比较长，患者可出现心慌、心悸、稍微胸闷的表现；若停搏超过了 4 秒以上甚至超过了六秒以上，就会发生脑供血供氧不足，出现头晕、黑矇，晕厥；若持续时间超过 10 秒以上，患者会出现意识丧失、肢体抽搐甚至造成死亡。

（4）病态窦房结综合征 又称病窦综合征，是指起搏传导系统退行性病变以及冠心病、心肌炎（尤其是病毒性心肌炎）、心肌病等，累及窦房结及其周围组织而产生的一系列缓慢窦性心律失常。临床表现轻重不一，可呈间歇发作。多以心率缓慢所致的脑、心、肾等脏器供血不足引起的症状，尤其是脑血供不足引起的症状为主。轻者可出现乏力、头晕、眼花、失眠、记忆力差、反应迟钝或易激动等，常易被误诊为神经官能症，特别是老年人还易被误诊为脑卒中或衰老综合征。严重者可引起短暂黑矇、先兆晕厥、晕厥或阿－斯综合征发作。部分患者合并短阵室上性快速性心律失常发作，又称慢－快综合征。当快速性心律失常发作时，心率可突然加速达 100 次/分以上，持续时间长短不一，而当心动过速突然中止后可有心脏暂停伴或不伴晕厥发作。

2. 心脏传导阻滞 按照传导阻滞的严重程度，通常可将其分为三度。第一度传导阻滞的传导时间延长，全部冲动仍能传导，这一阶段患者通常无症状。第二度传导阻滞表现为传导时间进行性延长直至一次冲动不能传导或间歇出现的传导阻滞，这类患者房室阻滞可引起心搏脱漏，大多有心悸症状，也可无症状。第三度又称完全性传导阻滞，此时全部冲动不能被传导下去，症状取决于心室率的快慢与伴随病变，患者往往疲倦、乏力、头晕、晕厥、心绞痛甚至心力衰竭，如合并室性心律失常、患者可感到心悸不适。

3. 阵发性室上性心动过速 发作时有心悸、心前区不适、憋闷或心绞痛、眩晕，心率在 200 次/分以下，发作时间较短，压迫颈动脉窦可使心率立即恢复正常，如心脏有器质性病变，心率每分钟超过 200 次且持续时间长，导致血压下降，脑供血不足，头晕眼花、恶心呕吐、心绞痛、休克、晕厥者可发生猝死。

4. 室性心律失常

（1）室性早搏 室性期前收缩常无与之直接相关的症状；每一患者是否有症状或症状的轻重程度与期前收缩的频发程度不直接相关。患者可感到心悸，类似电梯快速升降的失重感。

（2）室性心动过速 简称室速，其临床症状轻重视发作时心室率、持续时间、基础心脏病变和心功能状况不同而异。非持续性室速（发作时间短于 30 秒，能自行终止）的患者通常无症状。持续性室速（发作时间超过 30 秒，需药物或电复律干预才能终止）常伴有明显血流动力学障碍与心肌缺血，临床症状包括低血压、少尿、晕厥、气促、心绞痛等。

（3）心室扑动与心室颤动 临床症状包括意识丧失、抽搐、呼吸停顿甚至死亡、听诊心音消失、脉搏触不到、血压亦无法测到。

5. 心房颤动

（1）阵发性房颤 频率不快，可无明显症状；频率快，患者会感到心悸、心慌、气短、烦躁、乏力等，听诊心律不齐，心音强弱、快慢不一。此外还有脉搏短促，多尿等；偶见心率过快患者发生血压过低甚至晕厥。

（2）持续性房颤 持续性房颤患者主要临床表现为心悸、气短、活动后心室率加快等。

此外，还存在较高的体循环栓塞的发病率，特别是风湿性心脏病合并房颤时，脑血管栓塞的发生率更高。

四、实验室和其他检查

1. 心电图 可以通过记录 10 秒心电表现，大致确定心律失常的种类。

2. 动态心电图 可以连续 24 小时记录心电变化，较心电图更易发现心律失常。

3. 食管心电图 插入导管电极刺激左心房可评价窦房结起搏功能和窦房传导功能。

4. 电生理检查 通过导管技术同步记录心脏多个不同部位和各种异常的电活动信号，同时分析心电信号的特征，分析心律失常和异常电现象的发生机制。

五、诊断与鉴别诊断

1. 诊断 结合典型的临床表现特点，根据心电图等电生理检查，可明确诊断。

2. 鉴别诊断

（1）**房性心动过速** 本疾病冲动起源于心房，心率在 120 ~ 220 次/分，节律规则，突发突止。常见于健康人或在某种疾病状态下，可由过量饮酒、心肌梗死、肺功能失代偿、缺氧、感染、低钾血症、摄入可卡因、茶碱等引起，表现为心悸、呼吸困难、胸闷、胸部或颈部突然出现快速扑动感等。

（2）**房室传导阻滞** 指冲动从心房传导至心室的过程中出现异常延迟或不能传到心室。常见于健康人或在某种疾病状态下，可由缺血性疾病、手术或药物引起，轻者可无症状，重者可有头晕、乏力、呼吸困难、胸痛等症状，甚至危及生命。

（3）**洋地黄中毒** 洋地黄中毒最重要的反应是各类心律失常，最常见者为室性期前收缩，多表现为二联律，非阵发性交界区心动过速，房性期前收缩，心房颤动及房室传导阻滞。快速房性心律失常又伴有传导阻滞是洋地黄中毒的特征性表现。

六、治疗

（一）窦性心律失常和病态窦房结综合征

1. 窦性心律不齐

（1）**窦性心动过速** 常源于其他心血管疾病的继发，故治疗策略以治疗原发病为主，并去除诱因，必要时可使用 β 受体阻断剂。

（2）**窦性心动过缓** 无症状者不需要特殊治疗，有症状者可使用阿托品、麻黄碱及异丙肾上腺素等，必要时可考虑植入心脏起搏器。

（3）**窦性停搏** 治疗原发病的同时输注提高心率的药物，对发作晕厥者可安装人工心脏起搏器。

2. 病态窦房结综合征 无症状者可定期随访，密切观察病情。心率缓慢显著或伴自觉症状者可试用阿托品、沙丁胺醇口服。双结病变、慢快综合征以及有明显脑血供不足症状（如近乎晕厥或晕厥）的患者宜安置按需型人工心脏起搏器。禁用可能减慢心率的药物，如降压药、抗心律失常药、强心药、肾上腺素能阻断剂及钙拮抗剂等。

（二）心脏传导阻滞

一度房室传导阻滞与二度房室传导阻滞但心室率不太慢者，无需特殊治疗。第二度心室率低和第三度房室阻滞如心室率显著缓慢，伴有明显症状或血流动力学障碍，应及早给予临时性或永久性心脏起搏治疗。

（三）阵发性室上性心动过速

终止发作：迷走神经刺激法；腺苷与钙拮抗剂；直流电复律。

预防复发：首选射频消融，一般可达根治效果。

（四）室性心律失常

1. 室性早搏 在病因治疗基础上，使用利多卡因、普罗帕酮、胺碘酮等药物，减少室性早搏的级别和数目，以降低猝死的危险性。对于良性室性早搏，无症状者通常不须抗心律失常药物治疗，有症状且影响生活和工作者可选用副作用较小的抗心律失常药如美西律、β受体阻断剂，目的在于减轻症状而不是完全消除室性早搏。

2. 室性心动过速 简称室速，除针对病因治疗（补钾、停药）外，首选25%硫酸镁1～2g静脉注射，奏效后继以1mg/min静脉滴注，连用12～48小时。若药物治疗无效，可用食管心房调搏或右室心内膜起搏，通常起搏频率为100次/分，多能控制室速。室速发作时伴低血压、晕厥者，应立即进行电击复律，之后以利多卡因静脉滴注维持。如发作时无血流动力学改变，立即静脉注射利多卡因50～75mg，2分钟后无效再用50mg，继以1～4mg/min静脉滴注维持。利多卡因无效可用普鲁卡因胺、普罗帕酮、胺碘酮、溴苄胺等药物治疗。

3. 心室扑动与心室颤动 直流电复律和除颤为治疗室扑和室颤的首选措施，应争取在短时间内（1～2分钟）给予非同步直流电除颤，电击复律若无效可静脉或气管注入、心内注射肾上腺素或托西溴苄铵（溴苄胺）或利多卡因，再行电击，可提高成功率。若身边无除颤器应首先做心前区捶击2～3下，捶击心脏不复跳，立即进行胸外心脏按压，70～80次/分。

❤ **药爱生命**

心肺复苏的重要性

临床上心跳、呼吸骤停是很严重的一种状况，若发生在医院外，需要马上做心肺复苏抢救。越早实施心肺复苏，患者抢救成功的概率就越大。大量数据表明，若发生心脏停搏，在4分钟内实施有效心肺复苏，有一半的患者能被抢救过来；4～6分钟内有10%能被成功抢救；超过6分钟还有4%的患者可以被抢救。所以我们要倡导人人学心肺复苏，人人充当急救员。在2020年8月中国红十字会总会和教育部联合印发的《关于进一步加强和改进新时代学校红十字工作的通知》中，已经将学生健康知识、急救知识，特别是心肺复苏纳入教育内容。

（五）心房颤动

消除易患因素；转复和维持窦性心律；预防复发；控制心室率；预防栓塞并发症。使用抗心律失常药、抗凝剂。必要时进行电除颤、植入人工心脏起搏器，或可行导管射频消融术。

✎ **练一练3-3**

患者发生心室颤动时，首选的治疗手段是（　　）
A. 阿托品静脉注射　　　B. 同步直流电除颤　　　C. 非同步直流电除颤
D. 高流量氧气吸入　　　E. 机械通气

答案解析

第四节　心力衰竭

PPT

心力衰竭，简称心衰，是指在机体本身有足够循环血量的情况下，各种病因导致心脏舒缩功能受损或心室血液充盈受限，使心排出量明显减少，以致不能满足机体代谢需要，出现全身组织器官灌流不足，肺循环或体循环静脉淤血的病理过程。

心力衰竭并不是一个独立的疾病，而是心脏疾病发展的终末阶段。心力衰竭的分类有两种：①根据心衰发生的时间、速度，分为慢性心衰和急性心衰，多数急性心衰患者经住院治疗后症状部分缓解，而转入慢性心衰，慢性心衰患者常因各种诱因急性加重而需住院治疗；②按照发病部位可分为左心衰、右心衰和全心衰，其中绝大多数的心力衰竭都是以左心衰竭开始的，即首先表现为肺循环淤血。

一、病因

根据《中国心力衰竭诊断和治疗指南2021》，目前认为心衰是慢性、自发进展性疾病，神经内分泌系统激活导致心肌重构是引起心衰发生和发展的关键因素，心肌重构最初可以对心功能产生部分代偿，但随着心肌重构的加剧，心功能逐渐由代偿向失代偿转变，出现明显的症状和体征，进入心力衰竭状态。

（一）心肌损害

1. 原发性心肌损害　缺血性心肌损害是引起心力衰竭最常见的原因之一，如心肌梗死、慢性心肌缺血等；炎症和免疫性心肌损害也是重要原因，如心肌炎和心肌病。此外心肌代谢障碍性疾病也是常见原因。

2. 继发性心肌损害　一些内分泌代谢性疾病如糖尿病和甲状腺疾病、系统性浸润性疾病、结缔组织病、心脏毒性药物等会并发心肌损害。

（二）心脏负荷过重

1. 压力负荷（后负荷）过重　常见于高血压、肺动脉高压、主动脉瓣狭窄、肺动脉瓣狭窄等左右心室收缩期射血阻力增加的疾病。心肌产生代偿性肥厚以克服增高的阻力，保证射血量，久而久之终致心肌结构功能发生改变而出现失代偿。

2. 容量负荷（前负荷）过重　见于心脏瓣膜关闭不全以及左右心或动静脉分流性先天性心血管病。此外，伴有全身循环血量增多的疾病如慢性贫血、甲状腺功能亢进、围生期心肌病等，心脏的容量负荷增加。早期心室腔代偿性扩大，心肌收缩功能尚能代偿，但当心脏结构功能发生改变超过一定限度后，即可出现失代偿表现。

二、发病机制

心力衰竭的发病机制较为复杂，目前尚未完全阐明，无论是不同原因引起的心力衰竭，还是心力衰竭的不同发展阶段，其基本机制是心脏收缩和（或）舒张功能障碍，导致心脏的射血不能满足机体的需要，其发生机制如下。

1. 心肌收缩性减弱　由心肌细胞坏死、心肌细胞凋亡或心肌细胞能量代谢障碍等原因引起的原发或继发的心肌收缩性下降，是绝大多数心力衰竭发生的基础，其直接后果是心输出量减少。

2. 心室舒张功能异常　心脏的射血功能不但取决于心肌的收缩性，还取决于心室的舒张功能，良好的舒张状态是心室有充足的血液充盈的保证。某些疾病如心肌肥大引起的室壁增厚、心肌炎/心包填塞导致的心脏舒张受限，造成心室顺应性降低，影响冠状动脉血流灌注量，从而诱发或加重心力衰竭。

3. 心室各部舒缩活动不协调　指受累区心肌的收缩性减弱或受累区心肌丧失了收缩能力；心内传导阻滞，使心脏各部的兴奋 - 收缩耦联顺序失去原有的协调性，心脏各部收缩次序紊乱。

三、临床表现

从临床统计结果来看，发生心力衰竭的患者中，左心衰竭和全心衰竭较为常见，单纯右心衰竭较少见。

（一）左心衰竭

主要表现为肺淤血及心排出量降低。

1. 呼吸困难 左心衰竭最早和最常见的症状，可分为以下几种情况。

（1）劳力性呼吸困难 体力活动使回心血量增加，左心房压力升高，加重肺淤血，心衰程度越重，引起呼吸困难的运动量阈值越低。

（2）端坐呼吸 当肺淤血达到一定程度时，平卧时回心血量增加且横膈上抬，呼吸会变得更为困难，因此患者无法平卧，半卧位甚至端坐时才能进行呼吸。

（3）夜间阵发性呼吸困难 患者入睡后由于睡眠平卧时血液重新分配肺血量增加，夜间迷走神经张力增强、小支气管收缩、横膈抬高、肺活量减少等因素，发生憋气而突然惊醒，被迫采取坐位后呼吸困难的情况才能得到缓解。

（4）急性肺水肿 左心衰呼吸困难最严重的形式，严重患者可有哮鸣音，称为"心源性哮喘"。

2. 咳嗽、咳痰、咯血 咳嗽、咳痰是肺泡及支气管黏膜淤血所导致，一开始常于夜间发生，采取坐位或立位时咳嗽可减轻，白色浆液性泡沫样痰为其特点，少数可有痰中带血丝。急性左心衰发作时可出现粉红色泡沫样痰。长期慢性肺淤血、肺静脉压力升高导致肺循环和支气管血液循环之间在支气管黏膜下形成侧支，此种血管一旦破裂可引起咯血。

3. 少尿及肾功能损害症状 严重的左心衰竭血液再分配时，肾血流量首先明显减少，患者可出现少尿。长期慢性的肾血流量减少还可出现血尿素氮、肌酐升高，并出现肾功能不全的相应症状。

4. 其他 乏力、疲倦、头晕、心慌。

（二）右心衰竭

主要表现为体循环静脉淤血。

1. 消化道症状 胃肠道及肝脏淤血引起腹胀、食欲差、恶心、呕吐等是右心衰最常见的症状。

2. 水肿 体静脉压力升高使皮肤等软组织出现水肿，其特征为首先出现于身体最低垂部位如踝部，常为对称性可凹陷性。

3. 颈静脉怒张 颈静脉搏动增强、充盈、怒张是右心衰时的主要体征，肝颈静脉反流征阳性则更具特征性。同时，由于静脉回流受阻，肝脏淤血肿大。

（三）全心衰竭

临床上多数情况是右心衰竭继发于左心衰竭而形成，全心衰竭通常会表现出左心衰竭和右心衰竭体征的叠加状态。需要指出的是当右心衰竭出现之后，右心排血量减少，左心衰竭的呼吸困难等肺淤血症状反而有所减轻。

练一练3-4

慢性左心功能不全的最早表现是（ ）

A. 心源性呼吸困难　　　　B. 下垂性水肿　　　　C. 颈静脉充盈

D. 心动过速　　　　　　　E. 心前区疼痛

答案解析

四、实验室和其他检查

1. B 型钠尿肽（BNP） 是心衰诊断、临床事件风险评估中的一项重要指标，临床上常用 BNP 及 NT－pro BNP。未经治疗者，若钠尿肽水平正常可基本排除心衰诊断，已接受治疗者钠尿肽水平高则提示预后差，但是一些其他疾病也可以引起升高，如左心室肥厚、心肌缺血、心动过速、肺动脉栓塞、慢性阻塞性肺疾病等缺氧状态、肾功能不全、感染、肝硬化、败血症、高龄等因素都可引起钠尿肽升高，因此其特异性不高。

2. 肌钙蛋白　严重心衰或心衰失代偿期患者、败血症患者的肌钙蛋白可有轻微升高，但心衰患者监测肌钙蛋白更重要的目的是明确是否存在急性冠状动脉综合征。肌钙蛋白升高，特别是同时伴有钠尿肽升高，是心衰预后的强预测因子。

3. 心电图　所有心衰以及怀疑心衰患者均应行心电图检查，明确心律、心率、QRS 波形态、QRS 波宽度等。虽然心力衰竭并无特异性心电图表现，但心衰患者一般有心电图异常，心电图完全正常的可能性极低，心电图能帮助判断心肌缺血情况，既往有无心肌梗死、传导阻滞及心律失常等。怀疑存在心律失常或无症状性心肌缺血时应进行 24 小时动态心电图检查。

4. 超声心动图　能够较准确地提供各心腔大小变化、心瓣膜结构及功能情况，判断是否存在心包病变、急性心肌梗死的机械并发症、室壁运动失调，可计算出左室射血分数，方便快捷地评估心脏功能并判断病因，是临床上用来诊断心力衰竭的最主要的仪器检查。

5. 常规检查　包括血常规、尿常规、肝肾功能、血糖、血脂、电解质等，对于老年及长期服用利尿剂、RAAS 抑制剂类药物的患者尤为重要，在接受药物治疗的心衰患者的随访中也需要适当监测。除上述检查外，甲状腺功能检测也不容忽视，因为无论甲状腺如何，功能亢进或减退均可导致心力衰竭。

五、诊断与鉴别诊断

1. 诊断　心衰的诊断和评估依赖于病史、体格检查、实验室检查、心脏影像学检查和功能检查。首先，根据患者的病史、体格检查、心电图、胸片判断有无心衰的可能性；然后，通过检测 B 型钠尿肽和超声心动图明确是否存在心衰，再进一步确定心衰的病因和诱因；最后，还需评估病情的严重程度及预后，以及是否存在并发症及合并症。全面准确的诊断是心衰患者有效治疗的前提和基础。

2. 鉴别诊断　主要与引起呼吸困难或水肿（尤其是下肢）的疾病鉴别。

（1）心源性哮喘与支气管哮喘　前者有心脏病史，发作时需坐起，咳泡沫痰或咯血，而后者不需坐起，咳白黏痰。BNP 或 NT‐proBNP 检查有助于鉴别。

（2）肾性水肿　晨起发生，面部水肿，而心源性水肿为低垂性水肿。

（3）心包积液、缩窄性心包炎　有类似右心衰体征，但通过心脏、周围血管体征、超声心动图、X 线胸片可助鉴别。

（4）肝硬化腹水伴下肢水肿　无右心衰竭出现的颈静脉怒张及肝‐颈回流征阳性等体征。

六、治疗

对于心力衰竭患者需采取综合治疗，主要包括去除诱因、病因治疗及对症支持治疗。

（一）急性心力衰竭

对于急性心力衰竭的患者，需优先解除严重呼吸困难、缺氧等威胁患者生命的症状，治疗目标以改善症状、稳定血流动力学状态、维护重要脏器功能为主。基本治疗策略如下。

1. 体位　患者取坐位或半卧位，双腿下垂，以减少静脉回流。

2. 吸氧　立刻给予高流量鼻管吸氧，增加肺泡内压，既能加强气体交换，又能对抗组织液向肺泡内渗透。

3. 吗啡　静脉给予吗啡 5～10mg（缓注）不仅可以使患者镇静，减少躁动所带来的额外的心脏负担，同时能舒张小血管而减轻心脏的负荷，老年患者可减量或者改为肌内注射。

4. 快速利尿　呋塞米除利尿作用外，还有静脉扩张作用，有利于缓解肺水肿。

5. 血管扩张剂　以硝普钠、硝酸甘油或酚妥拉明静脉滴注。

6. 洋地黄类药物　可考虑用毛花苷 C 静脉给药，最适合用于有心房颤动伴有快速心室率并已知有心室扩大伴左心室收缩功能不全者。

7. 氨茶碱 若有支气管痉挛，可使用氨茶碱进行解除，此外，氨茶碱有一定的正性肌力及扩血管利尿作用，可起辅助作用。

（二）慢性心力衰竭

对于慢性心力衰竭的患者，治疗目标为缓解临床症状、延缓疾病进展、改善长期预后、降低病死率与住院率，并尽可能提高患者生活质量。

1. 一般治疗

（1）患者教育 心衰患者及其家属应得到准确的有关疾病的知识和管理指导，包括健康的生活方式、适当的诱因规避、平稳的情绪、规范的药物服用、合理的随访计划等。

（2）休息 控制体力活动，避免精神刺激，降低心脏的负荷，有利于心功能的恢复。急性期或者病情不稳定患者应限制体力活动，严格卧床休息；考虑到长期卧床容易发生深静脉血栓，甚至形成肺栓塞，同时还可能出现消化功能降低、肌肉萎缩、肺炎、压疮等，应鼓励病情稳定的心衰患者主动运动，根据病情轻重不同，在不诱发症状的前提下从床边小坐开始，逐渐增加适宜、适量的有氧运动，既能增强骨骼肌功能，同时还能改善心脏的活动耐量。

（3）体重监测 日常体重监测对于心衰患者具有重要意义，能简便直观地反映患者体液潴留情况及利尿剂疗效，作为依据能帮助指导调整治疗方案。体重改变往往出现在临床体液潴留症状和体征之前。

（4）饮食管理 心衰患者血容量增加，体内水－钠潴留，减少钠盐摄入有利于减轻以上情况，但要注意严格限盐可能导致的低钠血症。

2. 药物治疗

（1）利尿剂 利尿剂是心力衰竭治疗中最常用的药物，是心衰治疗药物中唯一能够控制体液潴留的一种，但不能作为单一治疗药物。原则上在慢性心衰急性发作时、有明显体液潴留时应用。

（2）血管紧张素转换酶抑制剂（ACEI） 临床研究证实 ACEI 早期足量应用可缓解患者症状，还能延缓心衰的进展，降低不同病因、不同程度心力衰竭患者的死亡率。

（3）血管紧张素受体阻断剂（ARB） 此类药物能阻断 RAS 的效应，但无抑制缓激肽降解作用，因此干咳和血管性水肿的副作用较少见。心衰患者治疗应首选 ACEI，当 ACEI 引起干咳、血管性水肿时，不能耐受者可改用 ARB。

（4）正性肌力药 洋地黄类药物包括地高辛、洋地黄毒苷及毛花苷 C（西地兰）和毒花苷 K 等。地高辛是最常用且唯一一种经过安慰剂对照研究进行疗效评价的洋地黄制剂，可以显著减轻轻中度心衰患者的临床症状，改善生活质量，提高运动耐量，减少住院率，但对生存率无明显改变。非

看一看：循环系统疾病用药总结

洋地黄类正性肌力药有肾上腺素能受体兴奋剂（如多巴胺及多巴酚丁胺）、磷酸二酯酶抑制剂，但此类药物仅限于重症心衰时短期应用。

（5）β 受体阻断剂 心力衰竭代偿机制中交感神经兴奋性的增强是一个重要的组成部分，而受体阻断剂可对抗这一效应。β 受体阻断剂用于心力衰竭治疗，大规模临床试验其结果也显示可显著降低死亡率。

目标检测

答案解析

一、单项选择题

1. 以下属于心源性哮喘与支气管哮喘的鉴别要点的是
   - A. 严重呼吸困难
   - B. 发绀
   - C. 端坐呼吸，咳粉红色泡沫样痰
   - D. 突然发作
   - E. 支气管解痉剂无效

2. 在我国，原发性高血压最常见的并发症是
   - A. 心肌梗死
   - B. 脑卒中
   - C. 慢性肾功能不全
   - D. 主动脉夹层动脉瘤
   - E. 心力衰竭

3. 原发性高血压心脏并发症中首先出现的是
   - A. 心肌梗死
   - B. 心律失常
   - C. 心力衰竭
   - D. 心肌肥厚
   - E. 心腔扩大

4. 下列哪项不是阵发性室性心动过速或心室颤动的预兆
   - A. 三度房室传导阻滞
   - B. 频发性室早
   - C. 两个以上室早相继出现
   - D. 多源性室早
   - E. 心电图表现 R 波落在 T 波上

5. 引起心源性猝死最多见的心律失常是
   - A. 房颤
   - B. 房性扑动
   - C. 室颤
   - D. 房室传导阻滞
   - E. 室上性阵发性心动过速

二、判断题

1. 只要收缩压≥140mmHg，舒张压≥90mmHg 即是高血压。
2. 原发性高血压病变常累及小动脉和弹力肌型动脉。
3. 血浆低密度脂蛋白胆固醇水平持续升高是动脉粥样硬化的危险因素。
4. 动脉粥样硬化的病变发生在细小动脉。
5. 心绞痛发作常持续数分钟，经休息或服用硝酸甘油类药物后可缓解。
6. 急性心肌梗死最先出现的症状是低血压和休克。
7. 冠心病的主要原因是冠状动脉痉挛。
8. 心律失常既是心力衰竭的原因，也是心力衰竭的诱因。
9. 心肌肥大对心肌代偿无意义。
10. 左心功能不全时发生呼吸困难的主要原因是肺淤血、肺水肿。

三、简答题

1. 心肌梗死的先兆症状有哪些？
2. 何谓原发性高血压？

（杨子琪）

书网融合……

重点回顾　　　微课1　　　微课2　　　习题

第四章　消化系统疾病

导学情景

情景描述：患者，男，45岁，经常空腹和夜间出现上腹部烧灼样疼痛不适3年余，以春季和秋季或劳累后多发，进食或服用碱性药物后可以缓解。

情景分析：结合主诉及现病史，根据该患者的临床发病特点，初步诊断为"十二指肠溃疡"。

讨　　论：1. 十二指肠溃疡的临床表现特点是什么？

　　　　　　2. 为进一步明确诊断需要进行的下一步检查有哪些？

学前导语：消化性溃疡发病以中年人最为常见，临床上十二指肠溃疡发病率高于胃溃疡，多见于青壮年，秋季和冬春交替季节常见，临床表现和进食有关，有节律性疼痛的特点，如果该患者检查确认有幽门螺杆菌（Hp）感染，应该如何制定治疗方案呢？

第一节　慢性胃炎 微课1

慢性胃炎是由多种不同因素引起的胃黏膜的慢性炎症。慢性胃炎为常见病、多发病，男性发病稍多于女性。任何年龄均可发病，但随年龄增长发病率亦见增高。

一、病因

慢性胃炎的发生主要与幽门螺杆菌（Hp）感染有关，与自身免疫、饮食和环境等因素也有一定关系。

1. 幽门螺杆菌感染　目前认为幽门螺杆菌感染是慢性胃炎最主要的病因。幽门螺杆菌具有鞭毛，能在胃内穿过黏液层移向胃黏膜，其分泌的黏附素能使其贴紧上皮细胞，其释放的尿素酶能分解尿素产生 NH_3。幽门螺杆菌通过产氨、分泌空泡毒素等引起细胞损害，其细胞毒素相关基因蛋白能引起强烈的炎症反应，其菌体胞壁还可作为抗原诱导免疫反应。

2. 自身免疫　萎缩性胃炎血液、胃液或萎缩的胃黏膜内可找到壁细胞抗体，胃黏膜有弥漫的淋巴细胞浸润，体外淋巴母细胞转化试验和白细胞移动抑制试验异常。

3. 十二指肠液 – 胃反流 研究发现因幽门括约肌功能失调，引起十二指肠液反流。反流的胆汁可损害胃黏膜，胰液中的磷脂和胰消化酶一起，能溶解黏液，破坏胃黏膜屏障，促使 H^+ 及胃蛋白酶反弥散入黏膜引起黏膜损伤。由此引起的慢性胃炎主要在胃窦部。

4. 刺激性食物和药物 长期服用对胃黏膜有强烈刺激的饮食及药物，如浓茶、烈酒、辛辣或粗糙食物、水杨酸盐类药物等可反复损伤胃黏膜，造成慢性炎症。

5. 年龄 老年人胃黏膜可出现退行性改变，加之幽门螺杆菌感染率较高，使胃黏膜修复再生能力降低，炎症慢性化，上皮增殖异常及胃腺体萎缩。

二、发病机制

慢性胃炎的过程是胃黏膜损伤与修复的慢性过程，组织学特征是炎症、萎缩和肠化生。各种不同因素长期引起的胃黏膜的慢性炎症，即可发展为慢性胃炎。

三、临床表现

饮食习惯不佳如进餐不规律、进食过快、暴饮暴食、刺激性饮食，进食生冷热烫不易消化的食物，长期大量饮酒、抽烟、精神压力大等都可诱发慢性胃炎发生。

1. 症状 大多数患者无明显症状。即便有症状也多为非特异性。慢性胃炎病程长，反复发作，主要表现为上腹疼痛或不适、饱胀感、嗳气、恶心、呕吐、食欲不振等消化不良症状。症状的轻重与胃镜和病理组织学所见不成比例。

2. 体征 体征多不明显，有时上腹轻压痛。阿司匹林所致者多数患者症状不明显，或仅有轻微上腹不适。危重病应激者症状被原发疾病所掩盖，可致上消化道出血，患者可以突然呕血和（或）黑便。

四、实验室和其他检查

1. X 线钡餐检查 用气钡双重造影显示胃黏膜细微结构时，萎缩性胃炎可出现胃黏膜皱襞相对平坦、减少。多灶萎缩性胃炎显示胃窦黏膜呈钝锯齿状及胃窦部痉挛，或幽门前段持续性向心性狭窄，黏膜粗乱等。

2. 胃镜及活组织检查 胃镜检查并同时取活组织做病理组织学检查是诊断慢性胃炎最可靠的方法。胃镜下非萎缩性胃炎可见红斑（点、片状或条状）、黏膜粗糙不平、出血点/斑、黏膜水肿、渗出等基本表现。胃镜下萎缩性胃炎有两种类型，即单纯萎缩性胃炎和萎缩性胃炎伴增生，前者主要表现为黏膜红白相间/白相为主、血管显露、色泽灰暗、皱襞变平甚至消失；后者主要表现为黏膜呈颗粒状或结节状。

3. 幽门螺杆菌（Hp）检测 活组织病理学检查时可同时检测幽门螺杆菌，除幽门螺杆菌治疗后，可在胃镜复查时重复上述检查，亦可采用非侵入性检查。

五、诊断与鉴别诊断

1. 诊断 临床表现提示，胃镜检查及胃黏膜活组织病理学检查可确诊。幽门螺杆菌检测有助于病因诊断。

2. 分类 ①部位分类：胃窦胃炎（胃窦炎）、胃体胃炎和全胃炎。②病理组织学改变分类：非萎缩性（以往称浅表性）胃炎、萎缩性胃炎。③病因分类：Hp 胃炎和非 Hp 胃炎。

3. 鉴别诊断

（1）消化性溃疡 消化性溃疡是慢性上腹部疼痛，病程长，周期性发作，发作时有节律性，可有夜间痛，大多数患者每年深秋至次年春末发作比较频繁，胃镜检查可鉴别。

（2）胃癌　胃癌多见于 40 岁以上的男性患者，起病较缓慢，早期常无症状，进展期胃癌可表现为上腹部隐痛、食欲不振、消瘦、贫血等，腹痛在进食后加重，抑酸剂不能缓解。胃镜检查及胃黏膜活检可鉴别。

六、治疗

1. 一般治疗　去除各种可能的致病因素或加重病情的因素，包括戒烟、戒酒，减少食盐摄入；纠正不良饮食习惯，避免太粗糙、太辛辣、太热、太冷的饮食，减少对胃的刺激；停服某些刺激胃黏膜的药物，特别是阿司匹林等非甾体类消炎药；清除鼻腔和咽部的慢性感染灶，慢性支气管炎者应避免将痰液咽下。

2. 药物治疗

（1）保护胃黏膜　常用的药物有胶体次枸橼酸铋（CBS）、硫糖铝、十六角蒙脱石、麦滋林－S 颗粒、氢氧化铝凝胶、胃膜素及盖胃平等。

（2）调整胃肠运动功能　上腹饱胀或有反流现象可选用甲氧氯普胺、多潘立酮、西沙必利。胃肠蠕动亢进或引起明显腹痛时选用山莨菪碱、普鲁苯辛、阿托品。

（3）抑制胃酸分泌　质子泵抑制剂（PPI）：埃索美拉唑、奥美拉唑、兰索拉唑、泮托拉唑、雷贝拉唑、艾普拉唑等。

（4）中和胃酸　常用药物有西咪替丁、雷尼替丁、法莫替丁、碳酸氢钠（小苏打）、氢氧化镁、氢氧化铝凝胶、复方氢氧化铝、盖胃平等。

（5）其他　对胃酸缺乏或消化不良者，可给予 1% 稀盐酸（0.5～2ml）和胃蛋白酶 20～30ml，餐前服。亦可服用胰酶片、健胃消食片、山楂丸等。

3. 抗幽门螺杆菌治疗　查找到幽门螺杆菌时，应服用抗生素。克拉霉素、阿莫西林、甲硝唑、替硝唑、喹诺酮类抗生素、呋喃唑、四环素等，都有清除 Hp 的作用。这些抗生素在酸性环境下不能正常发挥其抗菌作用，需要联合 PPI 抑制胃酸后，才能使其发挥作用。目前倡导的联合方案为含有铋剂的四联方案，即 1 种质子泵抑制剂（PPI）＋2 种抗生素和 1 种铋剂，疗程 10～14 天。

4. 手术治疗　慢性萎缩性胃炎伴重度不典型增生时，应考虑手术治疗。手术方法可采用内镜下胃黏膜切除术、胃大部切除术。

✎ 练一练

试列出根除幽门螺杆菌临床常用的三联和四联疗法？

答案解析

PPT

第二节　消化性溃疡 📱微课2

消化性溃疡是胃液（胃酸与胃蛋白酶）对上消化道壁的自我消化而形成的慢性溃疡。主要发生在胃和十二指肠，故又称胃十二指肠溃疡。消化性溃疡是全球性疾病，可发生于任何年龄，但以中年最为常见，十二指肠溃疡多见于青壮年，胃溃疡多见于中老年，后者发病高峰比前者约迟 10 年。男性患病比女性为多。临床上十二指肠溃疡发病率高于胃溃疡，两者之比约为 3：1。消化性溃疡的发作有季节性，秋季和冬春之交远比夏季常见。

一、病因

1. 常见攻击因子包括 胃酸、胃蛋白酶、幽门螺杆菌、胆盐、酒精、非甾体类消炎药等。

2. 防御因子包括 黏液－碳酸氢盐屏障、黏膜屏障、黏膜血流量、细胞更新、前列腺素和表皮生长因子等。

3. 在目前所知的消化性溃疡所有病因中，认为幽门螺杆菌是消化性溃疡的主要病因。与幽门螺杆菌有关的致病因子包括：脂多糖、尿素酶、溶血素、脂酶、蛋白酶、中性粒细胞活化蛋白、趋化因子等。

4. 另外，遗传因素（如 O 型血溃疡发生率高）、吸烟、精神因素、饮酒等亦与溃疡病的发生有关。

❤ 药爱生命 ————————————————

如何预防幽门螺杆菌

胃癌是全球最常见的恶性肿瘤之一，幽门螺杆菌感染是胃癌的罪魁祸首，2017 年 10 月，WHO 国际癌症研究机构将幽门螺杆菌列在一类致癌物清单中。幽门螺杆菌也是引起胃炎、消化道溃疡、淋巴增生性胃淋巴瘤的重要原因。所以积极预防和消除幽门螺杆菌感染对于防治消化系统疾病非常重要。主要措施有：①注意个人饮食卫生，聚餐用公筷或分餐制；②家庭餐具定期消毒；③如已感染，积极到正规医院就诊，应用敏感抗生素足量、联合、规律治疗。

————————————————————

二、发病机制

目前大家公认的是胃十二指肠黏膜的攻击因子与防御因子失衡引起溃疡。胃溃疡与十二指肠溃疡在发病机制上有不同之处，前者主要是防御修复因素减弱，后者主要是侵袭因素增强。

三、临床表现

胃溃疡常位于胃角和胃小弯。十二指肠溃疡常位于球部，前壁多见。若溃疡穿透肌层及浆膜层，则引起穿孔。如病变在幽门附近，可因水肿及痉挛而致暂时性幽门梗阻。

1. 症状 典型的消化性溃疡有如下症状。

（1）慢性过程，病史可达数年至数十年。

（2）周期性发作，发作与自发缓解相交替，发作期可为数周或数月，缓解期长短不一，短者数周、长者数年，发作多在秋冬或冬春之交，可因情绪不良或过劳而诱发。

（3）节律性上腹痛，十二指肠溃疡表现为空腹痛，即餐前空腹或（及）午夜痛，进食或服用抗酸药可缓解，胃溃疡表现为餐后痛，餐后出现疼痛，进食加重，服用抗酸药可缓解。

（4）疼痛性质多为灼痛，亦可为钝痛、胀痛、剧痛或饥饿样不适感。

2. 体征 发作时剑突下、上腹部或右上腹部可有局限性压痛，胃溃疡稍偏左，十二指肠溃疡稍偏右。

3. 其他表现 恶心、呕吐、反酸、嗳气、上腹饱胀等消化不良症状。还有一类无症状性溃疡，这些患者无腹痛或消化不良症状，而以消化道出血、穿孔等并发症为首发症状，可见于任何年龄，以长期服用非甾体类消炎药的患者及老年人多见。

4. 特殊类型的溃疡

（1）复合性溃疡 指胃和十二指肠均有活动性溃疡，多见于男性，幽门梗阻发生率较高。

（2）巨大溃疡 指直径大于 2cm 的溃疡。对药物治疗反应较差、愈合时间较慢，易发生慢性穿透或穿孔。

（3）幽门管溃疡　幽门管位于胃远端，与十二指肠交界，长约2cm。幽门管溃疡与十二指肠溃疡相似，胃酸分泌一般较高。幽门管溃疡上腹痛的节律性不明显，对药物治疗反应较差，呕吐较多见，较易发生幽门梗阻、出血和穿孔等并发症。

（4）球后溃疡　发生在球部以下十二指肠的溃疡称球后溃疡。多发生在十二指肠乳头的近端，具有十二指肠溃疡的临床特点，但午夜痛及背部放射痛多见，对药物治疗反应较差，较易并发梗阻性黄疸。

（5）老年人溃疡及儿童期溃疡　老年人溃疡临床表现多不典型，常无症状或症状不明显，疼痛多无规律，较易出现体重减轻和贫血。儿童期溃疡主要发生于学龄儿童，发生率低于成人。患儿腹痛可在脐周，时常出现恶心或呕吐。可能与幽门、十二指肠水肿和痉挛有关。

5. 并发症

（1）出血　溃疡侵蚀周围血管可引起出血，出血是消化性溃疡最常见的并发症，也是上消化道大出血最常见的病因。

（2）穿孔　溃疡病灶向深部发展穿透浆膜层则并发穿孔。

（3）幽门梗阻　暂时性梗阻可因溃疡急性发作时炎症水肿和幽门部痉挛而引起，可随炎症的好转而缓解；慢性梗阻主要由于瘢痕收缩引起，呈持久性。典型症状为餐后上腹饱胀感、上腹疼痛加重，伴恶心、呕吐。呕吐常定时出现，呕吐物为发酵酸性宿食，量大，呕吐后腹部感觉轻松舒适。检查可见胃型和胃蠕动波，清晨空腹时可查出胃内振水音。

（4）癌变　少数胃溃疡可发生癌变，十二指肠溃疡则不发生癌变。胃溃疡癌变发生于溃疡边缘，据报道癌变率在1%左右。发生癌变时，胃溃疡的节律性疼痛发生改变，规律性消失，疼痛可呈持续性。

四、实验室和其他检查

1. X线钡餐检查　消化性溃疡的X线征象有直接和间接两种：龛影是直接征象，对溃疡有确诊价值；局部压痛、十二指肠球部激惹和球部畸形、胃大弯侧痉挛性切迹均为间接征象，仅提示可能有溃疡。

2. 胃镜检查　这是确诊消化性溃疡首选的检查方法。胃镜检查不仅可对胃十二指肠黏膜直接观察、摄像，还可在直视下取活组织做病理学检查及幽门螺杆菌检测，因此胃镜检查对消化性溃疡的诊断及胃良、恶性溃疡鉴别诊断的准确性高于X线钡餐检查。

3. 幽门螺杆菌检测　为消化性溃疡诊断的常规检查项目，因为有无幽门螺杆菌感染决定治疗方案的选择。检测方法分为侵入性和非侵入性两大类，前者需通过胃镜检查取胃黏膜活组织进行检测，后者仅提供有无感染信息。目前侵入性实验主要包括快速尿素酶试验、组织学检查和幽门螺杆菌培养等；非侵入性实验主要有^{13}C或^{14}C尿素呼气试验、粪便幽门螺杆菌抗原检测及血清学检查（定性检测血清抗幽门螺杆菌抗体）等。其中细菌培养是诊断幽门螺杆菌感染最可靠的方法。

4. 胃液分析和血清促胃泌素测定　胃溃疡两者的分泌正常或低于正常，十二指肠溃疡两者的分泌明显增高。

五、诊断与鉴别诊断

1. 诊断　根据本病慢性病程，周期性发作及节律性上腹痛等典型临床特点提示消化性溃疡的初步诊断。通过X线钡餐和（或）胃镜检查可确诊。

2. 鉴别诊断

（1）其他引起慢性上腹痛的疾病　消化性溃疡诊断确立，但部分患者在消化性溃疡愈合后仍有症状，或症状不缓解，应注意诱因是否解除，是否有慢性肝、胆、胰疾病，功能性消化不良等与消化性溃疡并存。

（2）胃癌　胃镜发现胃溃疡时，应注意与恶性溃疡相鉴别，典型胃癌溃疡形态多不规则，常大于2cm，边缘呈结节状，底部凹凸不平，覆污秽状苔。

六、治疗

治疗的目的是消除病因、缓解症状、愈合溃疡、防止复发和避免并发症。针对病因的治疗如根除幽门螺杆菌，有可能彻底治愈溃疡病，是近年消化性溃疡治疗的一大进展。

1. 一般治疗　避免过度劳累和精神紧张，保持乐观情绪；规律饮食，戒烟、戒酒；少摄入或不摄入刺激性食物与药物。

2. 药物治疗

（1）中和胃酸药物　通过中和胃酸，降低酸度，迅速缓解疼痛，促进溃疡愈合。常用的药物有：氢氧化铝凝胶、三硅酸镁、碱式碳酸铋、氧化镁。另外，可选用复合制剂如胃舒散、复方氢氧化铝、复方甘铋镁、胃可必舒、胃疡宁、氧化镁碳酸钙片等。

（2）抑制胃酸分泌药物　通过抑制胃酸分泌，迅速缓解疼痛，促进溃疡愈合。常用的药物有：①H_2受体拮抗剂（H_2RA）：西咪替丁，每次200mg，三餐后服，睡前再服400mg；雷尼替丁，每次150mg，早晚各服一次；法莫替丁20mg，早晚各服一次。②质子泵抑制剂（PPI）：临床常用药物有奥美拉唑、兰索拉唑、泮托拉唑、雷贝拉唑，其剂量分别为每次20mg、30mg、40mg、10mg，每日一次，口服。

（3）胃黏膜保护药物　通过在溃疡面及其附近形成保护性薄膜，减少刺激，促进溃疡愈合。常用药物有：①硫酸铝，每次1g，每日3～4次，餐后2小时服。②复方铋剂（枸橼酸铋钾），每次120mg，每日4次，口服。③甘珀酸，每次50mg，每日3次，口服。④其他药物，米索前列醇、胃膜素等亦可选用。

（4）根除幽门螺杆菌药物　根除幽门螺杆菌不但可促进溃疡愈合，而且可预防溃疡复发，从而彻底治愈溃疡。因此，凡有幽门螺杆菌感染的消化性溃疡，无论初发或复发、活动或静止、有无合并症，均应给予根除幽门螺杆菌药物治疗。临床常用杀灭幽门螺杆菌的药物有克拉霉素、阿莫西林、甲硝唑（或替硝唑）、四环素、呋喃唑酮、左氧氟沙星等。另外，PPI及胶体铋兼有杀幽门螺杆菌作用。目前尚无单一药物可有效根除幽门螺杆菌，因此必须联合用药。根除幽门螺杆菌临床常用的有三联疗法（如PPI＋阿莫西林＋克拉霉素）、四联疗法（如PPI＋胶体铋＋甲硝唑＋阿莫西林）。

（5）其他药物　疼痛严重时，可使用山莨菪碱；恶心、呕吐或上腹饱胀时，可使用甲氧氯普胺。
药物治疗消化性溃疡一般6～8周一个疗程。

？ 想一想

请根据所学知识和生活实际谈一谈常见消化系统疾病的预防措施。

答案解析

3. 手术治疗

（1）适应证　①大量出血经内科治疗无效；②急性穿孔；③瘢痕性幽门梗阻；④胃溃疡癌变；

⑤经严格内科治疗无效的顽固性溃疡。

（2）**手术方法** 主要是胃大部切除术，对十二指肠溃疡可采用选择性迷走神经切断术加胃窦部切除术或高选择性迷走神经切断术。

第三节 肝硬化

PPT

肝硬化是一种常见的慢性肝病，早期由于肝脏功能代偿较强，临床上可无明显症状；后期出现肝功能损害、门静脉高压表现及上消化道大出血、肝性脑病、癌变等并发症。我国肝硬化发病年龄多在35～48岁，男女比例约为(3.6～8)：1。

一、病因

引起肝硬化的原因很多，在国内以病毒性肝炎最多见，国外以酒精及丙型肝炎病毒最多见。

1. 病毒性肝炎 主要为慢性乙型病毒性肝炎及乙型、丙型和丁型肝炎病毒重叠感染。

2. 乙醇中毒 长期大量饮酒（每日摄入乙醇80g达10年之以上）时，乙醇及其中间代谢产物（乙醛）的毒性作用可引起酒精性肝炎，继而发展为肝硬化。

3. 胆汁淤积 持续肝内淤胆或肝外胆管阻塞时，可引起原发性或继发性胆汁性肝硬化。

4. 循环障碍 慢性充血性心力衰竭、缩窄性心包炎、肝静脉和（或）下腔静脉阻塞，肝脏长期淤血、缺氧，导致肝细胞坏死和结缔组织增生，最终演变为淤血性肝硬化。

5. 工业毒物或药物 长期接触四氯化碳、磷、砷等或服用双醋酚汀、甲基多巴、四环素，可引起中毒性肝炎，最终变为肝硬化。

6. 代谢障碍 由于遗传或先天性酶缺陷，致其代谢产物沉积于肝，引起肝细胞坏死和结缔组织增生，如肝豆状核变性（铜沉积）、血色病（铁质沉着）、α_1-抗胰蛋白酶缺乏症和半乳糖血症。

7. 血吸虫病 长期或反复感染血吸虫，虫卵沉积于汇管区，虫卵及其毒性产物刺激结缔组织增生，形成不明显的再生结节，故又称血吸虫病肝纤维化。

8. 原因不明 发病原因一时难以肯定，称为隐源性肝硬化。

二、发病机制

各种因素造成肝细胞广泛变性、坏死，肝小叶纤维支架塌陷，残存和再生肝细胞不沿原支架排列，形成不规则的肝细胞团（再生结节），汇管区和肝包膜下大量结缔组织及纤维增生，形成纤维间隔，包绕再生结节或将残留肝小叶重新分割，形成假小叶。肝细胞的变性、坏死及纤维增生造成肝功能减退，纤维增生与假小叶使肝内血管受压、扭曲、闭塞，血管床缩小，造成门静脉高压。

三、临床表现

肝硬化的起病与病程发展一般均较缓慢，其临床表现可分为肝功能代偿期与失代偿期，但两期分界并不明显或有重叠现象。

1. 肝功能代偿期 症状较轻，常缺乏特异性，以疲倦乏力、食欲减退及消化不良为主。可有恶心、厌油、腹部胀气、上腹不适、隐痛及腹泻。这些症状多因胃肠道淤血、分泌及吸收功能障碍所致。症状多间歇出现，因劳累或伴发病而加重，经休息或适当治疗后可缓解。脾脏呈轻度或中度肿大，肝功能检查结果可正常或轻度异常。

2. 肝功能失代偿期 症状显著，主要为肝功能减退和门静脉高压两大类临床表现。

（1）肝功能减退的临床表现

1）全身症状　患者一般情况与营养状况较差，可有乏力、消瘦或水肿、精神不振、皮肤干枯粗糙、面色灰暗黝黑、舌炎、口角炎、夜盲、多发性神经炎、贫血、不规则低热等，重者因衰弱而卧床不起。

2）消化道症状　患者食欲明显减退，进食后即感上腹不适或饱胀，伴恶心甚至呕吐，对脂肪和蛋白质耐受性差，进食油腻食物，易引起腹泻。上述症状的产生与胃肠道淤血、消化吸收障碍和肠道菌群失调有关。半数以上患者有轻度黄疸，少数有中度或重度黄疸，后者提示肝细胞有进行性或广泛坏死。

3）出血倾向　患者常有鼻衄、齿龈出血、皮肤瘀斑和胃肠黏膜糜烂出血等。出血倾向主要是由于肝脏合成凝血因子的功能减退、脾功能亢进所致血小板减少和毛细血管脆性增加造成。

4）内分泌失调　血液中雌激素、醛固酮及抗利尿激素增多，主要因肝功能减退对其灭活作用减弱，而在体内蓄积造成。由于雌性激素和雄性激素之间的平衡失调，男性出现性欲减退、睾丸萎缩、毛发脱落及乳房发育等；女性出现月经不调、闭经、不孕等。此外，可出现肝掌和蜘蛛痣。醛固酮增多时作用于远端肾小管，使钠重吸收增加，抗利尿激素增多时作用于集合管，使水的吸收增加，两者造成钠、水潴留，使尿量减少、水肿加重，对腹水的形成和加重亦起重要促进作用。

（2）门静脉高压症的临床表现　构成门静脉高压症的三大临床表现是侧支循环的建立与开放、腹水、脾大及脾功能亢进。

1）侧支循环的建立与开放　门静脉压力增高，来自消化器官和脾脏等的回心血流受阻，迫使门静脉系统与体循环之间建立侧支循环。临床上较重要的有：①食管下段和胃底静脉曲张：门静脉压力显著增高、粗糙尖锐食物损伤、腹内压力突然增高等可致曲张静脉破裂大出血。②腹壁和脐周静脉曲张：在脐周腹壁可见迂曲的静脉，呈"海蛇头"状。③痔核形成：为直肠上静脉与直肠下静脉建立侧支循环所致，可形成痔核，痔核破裂可引起鲜血便或出血。

2）腹水　是肝功能减退和门静脉高压的共同结果，是肝硬化失代偿期最突出的表现，是肝硬化进入晚期的标志。腹水形成的直接原因是水、钠潴留，其主要机制为血浆白蛋白含量减低致血浆胶体渗透压降低、淋巴液回流障碍、内分泌功能紊乱等。大量腹水时主要表现为腹部膨隆呈蛙腹、腹壁绷紧发亮、波动感、移动性浊音等。腹压升高可压迫腹内脏器，可引起脐疝，亦可使膈肌抬高而致呼吸困难和心悸。

3）脾大及脾功能亢进　脾大是肝硬化门静脉高压较早出现的体征，常为中度脾肿大，部分可达脐下，中等硬度，表面光滑，边缘圆钝，可触及脾切迹。脾功能亢进表现为红细胞、白细胞和血小板三系减少。红细胞减少出现贫血，白细胞减少易出现感染，血小板减少易出现出血。

3. 并发症

（1）上消化道出血　上消化道出血是肝硬化最常见的并发症。出血主要由食管静脉曲张破裂造成，亦可由胃黏膜糜烂所致。除表现呕血、黑便外，大量出血时可造成周围循环不足甚至出血性休克。

（2）肝性脑病　这是肝硬化最严重的并发症。由于肝功能严重损害，不能将血液中有毒的代谢产物分解，或由于门腔静脉分流后，有毒物质绕过肝脏直接进入体循环，引起中枢神经系统功能紊乱。

（3）感染　由于抵抗力低下，易并发感染。最常见的感染有肺部感染、胆道感染、败血症和自发性细菌性腹膜炎（简称自发性腹膜炎）。自发性腹膜炎表现为发热、恶心、呕吐、腹痛、腹胀、腹部压痛及反跳痛、腹肌紧张，腹水快速增长，血液和腹水中白细胞增多。

（4）肝肾综合征　由于肝脏原因，造成有效循环血量不足、肾小球滤过率降低，称为肝肾综合征。表现为少尿或无尿、血尿素氮升高等。

（5）原发性肝癌 多在大结节性或大小结节混合性肝硬化基础上发生。表现为短期内出现肝脏迅速增大、持续性肝区疼痛等，肝脏超声检查等可以确诊。

四、实验室和其他检查

1. 血液一般检查 代偿期多正常，失代偿期出现脾功能亢进时，红细胞、白细胞和血小板均减少。

2. 肝功能检查 血清白蛋白降低，球蛋白增高，白/球蛋白比例降低或倒置。血清胆红素不同程度升高。血清胆固醇降低。血清转氨酶轻、中度增高。凝血酶原时间不同程度延长，注射维生素 K 亦不能纠正。

3. 免疫学检查 病毒性肝炎可查出乙型肝炎及丙型肝炎的标志物。

4. 腹水检查 一般为漏出液，如并发自发性腹膜炎时可转变为渗出液。若为渗出液，应做细菌培养及药敏试验；若为血性，还应进一步做细胞学及甲种胎儿球蛋白测定。

5. 超声检查 肝呈结节样改变、脾肿大、门静脉及脾静脉的管径增宽（门静脉内径常＞13mm，脾静脉内径常＞8mm）。如有腹水可出现液性暗区。

6. 内镜检查 纤维或电子胃镜能清楚显示食管和胃底静脉曲张的部位与程度。腹腔镜可直接观察肝脏表面、色泽、边缘及脾脏情况，并可在直视下有选择性的采集肝活组织标本，对鉴别肝硬化、慢性肝炎、原发性肝癌以及明确肝硬化的病因都很有帮助。

7. X 线检查 食管吞钡检查可显示食管及胃底静脉曲张。食管下段静脉曲张时呈虫蚀样或蚯蚓状充盈缺损，胃底静脉曲张时呈菊花状充盈缺损。

8. 肝穿刺活组织检查 对疑难病例，必要时可做经皮肝穿刺活组织检查，可发现假小叶形成，假小叶形成是肝硬化的确切病理依据。

五、诊断与鉴别诊断

1. 诊断

（1）有病毒性肝炎、酗酒、营养失调及血吸虫病等病史。

（2）有肝功能减退和门静脉高压的临床表现。

（3）肝脏超声检查的阳性结果。

（4）肝功能检查的阳性结果。

（5）肝组织活检有假小叶形成。

2. 鉴别诊断

（1）引起腹水和腹部膨隆的疾病 需与结核性腹膜炎、腹腔内肿瘤、肾病综合征、缩窄性心包炎和巨大囊肿等鉴别。

（2）肝大及肝脏结节性病变 应除外慢性肝炎、血液病、原发性肝癌和血吸虫病等。

六、治疗

1. 一般治疗

（1）休息 肝功能代偿期，宜适当减少活动，可参加部分工作，注意劳逸结合；失代偿期应以休息，特别是卧床休息为主。

（2）饮食 一般以高热量，高蛋白质、维生素丰富而可口的食物为宜。脂肪含量不宜过多，但不必限制过严。出现腹水时，应少盐饮食并限制饮水，氯化钠每日小于 2g，进水约 1000ml，如有显著低钠血症，则应限制在 500ml 以内。肝功能损害显著或血氨偏高有发生肝性脑病倾向时应暂限制蛋白质的摄入。禁酒，避免进食粗糙及尖锐性食物。

（3）支持疗法　失代偿期应加强支持治疗，可静脉滴注葡萄糖液及其他营养素。注意维持水、电解质和酸碱平衡，尤其注意钾盐的补充。必要时，酌情滴入复方氨基酸注射液、白蛋白注射液、血浆或全血等。

2. 药物治疗　目前无特效药物，常选用以下药物治疗，如熊去氧胆酸、腺苷蛋氨酸、多烯磷脂酰胆碱、水飞蓟宾、还原型谷胱甘肽及甘草酸二铵等，虽有一定药理学基础，但普遍缺乏循证医学证据，一般不宜联用。

3. 腹水的处理

（1）利尿剂　增加水钠的排出，这是治疗腹水最常使用的方法。利尿剂的使用原则为联合、间歇、交替用药。联合应用一种保钾利尿剂和一种排钾利尿剂，即螺内酯联合呋塞米，剂量比例约为100mg：40mg。一般开始用螺内酯60mg/d＋呋塞米20mg/d，逐渐增加至螺内酯100mg/d＋呋塞米40mg/d。利尿速度不宜过快，在治疗过程中，应严密观察水、电解质及酸碱平衡，尤其注意血钾变化，并及时予以纠正。

（2）腹腔穿刺放液及腹水浓缩回输　大量腹水影响心肺功能、大量腹水压迫肾静脉影响血液回流或发生自发性腹膜炎须进行腹腔冲洗时，可考虑腹腔穿刺放液。因放液易诱发电解质紊乱和肝性脑病，且腹水可迅速再发，故临床上须谨慎决策。须注意有感染的腹水不能浓缩回输。

4. 外科治疗

（1）经颈静脉肝内门腔分流术（TIPS）　通过介入放射的方式，经颈静脉置入支架，在肝内静脉和门静脉主要分支之间建立通道，使门静脉的血液较顺利通过肝内静脉流入下腔静脉，减轻门静脉的压力。用于治疗腹水和食管胃底静脉曲张破裂出血。

（2）脾切除　单纯切除脾脏，主要用于脾功能亢进引起的明显红细胞、白细胞、血小板减少。

（3）肝移植　是治疗晚期肝硬化理想的方法，掌握手术时机及尽可能充分做好术前准备可提高手术存活率。

5. 并发症的治疗　出现上消化道大出血、肝性脑病、肝肾综合征、感染、原发性肝癌等并发症时采取相应的治疗措施。

👁 **看一看** ────────────────────────────────────

乙型病毒性肝炎的前世今生

无论中医还是西医对于病毒性肝炎记载已有两千多年的历史。经过数代科学家的不懈努力，直到20世纪70年代我们才完整的认识乙型肝炎病毒的生物学特性和传播途径。由于各种原因，我国在1970－1990年间一度成为乙型病毒性肝炎大国，每10个中国人中就有一个感染乙肝，其中约5%的人会转成慢性感染，而慢性乙肝患者中，20%～30%会发展成肝硬化或肝癌，因此乙肝也成为危害我国人民健康的"中国第一病"。

在"乙肝疫苗之母"陶其敏等教授的不断探索和刻苦钻研下，中国的乙肝疫苗问世，1992年起国家将乙肝疫苗纳入计划免疫管理，后来实现了疫苗免费接种、新生儿乙肝疫苗免费接种，大大阻断了乙肝在人群中传播。经过近30年的努力，我国5岁以下儿童乙型肝炎病毒（HBV）感染率降至1%以下，中国于2020年10月摘掉了乙肝大国的帽子，被世界卫生组织誉为发展中国家典范，也向实现"健康中国"目标迈出了一大步。

第四节　急性阑尾炎

急性阑尾炎是由多种原因引起的阑尾急性化脓性感染，是最常见的外科急腹症，好发于青壮年。急性阑尾炎最典型的症状是转移性右下腹痛，最主要的体征是右下腹（麦氏点）局限性压痛、反跳痛、腹肌紧张。手术治疗是急性阑尾炎主要治疗方法，绝大多数患者通过早期手术治疗，能够顺利恢复。若延误诊治，可出现严重的并发症，甚至死亡。

一、病因 　微课3

1. 阑尾梗阻　是急性阑尾炎的最常见原因。大多由淋巴滤泡增生造成，约占60%，多见于年轻人；粪石导致阻塞约占35%；异物、炎性狭窄、食物残渣、蛔虫、肿瘤等亦可引起。阑尾蠕动缓慢，管腔细长、弯曲且为盲管，这些特点是造成阑尾管腔易发生梗阻的基础。梗阻后，阑尾腔内压力增高，导致水肿而发生炎症。

2. 细菌感染　阑尾腔发生梗阻和炎症后，革兰阴性杆菌（大肠埃希菌等）和厌氧菌繁殖，产生内毒素和外毒素，进一步损伤黏膜，加重感染。阑尾壁间质压力升高，阻碍动脉血流，造成阑尾缺血、梗死和坏疽。

二、病理

1. 急性单纯性阑尾炎　阑尾轻度肿胀，浆膜充血，附有少量纤维素性渗出物，腔内少量渗液。病变局限在黏膜或黏膜下层，临床症状和体征较轻，体温和白细胞总数轻度升高。

2. 急性化脓性阑尾炎　主要为蜂窝组织的化脓性炎症。阑尾显著肿胀、增粗，病变扩展到肌层及浆膜层，浆膜高度充血，表面覆盖脓性渗出物，腔内积脓，发炎的阑尾可被大网膜包裹。临床症状和体征较重。体温和白细胞总数明显升高。

3. 坏疽性及穿孔性阑尾炎　阑尾壁部分坏死或全层坏死，阑尾黏膜溃烂，腔内脓液呈血性，浆膜呈暗红色或紫黑色；坏疽穿孔可引起弥腹膜炎，穿孔部位多在阑尾根部和尖端。此期临床症状和体征明显加重，体温和白细胞总数显著升高。

4. 阑尾周围脓肿　阑尾坏疽或穿孔后，脓液被大网膜包裹粘连可形成阑尾周围脓肿。

急性阑尾炎的转归：①炎症消退：部分单纯性阑尾炎经及时治疗后炎症消退，不留解剖学上的改变；部分转为慢性阑尾炎，容易复发。②炎症局限化：化脓、坏疽或穿孔性阑尾炎被大网膜包裹粘连，炎症局限，形成阑尾周围脓肿或局限性炎症包块。③炎症扩散：急性阑尾炎在被网膜包裹之前发生穿孔或未及时手术，可引起急性弥漫性腹膜炎，细菌栓子随阑尾静脉回流至门静脉系统，可发展为化脓性门静脉炎、细菌性肝脓肿、感染性休克等而危及患者生命。

三、临床表现

1. 临床症状

（1）腹痛　70%~80%的患者具有转移性右下腹痛的特点，是急性阑尾炎的最主要症状。多起于脐周和上腹部，数小时（6~8小时）后转移并局限于右下腹。部分病例发病开始即出现右下腹痛。疼痛程度和病理类型有关。不同位置的阑尾炎，其腹痛部位也有区别，如盲肠后位阑尾炎疼痛在右侧腰部，盆位阑尾炎腹痛在耻骨上区，肝下区阑尾炎可引起右上腹痛，极少数左下腹部阑尾炎呈左下腹痛。

（2）胃肠道症状　恶心、呕吐较早出现，但程度较轻。有时可发生腹泻。盆腔位阑尾炎，炎症刺激直肠和膀胱，可引起排便、里急后重。弥漫性腹膜炎时可引起麻痹性肠梗阻。

（3）全身症状　早期一般无明显全身症状，部分可有乏力、轻度头痛等症状。炎症加重时出现发热、明显乏力、心率增快等中毒症状。单纯性阑尾炎，体温常在 37.5 ~ 38℃；化脓性阑尾炎、坏疽性阑尾炎合并穿孔后，会出现高热。

2. 体征

（1）麦氏点压痛　右下腹麦氏点固定而明显的局限性压痛是急性阑尾炎最常见的体征，位置也可随阑尾的变异而改变，压痛程度与病变程度相关。当腹痛尚未转移至右下腹时，右下腹已有固定压痛，这在诊断上具有重要意义。

（2）腹膜刺激征　局部出现压痛、反跳痛、腹肌紧张，提示阑尾炎症累及壁腹膜，形成局限性腹膜炎。但在老人、小儿、孕妇、肥胖者、虚弱者或盲肠后位阑尾炎时腹膜刺激征可不明显。

（3）右下腹包块　右下腹饱满，触及固定而边界不清的压痛性包块时，应考虑阑尾周围脓肿形成。

（4）其他体征　①结肠充气试验（Rovsing 征）：患者取仰卧位，检查者先以右手压住降结肠下部，然后用左手在其上方反复按压，将气体赶向阑尾处，气体冲击发炎的阑尾，引起右下腹痛为阳性。②腰大肌试验（psoas 征）：患者取左侧卧位，右大腿向后过伸，引起右下腹痛者为阳性，表明发炎阑尾位于腰大肌前方、盲肠后位或腹膜后位。③闭孔内肌试验（obturator 征）：患者取仰卧位，右髋、膝关节前屈并被动内旋，出现右下腹痛者为阳性，提示发炎阑尾靠近闭孔内肌。④直肠指检：直肠指检出现直肠壁压痛提示发炎阑尾为盆位，直肠指检触及痛性包块或波动感提示形成盆腔脓肿。⑤阑尾穴压痛试验：该穴位在足三里下 2 ~ 4cm 处，左右侧穴位均可出现压痛，但以右侧明显。

四、实验室和其他检查

1. 实验室检查　大多数急性阑尾炎患者有不同程度的白细胞总数和中性粒细胞比例增高，严重时发生核左移。尿液检查一般无阳性发现，如尿中有少数红细胞，说明发炎阑尾与输尿管或膀胱相临。

2. B 超检查　在诊断急性阑尾炎中具有一定的价值，其典型图像为阑尾呈低回声管状结构，较僵硬，其横切面呈同心圆似的靶样显影，直径≥7cm。

3. CT 检查　与 B 超检查效果相似，尤其有助于阑尾周围脓肿的诊断。

五、诊断与鉴别诊断 e 微课4

1. 诊断要点　①典型转移性右下腹痛，或伴恶心、呕吐；②麦氏点固定而明显的局限性压痛、反跳痛及腹肌紧张；③发热、白细胞总数与中性粒细胞百分比升高；④B 超、CT 检查可以发现肿大的阑尾或阑尾周围脓肿。

2. 鉴别诊断　有许多急腹症的症状和体征与急性阑尾炎很相似，而且有一部分急性阑尾炎表现不典型，故需好好鉴别。

（1）胃十二指肠溃疡穿孔　患者多有溃疡病史，多突发剧烈腹痛，除右下腹压痛外，右上腹穿孔部位压痛最明显，且有腹膜刺激征，甚至板状腹。X 线显示膈下游离气体可诊断。

（2）右侧输尿管结石　多突发右下腹阵发性剧烈绞痛，疼痛向会阴部、大腿内侧放射。右下腹无明显压痛。超声显示结石影可诊断。

（3）妇产科疾病　①右侧输卵管妊娠破裂：育龄期女性多有停经和不规则阴道流血病史，多表现为突然下腹撕裂样痛，伴失血症，后穹隆穿刺抽出不凝血。②卵巢囊肿蒂扭转：明显而剧烈的腹痛，腹部或盆腔触痛性包块。③急性盆腔炎：下腹痛逐渐出现，劳累、经期或同房后加重，可伴有腰痛。④黄体囊肿破裂：表现与异位妊娠破裂相似，但病情较轻，多发于黄体期。上述疾病超声检查可鉴别。

（4）急性肠系膜淋巴结炎　多见于儿童。多有脐周痛，位置不固定，超声检查可鉴别。

（5）其他　回盲部肿瘤、Crohn 病、Meckel 憩室炎、小儿肠套叠等。

六、治疗 微课5

绝大多数急性阑尾炎一旦确诊，应早期行阑尾切除术。

1. 手术治疗　急性阑尾炎可以自行消退，但约 3/4 患者将复发，因此在诊断明确后及早行阑尾切除术。

（1）手术方法选择　①急性单纯性阑尾炎：有条件时，可采用经腹腔镜阑尾切除术。②急性化脓性阑尾炎或坏疽性阑尾炎：切除阑尾，仔细清除腹腔内脓液后关腹，但要注意保护切口，避免污染。③穿孔性阑尾炎：切除阑尾，清除腹腔脓液后，根据情况放置腹腔引流条或引流管。术后积极行支持疗法和抗菌治疗。④阑尾周围脓肿：脓肿尚未溃破穿孔按急性化脓性阑尾炎处理；阑尾穿孔已被包裹形成阑尾周围脓肿，病情较稳定，可用抗生素治疗或联合中药治疗促使炎症消散，观察 2~3 个月后酌情行阑尾切除术；也可在 B 超引导下穿刺抽脓或置管引流。保守治疗后脓肿扩大，无局限趋势者，症状明显，行脓肿切开引流，是否切除阑尾应视术中情况而定。术后加强支持治疗，合理使用抗生素。

（2）术后并发症防治　①出血：术后 24 小时内的出血为原发性出血，多因阑尾系膜动脉结扎线松脱或阑尾系膜止血不完善所致。主要表现为腹腔内出血的症状如腹痛、腹胀、休克和贫血等，应立即输血、补液并再次紧急手术止血。部分出血可自行停止，但可继发感染形成脓肿，需要手术切开引流。②切口感染：为术后最常见的并发症。多见于化脓性或穿孔性阑尾炎，多数发生在术后 2~3 天，也有少数在 2 周后才出现。主要表现为切口外有跳痛，局部红肿伴压痛，体温再度升高。应立即拆除缝线，引流脓液，将坏死组织清除，定期换药，待伤口内肉芽新鲜时再行二期缝合。③粘连性肠梗阻：也是阑尾切除术后较常见的并发症，与手术损伤、术后卧床、局部炎症重等多种因素有关。常先行非手术治疗，无效时再手术治疗。④粪瘘：较少见。与阑尾残端结扎线脱落、盲肠部位存在结核或癌症、盲肠组织水肿、术中损伤附近肠管等有关。主要表现为伤口感染久治不愈，可有气体或粪便溢出。多数行保守治疗粪瘘可愈合。⑤阑尾残株炎：阑尾残端超过 1cm 时，可发生残株炎，仍为阑尾炎表现，症状较重时应再次手术切除阑尾残株。

随着微创概念深入人心，腹腔镜的应用日益广泛。目前腹腔镜下阑尾炎切除术已经成为急性阑尾炎治疗的主要方法。不仅大大减轻了手术创伤，还缩短了阑尾术后住院时间，使患者早日恢复术后活动。

2. 非手术治疗　适用于单纯性阑尾炎或急性阑尾炎早期。客观条件不允许或不愿接受手术治疗者，或伴有其他严重器质性疾病不宜手术者。

（1）抗生素　选择有效的抗生素治疗是非手术治疗的主要措施，可采用氨苄西林、庆大霉素与甲硝唑联合应用。亦可采用头孢菌素或其他新型 β－内酰胺类抗生素与甲硝唑联合应用。

（2）中药　以大黄牡丹皮汤（大黄　丹皮　桃仁　冬瓜子　芒硝）辨证加减。急性单纯性阑尾炎可用阑尾化瘀汤（金银花　川楝子　延胡索　牡丹皮　桃仁　木香　大黄），每日一剂，分两次服。急性化脓性阑尾炎可用阑尾清化汤（金银花　蒲公英　牡丹皮　大黄　赤芍药　川楝子　桃仁），每日 1~2 剂，分 3~4 次服。

（3）针灸　适用于单纯性阑尾炎或轻型化脓性阑尾炎。取足三里、阑尾（双侧）、天枢及阿是穴。用泻法，伴其他征象时，可加选：呕吐加内关、中脘；发热加合谷、曲池、内庭；腹胀加大肠俞、次髎；肿块加天枢。

第五节　急性胰腺炎

急性胰腺炎是多种因素导致胰酶在胰腺内被激活后引起胰腺组织自身消化的急性化学性炎症。临床以急性腹痛、恶心、呕吐、发热等为特点。病变程度轻重不一，轻者以胰腺水肿为主，病情常呈自限性，可完全恢复，又称为轻症急性胰腺炎；重者胰腺出血坏死，常继发感染、腹膜炎和休克等多种并发症，病死率高，称为重症急性胰腺炎。

一、病因及发病机制

1. 胆道疾病　胆石症、胆道感染或胆道蛔虫等胆道疾病是急性胰腺炎最常见的病因，其中以胆石症最为常见。发病机制可归纳为：①梗阻，由于上述的各种原因导致壶腹部狭窄和（或）Oddis 括约肌痉挛，胆道内压力超过胰管内压力（正常胰管内压高于胆管内压），造成胆汁逆流入胰管，激活胰酶，引起急性胰腺炎；②Oddis 括约肌功能不全，胆石等移行中损伤胆总管、壶腹部或胆道炎症引起暂时性Oddis 括约肌松弛，使富含肠激酶的十二指肠液反流入胰管，损伤胰管，激活胰酶，引起急性胰腺炎；③胆道炎症时细菌毒素、游离胆酸、非结合胆红素、溶血磷脂酰胆碱等，也可能通过胆胰间淋巴管交通支扩散到胰腺，激活胰酶，引起急性胰腺炎。

2. 大量饮酒和暴饮暴食　大量饮酒引起急性胰腺炎的机制：①通过刺激胃酸分泌，使胰泌素与缩胆囊素（CCK）分泌，促使胰腺外分泌增加；②刺激 Oddis 括约肌痉挛和十二指肠乳头水肿，胰液排出受阻，使胰管内压增加；③长期酗酒者常有胰液内蛋白含量增高，易沉淀而形成蛋白栓，致胰液排出不畅。

暴饮暴食短时间内大量食糜进入十二指肠，引起十二指肠乳头水肿和 Oddis 括约肌痉挛，同时刺激大量胰液与胆汁分泌，由于胰液和胆汁排泄不畅，引发急性胰腺炎。

3. 胰管梗阻　胰管结石或蛔虫、胰管狭窄、肿瘤等均可引起胰管阻塞，当胰液分泌旺盛时胰管内压增高，使胰管小分支和胰腺泡破裂，胰液与消化酶渗入间质，引起急性胰腺炎。

4. 其他　腹腔手术特别是胰胆或胃手术、腹部钝挫伤、各种感染、应用某些药物（噻嗪类利尿药、硫唑嘌呤、糖皮质激素、四环素、磺胺类等）、高钙血症等也可直接或间接损伤胰腺组织或促进胰液分泌或造成胰管阻塞引起急性胰腺炎。

二、病理

急性胰腺炎按病理变化一般分为急性水肿型和急性出血坏死型。主要为急性水肿型，急性出血坏死型少见。

1. 急性水肿型　大体形态可见胰腺肿大、水肿、分叶模糊，质脆，病变累及部分胰腺或整个胰腺，胰腺周围有少量脂肪坏死。显微镜检查见间质水肿、充血和炎症细胞浸润，可见散在的点状脂肪坏死，无明显胰实质坏死和出血。

2. 急性出血坏死型　大体形态可见胰腺为红褐色或灰褐色，并有新鲜出血区，分叶结构消失。有较大范围的脂肪坏死灶，散落在胰腺及胰腺周围组织大网膜，称为钙皂斑。病程较长者可并发脓肿、假性囊肿或瘘管形成。显微镜检查可显示胰腺组织主要为凝固性坏死，细胞结构消失。坏死灶周围有炎性细胞浸润包绕。常见静脉炎、淋巴管炎、血栓形成及出血坏死。

由于胰液外溢和血管损害，部分病例可有化学性腹水、胸水和心包积液，并易继发细菌感染。发生急性呼吸窘迫综合征时可出现肺水肿、肺出血和肺透明膜形成，也可见肾小球病变、肾小管坏死、脂肪栓塞和弥散性血管内凝血等病理变化。

三、临床表现

急性胰腺炎常在饱食、进食油腻食物或饮酒后发生。

1. 症状

（1）腹痛 为本病的主要表现和首发症状，疼痛部位多在中上腹，呈持续性，可有阵发性加剧，可向腰背部呈带状放射。疼痛性质为钝痛、刀割样痛、钻痛或绞痛，不能为一般胃肠解痉药缓解，进食可加剧，取弯腰抱膝位可减轻疼痛。

（2）恶心、呕吐 多在起病后出现，有时颇频繁，呕吐物为食物和胆汁，呕吐后腹痛不减轻，伴腹胀，甚至出现麻痹性肠梗阻。

（3）发热 多为中度以上发热，持续 3~5 天。持续发热 1 周以上不退或逐日升高、白细胞计数升高者应怀疑有继发感染，如胰腺脓肿或胆道感染等。

2. 体征

（1）腹部压痛、反跳痛及腹肌紧张 水肿型胰腺炎仅有左上腹或上腹部压痛，出血坏死型胰腺炎，可出现上腹部或全腹压痛、反跳痛及腹肌紧张。

（2）腹部膨隆 出血坏死型胰腺炎因腹膜后出血刺激内脏神经引起麻痹性肠梗阻，腹胀明显，肠鸣音减弱或消失，呈现"球状腹"，中等量以上渗液时可叩出移动性浊音。

（3）腹部包块 部分出血坏死型胰腺炎，由于炎症包裹粘连，渗出物积聚在小网膜囊，或脓肿形成，或发生假性胰腺囊肿，在上腹可触及界限不清的压痛性包块。

（4）皮肤瘀斑 脐周皮肤出现蓝紫色瘀斑（Cullen 征）或两侧腰部出现暗灰蓝色瘀斑（Grey – Turner 征）。此为胰酶、坏死组织及出血渗入皮下所致。

（5）休克 见于急性出血坏死型胰腺炎，由于腹腔、腹膜后大量渗液、出血、肠麻痹、肠腔内积液，呕吐致体液丧失引起低血容量性休克。另外，血液吸收大量蛋白质分解产物，导致中毒性休克的发生。主要表现为烦躁、冷汗、口渴、四肢厥冷、脉搏细弱、呼吸浅快、尿量减少、血压下降、意识障碍。

四、实验室和其他检查

1. 白细胞计数 多有白细胞增多及中性粒细胞核左移。

2. 血、尿淀粉酶测定 血清淀粉酶在起病后 6~12 小时开始升高，48 小时开始下降，持续 3~5 天。血清淀粉酶超过正常值 3 倍可确诊为本病。尿淀粉酶升高较晚，在发病后 12~14 小时开始升高，下降缓慢，持续 1~2 周，但尿淀粉酶值受尿量的影响。胰源性腹水和胸水中的淀粉酶值亦明显增高。

3. 血清脂肪酶测定 血清脂肪酶常在起病后 24~72 小时开始上升，持续 7~10 天，对病后就诊较晚的急性胰腺炎有诊断价值，且特异性也较高。

4. C 反应蛋白（CRP） CRP 是组织损伤和炎症的非特异性标志物。有助于评估与监测急性胰腺炎的严重性，急性出血坏死型胰腺炎 CRP 明显升高。

5. 生化检查 暂时性血糖升高常见，可能与胰岛素释放减少和胰高血糖素释放增加有关。持久的空腹血糖高于 10mmol/L 提示急性出血坏死型胰腺炎。少数可出现高胆红素血症，多于发病后 4~7 天恢复正常。血清 AST、LDH 可增加。暂时性低钙血症（<2mmol/L）常见于重症急性胰腺炎，低血钙程度与临床严重程度平行，若血钙低于 1.5mmol/L 以下提示预后不良。急性胰腺炎时可出现高甘油三酯血症，这种情况可能是病因或是后果，后者在急性期过后可恢复正常。

6. 影像学检查 腹部平片可排除其他急腹症，如内脏穿孔。"哨兵袢"和"结肠切割征"为胰腺炎的间接指征。超声检查可显示胰腺肿大，胰内及胰周围回声异常。CT检查可显示急性胰腺炎的严重程度，特别是对鉴别轻症和重症胰腺炎，以及附近器官是否累及具有重要价值。

五、诊断

诊断要点：①病前有酗酒、暴饮暴食等诱因；②突然出现急性腹痛、恶心、呕吐、发热、上腹部压痛等临床表现；③血清或尿淀粉酶显著升高；④出现下列表现应考虑诊断为出血坏死型胰腺炎：休克，腹膜刺激征，Cullen征或Grey-Turner征，血钙降至2mmol/L以下，无糖尿病史而血糖>11.2mmol/L，腹腔诊断性穿刺抽得高淀粉酶活性的腹水，血清或尿淀粉酶突然下降。

六、治疗

大多数急性胰腺炎属于轻症急性胰腺炎，经3~5天积极治疗多可治愈。

1. 一般治疗 ①生命体征监护；②补充液体及电解质（钾、钠、钙、镁等离子），维持有效血容量；③腹痛剧烈者可给予哌替啶止痛。

2. 减少胰液分泌 ①禁食、胃肠减压：必要时置鼻胃管持续吸引胃肠减压，适用于腹痛、腹胀、呕吐严重者。②抑酸治疗：临床习惯应用H_2受体拮抗剂或质子泵抑制剂静脉给药，认为可通过抑制胃酸而抑制胰液分泌，兼有预防应激性溃疡的作用。③生长抑素及其类似物：虽疗效尚未最后确定，但目前国内学者多推荐尽早使用，生长抑素250μg/h或生长抑素类似物奥曲肽25~50μg/h，持续静脉滴注，每天1次，疗程3~7天。

3. 抑制胰酶活性 ①抑肽酶：具有抗蛋白酶及胰血管舒缓素作用。每次20万U，加入5%葡萄糖液500ml静脉滴注，每天2次，连用5日。②5-FU：对胰蛋白酶及膦酸酯酶A有抑制作用。100~500mg加入5%葡萄糖液500ml中静脉滴注，一天1次。③加贝酯：可抑制蛋白酶、血管舒缓素、凝血酶原、弹力纤维酶。100~300mg，加入5%葡萄糖盐水500~1500ml中静脉滴注，一天1次，连用2~3天，病情好转时，逐渐减量。

4. 糖皮质激素的应用 急性胰腺炎一般不主张使用，但出血坏死型胰腺炎出现下列情况可使用：①休克；②中毒症状明显，疑有败血症或病情突然恶化；③严重呼吸困难，尤其出现ARDS时；④有肾上腺皮质功能不全者。地塞米松20~40mg/d，静脉滴注，连用三天，逐渐减量至停用。

5. 抗休克 出血坏死型胰腺炎常早期即出现休克，主要由于大量体液外渗造成循环量丧失，出现低血容量休克，是早期死亡的原因。应即时补充血容量，使用血管活性药物（升压药物首选多巴胺）和糖皮质激素，纠正电解质和酸碱平衡紊乱，保护心、脑、肾等重要脏器功能。

6. 抗菌药物 重症胰腺炎常规使用抗生素，有预防胰腺坏死合并感染的作用，以喹诺酮类或亚胺培南西司他丁钠为佳，并联合应用甲硝唑等。

7. 手术治疗

（1）适应证 ①诊断不能肯定，且不能排除其他急腹症者；②伴有胆道梗阻，需要手术解除梗阻者；③并发胰腺脓肿或胰腺假性囊肿者；④腹膜炎经腹膜透析或抗生素治疗无好转者。

（2）手术方法 ①剖腹探查术，适用于诊断未明确，疑有腹腔脏器穿孔或肠坏死者。②腹腔灌洗，通过腹腔灌洗可清除腹腔内细菌、内毒素、胰酶、炎性因子等，减少这些物质进入血液循环后对全身脏器的损害。③内镜下Oddis括约肌切开术（EST），适用于胆源性胰腺炎合并胆道梗阻或胆道感染者。④坏死组织清除及引流术，适用于胰腺坏死合并感染者。

8. 中医中药治疗 对急性胰腺炎有一定疗效。主要药物有：柴胡、黄连、黄芩、枳实、厚朴、木香、白芍、芒硝、大黄（后下）等，辨证施治，随症加减。

目标检测

答案解析

一、单项选择题

1. 哪种细菌是慢性胃炎的最主要病因
   - A. 链球菌
   - B. 铜绿假单胞菌
   - C. 大肠埃希菌
   - D. 幽门螺杆菌
   - E. 金黄色葡萄球菌

2. 诊断慢性胃炎最可靠的方法是
   - A. 临床症状
   - B. 胃酸测定
   - C. 血清胃泌素测定
   - D. X 线钡餐检查
   - E. 胃镜检查及活检

3. 消化性溃疡最具特征性的疼痛特点是
   - A. 反复发作性疼痛
   - B. 与饮食有关的节律性疼痛
   - C. 持续性疼痛
   - D. 痉挛样痛
   - E. 烧灼样痛

4. 下列哪个不是消化性溃疡的并发症
   - A. 出血
   - B. 腹泻
   - C. 恶变
   - D. 幽门梗阻
   - E. 急性穿孔

5. 消化性溃疡用质子泵抑制剂治疗，其作用在壁细胞哪一环节
   - A. 组胺 H_2 受体
   - B. 胃泌素受体
   - C. 腺苷环化酶
   - D. 泌酸终末步骤关键酶 H，K – ATP 酶
   - E. 胆碱能受体

6. 我国引起肝硬化最常见的原因是
   - A. 病毒性肝炎
   - B. 酒精中毒
   - C. 血吸虫病
   - D. 胆汁淤积
   - E. 药物中毒

7. 确诊肝硬化最有价值的检查项目是
   - A. 纤维内镜检查
   - B. 食管吞钡检查
   - C. B 超检查
   - D. 肝脏穿刺活组织检查
   - E. 放射性核素检查

8. 下列哪个不是肝功能减退的表现
   - A. 肝掌
   - B. 蜘蛛痣
   - C. 牙龈出血
   - D. 食欲极差
   - E. 胃底静脉曲张

9. 我国原发性肝癌最常见的病因是
   - A. 肝硬化
   - B. 病毒性肝炎
   - C. 黄曲霉毒素
   - D. 饮用水污染
   - E. 遗传因素

10. 我国急性胰腺炎最常见的病因是
    - A. 酗酒
    - B. 手术和创伤
    - C. 胆道疾病
    - D. 药物
    - E. 暴饮暴食

11. 急性胰腺炎的首发症状是
    - A. 腹痛
    - B. 恶心
    - C. 呕吐

D. 发热   E. 休克

12. 急性胰腺炎首选的实验室检查是

  A. 血清淀粉酶   B. 内生肌酐清除率   C. 血清脂肪酶

  D. 血清正铁血白蛋白   E. 血清甘油三酯

13. 胃和十二指肠同时有溃疡称为

  A. 复合性溃疡   B. 多发性溃疡   C. 球后溃疡

  D. 幽门管溃疡   E. 巨大溃疡

14. 肝硬化最严重的并发症是

  A. 肝性脑病   B. 原发性肝癌   C. 上消化道出血

  D. 感染   E. 肝肾综合征

二、多项选择题

1. 用于治疗消化性溃疡的药物有

  A. 氢氧化铝   B. 胶态铋   C. 奥美啦唑

  D. 阿莫西林   E. 小檗碱

2. 肝硬化的病因有

  A. 病毒性肝炎   B. 酒精中毒   C. 肝脏淤血

  D. 肝脏中毒   E. 胆汁淤积

3. 消化性溃疡手术治疗的适应证有

  A. 内科治疗无效的顽固性溃疡   B. 上消化道大出血

  C. 急性胃肠穿孔   D. 瘢痕性幽门梗阻

  E. 胃溃疡癌变

4. 下列哪些是急性出血坏死型胰腺炎的诊断要点

  A. 休克

  B. 腹膜刺激征

  C. 低血钙

  D. 无糖尿病史而血糖 >11.2mmol/L

  E. 腹水淀粉酶下降而血或尿淀粉酶升高

5. 肝硬化的并发症有

  A. 出血   B. 癌变   C. 肝性脑病

  D. 感染   E. 肝肾综合征

三、病例分析题

男性，32 岁。8 年前出现间断上腹部不适，进食不当则隐痛，曾在当地以"胃炎"治疗，时轻时重，有时见下肢轻度浮肿，休息后好转。入院前 6 小时胃部不适、恶心，排暗红色血便约 500g，便后因头晕、乏力入院。患者既往无明确肝病史，无酗酒、服药史。体格检查：四大生命征正常，神清，面色晦暗，皮肤巩膜轻度黄染，胸前见数枚蜘蛛痣，浅表淋巴结不大。腹部轻度膨隆，轻度腹壁静脉曲张，全腹无压痛，肝肋下未触及，脾大肋下 5cm，质地硬，移动性浊音（＋），肠鸣音 3～4 次/分。双下肢轻度浮肿。辅助检查：WBC 3.2×10^9/L，血红蛋白 95g/L，血小板 68×10^9/L，ALT 110U/L，AST 98U/L，总胆红素 92.5μmol/L，直接胆红素 54.3μmol/L，A/G = 28/34，HBsAg（＋），HBeAg（－），抗 HBc（＋），抗 HCV（－）。

1. 请列出该患者的初步诊断。

2. 列出主要诊断依据。

3. 写出主要治疗方法与常用药物。

（吕升扬　宋桂红）

书网融合……

重点回顾	微课1	微课2	微课3

微课4	微课5	习题

第五章　泌尿系统疾病

<table>
<tr><td rowspan="6">学习目标</td><td>知识目标：</td></tr>
<tr><td>1. **掌握**　泌尿系统常见疾病的病因、临床表现及诊断要点。</td></tr>
<tr><td>2. **熟悉**　泌尿系统常见疾病的主要治疗药物。</td></tr>
<tr><td>3. **了解**　泌尿系统常见疾病的发病机制及辅助检查。</td></tr>
<tr><td>技能目标：
能运用正确的临床思维方法对泌尿系统疾病进行诊断，并能进行准确治疗。</td></tr>
<tr><td>素质目标：
具有人文关怀意识和良好的医德医风。</td></tr>
</table>

📖 导学情景

情景描述：患者，男，22岁。咽部不适3周，浮肿、尿少1周。近1周感双腿发胀，双眼睑浮肿，晨起时明显，尿量每日200~500ml，尿色较红。未经任何治疗来诊。发病以来患者精神、食欲可，轻度腰酸、乏力，体重3周来增加6kg。既往体健。查体：T 36.5℃，P 80次/分，R 18次/分，BP 160/96mmHg，眼睑水肿，咽红，扁桃体不大，腹软，肝、脾不大，双下肢可凹性浮肿。实验室检查：Hb 140g/L，WBC $7.7×10^9$/L，PLT $210×10^9$/L，尿蛋白（＋＋），尿蛋白定量3g/24h；尿WBC（0~1）/HP，RBC（20~30）/HP，偶见颗粒管型；肝功能正常，ALB 35.5g/L，BUN 8.5mmol/L，Scr 140μmol/L。血IgG、IgM、IgA正常，C3 0.5g/L，ASO 800IU/L。

情景分析：结合主诉及现病史，根据患者的临床发病特点，初步诊断为"急性肾小球肾炎"。

讨　　论：1. 急性肾小球肾炎的临床表现特点是什么？

　　　　　　2. 为进一步明确诊断，需要进行的下一步检查有哪些？

学前导语：急性肾小球肾炎常继发于上呼吸道感染后，多见于儿童和青少年，是由于链球菌感染后诱发的免疫反应引起，起病较急，病情轻重不一，有自限性。请结合此患者的病因及临床特点，评估病情，指导患者在生活中如何预防急性肾小球肾炎。

第一节　急性肾小球肾炎

PPT

急性肾小球肾炎（简称急性肾炎，AGN）是与链球菌感染有关的以急性肾炎综合征为主要临床表现的变态反应性疾病。其特点为急性起病，以血尿、蛋白尿、水肿、高血压及程度不等的一过性肾功能损害为主要表现。本病可发生于任何年龄，多见于儿童，6~12岁儿童发病率最高，是儿童常见的多发病，男性略高于女性。本病大多为散发，呼吸道感染引起者多见于冬、春季，皮肤感染者多见于夏、秋季。

一、病因及发病机制

1. **病因**　尚未完全阐明，目前认为是感染后诱发的免疫反应引起。感染常见的细菌为β-溶血性链球菌（A 组第 12 型最常见，被称为致肾炎菌株），其他细菌、病毒及寄生虫感染也可造成。常见感染为上呼吸道感染、猩红热及化脓性皮肤感染，肾小球病变的轻重与链球菌感染的严重程度并不完全一致。

2. 发病机制 急性肾炎不是病因对肾小球直接的损害，而是病因作为抗原所导致的一种免疫反应性疾病。现以链球菌感染后肾炎为例，说明其发病机制。①免疫复合物沉积：这是链球菌感染后肾炎发病的主要机制。溶血性链球菌感染机体后，链球菌体作为抗原，刺激机体 B 淋巴细胞产生相应抗体，当抗原稍多于抗体时，可形成可溶性循环免疫复合物，免疫复合物沉积于肾小球基底膜处，激活补体，吸引炎症细胞，造成变态反应性炎症。②抗体抗肾小球基底膜：溶血性链球菌菌体的某些抗原成分与肾小球基底膜某些成分具有交叉抗原性，溶血性链球菌感染机体后，刺激 B 淋巴细胞产生的抗体亦可与肾小球基底膜相结合，由此激活补体，诱集白细胞，造成变态反应性炎症。③其他：有人认为某些非免疫因素也参与了急性肾炎的发病过程，如激肽释放酶可使毛细血管通透性增加，肾小球蛋白滤过增高，尿蛋白排出量增多；前列腺素可影响肾小球毛细血管通透性；血小板激活因子可诱导阳离子蛋白在肾小球沉积，促进尿蛋白排出增加。

二、病理

病变主要累及肾小球，特征为弥漫性、渗出性、增殖性肾小球病变。光镜下可见肾小球毛细血管袢内内皮细胞和系膜细胞增生、肿胀伴有炎症细胞浸润，肾小球上皮细胞轻度增生、肿胀，造成不同程度的毛细血管管腔狭窄，毛细血管通透性增加。严重时增生的系膜可将肾小球分隔成小叶状，偶有球囊新月体形成。电镜下可见肾小球上皮细胞下电子致密物呈驼峰状沉积，为本病的特征。但这一变化消失较快，发病 3 个月后即不易见到。免疫荧光检查内含免疫球蛋白，主要是 IgG，IgM、IgA 也可见到，同时有补体 C3 沉积，有时尚可见到链球菌抗原出现在系膜区沉积物中。

三、临床表现

多数患者在患病前 1～3 周（平均 10 天左右）有溶血性链球菌感染所致的上呼吸道感染（咽炎、扁桃体炎）或皮肤化脓感染（脓疱疮）史。起病较急，病情轻重不一，轻者可无症状，仅有尿常规及血清 C3 异常，重者可表现为少尿，甚至可在短期内出现循环血容量增加、高血压脑病或急性肾衰竭而危及生命。大多预后良好，常可在数月内临床自愈。少数转为慢性肾炎，或于"临床治愈"多年后又出现肾小球肾炎表现。

1. 水肿 水肿轻重不一，常为起病的初发症状，为下行性，首先出现在眼睑，然后迅速下行波及全身。

2. 血尿 几乎全部均有肾小球源性血尿，呈肉眼血尿或镜下血尿，约 40% 出现肉眼血尿，酸性尿时呈浓茶色或棕褐色，中性或弱碱性尿时呈鲜红色或洗肉水样，常为就诊原因。

3. 高血压 为轻、中度的高血压，与水钠潴留有关，与水肿程度平行，利尿后血压可逐渐恢复正常。少数可出现严重高血压，甚至出现高血压脑病。

4. 充血性心力衰竭 老年发病率较高（可达 40%），儿童少见（<5%），水钠潴留和高血压为重要的诱发因素。可有颈静脉怒张、奔马律和肺水肿等表现，常需紧急处理。

5. 全身表现 可有低热、疲乏无力、头晕、头痛、恶心、呕吐、食欲减退及腰部钝痛等。

四、辅助检查

1. 尿液（尿常规）检查 尿沉渣镜检出现：①蛋白尿：为轻、中度蛋白尿，尿蛋白定性（+～+++），尿蛋白定量一般在 1~3g/24h。②细胞尿：大量红细胞，红细胞形态多皱缩，边缘不整或呈多形性，有少量白细胞和上皮细胞。③管型尿：可出现透明管型、上皮细胞管型、白细胞管型、红细胞管型、颗粒管型等，以红细胞管型为主。

2. 血液检查 可见轻度贫血（系血液稀释所致）。白细胞计数正常或轻度升高。血沉加快，但与病情无平行关系，一般于病后 2~3 个月恢复，如持续加快，提示肾炎仍在活动期。

3. 肾功能检查 肾小球滤过率下降，血肌酐及尿素氮在明显少尿时可增高。

4. 血清抗链球菌溶血素 O（ASO）测定 ASO 滴度升高提示近期内曾有过链球菌感染，但不能确定目前是否仍有链球菌感染。未使用青霉素治疗前，咽部或皮肤病灶细菌培养阳性率约为 30%，ASO 升高约占 60%，一般在感染后 10~14 天开始升高，3~5 周达高峰，半数可在半年内恢复正常，少数可延迟至 1 年或更久。早期应用青霉素治疗，可能影响 ASO 滴度。

5. 血清补体测定 急性期总补体及补体 C3 下降至正常值的 50% 以下，2 周内下降至 90%~100%，此后逐渐恢复，多数于 6~8 周恢复正常。如 8 周后补体 C3 仍持续降低，可能提示病情仍在进展或患有其他类型肾炎如系膜增生性肾炎及狼疮肾炎等。因此，C3 测定对不典型肾炎的诊断和鉴别诊断有重要价值。

五、诊断

诊断依据：①起病前 1~3 周有链球菌感染史；②于链球菌感染后 1~3 周出现血尿、蛋白尿、水肿、高血压，甚至少尿及氮质血症等急性肾炎综合征表现；③尿常规检查出现蛋白尿、细胞尿（大量红细胞）和管型尿（红细胞管型为主）；④血清补体 C3 下降，伴或不伴有 ASO 滴度升高。

六、治疗

本病为自限性疾病，无特效疗法，以休息及对症治疗为主。治疗原则是：合理饮食，注意休息，控制感染，对症治疗，加强护理，及时处理严重并发症。

1. 休息 急性起病 2 周内应卧床休息，直至肉眼血尿消失、水肿消退、血压及血肌酐恢复正常后可逐渐增加活动量，但应避免剧烈运动。

2. 饮食 给予低盐饮食，有水肿、高血压和心力衰竭时应限制钠盐摄入量（每日 3g 以下）。蛋白质一般不需限制，但出现明显少尿、氮质血症时应限制蛋白质摄入量。一般不必限水，除非有严重水肿或心力衰竭。

3. 清除体内残存的链球菌 一般选用青霉素 G 肌肉注射或静脉滴注，时间 7~10 天，以清除体内病灶中残存链球菌。青霉素过敏者，可选用红霉素。

4. 对症治疗

（1）水肿 在限制水盐入量后，仍有明显水肿可给予利尿剂，一般选用氢氯噻嗪、呋塞米等，禁用保钾利尿剂及渗透性利尿剂。

（2）高血压 在限制水盐摄入和使用利尿剂后，血压仍持续升高可选用 β 受体阻滞剂（阿替洛尔）、钙离子拮抗剂（硝苯地平）等。

5. 严重并发症的治疗

（1）高血压脑病 ①立即降血压：应用高效、迅速降压药如硝普钠等持续避光点滴。②立即降低颅内压：应用 20% 甘露醇快速加压静脉滴注，其后给予呋塞米利尿。③立即制止抽搐：给予地西泮静脉注射或水合氯醛灌肠。

（2）心力衰竭 在限制水盐摄入的基础上，给予强利尿剂（呋塞米）、血管扩张剂（硝酸甘油）、速效洋地黄类药物（西地兰）。特别注意，洋地黄类药物按常规剂量的1/2左右即可，症状控制后即可停药。

（3）急性肾衰竭 为急性肾炎死亡的主要原因。治疗原则是维持水、电解质和酸碱平衡，积极控制高血钾，共给足够热能，防止并发症，促进肾功能恢复。必要时需血液透析。

第二节 慢性肾小球肾炎

PPT

慢性肾小球肾炎简称慢性肾炎，是以蛋白尿、血尿、水肿和高血压为基本临床表现，起病方式各有不同，病情迁延，病变缓慢进展，可有不同程度的肾功能减退，最终将发展为慢性肾衰竭的一组肾小球病。本病可发生于任何年龄，以中青年男性多见。

一、病因及发病机制

大多原因不明。少数由急性肾炎迁延不愈而来，或急性肾炎临床痊愈若干年后再发。绝大多数慢性肾炎无明显病史，病情发展隐匿，起病时即为慢性。

病变起始多为免疫介导炎症，有免疫复合物沉积、补体的激活等。非免疫介导性因素也起重要作用，如肾小球内代偿性高灌注和肾小球毛细血管祥跨膜压力和滤过压增高，可导致相应的肾小球硬化。另外，病程中的高血压、高蛋白饮食等也可加重肾小球结构损害。

二、病理

慢性肾炎为两肾弥漫性肾小球病变。可有多种病理类型，常见的有系膜增生性肾炎、膜增殖性肾炎、局灶增生性肾炎、膜性肾病、局灶或节段性肾小球硬化。在慢性炎症过程中，肾小球毛细血管逐渐破坏，纤维组织增生，肾小球纤维化及玻璃样变，形成无结构的玻璃样小团。相应的肾小管亦萎缩、纤维化，间质纤维组织增生，淋巴细胞浸润。可见到代偿性肥大的肾单位。病变逐渐发展，最终导致肾组织严重毁坏，形成终末固缩肾。

三、临床表现

因病理类型不同表现可多种多样，甚至轻重悬殊。发病迅速者可在起病数月乃至数年内进入尿毒症阶段；病程长者可在数十年内处于相对稳定或缓慢进展状态。

1. 基本表现

（1）水肿 多数有程度不一的水肿。多为眼睑、面部或下肢的凹陷性水肿。重者可波及全身。多无体腔积液。缓解期水肿可完全消失。

（2）高血压 多数呈持续性增高，舒张压升高明显。部分以高血压为首发或突出症状。高血压可引起肾小动脉硬化和肾血流量减少，进而使肾素分泌增多，使血压更高。随着肾缺血加重，肾功能进一步减退，又促使血压增高，形成恶性循环。

（3）尿液改变 可见血尿，多为镜下血尿，甚至可出现肉眼血尿；亦可见蛋白尿、管型尿（以红细胞管型为主）。

（4）全身症状 疲乏无力、腰痛、食欲减退、失眠健忘、肾性贫血等。

2. 临床分型 根据慢性肾炎的临床特点可分为以下类型。

（1）普通型 为最常见类型。病情相对较稳定，表现为中等程度蛋白尿、轻度镜下血尿，伴轻至中度水肿、高血压和肾功能损害。

（2）肾病型　除普通型表现外，具有肾病综合征表现，即大量蛋白尿、低蛋白血症、水肿明显、伴或不伴高脂血症。

（3）高血压型　除普通型表现外，血压持续中度增高，尤以舒张压为甚。

（4）混合型　具有肾病型和高血压型的表现，易发生肾衰竭。

（5）急性发作型　在慢性肾炎病程中，因感染、疲劳、应激状态等因素，出现类似急性肾炎的临床表现，可引起肾功能进一步恶化。

四、辅助检查

1. 尿常规　尿蛋白定性（＋～＋＋），尿蛋白定量为每日 1～3g。尿沉渣镜检可见到红细胞、白细胞及多种管型，晚期可见蜡样管型。

2. 血液检查　红细胞、血红蛋白减少。血脂增高、血清白蛋白下降。

3. 肾功能检查　晚期出现内生肌酐清除率降低、血肌酐与血尿素氮增高。

4. 肾穿刺活体组织检查　可明确病变性质及病理类型。对于指导治疗、判断预后有重要作用。

五、诊断

凡具有蛋白尿、血尿、管型尿、高血压、水肿，病程达 1 年以上，排除继发性肾小球肾炎和遗传性肾炎，即可诊断本病。

六、治疗

治疗目的是延缓病情发展、保护肾脏功能、改善临床症状，防治并发症。

1. 一般治疗

（1）休息　严重水肿、高血压、肾功能不全者，应卧床休息。

（2）饮食　水肿、高血压时，每日限盐 1～3g；低蛋白低磷饮食[蛋白质 0.5～0.8g/（kg·d）]，其中 60% 以上为优质蛋白（富含必需氨基酸的动物蛋白如牛奶、鸡蛋、瘦肉、鱼类等），限制蛋白摄入即可达到低磷的目的。

2. 降压利尿和减少尿蛋白　高血压可加速肾小球硬化，加重肾功能损害。因此，积极控制高血压是慢性肾炎治疗的关键。除限盐外，可酌情选用利尿降压药（如氢氯噻嗪）、血管紧张素转化酶抑制剂（如卡托普利）、β 受体阻滞剂（如阿替洛尔）、钙离子拮抗剂（如硝苯地平）、血管紧张素 II 受体拮抗剂（如氯沙坦）等。但注意降压不宜过快过低，以免因肾血流量减少而加重肾损害。研究证实，血管紧张素转化酶抑制剂和血管紧张素 II 受体拮抗剂除具有降压作用外，还有减少尿蛋白和延缓肾功能恶化的肾脏保护作用。

3. 抗血小板聚集　常用小剂量阿司匹林（100～300mg/d）或大剂量双嘧达莫（300～400mg/d）。长期应用此类药物可以延缓肾功能减退。

4. 糖皮质激素与细胞毒药物　一般仅用于慢性肾炎的某些病理类型（轻、中度系膜增生性肾小球肾炎、早期膜性肾病），肾脏体积无缩小、尿蛋白多而肾功能正常者，如无禁忌证者可试用，如无效者逐步撤去。晚期时病理变化已为不可逆，加之有肾功能损害，故不使用。

第三节　肾病综合征

PPT

肾病综合征（NS）是泌尿系统常见的一组临床综合征，以大量蛋白尿（≥3.5g/d）、严重低蛋白血症（白蛋白≤30g/L）、明显水肿和高脂血症为特征。其中前两项为诊断必备条件。根据病因可分为原发性肾病综合征和继发性肾病综合征，后者为肾外疾病累及肾脏所致，常见疾病有过敏性紫癜（小儿）、系统性红斑狼疮（中青年）、糖尿病、多发性骨髓瘤、肾淀粉样变性等。本节介绍原发性肾病综合征。

一、病因

由肾脏原发病变引起。以微小病变型肾病（类脂性肾病）为最多见，其次为急、慢性肾炎中的某些病理类型，如系膜增生性肾小球肾炎、系膜毛细血管性肾小球肾炎、膜性肾病、局灶性节段性肾小球硬化等。

二、病理

1. 微小病变型肾病　光镜下肾小球基本正常，近曲小管上皮细胞可见脂肪变性。电镜下可见广泛的肾小球脏层上皮细胞足突消失。免疫病理检查阴性。本型多发于儿童，占原发性肾病综合征的65%~85%，男多于女。对糖皮质激素治疗敏感，部分有自发缓解趋势，但复发率较高，泌有转变为系膜增生性肾小球肾炎的可能。

2. 系膜增生性肾小球肾炎　病变特点是光镜下弥漫性肾小球系膜细胞增生及系膜基质增多。肾小球系膜区或系膜区及毛细血管壁有免疫球蛋白呈颗粒状沉积。电镜下在系膜区可见电子致密物。本型好发于青少年，男多于女。约70%在发病前有链球菌感染史。对糖皮质激素和细胞毒药物治疗的反应与病理改变程度有关，病变程度轻者疗效较重者为好。

3. 系膜毛细血管性肾小球肾炎　光镜下可见系膜细胞增生和系膜基质重度增生。可见免疫球蛋白沉积于系膜区及毛细血管壁。电镜下在系膜区可见到电子致密物。本型好发于青壮年男性。对糖皮质激素治疗仅有部分儿童有效，成人效果较差。约50%在发病10年后进展为慢性肾衰竭。

4. 膜性肾病　光镜下可见肾小球弥漫性病变，基底膜逐渐增厚。可见免疫球蛋白沉积于肾小球毛细血管壁。电镜下早期可见肾小球基底膜上皮侧出现电子致密沉积物，常伴有广泛足突融合。本型多发于中老年，男性多见。本型国内相对少见。大多数对糖皮质激素和细胞毒性药物治疗效果差。

5. 局灶性节段性肾小球硬化　病变特点为光镜下可见病变呈局灶、节段分布，表现为系膜基质增多、毛细血管闭塞、球囊粘连等，相应的肾小管萎缩、肾间质纤维化。有免疫球蛋白呈团块状沉积于肾小球受累节段。电镜下可见肾小球上皮细胞足突广泛融合。本型约占我国原发性 NS 的 5%~10%，好发于青少年男性，多隐匿起病，确诊时约半数有高血压、约30%有肾功能减退。

三、临床表现

本病起病急缓不一，半数多无明显的前驱症状，有的也可因上呼吸道感染、受凉或劳累等起病。

1. 大量蛋白尿　此为最主要的表现，也是该病的根源，其他表现皆因此所致。其机制是病变的肾小球毛细血管壁对蛋白质的通透性增加，而使得蛋白质大量排出，当原尿中的蛋白质量增加超过近曲小管的回吸收量时，则形成大量蛋白尿。

2. 低蛋白血症　大量血浆蛋白从尿中丢失是导致低蛋白血症的主要原因。另外也与蛋白质分解代谢亢进、合成不足、摄入减少等有关。低蛋白血症可以从多方面影响体内各种物质代谢，导致血浆胶体渗透压下降。

3. 明显水肿　多为全身性凹陷性水肿，可随体位变化。严重者可有胸、腹腔积液和会阴部水肿。常伴少尿，如持续性少尿可出现心力衰竭。引起水肿是多因素综合作用的结果。多数学者认为，低白蛋白血症、血浆胶体渗透压下降，使水分从血管腔内渗出进入组织是造成水肿的基本原因。另外，某些原发于肾内的水钠潴留因素在肾病综合征水肿的发病机制中也起重要作用。

4. 高脂血症 血中胆固醇、三酰甘油、低密度脂蛋白和极低密度脂蛋白均增高，以胆固醇增高为主，与低蛋白血症并存。高脂血症的发生与肝脏合成脂蛋白增加、脂蛋白转化和利用减少有关。

除上述肾病综合征的四大特征外，还可有：①消化道症状：食欲减退、恶心、呕吐、腹泻等。②继发感染：肺部、泌尿道、皮肤、腹腔和口腔等处感染。③高血压：轻或中度的高血压。④血栓病变：肾病综合征时的高凝状态可引起肾静脉、下腔静脉、下肢静脉、肺动脉、脑动脉、肾动脉、冠状动脉等血栓形成。⑤急性肾衰竭。

四、辅助检查

1. 血液检查 血清总蛋白及白蛋白明显降低，白蛋白可降至 10g/L 或以下，蛋白电泳显示白蛋白、α_1 球蛋白和 γ 球蛋白下降，α_2 球蛋白和 β 球蛋白相对较高；血清总胆固醇明显增高，常 >13mmol/L，严重者三酰甘油、极低密度脂蛋白等也增加。

2. 尿液检查 尿蛋白明显增高，成人常 >3.5g/d，儿童常 >100mg/（kg·d），为选择性蛋白尿，主要是白蛋白；尿沉渣镜检可见各种管型和细胞，主要为上皮细胞，白细胞较少，偶见红细胞。

五、诊断

凡具备大量蛋白尿、低蛋白血症、高脂血症和明显水肿四大特征，排除继发性肾病综合征即可诊断为原发性肾病综合征。其中以大量蛋白尿、低白蛋白血症为诊断肾病综合征的必备条件。

练一练

诊断肾小球肾炎必有的症状是（　　）

A. 高血压　　　　　　　　B. 血尿　　　　　　　　C. 血脂增高

D. 水肿　　　　　　　　　E. 大量蛋白尿

答案解析

六、治疗

1. 一般治疗

（1）**休息** 一般不需严格限制活动。严重水肿、低蛋白血症、血压较高者可卧床休息。病情缓解后，可起床活动。

（2）**饮食** 水肿明显、高血压时应给予低盐饮食（<3g/d），控制入水量。虽然从尿中丢失大量蛋白，但目前认为高蛋白饮食可以增加肾小球高滤过和肾小管蛋白分解代谢，加重病情进展。故肾功能正常者，主张蛋白质摄入量控制在 1.0g/（kg·d）左右，且为富含必需氨基酸的动物蛋白。热量不少于 126 ~ 147kJ[（30 ~ 35）kcal/（kg·d）]。为减轻高脂血症，应减少进食富含饱和脂肪酸的食物（动物脂肪），供给多聚不饱和脂肪酸（植物油、鱼油）。注意补充维生素和各种微量元素。大剂量应用糖皮质激素时适量补充维生素 D 和钙剂。

2. 对症治疗

（1）**消除水肿** ①利尿剂可根据病情选用或联合应用。常用的有噻嗪类利尿剂（如氢氯噻嗪）、保钾利尿剂（如螺内酯）、袢利尿剂（如呋塞米）、渗透性利尿剂（如低分子右旋糖酐、706 代血浆）。②提高血浆胶体渗透压可静脉输注血浆或白蛋白，应注意不可输注过多过频，否则会因肾小球高滤过和肾小管高代谢而加重肾功能的损害。

？ 想一想

高效利尿剂和噻嗪类利尿剂各自的作用机制和不良反应有哪些？

答案解析

（2）降低血压　经卧床休息、低钠饮食、使用利尿剂等措施，血压下降不理想时可酌情选用 β 受体阻滞剂、血管紧张素转换酶抑制剂、钙拮抗剂等降压药。

（3）减少蛋白尿　血管紧张素转换酶抑制剂（如卡托普利）可以降低肾小球内高压的状况，减少蛋白尿的排出。

3. 糖皮质激素治疗　是治疗本病的主要药物。可通过抑制炎症反应、免疫反应，降低肾小球基底膜的通透性，抑制醛固酮和抗利尿激素的分泌而起到利尿、消除尿蛋白的作用。常用药物为泼尼松 1mg/（kg·d），口服 8～12 周后缓慢减量、维持。

使用时要注意用药原则：①起始量要足；②减量时要慢；③长期维持，以最小有效剂量维持半年至 1 年或更长；④长期应用要注意感染、消化道出血、骨质疏松、药物性糖尿等毒副作用。

4. 细胞毒性药物　目前最常用的是环磷酰胺。另外还有氮芥、苯丁酸氮芥等。应用时应注意胃肠道反应、血常规改变、肝脏损害、骨髓抑制等副作用。

5. 环孢素　当激素、细胞毒药物治疗无效时，则为难治性肾病。可将本药作为二线药物考虑选用。

6. 抗凝药物　可选用肝素或华法林，并配合抗血小板聚集的药物。中药丹参也有抗凝作用，可酌情使用。如发生血栓或栓塞时，应尽早进行溶栓治疗。

7. 中医中药　单纯的中医中药治疗效果较慢，现多主张与激素和细胞毒药物联用，以减轻上述药物的毒副作用，可巩固疗效，减少复发。中成药常用雷公藤总苷。

第四节　尿路感染

PPT

尿路感染（UTI，简称尿感），是指各种病原微生物在尿路中生长、繁殖而引起的尿路感染性疾病。根据感染发生部位可分为上尿路感染（主要是肾盂肾炎）和下尿路感染（主要是膀胱炎），肾盂肾炎、膀胱炎又有急性和慢性之分。尿感是常见病，多见于育龄期妇女、老年人、免疫力低下及尿路畸形者。

一、病因　微课1

1. 常见致病菌　最常见的致病菌是肠道革兰阴性杆菌，以大肠埃希菌和副大肠埃希菌最多见，占 80%～90%。其次为变形杆菌、克雷伯杆菌、产气杆菌、沙雷杆菌、产碱杆菌、葡萄球菌、铜绿假单胞菌和粪链球菌等。通常由单一细菌引起，极少数为两种或多种细菌混合感染。偶有真菌、病毒、厌氧菌致病。

2. 感染途径

（1）上行感染　病原菌经由尿道上行至膀胱，甚至输尿管、肾盂引起的感染称为上行感染，最常见，约占尿路感染的 95%。平时正常人尿道口周围有细菌存在，多来自粪便，女性也可来自阴道分泌物。由于种种原因（如性生活、尿液过浓或器械检查等）细菌从尿道口进入，逆尿流方向行经膀胱、输尿管到达肾盂，引起肾盂炎症后，再经肾盏、肾乳头引起肾组织的炎症。

（2）血行感染　指病原菌通过血运到达肾脏和尿路其他部位引起的感染，较少见，不足 3%。绝大多数发生于原先已有严重尿路梗阻或机体免疫力极差者。细菌自体内感染灶（如扁桃体炎、鼻窦炎、龋齿和皮肤感染等）进入血液，引起菌血症或败血症。细菌从血流先到达皮质，形成多发性小脓肿，再沿肾小管扩散到肾乳头、肾盏、肾盂黏膜，引起感染。病变常为双侧性。常见的病原菌有金黄色葡萄球菌、沙门菌属等。

（3）直接感染　泌尿系统周围器官、组织发生感染时，病原菌偶可直接侵入到泌尿系统而导致感染。

（4）淋巴道感染　盆腔和下腹部的器官感染时，病原菌可从淋巴道感染泌尿系统，极罕见。

3. 易感因素　正常机体有一系列防御细菌入侵泌尿道的能力，下列因素使机体正常防御功能损害时，即可引起尿路感染。

（1）尿路梗阻　是最主要的易感因素。导致梗阻最常见的疾病有尿路结石、肿瘤、尿路狭窄、前列腺增生等。由于梗阻导致尿流不畅，细菌不易被冲洗清除，而在局部大量生长繁殖引起感染。

（2）泌尿系统畸形　肾发育不全、多囊肾、马蹄肾、海绵肾、肾盂及输尿管畸形等易发生尿路感染。

（3）膀胱输尿管反流　膀胱输尿管结合处的单向瓣功能丧失，当膀胱内压力升高或排尿时，含菌尿液可反流入肾盂引起感染，也称为反流性肾病。

（4）免疫功能降低　一些慢性疾病如贫血、糖尿病、晚期癌症、慢性肝肾疾病、长期应用肾上腺皮质激素或其他免疫抑制剂及艾滋病者，则由于机体抵抗力下降，容易出现尿路感染。

（5）其他因素　①女性由于尿道短宽而直，尿道口距肛门及阴道近，以及月经期、妊娠期的雌激素变化，使得尿路感染发生率为男性的 10 倍；②器械检查、留置导尿等常可引起尿路损伤，同时又将细菌带入后尿道及膀胱；③因遗传引起尿路黏膜局部防御能力缺陷，易于发生尿路感染。

二、病理

急性膀胱炎的病理改变是膀胱黏膜血管扩张、充血、上皮细胞肿胀，黏膜下组织充血、水肿及白细胞浸润，重者可有点状或片状出血，并可出现黏膜溃疡。

急性肾盂肾炎可为单侧或双侧，病灶肾盏黏膜充血、水肿、有脓性分泌物，黏膜下有小脓肿，病灶肾小管腔内有脓性分泌物，肾小管上皮肿胀、坏死。肾小球形态多无改变。

慢性肾盂肾炎病变分布不均，肾盂、肾盏及肾乳头均有瘢痕形成，导致变形，肾小管上皮细胞退化萎缩，肾小管及肾小球周围纤维组织增生，白细胞浸润。病变晚期肾外形缩小，表面粗糙，凹凸不平，形成"固缩肾"。

三、临床表现

1. 急性膀胱炎　占尿路感染的 60% 以上，主要表现为尿频、尿急、尿痛、排尿不适、下腹部不适等，部分患者迅速出现排尿困难。尿液常浑浊，并有异味，约 30% 的患者可出现血尿，一般无发热等全身感染症状。

2. 急性肾盂肾炎

（1）全身表现　患者常起病较急，伴畏寒、寒战、高热、头痛、肌肉酸痛、乏力、恶心、呕吐等。

（2）泌尿系统表现　①尿路刺激征：尿频、尿急、尿痛。②腰痛并向大腿内侧或会阴部放射。③肾区压痛与肾区叩击痛，上输尿管点（腹直肌外缘与脐水平线的交点）压痛。

3. 慢性肾盂肾炎　大多数由急性肾盂肾炎迁延不愈所致，病程超过半年以上即称为慢性肾盂肾炎。慢性肾盂肾炎有以下几种表现形式：①典型表现为急性肾盂肾炎反复发作，发作时临床表现与急性肾盂肾炎相似；②不典型表现为全身症状较明显，逐渐出现低热、乏力、轻度尿频、尿急，伴腰酸、腰痛、食欲减退等，肾区可有叩痛，尿细菌培养可呈阳性；③无症状性细菌尿，多无尿路刺激症状，但有低热、疲乏等，尿培养细菌 $>10^5/ml$；④继发性高血压、发作性血尿，无明显尿路刺激症状，但可有头晕、头痛、记忆力下降等高血压的表现，血压升高，也可出现肉眼或镜下血尿。

4. 无症状细菌尿 无症状细菌尿是指有真性细菌尿，而无尿路感染症状，可无急性尿路感染史，也可由症状性尿路感染演变而来。致病菌多为大肠埃希菌，长期无症状，尿细菌培养为真性菌尿，也可在病程中出现急性尿路感染症状。

四、辅助检查

1. 尿液常规检查 可见细胞尿、蛋白尿。可见白细胞、红细胞等，以大量白细胞或脓细胞为特征。尿沉渣镜检白细胞 >5 个/HP 称为白细胞尿，对尿路感染诊断意义较大；部分肾盂肾炎患者尿中可见白细胞管型。

2. 白细胞排泄率 准确留取 3 小时尿液，立即进行尿白细胞计数，所得白细胞数按每小时折算，正常人白细胞计数 $<2 \times 10^5/h$，白细胞数 $>3 \times 10^5/h$ 为阳性，介于（2~3）$\times 10^5/h$ 为可疑。主要用于慢性肾盂肾炎的诊断。

3. 尿细菌学检查

（1）涂片细菌检查 清洁中段尿沉渣涂片，革兰染色用油镜或不染色用高倍镜检查，计算 10 个视野细菌数，取其平均值，若每个视野下可见 1 个或更多细菌，则提示尿路感染。本法设备简单，操作方便，检出率可达 80%~90%。

（2）细菌培养 可采用清洁中段尿、导尿及膀胱穿刺做细菌培养，其中膀胱穿刺尿培养结果最可靠。中段尿细菌定量培养 $\geq 10^5/ml$，称为真性菌尿，可确诊为尿路感染；尿细菌定量培养 $10^4 \sim 10^5/ml$，为可疑阳性，需复查；如 $<10^4$，可能为污染。耻骨上膀胱穿刺尿细菌定性培养有细菌生长，即为真性菌尿。

尿细菌定量培养可出现假阳性或假阴性结果。假阳性主要见于：①中段尿收集不规范，标本被污染；②尿标本在室温存放超过 1 小时才进行接种；③检验技术错误等。假阴性主要原因为：①近 7 天内使用过抗生素；②尿液在膀胱内停留时间不足 6 小时；③收集中段尿时，消毒药混入尿标本内；④饮水过多，尿液被稀释；⑤感染灶排菌呈间歇性等。

4. 尿化学检查 目前常用的是亚硝酸盐还原试验，其原理为大肠埃希菌等革兰阴性细菌可使尿内硝酸盐还原为亚硝酸盐，此法诊断尿路感染的敏感性在 70% 以上，特异性达 90% 以上。一般无假阳性，但球菌感染可出现假阴性。该方法可作为尿路感染的过筛试验。

5. 血液检查 急性肾盂肾炎时血液白细胞总数升高，中性粒细胞比例升高，伴核左移及中毒颗粒。

6. 肾功能检查 慢性肾盂肾炎肾功能受损时可出现肾小球滤过率下降，血肌酐升高等。

7. 影像学检查 超声检查、X 线腹部平片、静脉肾盂造影（IVP）、排尿期膀胱输尿管反流造影、逆行性肾盂造影等可帮助发现有无尿路结石、梗阻、反流、畸形等导致尿路感染反复发作的因素。尿路感染急性期不宜做静脉肾盂造影（IVP），可做超声检查。对于反复发作的尿路感染或急性尿路感染治疗 7~10 天无效的女性应行 IVP。男性无论首发还是复发，在排除前列腺炎和前列腺肥大之后均应行尿路 X 线检查以排除尿路解剖和功能上的异常。

五、诊断 🅴 微课2

1. 诊断要点 ①多见于育龄期女性；②出现尿路刺激征，伴或不伴感染中毒症状；③尿常规检查发现大量白细胞或脓细胞；④尿液细菌学检查显示真性细菌尿。

真性细菌尿的标准是：在排除假阳性的情况下，清洁中段尿细菌定量培养 $\geq 10^5/ml$；膀胱穿刺尿细菌定性培养有细菌生长。无症状性细菌尿的诊断主要依据尿液检查，要求两次培养均为同一菌种的真性菌尿。

2. 常见临床类型

（1）急性膀胱炎　①出现尿路刺激征，可伴肉眼血尿；②尿常规检查发现红细胞、白细胞或脓细胞，以白细胞或脓细胞为主；③尿液细菌学检查显示真性细菌尿。

（2）急性肾盂肾炎　①出现尿路刺激征；②出现发热、寒战、乏力、全身疼痛等感染中毒症状；③出现腰痛并向大腿内侧或会阴部放射；④出现肾区叩击痛；⑤尿常规检查发现大量白细胞或脓细胞及白细胞管型；⑥尿液细菌学检查显示真性细菌尿。

（3）慢性肾盂肾炎　①反复发作尿路感染病史；②影像学检查显示肾外形凹凸不平，且双肾大小不等和（或）静脉肾盂造影可见肾盂与肾盏变形、缩窄；③持续性肾小管功能损害。

六、治疗

1. 一般治疗　急性期注意休息，多饮水、及时排尿。发热者给予易消化、高热量、富含维生素饮食。膀胱刺激征和血尿明显者，可口服碳酸氢钠1g，每日3次，以碱化尿液、缓解症状、抑制细菌生长、避免形成尿路凝血块。尿路感染反复发作者应积极寻找病因，去除诱发因素。

2. 抗感染治疗　用药原则：①无病原学结果前，一般首选对革兰阴性杆菌有效的抗生素，常用的是复方磺胺甲噁唑（SMZ－TMP，复方新诺明）或喹诺酮类。治疗3天症状无改善，应按药敏结果调整用药。②选用在尿和肾内浓度高的抗生素。③选用肾毒性小、副作用少的抗生素。④单一药物治疗失败、严重感染、混合感染、耐药菌株出现时应联合用药。⑤对不同类型的尿路感染给予不同的治疗疗程。

（1）急性膀胱炎

1）单剂量疗法　常用磺胺甲噁唑2.0g、甲氧苄啶0.4g、碳酸氢钠1.0g，1次顿服（简称STS单剂）；氧氟沙星0.4g，一次顿服；阿莫西林3.0g，一次顿服。

2）短疗程疗法　目前更推荐此法，与单剂量疗法相比，耐药性无增高，治疗效果更好。可选用磺胺类、喹诺酮类阿米卡星或头孢菌素类等抗生素，任选一种药物，连用3天。

停服抗生素7天后，需进行尿细菌定量培养。如结果阴性表示急性细菌性膀胱炎已治愈；如仍有真性细菌尿，应继续给予2周抗生素治疗。

（2）急性肾盂肾炎　轻者选用复方新诺明、诺氟沙星等口服。重者选用喹诺酮类、碳青霉烯类或头孢菌素类静脉途径给药。疗程一般为2周。待症状消失，尿培养阴性后再用药3~5天。此后每周进行一次尿细菌学检查，如连续2周阴性、6周后再复查1次仍阴性，即可认为临床治愈。

药爱生命

喹诺酮类药物应用说明

临床常用的喹诺酮类药物有：吡哌酸、环丙沙星、诺氟沙星、氧氟沙星、左氧氟沙星、洛美沙星、氟罗沙星、司帕沙星、莫西沙星等，对革兰阳性菌与阴性菌、结核分枝杆菌、军团菌、支原体及衣原体有杀灭作用，抗菌谱广。主要不良反应有胃肠道反应、中枢神经系统毒性、光毒性、心脏毒性及骨与软骨损害等。不宜常规用于儿童，不宜用于有精神病或癫痫病史者。禁用于喹诺酮类过敏者、孕妇和哺乳期妇女。避免与抗酸药、含金属离子的药物同服，慎与茶碱类、NSAIDs合用。

（3）慢性肾盂肾炎　急性发作时，治疗同"急性肾盂肾炎"。反复发作者首先寻找并去除易感因素。根据药敏结果选用药物，常采用联合用药，直至尿细菌检查阴性。

（4）妊娠期尿路感染　宜选用毒性小的抗菌药物，如阿莫西林、呋喃妥因或头孢菌素类等。孕妇的急性膀胱炎治疗时间一般为3~7天。孕妇急性肾盂肾炎应静脉滴注抗生素治疗，可用半合成广谱青霉素或第三代头孢菌素，疗程为2周。反复发生尿感者，可用呋喃妥因行长程低剂量抑菌治疗。

第五节　慢性肾衰竭

慢性肾衰竭（CRF）是各种原因所致的慢性肾脏结构和功能障碍（肾脏损伤病史>3个月）而引起的肾小球滤过率（GFR）下降及与此相关的代谢紊乱和临床表现组成的临床综合征。慢性肾衰竭简称慢性肾衰，是慢性进行性肾实质损害的结果，是各种慢性肾脏病变发展的最终结局。

一、病因及发病机制

1. 病因　各种慢性肾脏疾病的晚期最后均能导致慢性肾衰竭。

（1）原发性肾脏疾病　慢性肾小球肾炎、慢性肾盂肾炎、多囊肾等。

（2）继发性肾疾病　高血压病肾小动脉硬化、糖尿病肾病、狼疮肾炎等。

（3）其他　尿路梗阻，如结石、前列腺肥大、尿道狭窄，重金属（铅、铬、锂）中毒等。

2. 发病机制　慢性肾衰竭的发病机制有以下几种学说。

（1）健存肾单位学说　当肾功能进行性损害时导致相当数量的肾单位损毁而丧失功能。残余的小部分健存肾单位工作量大增，负荷过重，从而代偿性地发生肾小球内高灌注、高压力、高滤过，肾小管的各种功能也随之发生相应的变化。上述"三高"对肾小球内毛细血管可造成机械性损伤，最终导致肾小球硬化而丧失功能。随着健存肾单位逐渐减少，肾功能也逐渐减退，最终发展成尿毒症。

（2）矫枉失衡学说　发生肾衰竭时，机体出现一系列病理现象，机体需行相应的调整（即矫枉）而达到新的平衡。但在调整过程中又出现了新的不平衡，从而使机体受到再次损害。例如，当肾小球滤过率下降，由于尿磷减少而血磷增高，为了矫正磷的潴留，甲状旁腺激素分泌增加，促进排磷，使高磷血症有所改善。但同时由于甲状旁腺激素的溶骨作用促使骨钙游离到血中，引起肾性骨病、转移性钙化等。即出现了新的不平衡，新的病变。

（3）肾小管高代谢学说　当肾小球出现"三高"状态时，肾小管也同样根据代偿需要而出现高代谢状态，由于耗氧量增加，氧自由基增多，肾小管细胞产氨增多，从而引起肾小管进行性损害，肾间质炎症、纤维化，直至肾单位功能丧失。

（4）代谢产物的毒性作用　含氮代谢产物在尿毒症症状的发生中起着重要作用。这些含氮代谢产物统称为尿毒症毒素。①小分子物质：尿素、肌酐、胍类、胺类、酚类等。②中分子物质：激素、多肽等。③大分子物质：甲状旁腺激素、生长激素、促皮质激素等。由于肾脏排泄功能减退，这些物质在血中潴留，导致尿毒症的各种表现。

二、临床表现

1. 胃肠道表现　是首发症状。随病情进展逐渐加重。主要因氮质代谢产物在消化道经细菌分解而产生氨和碳酸氢氨刺激黏膜所致。初有食欲不振、上腹饱胀等，以后可出现恶心、呕吐、腹泻、口腔黏膜溃疡、舌炎、口腔氨臭味，并可出现胃、十二指肠溃疡及消化道出血。

2. 精神、神经系统表现

（1）尿毒症脑病　早期有头晕头痛、乏力、注意力不集中、记忆力减退、睡眠障碍等，逐渐出现淡漠少语、精神萎靡、性格改变，晚期有幻觉、谵妄、抽搐、昏迷，甚至出现尿毒症脑病（患者两上肢扑翼样震颤，并有阵挛、惊厥和癫痫样发作）。

（2）周围神经系统损害　表现为肢体麻木、皮肤有烧灼感。部分下肢有难以名状的不适，被迫不停地活动下肢以求减轻症状（不宁腿综合征）。

3. 血液系统表现

（1）贫血　为本病的必有症状，为正色素正细胞性贫血。其程度与肾功能损害程度一致。原因为肾脏产生促红细胞生成素减少、尿毒症毒素对骨髓的抑制并使红细胞的寿命缩短、体内蛋白质与叶酸等造血物质的缺乏。

（2）出血倾向　常表现为鼻衄、皮下和牙龈出血、月经过多、胃肠道出血等，与血小板数量减少及功能异常、毛细血管脆性增加有关。

4. 心血管系统表现　以高血压为最常见，与水钠潴留、肾素分泌增加有关。长期高血压可致左心室增大、心律失常、心功能不全等，有时可致高血压脑病。尿毒症性心包炎为尿毒症终末期表现，多为纤维蛋白性（干性）心包炎，可有胸痛和心包摩擦音。

5. 呼吸系统表现　有尿毒症性支气管炎、间质性肺炎、胸膜炎等，表现为咳嗽、咳痰、胸痛甚至呼吸困难。出现代谢性酸中毒时，呼吸深而长。干性胸膜炎出现胸膜摩擦感和胸膜摩擦音。

6. 皮肤症状　瘙痒最常见，常为全身性，皮肤干燥无光泽，脱屑弹性差。瘙痒是尿素随汗液分泌在皮肤上形成尿素霜，或因继发性甲状旁腺功能亢进所致钙的沉积刺激皮肤引起。

7. 肾性骨营养不良症（肾性骨病）　常见有纤维性骨炎、肾性骨软化症、骨质疏松及骨硬化症等，可有骨酸痛、骨骼变形，甚至出现自发性骨折。

8. 水、电解质、酸碱平衡失调　由于肾功能的损害使得肾脏对水、电解质、酸碱平衡的调节能力明显下降甚至几乎丧失，故可表现为脱水或水肿、低钠或高钠血症、低钾或高钾血症、低血钙、高血磷和代谢性酸中毒。

另外，还可出现低体温、低蛋白血症、必需氨基酸缺乏等代谢紊乱现象；血胰岛素水平增高、甲状腺、性腺功能低下等内分泌紊乱现象；各种免疫球蛋白下降，机体抵抗力降低，易合并感染等免疫功能低下等表现。

三、辅助检查

1. 血常规检查　血红蛋白常低于80g/L；血小板偏低或正常，感染或严重酸中毒时，白细胞总数可升高。

2. 尿液检查　尿比重降低，多在1.018以下，晚期固定在1.010～1.020之间。尿蛋白一般为"＋～＋＋"，晚期肾硬化尿蛋白减少甚至消失。镜检可有红细胞、颗粒管型、蜡样管型等。

3. 肾功能检查　根据病变的不同分期，肾小球滤过功能、肾小管浓缩和排泄功能均有相应地降低。

4. 其他　X线、B超、放射性核素肾图等检查可了解肾脏的大小、外形、结构。如肾脏体积缩小，常是慢性肾功能不全晚期的特征性改变。

四、诊断与鉴别诊断

1. 诊断要点　①有肾脏疾病或肾脏损害史；②有慢性肾衰竭的表现；③肾功能检查的阳性结果。

2. 临床分期　根据肾功能损害程度可将慢性肾衰竭分为以下四期。

（1）肾功能不全代偿期　肾单位减少25%～50%，内生肌酐清除率（Ccr）为70～50ml/min；血肌酐、尿素氮多不升高；临床除原发病表现外无症状。

（2）肾功能不全失代偿期（氮质血症期）　肾单位减少 50% ~70%，Ccr 降至 50 ~25ml/min；血肌酐 >178μmol/L，尿素氮 >9mmol/L；临床有夜尿增多、乏力、食欲不振等症状。

（3）肾衰竭期　肾单位减少 70% ~90%，Ccr 降至 25 ~10ml/分；血肌酐 >445μmol/L，尿素氮 >20mmol/L；有较明显的消化道症状、不同程度贫血、代谢异常和代谢紊乱。

（4）尿毒症期　肾单位少于 10%，Ccr <10ml/min；血肌酐 >707μmol/L，尿素氮 >28.6mmol/L；出现重度贫血、恶心、呕吐、心包炎、精神、神经系统等全身症状明显尿毒症症状，水、电解质及酸碱平衡严重紊乱。

3. 鉴别诊断　急性肾小球肾炎与急性肾盂肾炎的鉴别。两者鉴别见表 5-1。

表 5-1　急性肾小球肾炎与急性肾盂肾炎的鉴别

	急性肾小球肾炎	急性肾盂肾炎
病因	变态反应	细菌感染
好发人群	儿童、青少年	育龄期女性
临床表现	典型表现为水肿、血尿、高血压	典型表现为高热寒战等全身急性感染中毒症状和尿急、尿频、尿痛
尿液检查	尿沉渣镜检发现大量红细胞，有轻~中度蛋白尿	尿沉渣镜检发现大量白细胞，尿蛋白很少
尿细菌检查	阴性	阳性（多为大肠埃希菌）
血清补体检查	未见异常	总补体及补体 C3 下降
治疗	以休息及对症治疗为主	抗菌治疗为主

五、治疗

治疗原则是根治病因，去除可能加剧病情的诱因，调整饮食，纠正水、电解质、酸碱平衡失调及减轻尿毒症症状。

尿毒症晚期只能依靠血液净化疗法或肾移植来维持生命，因此，肾功能不全代偿期及氮质血症期的积极治疗，以及诱因的预防，对保护残存的肾功能极为重要。

1. 病因治疗　对造成尿毒症又可以去除的病因尽早予以有效治疗，如活动性肾盂肾炎的抗生素治疗；糖尿病肾病变的胰岛素治疗，尿路梗阻性疾病去除梗阻的治疗等。去除诱因也是保护肾功能的有效措施，对尿毒症应尽力寻找并去除诱因，如控制感染、降低血压、补足血容量、纠正电解质和酸碱紊乱，避免肾毒性药物等。通过对因治疗，常可使肾功能得到改善，恶化的肾功能部分缓解甚至完全恢复到代偿期。

2. 减轻氮质血症

（1）调整饮食　摄入优质低蛋白、高热量、低磷、多维生素易消化食物，单用或加用必需氨基酸或 α-酮酸。优质蛋白为富含人体必需氨基酸的动物蛋白，如牛奶、鸡蛋、瘦肉、鱼类等，尽量少食含非必需氨基酸的植物蛋白。供给高热量，以减少蛋白分解，每日至少给予热量 125.6kJ/kg（30kcal/kg），以使低蛋白饮食的氮得到充分利用，减少蛋白分解和体内蛋白库的消耗。植物油、食用糖、水果通常不严格限制。水、盐的限制依据高血压、水肿和尿量的情况而定。

（2）减少产生　口服新霉素，抑制细菌，减少肠道内蛋白质的分解。

（3）增加排泄　口服氧化淀粉酶或活性炭制剂（吸附疗法），口服大黄制剂或甘露醇（导泻疗法），均可增加尿毒症毒素从肠道排出。

3. 对症治疗

（1）降压　控制高血压是延缓肾衰竭发展的关键。常选用血管紧张素转化酶抑制剂和血管紧张素受体拮抗剂，降压时最好将血压控制在正常范围，但血压过高时，应避免血压骤降。

（2）纠正水、电解质、酸碱平衡失调　由于肾功能损害严重，对水、电解质、酸碱平衡的调节和适应能力差，在治疗上，须根据不同的情况（是补充还是促进排出）分别处理。

（3）纠正贫血　可补充铁剂、叶酸，皮下或静脉注射重组人红细胞生成素（rHuEPO，简称 EPO），严重者可输少量新鲜血。

（4）其他　恶心、呕吐者可用多潘立酮；上消化道出血，可用去甲肾上腺素 8mg 加冷生理盐水 250ml，分次口服。

4. 透析疗法　此法可替代病变肾脏的排泄功能，减轻症状，维持生命，但不能替代内分泌和代谢功能。常用的透析方法有血液透析、腹膜透析和结肠透析，其中以血液透析效果最好，目前在临床广泛使用。另外还有血液滤过、连续性动静脉滤过血浆灌流、血浆置换等方法，可酌情选用。

5. 肾移植　是最理想的治疗方法，近年取得很大进展。随着器官移植技术的日臻完善，肾移植必将得到广泛应用。

第六节　前列腺炎

前列腺炎是指前列腺受到致病菌感染和（或）某些非感染因素刺激而出现的骨盆区域疼痛或不适、排尿异常、性功能障碍等临床表现。多见于 31～40 岁男性。多由尿道上行感染所致，大肠埃希菌为最常见致病菌，也可由葡萄球菌、链球菌、淋球菌及支原体、衣原体等引起。因病因和病程不同分为急性细菌性前列腺炎、慢性细菌性前列腺炎和慢性非细菌性前列腺炎。

一、急性细菌性前列腺炎

（一）临床表现

发病突然，典型症状为膀胱刺激征（尿频、尿急、尿痛）、梗阻（排尿犹豫、尿线间断甚至急性尿潴留）、疼痛（会阴部、耻骨上伴随外生殖器不适和疼痛）和全身感染中毒症（寒战、高热，恶心、呕吐，甚至败血症）等。

（二）诊断

1. 表现及病史　典型临床表现和急性感染史。

2. 直肠指检　直肠指检前列腺肿胀、压痛、局部温度升高，若脓肿形成则有饱满或波动感。

3. 实验室检查　尿沉渣镜检可见白细胞增多；血液和尿细菌培养阳性。

（三）治疗

1. 治疗原则　卧床休息，应用抗生素及止痛、解痉、退热等药物，大量饮水。急性尿潴留应行耻骨上穿刺，避免尿道插导尿管。

2. 抗菌药物　喹诺酮类如环丙沙星、氧氟沙星以及头孢菌素、妥布霉素、氨苄西林等。如衣原体感染可用红霉素、阿奇霉素等；淋球菌感染可用头孢曲松；厌氧菌感染则用甲硝唑。一般用药 7～14 日。

二、慢性前列腺炎

（一）临床表现

1. 慢性细菌性前列腺炎

（1）排尿改变及尿道分泌物　尿频、尿急、尿痛伴排尿不适。便后常有白色分泌物自尿道口流出，

PPT

俗称"滴白"。

（2）疼痛　会阴部、下腹及腰骶部、耻骨上、腹股沟区等隐痛、酸胀不适。

（3）性功能减退　可有勃起功能障碍、早泄、遗精或射精痛。

（4）精神神经症状　乏力、疲惫、头晕、头胀、失眠、情绪低落、焦虑等。

（5）并发症　虹膜炎、关节炎、神经炎、肌炎、不育等。

2. 慢性非细菌性前列腺炎　致病菌可能为沙眼衣原体、支原体、滴虫、真菌、病毒等。

此种类型较多见，表现和慢性细菌性前列腺炎类似，主要有长期、反复的会阴、下腹部等疼痛或不适，或尿频、尿不尽，可伴有不同程度的性功能障碍、生育能力下降、精神、心理症状等一系列综合征，但没有反复尿路感染发作。

（二）诊断

1. 直肠指检　前列腺呈饱满、增大、质软，有轻度压痛。病程较长者，前列腺常缩小、变硬、不均匀伴小硬结。同时取前列腺液送检。

2. 前列腺液检查　前列腺液白细胞≥10个/高倍视野，卵磷脂小体减少，可诊断。

3. 超声　前列腺组织结构界限不清、混乱；膀胱镜检查可见后尿道、精阜充血、肿胀。

（三）治疗

1. 药物治疗　细菌性前列腺炎主要选用红霉素、多西环素（强力霉素），也可选喹诺酮类、头孢菌素类等，亦可联合用药或交替用药，防止耐药。非细菌性前列腺炎可选用米诺环素、多西环素及甲硝唑等药物。

2. 综合治疗　①热水坐浴及理疗可减轻局部炎症，促进吸收；②前列腺按摩引流炎性分泌物，每周一次；③忌酒及辛辣食物，避免长时间骑、坐，规律性生活；④中医治疗，应用活血化瘀和清热解毒药物，亦可针灸辅助治疗。

3. 其他　心理障碍者，可用抗抑郁、抗焦虑等药物治疗。

👁 看一看

磺胺类药物的不良反应

磺胺类药物属广谱抑菌药，对大多数革兰阳性菌和阴性菌有良好的抗菌活性。磺胺药通过与对氨苯甲酸（PABA）竞争二氢叶酸合成酶，阻止敏感菌二氢叶酸合成，从而发挥抑菌作用。临床上常用的主要是复方新诺明。主要不良反应有：①泌尿系统损害，系尿液中的磺胺药结晶析出所致；②过敏反应；③长期用药可能抑制骨髓造血功能；④少数出现头晕、头痛、萎靡和失眠等症状（用药期间避免高空作业和驾驶）；⑤可致肝损害甚至急性肝坏死。磺胺药与磺酰脲类降血糖药、香豆素类抗凝剂或抗肿瘤药甲氨蝶呤合用时，竞争性地与血浆蛋白结合，使其游离血药浓度升高，严重者出现低血糖、出血倾向或甲氨蝶呤中毒。新生儿、早产儿、孕妇和哺乳期妇女不应使用。

▸ **目标检测** ◂

答案解析

一、单项选择题

1. 肾小球疾病的基本表现是

A. 高血压　　　　　　　B. 血尿　　　　　　　　C. 管型尿

D. 蛋白尿　　　　　　　　　　E. 水肿

2. 肾病综合征最重要的病理生理改变是

   A. 高度水肿　　　　　　　B. 高血压　　　　　　　　C. 高脂血症

   D. 大量蛋白尿　　　　　　E. 低蛋白血症

3. 急进性肾炎，早期临床表现最突出的是

   A. 蛋白尿　　　　　　　　B. 血尿　　　　　　　　　C. 少尿

   D. 高血压　　　　　　　　E. 水肿

4. 诊断尿路感染，下列哪项是最主要的

   A. 发热　　　　　　　　　B. 尿路刺激征　　　　　　C. 尿中白细胞增多

   D. 尿中红细胞增多　　　　E. 中段尿培养见细菌生长 $>10^6/ml$

5. 临床上最常见的急性肾衰是

   A. 重症肾小球肾炎　　　　B. 重症肾盂肾炎　　　　　C. 急性间质性肾炎

   D. 急性肾小管坏死　　　　E. 急进性肾炎

6. 尿毒症贫血最主要的原因是

   A. 失血　　　　　　　　　B. 低蛋白血症　　　　　　C. 缺铁

   D. 促红细胞生成素缺乏　　E. 胍类物质过多

7. 急性肾炎水肿最主要的原因是

   A. 球 – 管平衡功能失调　　B. 全身毛细血管通透性增加　C. 肾素分泌过多

   D. 血浆胶体渗透压下降　　E. 心脏功能不全

8. 肾小球疾病的基本表现是

   A. 高血压　　　　　　　　B. 血尿　　　　　　　　　C. 管型尿

   D. 蛋白尿　　　　　　　　E. 水肿

9. 肾盂肾炎的主要感染途径是

   A. 上行感染　　　　　　　B. 血源性感染　　　　　　C. 淋巴道感染

   D. 直接蔓延　　　　　　　E. 远处炎症播散

10. 引起急性肾小球肾炎最常见的病因是

   A. 乙型肝炎病毒感染　　　B. 肺炎球菌感染　　　　　C. 葡萄球菌感染

   D. 溶血性链球菌感染　　　E. 铜绿假单胞菌感染

二、简答题

慢性肾衰的治疗原则是什么？

（于凤秀　宋桂红）

书网融合……

📄 重点回顾　　　e 微课1　　　📱 微课2　　　⏱ 习题

第六章　血液系统疾病

导学情景

情景描述：患者，女，26 岁。因"头晕乏力 1 年，活动后气促半月"就诊。自述 1 年前无明显诱因感头晕乏力，休息后缓解，未予重视，半月前上楼梯后感气促，伴心悸。查体：面色苍白，皮肤无出血点。血常规提示中度贫血。

情景分析：结合主诉及检查，该患者初步诊断为"缺铁性贫血"。

讨　　论：1. 缺铁性贫血的临床表现特点是什么？

　　　　　　2. 为明确诊断需要进一步询问哪些病史，下一步检查有哪些？

学前导语：缺铁性贫血好发于育龄期女性，常由于月经过多引起，需要明确病因，尽早治疗原发疾病，系统补充铁剂，同时饮食中需要多食用含铁的食物，结合该病人的发病特点，指导生活中的饮食，如何正确服用治疗药物？

PPT

第一节　贫　血

贫血是指人体外周血中红细胞容量下降，即单位容积血液中血红蛋白（Hb）浓度、红细胞计数（RBC）低于同年龄、同性别和同地区正常范围低限的一种常见临床症状。各系统疾病均可引起贫血。在我国海平面地区，成年男性 Hb＜120g/L，成年女性 Hb＜110g/L，妊娠期女性 Hb＜100g/L 即可诊断为贫血。

一、缺铁性贫血

缺铁性贫血是贫血中最常见的一种，是由于机体内可用于制造血红蛋白的贮存铁耗尽，导致红细胞生成障碍所引发的贫血。在育龄期妇女（尤其是孕妇）和婴幼儿中发病率较高。

（一）病因

1. 铁需求量增多而摄入不足　快速生长的婴幼儿、青少年、月经过多、妊娠和哺乳期妇女，对铁的需求量增多。如果饮食中含铁量低，常易发生缺铁性贫血。

2. 铁丢失过多 慢性失血是缺铁性贫血最常见的原因，常见于消化道慢性出血、月经血量过多。

3. 铁吸收不良 如胃次全切除手术后、长期严重腹泻和胃酸缺乏等，导致铁吸收障碍引发贫血。

（二）发病机制

由于饮食中摄入铁不足、机体内铁需求量增多或丢失过多，导致血红蛋白合成原料缺乏，引发贫血。

（三）临床表现

1. 症状 面色苍白或萎黄、乏力纳差、恶心嗳气、吞咽有硬塞感、腹胀、腹泻。头晕耳鸣，重者可有晕厥，活动后感气促，心悸不适。部分患者有精神及行为异常，如注意力不集中、易怒、反应迟滞和异食癖。女性可有月经不调、闭经等。

2. 体征 眼睑及甲床苍白，皮肤干燥、毛发干枯脱落，指甲扁平不光滑、缺乏光泽、脆薄易裂、可有匙状甲，还可有口角炎和舌炎。心动过速，心脏搏动有力，可闻及收缩期杂音。

（四）实验室和其他检查

1. 血常规 平均红细胞血红蛋白含量（MCH）＜27pg、平均红细胞血红蛋白浓度（MCHC）＜32%、平均红细胞体积（MCV）＜80fl，血片中红细胞体积小、中央淡染区扩大，呈小细胞低色素性。网织红细胞计数多正常或轻度增多。

2. 骨髓涂片 骨髓中有核细胞增生活跃，表现为幼红细胞数量增多，但细胞体积较小、胞质少、核染色质致密，即"核老浆幼"现象。铁染色显示骨髓中细胞外铁缺乏，幼红细胞内铁小粒减少或缺乏，铁粒幼细胞小于15%。

3. 铁代谢 血清铁＜8.95μmol/L，血清铁蛋白＜12μg/L，总铁结合力升高，大于64.44μmol/L，转铁蛋白饱和度降低，小于15%。

练一练

1. 缺铁性贫血的病因不包括（ ）

A. 铁需要量增加   B. 铁吸收不良   C. 铁摄入不足

D. 铁丢失过多   E. 骨髓抑制

2. 缺铁性贫血的特征不包括（ ）

A. 血清铁减少   B. 核老浆幼   C. 血清铁蛋白减少

D. 总铁结合力下降   E. 骨髓铁染色阴性

答案解析

（五）诊断与鉴别诊断 微课

1. 诊断 血常规呈小细胞低色素贫血，伴贮存铁缺乏即可诊断为缺铁性贫血，明确缺铁的病因是关键。

2. 鉴别诊断 主要与引起小细胞性贫血的疾病鉴别。

（1）铁粒幼细胞性贫血 遗传或不明原因导致的红细胞利用铁障碍，呈小细胞性贫血，但贮存铁不缺乏，骨髓中含铁血黄素颗粒增多、铁粒幼细胞增多，环形铁粒幼细胞可见。血清铁和转铁蛋白饱和度升高，总铁结合力不下降。

（2）地中海贫血 有家族史，患者表现为溶血性贫血。血涂片中出现大量靶形红细胞，合成血红蛋白的肽链数量发生异常，如血红蛋白 A2 增高、血红蛋白 H 包涵体出现等，血清铁蛋白、骨髓铁染色、血清铁和转铁蛋白饱和度不下降，常见升高。

（六）治疗

治疗原则以根除病因、补充铁剂为主。治疗周期较长，一般需要 2~3 个月。

1. 病因治疗　纠正缺铁性贫血的关键是根除病因。如驱除寄生虫病、治疗慢性胃肠道疾病、积极改善慢性失血、对易患病人群预防性给予铁剂治疗等。

2. 补充铁剂

（1）首选口服铁剂　临床常用多糖铁复合物、琥珀酸亚铁、葡萄糖酸亚铁和硫酸亚铁。餐后服用可减轻胃肠道反应，患者较易耐受。

（2）肌内注射铁剂　口服铁剂不耐受、胃肠道解剖结构变化影响铁剂吸收或急需快速纠正的贫血如急性大出血、妊娠后期，可选择静脉注射或肌内注射铁剂，常用蔗糖铁和右旋糖酐铁。

（3）治疗有效的评价指标　补充铁剂后 1 周，外周血中网织红细胞计数开始上升，2 周后血红蛋白浓度出现升高，2 个月左右升高至正常范围。

（4）治疗疗程　为补充机体内的贮存铁，在血红蛋白浓度达到正常范围后，还需继续补充铁剂 3~6 个月，待血清铁蛋白正常后方可停药。

👁 看一看

缺铁性贫血的预防

成年人除积极就诊可能引起缺铁性贫血的各种病因外，平日里可通过药物铁、铁强化食物或增加营养摄取足够铁元素以预防缺铁性贫血。保证日常饮食中有充足的豆类食物和动物性蛋白，不仅可以补充优质蛋白质，其铁含量高，吸收率也较高。豆浆较牛奶的供铁量更高。同时猪血、鸡鸭血也是铁良好的食物来源。每天摄入足量的新鲜蔬菜或水果，于进餐时或餐后即刻食用，以供给维生素 C 从而促进铁的吸收。哺乳期妇女提倡母乳喂养，并及时添加铁含量丰富且吸收率高的辅食。早产儿、低出生体重儿宜在 2 个月左右即给予铁剂以预防缺铁性贫血的发生。

二、巨幼细胞贫血

巨幼细胞贫血指叶酸或维生素 B_{12} 缺乏，使用某些药物影响核苷酸代谢，引起骨髓造血细胞脱氧核糖核酸（DNA）合成障碍，导致红细胞系发育成熟受阻形成贫血，还可影响粒细胞系及巨核细胞系的发育，出现全血细胞减少。

（一）病因

1. 叶酸缺乏

（1）摄入减少　饮食中叶酸摄入不足，多由偏食和食物过度烹煮所致。

（2）需求增加　生长发育期的儿童及青少年、妊娠及哺乳期妇女、慢性消耗性疾病患者，叶酸的需要量增多而补充不及时。

（3）吸收障碍　长期腹泻、肿瘤、肠道疾病及手术、某些药物（如抗癫痫药物、柳氮磺吡啶、乙醇等）均会影响叶酸的吸收。

（4）利用障碍　某些药物能影响叶酸的代谢，如甲氨蝶呤、乙胺嘧啶、氨苯蝶啶等。某些遗传因素如先天性缺乏四氢叶酸还原酶，也会导致叶酸利用障碍。

2. 维生素 B_{12} 缺乏

（1）摄入减少　常见于完全素食者。

（2）吸收障碍　胃壁细胞分泌的内因子能帮助吸收维生素 B_{12}，在恶性贫血、萎缩性胃炎、全胃切除术后会出现内因子缺乏，导致维生素B_{12}吸收不良；胃蛋白酶及胰蛋白酶分泌不足、小肠内细菌和寄生虫大量繁殖都会影响维生素B_{12}的吸收。

（3）利用障碍　如先天性转钴蛋白缺乏的患者输送维生素B_{12}存在障碍，接触麻醉剂氧化亚氮可影响甲硫氨酸合成酶，能造成急性叶酸利用障碍。

（二）发病机制

巨幼细胞贫血的发病机制主要是叶酸或（和）维生素B_{12}的缺乏。

（三）临床表现

1. 血液系统　维生素B_{12}缺乏者起病缓慢，常需数月才出现症状；叶酸由于机体内储量少，会较快出现缺乏症状。临床表现多为中、重度贫血，常有面色苍白或萎黄、头晕乏力、活动后气促、心悸等症状，严重者可出现轻度黄疸。同时伴有白细胞和血小板计数下降，出现全血细胞减少，易感染和出血倾向。

2. 消化系统　舌炎反复发作，舌面光滑、乳突萎缩、味觉消失，呈"牛肉样舌"，纳差、恶心、腹胀、腹泻，便秘偶见。

3. 神经精神系统　多见于维生素B_{12}缺乏患者，表现为对称性手足麻木、深感觉障碍、下肢步态不稳或共济失调、肌张力增强、腱反射亢进，锥体束征阳性。小儿及老年人可有精神异常、抑郁、嗜睡或精神错乱。

（四）实验室和其他检查

1. 血常规　血红蛋白和红细胞计数下降，平均红细胞体积（MCV）>100fl，平均红细胞血红蛋白浓度（MCHC）正常，呈大细胞正色素性贫血。网织红细胞计数轻度增高或正常。重者中性粒细胞及血小板计数均可减少，但比血红蛋白下降的程度轻。

2. 血涂片　可见红细胞大小不等、中央淡染区消失，呈大椭圆形红细胞、点彩红细胞等。中性粒细胞核分叶过多，巨型杆状核粒细胞可见。

3. 骨髓涂片　骨髓中有核细胞增生活跃，红系显著增生，细胞体积大，胞质较胞核成熟，呈"核幼浆老"的巨幼样变。粒系和巨核细胞也有巨幼变，体积增大，分叶过多。

4. 血清叶酸和维生素B_{12}测定　血清叶酸水平小于6.8nmol/L，血清维生素B_{12}水平小于74pmol/L。

5. 其他检查　检测胃酸、内因子抗体及维生素B_{12}吸收试验等。

（五）诊断与鉴别诊断

1. 诊断　根据患者营养史、用药史、贫血症状、特征性"牛肉样舌"，结合血常规呈大细胞贫血、骨髓呈典型的巨幼样改变、血清维生素B_{12}和（或）叶酸下降，给予叶酸和（或）维生素B_{12}治疗1周后网织红细胞计数上升即可诊断。

2. 鉴别诊断

（1）骨髓增生异常综合征　骨髓涂片中可见病态造血，也可表现为造血细胞巨幼样变，但血清叶酸和维生素B_{12}水平不下降且补充治疗无效。

（2）慢性再生障碍性贫血　可表现为贫血或全血细胞减少，血常规呈正细胞正色素性贫血，红细胞体积正常，骨髓涂片或活检示多部位有核细胞增生减低，未见巨幼样变。

（六）治疗

1. 去除病因　如改变饮食及烹饪习惯、避免酗酒及服用影响叶酸或维生素B_{12}吸收、代谢的药物，同时治疗基础疾病。

2. 补充叶酸或维生素 B$_{12}$

（1）叶酸缺乏　口服叶酸直至贫血症状消失，血红蛋白恢复正常。有胃肠道吸收障碍者可肌内注射四氢叶酸钙，一般不需要维持治疗。

（2）维生素 B$_{12}$缺乏　肌内注射维生素 B$_{12}$直至贫血症状消失，血红蛋白恢复正常。无维生素 B$_{12}$吸收障碍者可选择维生素 B$_{12}$片剂口服。胃全部切除术后或恶性贫血患者需终生维持治疗。

三、再生障碍性贫血

再生障碍性贫血（aplastic anemia，AA）简称再障，是由多种原因（如化学、物理、生物等）引起的骨髓造血组织功能衰竭，骨髓有核细胞增生低下，导致外周血全血细胞减少，临床表现以贫血、出血、感染为主。根据外周血细胞计数，可分为重型再障和非重型再障。重型再障病情重、起病急、进展快，非重型再障病情轻、起病缓、进展慢。

（一）病因

1. 化学因素　化学品以有机磷农药、苯及其衍生物如油漆、染料等多见，化学药物如氯霉素、磺胺类、四环素类、抗肿瘤药、硫脲类、异烟肼、抗吸虫药等均可引起再生障碍性贫血。

2. 物理因素　骨髓造血组织对各种电离辐射敏感，如 X 线、γ 射线、放射性同位素等。

3. 生物因素　最常见的有 B19 细胞病毒、流感病毒、肝炎病毒等均可引起再生障碍性贫血。

（二）发病机制

1. 造血干细胞缺陷　重型再障患者的骨髓造血细胞集落试验数目明显减少，提示多能干细胞数量缺乏或功能障碍。

2. 造血微环境异常　骨髓微环境受损导致造血干细胞功能障碍引起全血细胞减少，此类型为少数。

3. 免疫异常　近年来抗淋巴细胞血清治疗再障取得一定的疗效，提示再障也可能是自身的细胞或体液免疫损伤造血细胞所致。

（三）临床表现

1. 贫血　患者可出现面色苍白、乏力、头晕耳鸣、活动后气促、心悸等，症状多呈进行性加重。

2. 感染　多数患者可出现发热，呼吸道感染最常见，重型再生障碍性贫血多合并败血症，表现为难控制的持续高热。

3. 出血　皮肤可有瘀斑及出血点，牙龈、口腔及鼻黏膜易出血，有尿血、呕血、便血、眼底出血可能，严重者有颅内出血。

（四）实验室和其他检查

1. 血常规　全血细胞减少，贫血呈正细胞正色素性，网织红细胞绝对值减少，中性粒细胞计数减少，淋巴细胞计数变化不明显。早期可表现为一系或二系血细胞减少。

2. 骨髓涂片及活检　骨髓中有核细胞增生低下，造血细胞减少，淋巴细胞及非造血细胞比例明显增多，骨髓小粒空虚。骨髓活检显示造血组织减少。

（五）诊断与鉴别诊断

1. 诊断　①外周血全血细胞减少，网织红细胞绝对值下降；②一般无肝、脾肿大；③骨髓穿刺至少 1 个部位增生减低，非造血细胞增多，骨髓小粒空虚；④能排除引起全血细胞减少的其他疾病，如阵发性睡眠性血红蛋白尿、骨髓增生异常综合征、骨髓纤维化、急性造血功能停滞、急性白血病等。

2. 鉴别诊断

（1）阵发性睡眠性血红蛋白尿　也可表现为全血细胞减少，骨髓中有核细胞增生低下，但有血红蛋白尿阵发性发作，流式细胞仪检测外周血或骨髓液中造血细胞均为 CD55 和 CD59 阴性。

（2）骨髓增生异常综合征　其中难治性贫血也可有全血细胞减少，网织红细胞计数不高，甚至下降，但骨髓中有病态造血，可检测到染色体异常核型等。

（六）治疗

可分为支持治疗和目标治疗。支持治疗是防治全血细胞减少相关症状。而目标治疗是重建衰竭的骨髓造血组织，恢复正常造血。如免疫抑制或异基因造血干细胞移植治疗。

1. 去除病因　避免使用抑制骨髓造血的化学品及药物；避免接触放射线；预防病毒感染，积极治疗病毒性肝炎。

2. 支持治疗　贫血严重时给予输注红细胞改善症状；血小板计数低下者给予输注血小板预防出血；积极防治感染。

3. 药物治疗

（1）免疫抑制剂　抗胸腺细胞球蛋白（ATG）及抗淋巴细胞球蛋白（ALG）抑制机体 T 淋巴细胞或自身非特异性免疫，目前治疗重型再障取得一定疗效。环孢素 A 也对 T 淋巴细胞有选择性抑制作用，抑制自身免疫反应治疗再生障碍性贫血。

（2）雄激素　常用的有达那唑、司坦唑醇、丙酸睾酮等，根据病情可联合环孢素 A。

（3）造血生长因子　包括粒 - 巨噬细胞集落刺激因子（rhGM - GSF）、粒细胞集落刺激因子（rhG - CSF）、促红细胞生成素（EPO）和白介素 - 3（IL - 3），可用于促进血细胞升高。

4. 异基因造血干细胞移植　造血干细胞移植能重建骨髓造血组织，用于治疗重型再障患者。

？ 想一想

如果身边有人体检发现贫血，向你咨询，你如何给出指导性建议？

答案解析

PPT

第二节　白血病

白血病属于血液系统的恶性肿瘤，特点是骨髓中造血干细胞发生恶性克隆性，成为白血病细胞浸润骨髓，可以侵犯全身各脏器组织，抑制正常造血细胞增生。临床表现为发热、出血、贫血、肝脾及淋巴结肿大等。急性淋巴细胞白血病儿童多见，急性髓系白血病成人多见，随年龄增长，慢性髓细胞白血病的发病率会逐渐升高。

一、病因

白血病的确切病因至今未明。许多因素被认为和白血病发生有关。

1. 生物因素　目前有证据表明人类 T 淋巴细胞病毒（HTLV - 1）感染引发成人 T 淋巴细胞白血病。

2. 物理因素　包括 X 射线、γ 射线、电离辐射等，大剂量或大面积照射可使机体内 DNA 突变、断裂和重组而致白血病。

3. 化学因素　比较肯定的是长期接触苯有致白血病作用。某些药物如氯霉素、烷化剂等也可诱发白血病。

4. 遗传因素　某些白血病与遗传因素有关，约 0.7% 的白血病患者有家族史。

二、发病机制及分类

白血病的发病机制尚未完全明确，目前认为至少有两类分子事件共同参与，即"二次打击"学说。其一是各种原因诱发造血细胞内某些决定性基因发生突变，激活某种信号通路，导致造血细胞恶性克隆的生成，此类细胞凋亡受阻，具有增殖优势。其二是某些转录因子遗传学改变，导致造血细胞分化成熟受阻或紊乱。

1. 根据白血病细胞成熟度和自然病程分类

（1）急性白血病（acute leukemia，AL）　细胞相对幼稚，多为原始及早期幼稚细胞，病情发展快，自然病程为数月。

（2）慢性白血病（chronic leukemia，CL）　细胞相对成熟，以晚期幼稚细胞和成熟细胞为主，病情发展慢，自然病程为数年。

2. 根据受累的细胞系列分类

（1）急性白血病　造血细胞类型多样，不同类型的细胞对于治疗的反应不尽相同，因此对白血病细胞分类分型对于制定治疗方案及判断预后及其重要。包括：①FAB 分类法：按照 1976 年法、美、英三国协作组（FAB）制定的标准，分为急性髓系白血病（acute myeloblastic leukemia，AML）和急性淋巴细胞白血病（acute lymphocytic leukemia，ALL）两大类。其中 AML 分 8 个亚型：急性髓细胞白血病微分化型（M_0）、急性粒细胞白血病未分化型（M_1）、急性粒细胞白血病部分分化型（M_2）、急性早幼粒细胞白血病（M_3）、急性粒 – 单核细胞白血病（M_4）、急性单核细胞白血病（M_5）、急性红白血病（M_6）、急性巨核细胞白血病（M_7）。ALL 分 3 个亚型：L_1 型以小细胞为主（原始和幼稚淋巴细胞直径 $\leq 12\mu m$），大小均一；L_2 型以大细胞为主（原始和幼稚淋巴细胞直径 $> 12\mu m$），大小不等；L_3 型以大细胞为主，大小均一，胞内空泡明显，胞质染色深，呈嗜碱性。②MICM 分型：由世界卫生组织（WHO）2001 年提出，其综合了形态学、细胞化学、免疫学、细胞遗传学、分子生物学各项检查，大力提升了白血病的诊断水平。如免疫学结果可将 ALL 区分出成熟 B、前体 B – ALL、前体 T – ALL 甚至混合白血病。不同分型的 ALL 预后不同，需采用不同强度的化疗方案。

（2）慢性白血病　分为慢性髓细胞白血病（chronic myelocytic leukemia，CML）和慢性淋巴细胞白血病（chronic lymphocytic leukemia，CLL）。

（3）少见类型白血病　如毛细胞白血病、幼淋巴细胞白血病等。

三、临床表现

1. 急性白血病

（1）骨髓造血受抑制的表现　①发热：常见症状，可低热，亦可持续高热伴畏寒、寒战等。继发感染是主要原因，以口腔及牙龈炎、呼吸道及消化道感染最为常见，严重者可合并败血症。②贫血：表现为面色苍白、头晕、活动后气促、心悸等，半数患者就诊时已有重度贫血，特别是继发于骨髓异常增生综合征者。③出血：近 40% 患者以出血为早期表现，可遍及全身，常见皮肤瘀点、瘀斑、鼻黏膜及牙龈出血、月经过多等。

（2）白血病细胞髓外浸润的表现　①淋巴结肿大：ALL 多出现淋巴结肿大，肝、脾轻至中度增大。②骨和关节：可伴骨痛和关节痛。胸骨下段局部压痛是白血病细胞增殖活跃的表现。③口腔和皮肤：白血病细胞（尤其是 M_4 和 M_5）浸润可使牙龈增生，肿胀如海绵样，破溃易出血；皮肤可出现特异性损害，呈蓝灰色斑丘疹，隆起于皮面。④中枢神经系统：白血病髓外浸润最常见部位。因为多数化疗药很难通过血 – 脑屏障，不能杀灭浸润中枢神经系统的白血病细胞，需要鞘内注射化疗药物。⑤眼：

部分 AML 可伴粒细胞肉瘤（绿色瘤），常累及眼眶，引起眼球突出甚至失明。⑥累及睾丸：常见于 ALL 化疗缓解后的幼儿及青年，表现为一侧睾丸无痛性肿大。

2. 慢性白血病

（1）慢性髓系白血病　①慢性期：常因体检发现，多无明显症状。可有低热、乏力、多汗或体重减轻、左上腹坠胀等症状。查体：胸骨下段压痛，脾脏肿大，可持续数年。②加速期：进行性出现贫血、出血、脾脏持续肿大，原治疗药物失效。③急变期：是 CML 的终末期，表现类似急性白血病，病情快速进展，预后极差，往往在数月内死亡。

（2）慢性淋巴细胞白血病　起病慢，多数患者无自觉症状，因体检或其他疾病就诊时发现。早期有乏力纳差、低热、盗汗、体重减轻等。大部分患者有无痛性淋巴结肿大，头颈、腋窝及腹股沟淋巴结多见，硬度中等，活动度可，可逐渐增大或出现融合。肝脾轻至中度肿大。

晚期可出现全血细胞减少，伴贫血、出血和感染。免疫失调常并发自身免疫性疾病。

四、实验室和其他检查

1. 血常规

（1）急性白血病　根据外周血白细胞数量分为白细胞增多性白血病（白细胞计数大于 $10 \times 10^9/L$）和白细胞不增多性白血病（白细胞计数正常或减少，可小于 $1.0 \times 10^9/L$），所以白细胞数量并不是诊断白血病的标准。外周血涂片可见到原始和幼稚细胞。患者常有不同程度的贫血，呈正细胞性，多数患者血小板计数减少。

（2）慢性白血病　①慢性髓系白血病：白细胞计数常 $>20 \times 10^9/L$，甚至超过 $100 \times 10^9/L$。外周血涂片中粒细胞数量明显增多，多数为中幼、晚幼和杆状核的中性粒细胞。②慢性淋巴细胞白血病：白细胞计数 $>10 \times 10^9/L$，淋巴细胞比例大于 50%，绝对值 $>5 \times 10^9/L$（至少持续 3 个月），以成熟小淋巴细胞增多为主，胞质少，核染色质呈凝块状。

2. 骨髓象

（1）急性白血病　多数急性白血病患者骨髓涂片中有核细胞增生明显活跃或极度活跃，原始细胞比例高于 20%，低增生性的白血病较少见，骨髓象增生有核细胞增生低下，但原始细胞比例仍高于 20%。

（2）慢性白血病　①慢性髓系白血病：骨髓中有核细胞增生明显或极度活跃，粒红比例显著升高，以中幼、晚幼及杆状核的中性粒细胞为主，原始细胞比例 <10%，嗜酸和嗜碱性粒细胞增多。红系增生相对减少。②慢性淋巴细胞白血病：骨髓中有核细胞增生明显或极度活跃，淋巴细胞≥40%，以成熟的小淋巴细胞为主。红系、粒系及巨核系增生受抑制。

3. 细胞化学染色　仅根据瑞氏染色判断细胞形态容易出错，因此需做过氧化物酶（POX）染色、过碘酸－雪夫反应（PAS）、特异性和非特异性酯酶染色进一步确定，如 ALL 的原始淋巴细胞 POX 染色阴性，PAS 染色呈阳性。

4. 免疫学分型　如 ALL 按免疫标志可分为 T 细胞型和非 T 细胞型。后者又可分为无标志性急淋（Null－ALL）、普通型急淋（Common－ALL）、前 B 细胞型急淋（Pre－B－ALL）和 B 细胞型急淋（B－ALL）。

5. 染色体检查　常规显带技术提示 50% 至 80% 的 AML 患者有染色体的异常克隆，而特异性染色体异常与疾病发生密切相关，如急性早幼粒细胞白血病（APL）大多数有 t（15；17）（q22；q12）染色体异常，Ph 染色体 t（9；22）（q34；q11）常见于慢性粒细胞白血病患者。

6. 融合基因检测　如 PML/RARα 是 APL 特异性的分子标志，绝大部分 CML 患者能检测到 BCR/ABL 融合基因。

五、诊断与鉴别诊断

1. 诊断

（1）急性白血病　外周血中有异常原始及幼稚细胞增多，WHO 分型诊断急性白血病的标准是，骨髓中原始细胞大于有核细胞总数的 20%。初步诊断时应尽可能获取全面的 MICM 分型资料，以便指导治疗及评价预后。

（2）慢性白血病　①慢性髓系白血病：白细胞不明原因的持续性增高，脾大，结合典型的血常规、骨髓象改变，Ph 染色体或 BCR – ABL 融合基因阳性即可诊断。②慢性淋巴细胞白血病：外周血中淋巴细胞计数持续大于 $5 \times 10^9/L$，结合临床表现及免疫表型特征，骨髓中成熟的小淋巴细胞比例≥40% 即可诊断。

2. 鉴别诊断

（1）骨髓增生异常综合征　可有难治性贫血，甚至全血细胞减少，外周血中可见原始细胞和幼稚细胞，骨髓中可见病态造血，但原始细胞比例 <20%，由此与急性白血病鉴别，临床上也认为本病是白血病前期。

（2）传染性单核细胞增多症　外周血中出现异型淋巴细胞，形态不同于原始淋巴细胞，骨髓涂片中原、幼淋巴细胞比例不增加，病情有自限性。

（3）巨幼细胞贫血　可有贫血甚至全血细胞减少症状，骨髓中原始细胞比例正常，血清中叶酸或维生素 B_{12} 水平下降，叶酸或维生素 B_{12} 治疗有效，由此可与急性白血病相鉴别。

六、治疗

根据患者临床表现及 MICM 分型进行危险分层，判断预后，按照患者自己意愿、经济能力，选择系统的治疗方案。

1. 一般治疗

（1）处理高白细胞血症　当外周血中白细胞 $>100 \times 10^9/L$ 时，患者可出现白细胞淤滞，表现为低氧血症、呼吸困难、反应迟钝、言语不清、颅内出血等中枢神经系统症状，早期死亡率高，需紧急使用血细胞分离机进行白细胞单采，清除掉过高的白细胞，辅以水化和化疗。

（2）防治感染　白血病患者化疗后常有长时间的粒细胞减少或缺乏，免疫力低下，此时宜入住层流病房，积极经验性抗感染治疗。使用粒细胞集落刺激因子有助于缩短粒细胞缺乏持续的时间。

（3）成分输血支持　吸氧及输注浓缩红细胞悬液改善贫血，维持 Hb 大于 80g/L，如血小板计数过低，输注单采血小板悬液预防出血。

（4）防治高尿酸血症　化疗时会破坏大量白血病细胞，细胞代谢产物堆积，引发电解质及酸碱平衡紊乱，酸中毒合并血钾升高能引发心脏停搏。同时尿酸生成明显增加，可积聚在肾小管形成结晶诱发急性肾功能衰竭，危及生命。需鼓励患者多饮水、持续静脉补液，碱化尿液，保证 24 小时尿量 >2000ml。

2. 药物治疗

（1）化学药物治疗　急性白血病治疗的核心是联合化疗，化疗方案的设计需考虑周期特异性与非特异性化疗药物联合使用（常用化疗方案见表 6 – 1）。包括：①诱导缓解化疗：目的是获得完全缓解（CR）。AML（除 APL 外）目前标准的诱导缓解方案是去甲氧柔红霉素（IDR）+ 阿糖胞苷（Ara – C）

和柔红霉素（DNR）＋阿糖胞苷（Ara－C）。APL 目前采用维 A 酸（ATRA）＋三氧化二砷（ATO）联合诱导分化治疗，治愈率可达 95% 以上。诱导缓解 ALL 常用的是长春新碱（VCR）＋柔红霉素（DNR）＋左旋门冬酰胺酶（L－ASP）＋泼尼松（P）。②强化巩固：诱导缓解化疗达 CR 后，可继续原诱导方案强化，或使用有效的化疗药组合成不同的方案交替使用，以防白血病细胞耐药。③治疗髓外浸润：化疗药物通过血－脑屏障和血－睾屏障困难，因此白血病细胞易浸润中枢神经系统和睾丸。有效方法是加大化疗剂量、头颅放疗、鞘内注射甲氨蝶呤（MTX）＋阿糖胞苷（Ara－C）。

表 6－1　白血病常用的化疗方案

化疗方案	方案组成
AML（除 APL 外）诱导缓解	IDR＋Ara－C（IA 方案）
	DNR＋Ara－C（DA 方案）
APL 诱导缓解	ATRA＋ATO
ALL 诱导缓解	VCR＋DNR＋L－ASP＋P（VDLP 方案）
鞘内注射	MTX＋Ara－C

（2）糖皮质激素　糖皮质激素本身能破坏原始淋巴细胞，可用作 ALL 化疗前的预处理治疗，常出现在 ALL 联合化疗方案中。

（3）粒细胞集落刺激因子　加快中性粒前体细胞分化成熟，促进骨髓中的中性粒细胞释放入外周血，增强成熟中性粒细胞的功能。

（4）别嘌醇　化疗时预防高尿酸血症，抑制尿酸生成，但需警惕剥脱性皮炎的发生。

3. 造血干细胞移植治疗　造血干细胞移植（HSCT）是治愈高危白血病患者的主要方法，也可用于复发难治患者的挽救性治疗。根据造血干细胞的来源可分为异基因移植和自体移植，按预处理方案的强度可分为清髓性和非清髓性移植。异基因移植复发率低，但并发症多，死亡率高。自体移植没有受供者的限制，不发生移植物抗宿主病，死亡率低，但复发率高。

❤️ **药爱生命**

造血干细胞的应用

造血干细胞移植（HSCT）多用于恶性血液病的治疗，用大剂量放化疗进行预处理，清除受者体内的异常细胞，再将自体或异体的造血干细胞移植到受者体内，帮助受者重建造血及免疫系统。目前异基因造血干细胞移植大多是同胞间（配型相同）、父母与子女间（半相合），而随着中华骨髓库中登记人数的增加，接受非血缘关系供者的异基因造血干细胞移植的患者数量逐渐增多。

4. 基因靶向治疗　第一代酪氨酸激酶抑制剂（TKI）如伊马替尼已经是 CML 慢性期治疗的首选。而伊马替尼不能耐受以及无效或耐药的患者可选择二代 TKI 如达沙替尼、尼洛替罗等，部分患者甚至可以停药。成人 ALL 部分患者伴 Ph 染色体或 BCR－ABL 融合基因阳性，化疗同时可联合 TKI 抑制 BCR－ABL 融合基因，诱导缓解率显著提高。

5. 免疫治疗　利妥昔和阿伦单克隆抗体是分别针对的是 CLL 细胞表面的 CD52 和 CD20 分子。利妥昔单抗＋福达拉滨＋环磷酰胺是目前治疗初治 CLL 的最佳化疗方案。后者对于烷化剂及嘌呤类药物耐药的患者依然有效。

目标检测

答案解析

一、单项选择题

1. 全胃切除术后会出现内因子缺乏引起的贫血是
   - A. 地中海贫血
   - B. 缺铁性贫血
   - C. 巨幼细胞贫血
   - D. 再生障碍性贫血
   - E. 骨髓增生异常综合征

2. 慢性少量失血引起的贫血是
   - A. 地中海贫血
   - B. 缺铁性贫血
   - C. 巨幼细胞贫血
   - D. 再生障碍性贫血
   - E. 骨髓增生异常综合征

二、多项选择题

1. 巨幼细胞贫血主要的是缺乏
   - A. 铁
   - B. 钠
   - C. 叶酸
   - D. 维生素 B_{12}
   - E. 维生素 A

2. 缺铁性贫血的特点包括
   - A. 血清铁下降
   - B. 血清铁蛋白升高
   - C. 网织红细胞计数升高
   - D. 骨髓铁染色阴性
   - E. 大细胞性贫血

三、简答题

1. 简述缺铁性贫血的病因和治疗要点。
2. 简述巨幼细胞贫血的病因和治疗要点。
3. 简述白血病的治疗要点。

（吴静怡）

书网融合……

重点回顾　　　微课　　　习题

第七章　内分泌与代谢性疾病

PPT

学习目标

知识目标：

1. **掌握**　内分泌系统及代谢常见疾病的临床表现、诊断和治疗原则。
2. **熟悉**　内分泌系统及代谢常见疾病的防治。
3. **了解**　内分泌系统及代谢常见疾病的病因及发病机制、鉴别诊断。

技能目标：

能运用正确的临床思维对内分泌系统及代谢常见疾病进行诊断，并能进行准确治疗。

素质目标：

具有人文关怀意识和良好的医德医风。

导学情景

情景描述： 患者，女，55岁，BMI 29kg/m²。自觉口渴、乏力5个月，伴食量增加，无明显体重增加。3个月前，患者常规体检时发现空腹血糖7.5mmol/L，无视物模糊、肢端麻木等症状。于3日后复查空腹血糖为7.3mmol/L，餐后2小时血糖14.5mmol/L。否认有其他慢性病史，否认食物药物过敏史。

情景分析： 结合主诉及现病史，根据该患者的临床发病特点，初步诊断为"2型糖尿病"。

讨　　论： 1. 2型糖尿病的临床表现特点是什么？

2. 为进一步明确诊断需要进行的下一步检查有哪些？

学前导语： 糖尿病是内分泌系统常见疾病，与遗传因素和环境因素共同作用有关，随着病程的进展，会出现各种急慢性并发症，严重的会危及患者的生命安全，结合此患者的临床发病特点，如何指导患者制定综合调控方案，合理的调控血糖？

第一节　糖尿病

糖尿病是一组因胰岛素相对或绝对分泌缺陷和（或）胰岛素利用障碍导致的碳水化合物、脂肪和蛋白质代谢异常，以慢性高血糖为特征的代谢紊乱综合征。糖尿病病程长，早期并无明显症状，部分患者可出现典型"三多一少"症状，即多尿、多饮、多食和体重下降。长期的代谢紊乱可出现多系统损害，引发眼、肾、神经和心血管等组织器官进行性功能减退甚至衰竭，病情严重或应激时可引起急性代谢紊乱如酮症酸中毒和高渗性昏迷。

糖尿病分为4种类型，即1型糖尿病、2型糖尿病、特殊类型糖尿病（包括遗传缺陷、胰腺病变、内分泌疾病、药物或化学品所致的糖尿病等）和妊娠期糖尿病。其中1型糖尿病常在幼年和青少年阶段发病，约占糖尿病患者总数的1%。2型糖尿病最为常见，约占糖尿病患者总数的95%以上，可分为肥胖型和非肥胖型。

一、病因

糖尿病的病因目前尚未明确，不同类型的糖尿病病因也有所不同，总的来说，遗传和环境因素共同参与了糖尿病的发生。因为胰岛细胞功能受损引起的胰岛素分泌减少或（和）机体对胰岛素的敏感性下降，最终导致血中的葡萄糖不能被外周组织有效的利用。

1. 遗传因素 1型糖尿病的病因与遗传关系密切，目前发现有50多个遗传变异与1型糖尿病遗传易感性有关。2型糖尿病的发生同样有遗传的参与，但是遗传因素仅仅是增大个体对于疾病的易感性，不足以致病，需要环境因素的参与共同导致糖尿病的发生。

2. 环境因素 与1型糖尿病发病相关的环境因素不明，病毒感染可能是导致1型糖尿病的环境因素之一，包括腮腺炎病毒、风疹病毒和柯萨奇病毒等，它们可启动自身免疫反应或直接损伤胰岛B细胞。化学毒物如灭鼠剂和吡甲硝苯脲，也会破坏胰岛B细胞诱发1型糖尿病。近年来程序性死亡受体1（PD-1）抑制剂广泛用于抗肿瘤，由此类药物引发1型糖尿病患者的数量也明显增多。2型糖尿病的发生与环境因素密切相关，包括年龄、生活方式、营养过剩和缺乏体力活动等。目前流行病学和临床研究表明，不良生活方式是导致2型糖尿病发生风险增高最重要的环境因素。

3. 自身免疫系统缺陷 在环境和遗传因素的共同参与下，自身免疫系统会对胰岛B细胞发动攻击，导致胰岛功能受损出现胰岛素分泌下降或缺乏。

二、发病机制

糖尿病的发病机制根据不同的类型会有差异。

1. 1型糖尿病发病机制是自身免疫系统的问题导致胰岛B细胞破坏，出现胰岛素绝对缺乏或显著不足。

2. 2型糖尿病发病机制有遗传和环境因素，是多因素综合作用的结果，导致胰岛素抵抗和（或）胰岛素进行性分泌减少。

3. 特殊类型糖尿病发病机制比较复杂，包括遗传基因缺陷、胰腺病变、内分泌疾病、药物或化学品等，引起胰岛B细胞继发性破坏或功能缺陷。

4. 妊娠期糖尿病发病机制主要和妊娠的特殊阶段有关，包括体内激素异常及妊娠期对于胰岛素反应的异常，部分孕妇会出现胰岛素抵抗增加和胰岛素分泌的相对不足。

三、临床表现

糖尿病的典型临床表现是"三多一少"，即多尿、多饮、多食和体重下降，但很多早期患者往往没有任何症状或者症状较轻。

1. 1型糖尿病 任何年龄均可发病，多见于青少年，起病急，在疾病得到诊治前就表现为典型的"三多一少"症状，血糖升高显著，有少数患者是以糖尿病酮症酸中毒或高渗性昏迷到医院就诊。

2. 2型糖尿病 2型糖尿病以成年人多见，一般有家族史；大多起病隐匿，病程长，无症状时间可达数年至数十年，因出现慢性并发症或体检时发现；多数患者肥胖或超重，食欲好，偶有乏力，少数患者可有低血糖表现。

3. 并发症

（1）慢性并发症 是糖尿病患者致残、致死的主要原因，包括：①大血管并发症，如脑血管、心血管和下肢血管的病变，导致脑卒中、冠心病和糖尿病足等；②微血管并发症，如肾脏病变和眼底病变，导致糖尿病肾病甚至肾功能衰竭、糖尿病视网膜病变和白内障等；③神经系统病变，包括感觉神经、运动神经和自主神经的病变，最常见的类型是糖尿病周围神经病变，表现为烧灼样疼痛、电击或针刺样感觉过敏或麻木。

（2）急性并发症　包括糖尿病酮症酸中毒、高血糖高渗性非酮症综合征、乳酸性酸中毒等，由于血糖急剧升高，超出机体调控能力，引发糖、脂肪和蛋白质代谢的急性紊乱，导致机体水、电解质和酸碱平衡的失调。

练一练7-1

糖尿病的临床表现不包括（　）

A. 多饮　　　　　B. 多食　　　　　C. 多尿　　　　　D. 多毛　　　　　E. 体重下降

答案解析

四、实验室和其他检查

1. 尿糖测定　血糖超过肾糖阈（160~180mg/dl）时尿糖检测为阳性。但当肾糖阈升高后，即使血糖达到糖尿病诊断，尿糖也是呈阴性。因此，尿糖阳性并不作为糖尿病的诊断标准。

2. 血糖测定　是评价有无糖代谢紊乱最基本和最重要的指标，包括空腹血糖、随机血糖和餐后2小时血糖。需要注意的是临床上用静脉血血浆的葡萄糖值作为诊断糖尿病的主要依据。当血糖值超过正常范围但又未达到诊断糖尿病标准时，需进行OGTT试验，常用口服糖耐量试验，清晨空腹静脉采血测定血糖水平，成人一次性口服75g无水葡萄糖，服糖后的0.5小时、1小时、2小时（必要时可在3小时）各抽血测血糖水平一次。

3. 糖化血红蛋白和糖化血清蛋白测定　糖化血红蛋白（HbA1c）是葡萄糖与血红蛋白非酶促反应不可逆结合的产物，可反映抽血前2~3个月的平均血糖水平，是评价长期血糖控制"金标准"。糖化血清蛋白（GSP）与HbA1c相似，但血清蛋白合成比血红蛋白快，所以GSP反映的是抽血前1~3周平均血糖水平，在反映控制血糖效果上比HbA1c出现早。临床上两者结合使用。

4. 胰岛B细胞功能检查　包括胰岛素释放试验和C肽释放试验，通过升高血糖来刺激胰岛B细胞释放胰岛素和C肽，反映胰岛B细胞的储备能力，也有助于糖尿病的分型及指导治疗。如2型糖尿病早期或肥胖型血清胰岛素正常或增高，随着病情的发展，胰岛功能逐渐减退，胰岛素分泌能力下降。

5. 免疫检查　1型糖尿病体液免疫异常有三项重要指标：胰岛细胞抗体（ICA）、胰岛素自身抗体（IAA）及谷氨酸脱羧酶（GAD）抗体，其中GAD抗体阳性率高，持续时间长，诊断1型糖尿病的价值大。同时在1型糖尿病患者的直系亲属中也有一定的阳性率，有预测1型糖尿病的临床意义。

五、诊断与鉴别诊断

1. 诊断　2021年4月发布《中国2型糖尿病防治指南（2020年版）》建议在我国人群中采用WHO（1999）诊断标准。具体如下：①糖尿病症状+任意时间血浆葡萄糖水平≥11.1mmol/L；或加上②空腹血浆葡萄糖（FBG）水平≥7.0mmol/L；或加上③OGTT试验中，2小时血糖（BG）水平≥11.1mmol/L；或加上④糖化血红蛋白≥6.5%。无典型糖尿病症状者，需改日复查确认。

诊断标准解释如下：

（1）糖尿病诊断是依据空腹、任意时间或葡萄糖耐量试验（OGTT）中2小时的血糖值。空腹是指8~14小时内无任何热量摄入；任意时间是指1天内任何时间，与上次进餐时间及食物摄入量无关；OGTT是以75g无水葡萄糖为负荷量，溶于水中一次性口服（如含1分子水的葡萄糖则为82.5g）。

（2）标准中血糖值均为静脉血浆葡萄糖水平，采用葡萄糖氧化酶法测定。

2. 鉴别诊断　糖尿病诊断应与其他原因所致的尿糖增高、药物引起的糖耐量减低和血糖升高以及继发性糖尿病相鉴别。

（1）糖耐量异常（IGT）　是指口服75g无水或82.5g含水葡萄糖后，血糖值超过正常范围但是未达到诊断糖尿病的标准，是介于糖尿病与正常人之间的一种中间状态。但如果不改变生活方式，进展为糖尿病的风险极高。

（2）应激性血糖升高　许多应激状态如心、脑血管意外，急性感染、创伤，外科手术都可能导致血糖一过性升高，应激因素消除后1~2周可恢复。

六、治疗 🔲 微课

糖尿病的治疗强调早期治疗、长期治疗、综合治疗、治疗措施个体化原则。国际糖尿病联盟（IDF）提出糖尿病治疗的"五驾马车"，即饮食疗法、运动疗法、药物治疗、血糖监测及糖尿病教育与心理治疗。新诊断的2型糖尿病患者开始可采用饮食和运动疗法来控制血糖；若非药物治疗不能控制血糖，则需口服降糖药。

✎ **练一练7-2**

糖尿病治疗的"五驾马车"不包括（　）

A. 饮食疗法　　　　　　B. 运动疗法　　　　　　C. 血糖监测

D. 饥饿疗法　　　　　　E. 教育与心理治疗

答案解析

1. 1型糖尿病　首选胰岛素皮下注射治疗，或与α-葡萄糖苷酶抑制剂、双胍类降糖药联合使用。

2. 2型糖尿病　首选二甲双胍口服治疗，如没有用药禁忌，二甲双胍应一直保留在糖尿病的治疗方案中；不适合用二甲双胍治疗者可选用促胰岛素分泌剂或α-葡萄糖苷酶抑制剂。单用二甲双胍治疗不达标者，可加用其他不同作用机制的降糖药联合治疗。常用的口服降糖药如下。

（1）促胰岛素分泌剂　包括磺脲类（格列齐特、格列本脲）以及非磺脲类（瑞格列奈）。主要促进胰岛素分泌而发挥作用，容易引起低血糖和体重增加。长期使用降血糖作用下降。

（2）双胍类（二甲双胍）　主要促进外周组织摄取葡萄糖、抑制葡萄糖异生。因为不影响胰岛素分泌，很少引起低血糖。

❤ **药爱生命**

二甲双胍

二甲双胍是非常经典的口服降糖药，可促进外周组织对葡萄糖的利用，提高胰岛素的敏感性，减轻胰岛素抵抗。尤其适合肥胖的糖尿病患者，服用二甲双胍期间有胃肠道反应，如恶心纳差、腹胀腹泻等不良反应，会出现体重下降。因此有些爱美的女性服用二甲双胍减肥，需要注意正常人糖代谢正常，并不适合用双胍类药物。利用药物不良反应减肥之举不可取。

（3）α-葡萄糖苷酶抑制剂（阿卡波糖）　竞争性抑制α-葡萄糖苷酶，延缓淀粉、蔗糖及麦芽糖在小肠分解为葡萄糖，降低餐后高血糖。如果服用α-葡萄糖苷酶抑制剂后出现低血糖反应，需要口服葡萄糖解救。

（4）噻唑烷二酮类　常用药有罗格列酮、吡格列酮，通过提高靶组织对胰岛素的敏感性，提升胰岛素利用能力，改善糖代谢及脂质代谢，能有限降低空腹及餐后血糖。

（5）二肽基肽酶 - 4（DPP - 4）抑制剂　常用药有西格列汀、利格列汀，通过减少胰高糖素样肽 - 1（GLP - 1）在人体内的失活（GLP - 1 属于肠促胰岛激素），影响胰腺中的 B 细胞和 A 细胞来调节葡萄糖水平。

（6）钠 - 葡萄糖协同转运蛋白 2（SGLT - 2）抑制剂　常用药有达格列净、恩格列净，通过抑制近端肾小管钠 - 葡萄糖重吸收，促进尿糖排泄而降低血糖。

👁 看一看

长期使用胰岛素会"上瘾"吗？

不少糖尿病患者错误地认为胰岛素具有"成瘾性"，一旦使用就再也撤不下来了，甚至有些患者惧怕胰岛素，宁"死"不用。其实胰岛素是人体自身分泌的一种生理激素，缺乏胰岛素，机体就无法维持正常的糖代谢。糖尿病患者都有胰岛素绝对或相对不足，使用胰岛素是补充其自身胰岛素分泌或功能的不足。1 型糖尿病患者及晚期 2 型糖尿病患者需终生皮下注射胰岛素，是由于患者自身胰岛功能已经完全衰竭，与"成瘾性"无关。事实上，很多早期血糖值很高的 2 型糖尿病患者，经过短时间的胰岛素强化治疗后，血糖水平稳定后，完全可以改用口服降糖药进行治疗，而不需要继续注射胰岛素。

❓ 想一想

如果你是一名药师，正好碰见糖尿病患者出现低血糖反应，你该怎么办？

答案解析

第二节　甲状腺功能亢进症

甲状腺功能亢进症简称甲亢，是由多种病因引起甲状腺本身功能亢进，甲状腺激素合成和分泌过多所导致的以基础代谢亢进，神经、循环、消化等系统兴奋性增高为主要特征的甲状腺毒症。

一、病因

甲亢病因复杂，包括弥漫性毒性甲状腺肿（也称 Graves 病，简称 GD）、炎性甲亢、药物性甲亢、TSH 增高型甲亢（垂体瘤）。临床上 80% 以上的甲亢是由 Graves 病引起的。

二、发病机制

Graves 病的甲亢是由于自身免疫系统出现异常，抗甲状腺刺激性抗体作用于甲状腺的结果。精神创伤和高碘饮食可诱发有 Graves 病遗传倾向的个体出现甲亢，但发病机制尚未阐明。

三、临床表现

Graves 病可见于任何年龄，多见于 30 ~ 50 岁，女性发病多于男性。起病一般缓慢，少数可在精神刺激或感染等诱因的作用下，急性起病。

1. 甲状腺异常　甲状腺弥漫性、对称性肿大，质地柔或韧，无压痛。少数患者可呈单结节或多结节性肿大，且不对称。甲状腺上下级可触及震颤，闻及血管杂音。

2. 甲状腺激素增多的影响

（1）代谢率增高症群 患者怕热多汗，查体可发现皮肤温暖潮湿，尤以手掌、足心、脸面、颈胸及腋下较明显，皮肤毛细血管扩张，体表温度升高。代谢率高和产热多还可使患者体重锐减，倦怠无力，工作时注意力涣散。过多的甲状腺激素促进肝糖原分解，血糖升高；脂肪分解，血胆固醇降低；蛋白质分解呈现负氮平衡。

（2）消化系统 患者食欲亢进，食量增加，但体重却明显下降。

（3）心血管系统 心脏及血管对儿茶酚胺的敏感性增强，患者可出现心悸气促，活动后加重。查体可发现心动过速，心率可至 90～130 次/分，脉搏洪大有力。血压可呈收缩性高血压，脉压增大；毛细血管搏动可见，触诊有水冲脉。心界可增大，第一心音增强，心前区可闻及轻度收缩期杂音，舒张期杂音少见。

（4）神经肌肉系统 患者肌群萎缩、软弱，表现为肌无力、手震颤、行动困难，腱反射亢进，严重者出现甲状腺功能亢进性周期性瘫痪。儿童可出现舞蹈手足徐动症。

（5）精神系统 患者神经过敏、易激惹，性情烦躁、记忆力减退等。偶则可出现幻觉，躁狂或抑郁状态。

（6）生殖系统 女性患者容易出现月经减少、不孕。

3. 甲状腺外的异常

（1）眼 包括眼睑浮肿，眼球突出，上眼睑挛缩。其中突眼征可与甲亢同时发生，也可在甲亢已被控制，甲状腺功能正常甚至甲状腺功能减退时发生，也可在甲亢前出现，少数患者先发生突眼症，数年后才发现甲亢症状。

（2）局部黏液性水肿 多见于胫骨前，身体其他部位也可受累，如面部、足背和脚趾。黏液性水肿区域的皮肤增厚、颜色变深、粗糙呈橘皮状，有时呈大小不等斑块样结节，圆形或椭圆形，棕红色，高出周围皮肤。伴有轻度瘙痒和烧灼感。

（3）杵状指 指端皮肤粗厚，软组织肿胀，末端指（趾）肥大呈杵状。X 线检查可见指（趾）骨骨膜下新骨形成。

四、实验室和其他检查

1. 甲状腺功能检查

（1）血清总甲状腺激素（TT_3、TT_4）测定 甲亢时血清 TT_3、TT_4 一般均增高，尤其血清 TT_3 增高更加明显。因此血清 TT_3、TT_4 的测定对甲亢的诊断有重要意义，但血清总甲状腺激素容易受到甲状腺结合球蛋白（TBG）的影响，在妊娠、病毒感染的特殊情况下 TBG 会升高，低蛋白血症时 TBG 会下降，判断结果需考虑上述因素。

（2）血清游离甲状腺激素（FT_3、FT_4）测定 FT_3、FT_4 是甲状腺激素有生物活性的部分，不受 TBG 的影响，其水平高低能直接反映甲状腺的功能状态，敏感性和特异性均好于 TT_3、TT_4。血清 TT_3、TT_4 的高低往往与 FT_3、FT_4 呈平行关系，即 TT_3、TT_4 低，FT_3、FT_4 也低；TT_3、TT_4 高，FT_3、FT_4 也高。

（3）血清促甲状腺激素（TSH）测定 由于存在下丘脑-垂体-甲状腺轴生理反馈调节机制，甲亢时血清 T_3、T_4 水平升高，反馈给垂体抑制 TSH 的释放，血清中 TSH 水平下降。

2. 甲状腺自身抗体检测

（1）甲状腺球蛋白抗体（TgAb）测定 TgAb 是在免疫反应中产生的特异性甲状腺自身抗体，有损伤甲状腺的作用。广泛用于自身免疫性甲状腺炎的临床诊断，是诊断慢性淋巴细胞性甲状腺炎的特异性指标。50% 的甲亢患者 TgAb 阳性。当甲亢好转后，抗体滴度会逐渐消失。

（2）促甲状腺激素受体抗体（TSH 受体抗体，TRAb）测定 抗 TSH 受体抗体（TRAb）是甲状腺细胞膜 TSH 受体的自身抗体。TRAb 阳性对于弥漫性甲状腺肿有诊断意义。甲亢患者治疗后，若 TRAb 持续阳性，预示停药后甲亢复发的风险极大。

3. 其他检查

（1）基础代谢率（BMR） 反映个体全身的代谢情况，甲亢患者的 BMR 一般超出正常人 15%，对甲亢的诊断有一定的帮助。但影响 BMR 测定的因素太多，一般不做此检查。

（2）甲状腺^{131}I 摄取率 Graves 病患者表现为^{131}I 摄取率增加，摄取高峰前移，是诊断甲亢的传统方法，目前已被 sTSH 测定技术所代替。

（3）影像学检查 甲状腺超声和同位素显像检查有助于甲状腺大小、形态、血流情况及结节性质的确定。CT 和 MRI 检查可观察眼外肌受累的情况。

五、诊断与鉴别诊断

1. 诊断 甲状腺功能亢进的诊断具备以下三项诊断即可成立：①高代谢症状和体征；②甲状腺肿大；③血清 T_3、T_4 升高，TSH 下降。T_3 型甲状腺功能亢进仅有血清 T_3 升高。

2. 鉴别诊断

（1）单纯性甲状腺肿 由于缺碘、致甲状腺肿物质或相关酶缺陷等导致的代偿性甲状腺肿大，甲状腺多呈弥漫性肿大，后可发展成多结节性肿大，但甲状腺功能检测正常。

（2）亚急性甲状腺炎 起病急，有发热，伴畏寒、乏力等全身症状，最为特征性的是甲状腺肿大伴疼痛，血清 T_3、T_4 升高，TSH 下降，但^{131}I 摄取率下降，血沉加快，糖皮质激素治疗效果明显。

六、治疗

1. 一般治疗 适当休息和各种支持疗法，补充足够热量和营养，包括糖、蛋白质及多种维生素，以纠正甲亢引起的消耗，低碘饮食。精神紧张不安，失眠严重者可给予镇静剂治疗。

2. 药物治疗 所有患者均可为抗甲状腺药物所控制。应作为甲亢的首选治疗方法。目前常用的抗甲状腺药物包括硫脲类和咪唑类，通过抑制甲状腺过氧化物酶活性，减少甲状腺激素的合成，但是对已经合成的甲状腺激素没有作用。因此抗甲亢的治疗分为强化期、减量期和维持期，给药剂量从大剂量开始，逐渐减量。

（1）硫脲类（丙硫氧嘧啶） 可抑制 T_4 在外周组织转化成 T_3，起效快，在甲状腺内作用时间短，是严重病例和甲亢危象时的首选；透过胎盘屏障及进入乳汁的量较小，是妊娠期和哺乳期治疗甲亢的首选。

（2）咪唑类（甲巯咪唑） 作用较丙硫氧嘧啶强，在甲状腺内作用时间可达 24 小时，作用缓慢而持久，用于甲亢治疗的维持期效果好。

3. 放射性^{131}I 治疗 甲状腺有高度浓摄取^{131}I 能力，^{131}I 衰变时放出 β 和 γ 射线（其中 99% 为 β 射线），β 射线在组织内的射程仅为 2mm，故电离作用局限于甲状腺而不影响邻近组织。所以放射性^{131}I 治疗是一种方便、安全的方法，尤其合适老年人。患者服用适量的^{131}I 后，迅速被甲状腺摄取，^{131}I 在衰变过程中放出的射线对细胞产生内照射，破坏甲状腺细胞，达到减少甲状腺素合成的目的。但准确计算服用剂量有一定困难，服用过量会导致甲状腺功能减退。

4. 手术治疗 甲状腺次全切除是治疗甲亢的有效方法之一，疗效高且复发率低，还可减弱自身免疫反应，多数患者可以根治。但术前需用抗甲状腺药物治疗，使其心率＜80 次/分，血清 T_3、T_4 及 BMR 基本恢复正常。手术前 2 周还需加服复方碘溶液做术前准备，以减少术中出血及甲状腺危象的发生。但手术切除范围较难把握，术后可能出现甲状腺功能减退。

5. 其他治疗

（1）碘剂 减少碘摄入量是抗甲亢的基础治疗之一。过量碘的摄入会加重和延长病程，增加复发的可能性，所以甲亢患者应食用无碘食盐，忌用含碘药物。复方碘溶液仅在手术前和甲状腺危象时使用。

（2）β受体阻断药 普萘洛尔可阻断甲状腺激素对心脏的兴奋作用，还能阻断外周组织 T_4 向 T_3 转化，可较快控制甲亢的临床症状。

第三节 甲状腺功能减退症

甲状腺功能减退症，简称"甲减"，是由各种原因导致的甲状腺素合成、分泌减少或组织利用障碍而引发的一组全身性低代谢综合征。

一、病因

甲状腺功能减退的病因复杂，以原发性多见，自身免疫损伤是最常见的原因，其次为甲状腺手术、^{131}I 治疗，继发性甲减少见。

1. 自身免疫损伤最常见的是自身免疫性甲状腺炎包括桥本甲状腺炎、萎缩性甲状腺炎、亚急性淋巴细胞性甲状腺炎和产后甲状腺炎等，损伤自身甲状腺细胞，减少甲状腺激素的合成和分泌。

2. 甲状腺破坏包括甲状腺次全切除术、^{131}I 治疗等导致甲状腺功能减退。

3. 下丘脑和垂体病变垂体外照射、垂体大腺瘤、颅咽管瘤及产后大出血导致的 TRH 和 TSH 合成和分泌减少，抑制甲状腺合成甲状腺激素。

4. 碘摄入过量可引发潜在性甲状腺疾病者发生甲减，也可诱发和加重自身免疫性甲状腺炎。

5. 抗甲状腺药物如锂盐、硫脲类等可抑制甲状腺激素的合成。

二、发病机制

1. 原发性甲减 甲状腺本身疾病导致甲状腺激素合成和分泌减少，如先天性甲状腺缺如、甲状腺萎缩、弥漫性淋巴细胞性甲状腺炎、亚急性甲状腺炎、甲状腺破坏性治疗（放射性碘，手术）后、甲状腺激素合成障碍（先天性酶缺陷，缺碘或碘过量）、药物抑制、浸润性损害（淋巴性癌，淀粉样变性等）。

2. 继发性甲减 甲状腺以外的疾病导致抑制甲状腺合成分泌甲状腺激素，主要见于垂体病、垂体瘤、孤立性 TSH 缺乏；下丘脑综合征、下丘脑肿瘤、孤立性 TRH 缺乏。

3. 周围性甲减 家庭遗传性疾病，少见，外周组织摄取甲状腺激素的功能正常，由于细胞核内受体缺乏或功能障碍，对甲状腺激素的生理效应减弱。

三、临床表现

1. 一般表现 怕冷，面色苍白，眼睑和颊部浮肿，目光呆滞，表情淡漠，全身皮肤干燥、增厚，非凹陷性水肿，毛发稀疏，体重增加，少数患者指甲厚而脆裂。

2. 神经系统 记忆力减退、智力下降、反应迟钝、嗜睡、眼球震颤、共济失调、腱反射迟钝、精神抑郁，重者可出现痴呆甚至昏睡。

3. 心血管系统 心肌收缩力损伤，心动过缓，心输出量下降，心音低钝，心脏扩大，血压低，可并发冠心病，重者可出现黏液性水肿性心肌病。

4. 消化系统 食欲下降、腹胀、便秘。重者可出现麻痹性肠梗阻。半数患者可出现胃酸分泌减少，导致恶性贫血或缺铁性贫血。

5. 运动系统 肌肉软弱无力、疼痛、痉挛，出现进行性肌萎缩，可伴有关节病变。

6. 内分泌系统 女性月经过多、闭经、不孕；男性阳痿，性欲减退。少数患者有泌乳，继发性垂体增大。

7. 黏液性水肿昏迷（甲减危象） 病情严重时，受寒冷、感染、手术、麻醉或镇静剂应用不当等刺激可诱发黏液性水肿昏迷或称"甲减危象"。表现为低体温（$T < 35°C$），呼吸减慢，心动过缓，血压下降，四肢肌力松弛，反射减弱或消失，甚至昏迷休克，心肾功能衰竭。

8. 呆小病 表情呆滞，声音低哑，眼周浮肿，两眼间距增宽，鼻梁扁塌，唇厚流涎，舌大外伸，四肢粗短、鸭步。

9. 幼年型甲减 身材矮小，智力低下，性发育延迟。

四、实验室和其他检查

1. 甲状腺功能检查 血清 TT_4、TT_3、FT_4、FT_3测定，低于正常值。血清 TSH 升高。

2. 甲状腺自身抗体检测 血清 TPOAb 和 TgAb 阳性反映甲减是由于自身免疫性甲状腺炎导致。

3. 其他检查 X 线检查可见心脏扩大，可伴心包积液，颅骨平片可有蝶鞍增大。

五、诊断与鉴别诊断

1. 诊断

（1）甲减的症状和体征。

（2）实验室检查 血清 TT_4、FT_4减低，TSH 升高，原发性甲减诊断成立。需进一步寻找甲减的病因。如果血清 TPOAb 阳性，需考虑自身免疫性甲状腺炎导致的甲减。

2. 鉴别诊断 需与其他原因的贫血、肾性水肿、充血性心力衰竭、低 T_3 综合征等相鉴别。

六、治疗

1. 甲状腺制剂终身替代治疗 临床常用制剂为左旋甲状腺素钠（$L-T_4$），早期轻型病例以口服为主，检测甲状腺激素水平，维持 TSH 在正常值范围。需终身替代治疗。治疗的剂量取决于患者的病情、年龄、体重和个体差异。

2. 对症治疗 贫血患者应按贫血类型补充铁剂、维生素 B_{12} 和叶酸等。胃酸缺乏者应给予稀盐酸治疗。黏液水肿昏迷患者可静脉注射三碘甲状腺原氨酸（$L-T_3$），中、晚期重型患者还需吸氧、抗感染、控制心力衰竭等对症治疗。

第四节 高尿酸血症

高尿酸血症是嘌呤代谢障碍导致的代谢性疾病，表现为血尿酸水平超过正常范围。中老年男性及绝经后女性高发，但近年来有逐渐年轻化的趋势。

一、病因

病因未明，有先天性嘌呤代谢障碍，多种急慢性疾病如血液病、恶性肿瘤、慢性中毒、药物或高嘌呤饮食导致血尿酸产生增多或尿酸排泄减少。受民族、地域及饮食习惯的影响，高尿酸血症的发病率差异较大。

二、发病机制

由体内尿酸生成过多和（或）排泄过少导致，分为原发性和继发性两大类。

1. 原发性高尿酸血症

（1）尿酸排泄减少　90%原发性高尿酸血症与尿酸排泄减少有关，可能机制有：①肾小球滤过减少；②肾小管重吸收增加；③肾小管分泌减少。

（2）尿酸生成过多　10%原发性高尿酸血症与尿酸生成增多有关。机制可能是酶的缺陷导致先天性嘌呤代谢障碍，出现内源性尿酸生成过多。如葡萄糖-6-磷酸酶缺乏，嘌呤合成增加。

2. 继发性高尿酸血症

（1）尿酸排泄减少　①肾脏疾病导致尿酸滤过减少和尿酸分泌减少；②利尿剂尤其是噻嗪类利尿剂，其他药物如阿司匹林、吡嗪酰胺、乙胺丁醇等均可干扰肾小管重吸收尿酸；③体内有机酸增加如酮酸、乳酸可竞争性抑制肾小管分泌尿酸。

（2）尿酸产生过多　白血病、淋巴瘤化疗中，细胞大量破坏导致核酸代谢加速，引发继发性高尿酸血症。

三、临床表现

1. 无症状高尿酸血症　患者无关节炎、痛风石、尿酸结石等临床表现，没有痛风性关节炎发作，一般体检时才发现血中尿酸水平偏高。

2. 急性痛风性关节炎　高嘌呤饮食、劳累、酗酒、创伤、手术和感染等容易诱发和加重痛风性关节炎。发作特点为：①急性起病，多在午夜或清晨，数小时内受累关节出现红、肿、热、痛症状，疼痛剧烈，以单侧蹈趾及第一跖趾关节最常见；②可有发热的全身症状；③首次发作常呈自限性，数日内自行缓解，受累关节局部皮肤可有和瘙痒和脱屑；④部分患者急性发作时血尿酸水平正常；⑤关节腔滑囊液检查显示双折光现象的针形尿酸盐结晶。

四、实验室和其他检查

1. 血尿酸测定　血清尿酸酶法。急性发作期血尿酸超过 $420\mu mol/L$，缓解期可以正常。

2. 尿酸测定　限制嘌呤饮食5天后，24小时尿酸排出量高于600mg，认为尿酸生成过多。

3. X线检查　早期可见关节内非对称性肿胀，后期可见受累关节软骨缘骨质有不整齐的穿凿样圆形缺损。是尿酸盐侵蚀骨质所致，为痛风的X线特征。

4. 关节腔穿刺取滑囊液　偏振光显微镜检查，急性发作期可发现白细胞内有双折光现象的针形尿酸盐结晶。

五、诊断与鉴别诊断

1. 诊断　在正常嘌呤饮食状态下，非同日两次空腹血尿酸水平男性高于 $420\mu mol/L$，女性高于 $360\mu mo/L$，可诊断为高尿酸血症。

2. 鉴别诊断　本病须与继发性高尿酸血症或痛风、关节炎、肾结石等鉴别。

六、治疗

所有无症状高尿酸血症患者均需治疗性改变生活方式，减少使用升高血尿酸的药物。对于高尿酸无合并症者，血尿酸＞540μmol/L 时给予干预。具体如下。

1. 一般治疗

（1）改变生活方式　包括低嘌呤饮食、戒烟、限酒、坚持运动和控制体重。

（2）碱化尿液，多饮水，保持每日尿量在 2000ml 以上，尿 pH 维持在 6.2～6.9。

（3）避免使用升高血尿酸的药物　如利尿剂（尤其是噻嗪类）、皮质激素、胰岛素、环孢素、他克莫司、吡嗪酰胺、烟酸等。

2. 药物治疗

（1）抑制尿酸生成的药物　①别嘌醇：作为次黄嘌呤的异构体抑制黄嘌呤氧化酶的合成，减少尿酸生成及排泄，避免尿酸盐微结晶的沉积，防止发展为慢性痛风性关节炎或肾病变。其疗效显著、价格低廉，尤其适用于尿酸生成增多型患者，为治疗指南推荐的一线用药。部分患者可出现剥脱性皮炎的严重不良反应，建议使用前进行 HLA－B＊5801 基因检测，阳性患者不推荐使用别嘌醇。②非布司他：无症状高尿酸血症患者因为禁忌或其他原因不能使用别嘌醇时，可选择非布司他，尤其适用合并慢性肾功能不全的患者。

（2）增加尿酸排泄的药物　①苯溴马隆：适用于轻中度肾功能不全的高尿酸血症患者，其增加尿中尿酸浓度，有肾结石的患者慎用。②丙磺舒：竞争性抑制肾小管对有机酸的转运，抑制肾小管对尿酸的重吸收，增加尿酸排泄，适用于痛风慢性期的治疗。不适用于急性痛风发作。

目标检测

答案解析

一、单项选择题

1. 出生时或幼年时甲状腺功能低下可能患

    A. 佝偻病　　　　　　　　B. 侏儒症　　　　　　　　C. 巨人症

    D. 呆小症　　　　　　　　E. 库欣综合征

2. 用于治疗 1 型糖尿病的降糖药是

    A. 胰岛素　　　　　　　　B. 阿卡波糖　　　　　　　C. 格列喹酮

    D. 西格列汀　　　　　　　E. 瑞格列奈

3. 肥胖的 2 型糖尿病患者首选的降糖药是

    A. 胰岛素　　　　　　　　B. 阿卡波糖　　　　　　　C. 二甲双胍

    D. 西格列汀　　　　　　　E. 瑞格列奈

4. 治疗甲状腺功能减退的药物是

    A. 碘剂　　　　　　　　　B. 左甲状腺素片　　　　　C. 丙硫氧嘧啶

    D. 甲巯咪唑　　　　　　　E. 阿卡波糖

二、多项选择题

1. 治疗甲状腺功能亢进的药物包括

    A. 碘剂　　　　　　　　　B. 左甲状腺素片　　　　　C. 丙硫氧嘧啶

    D. 甲巯咪唑　　　　　　　E. 二甲双胍

2. 治疗糖尿病的药物包括

    A. 甲巯咪唑　　　　　　　B. 胰岛素　　　　　　　　C. 二甲双胍

    D. 西格列汀　　　　　　　E. 阿卡波糖

三、简答题

1. 常用的治疗甲状腺功能亢进的药物有哪些？

2. 简述糖尿病的治疗要点。

3. 简述高尿酸血症的治疗要点。

（吴静怡）

书网融合……

重点回顾　　　　微课　　　　习题

第八章　自身免疫性疾病

学习目标

知识目标：
1. **掌握**　自身免疫性疾病的临床表现、诊断和治疗原则。
2. **熟悉**　自身免疫性疾病的病因及防治。
3. **了解**　自身免疫性疾病的病因及发病机制、鉴别诊断。

技能目标：
能运用正确的临床思维对自身免疫性疾病进行诊断，并能进行准确治疗。

素质目标：
具有人文关怀意识和良好的医德医风。

导学情景

情景描述：患者，女，25岁，因"面部红斑1月余，加重1周"就诊。患者1月余前发现面部红斑，双侧对称，略高出皮面，不伴瘙痒，光照后加重，未予重视。1周前上述症状加重，伴低热、乏力、口腔溃疡、双膝关节疼痛，至当地医院就诊。否认食物、药物过敏史。查体：T 38.1℃，P 88次/分，R 20次/分，BP 116/70mmHg，双颧部可见淡红色斑，呈充血性，双下肢轻度水肿。辅助检查：抗核抗体ANA（1：3200），血沉加快，血常规示轻度贫血。

情景分析：结合主诉及现病史，根据该患者的临床发病特点，初步诊断为"系统性红斑狼疮（活动期）"。

讨　　论：1. 系统性红斑狼疮的临床表现特点是什么？

　　　　　2. 为进一步明确诊断，需要进行的下一步检查有哪些？

学前导语：系统性红斑狼疮好发于育龄期女性，是引起全身多系统损伤的慢性自身免疫性疾病。轻型患者症状较轻、无重要脏器受损；重型患者病情较重，常伴发热、重要脏器受损，重症狼疮危象可危及生命。根据此患者的临床发病特点，结合抗体检查结果，请思考对活动期患者如何进行药物治疗及正确认识药物的副作用，如何去除发病诱因？

第一节　类风湿关节炎

类风湿关节炎（RA）简称类风湿，是一种以侵蚀性关节炎为特征的全身性自身免疫性疾病，主要累及手、腕、足等小关节，反复、对称性发作；其基本病理变化是关节滑膜炎、类风湿血管炎、类风湿结节。晚期可出现不同程度的关节畸形和功能障碍，致残率较高。可发生于任何年龄，随年龄增长伴随发病率增高，女性易患病。

一、病因

病因目前尚未明确，可能与遗传、感染、雌激素、环境等多种因素有关。

二、发病机制

发病机制尚未完全阐明，目前认为自身免疫性损伤可能性大，当有病原体如细菌、病毒、支原体等侵入关节腔后，刺激浆细胞产生特异性免疫球蛋白 G 抗体和类风湿因子，进而激活补体系统，释放炎症介质如组织胺，导致关节滑膜和关节腔内炎症。中性粒细胞、巨噬细胞和滑膜细胞吞噬这些免疫复合物后自我破裂，释放大量溶酶体酶，破坏滑膜、关节囊和软骨，造成关节的局部破坏。

劳累、受凉、潮湿、精神创伤、营养不良和外伤等是本病常见的诱发因素。

三、临床表现

类风湿关节炎大多起病隐匿，在数周或数月内逐渐出现短暂、轻微的指间、掌指、腕关节肿痛，伴僵硬，反复发作，逐渐加重，常伴有乏力、纳差、发热、体重下降等全身症状。

1. 关节炎表现

（1）关节肿痛　手指近端指关节梭形肿胀是类风湿的典型特征之一，由于关节腔内渗出液增多及关节周围软组织炎症导致关节周围均匀性肿大，伴疼痛，肿痛多在休息后或活动开始时明显，活动后可减轻。

（2）晨僵现象　清晨或睡醒后出现关节僵硬，活动受限，常伴肢端或指（趾）发冷和麻木感，严重者可有全身僵硬，起床活动或加温后，僵硬缓解或消失。几乎所有类风湿患者都会出现这种症状。

（3）关节受累　常受累的关节是趾、踝、膝、腕、肘，可累及多个关节，包括构成关节的滑膜、滑囊、韧带、肌膜、软骨、骨和肌腱均可受累。

（4）关节炎转移　即关节炎从一个关节发展到另一个关节，有以下三个特点。①游走性：早期关节无肿胀疼痛的游走性强，游走间隔期多在 1～3 天。关节肿胀后，游走间隔期多半在 3 个月甚至 1 年以上。②对称性：关节炎的游走经常是对称性的。③相互制约现象：关节肿胀转移后，先发病的关节肿痛逐渐减轻甚至消失，后发病的关节肿痛渐趋严重。

（5）关节摩擦音　关节运动时检查者的手常可感到细小的捻发音或握雪感，肘、膝关节较为明显，说明有关节炎症。炎症消退后，活动关节可听到嘎嗒声，以指、膝、髋关节最为明显，可能是因出现骨质增生而引起。

（6）关节功能障碍　早期关节肿痛，关节活动受限。晚期关节出现强直和畸形，可呈天鹅颈、鳍形手及扣眼畸形等，功能丧失，患者生活不能自理。

2. 关节外病变

（1）皮下结节　类风湿高度活动时多见，皮下结节大小如花生米或胡桃，呈圆形或卵圆形，坚硬如骨，无痛，活动度可，多见于关节周围，呈一个至数十个不等。

（2）肌肉及骨骼受累　肌肉受累表现为肌萎缩和肌无力，常伴疼痛、僵硬、感觉过敏或减退、肌紧张或压痛。握力下降，下肢不能持久行走，有时会发软或双膝突然跪倒。骨骼受累发生股骨头（缺血性）坏死，严重时可致残。

（3）血液系统　出现贫血症状，部分患者可出现全血细胞的减少。

（4）肺部表现　可致慢性间质性肺炎、结节样改变、胸膜炎等。

（5）心脏表现　可伴发心包炎、心肌炎、心内膜炎。

（6）神经系统表现　可出现周围神经病、腕管综合征等。

四、实验室和其他检查

1. 血常规　病情严重或病程长者，红细胞和血红蛋白有轻至中度下降，贫血大多呈正细胞、正色素型。Felty 综合征（关节炎 – 粒细胞减少 – 脾大综合征）患者可出现全血细胞减少。

2. C 反应蛋白和血沉　病情活动期，患者 C 反应蛋白（CRP）和血沉（ESR）常上升，病情缓解后可恢复正常。

3. 自身抗体检查　包括类风湿因子（RF）、抗聚角蛋白微丝蛋白抗体（AFA）、抗角蛋白抗体（AKA）和抗环瓜氨酸肽抗体（CCP）等自身抗体阳性。

4. 滑膜液检查　类风湿关节炎时，关节腔内滑膜液增多，滑膜液常规和生化检查呈非化脓性炎症表现，病原学检查为阴性。

5. 影像学检查

（1）关节 X 线　早期可见关节骨质疏松，周围软组织肿胀，病情进展出现关节软骨下囊样破坏或骨侵蚀性改变。关节腔间隙变窄，伴关节畸形、纤维性或骨强直。

（2）CT 和磁共振成像　CT 有助于显示早期骨关节侵蚀及脱位。磁共振成像能清晰地显示关节内透明软骨、滑膜、肌腱和韧带等结构，有助于早期发现骨侵蚀、滑膜炎、关节腔积液、关节软骨破坏、肌腱炎和肌腱断裂等改变，具有早期发现病变的优势。

6. 类风湿结节活检　典型的病理改变有助于类风湿关节炎的诊断。

五、诊断与鉴别诊断

1. 诊断　目前主要采用美国风湿病学会（ACR）1987 年修订的分类标准，下列七项中，符合 4 项即可诊断类风湿关节炎，1~4 项症状至少持续 6 周。具体如下：

（1）关节内或周围晨僵，持续至少 1 小时（≥6 周）。

（2）至少同时有 3 个关节软组织肿胀或积液（≥6 周）。

（3）近端指间、掌指、腕关节区中，至少有 1 个关节区肿胀（≥6 周）。

（4）对称性关节肿痛（≥6 周）。

（5）有皮下结节。

（6）血清类风湿因子阳性（滴度 >1 : 32）。

（7）X 线检查发现骨质疏松和关节间隙变窄。

2. 鉴别诊断

（1）骨性关节炎　多见于中年以后，表现为关节退行性变，主要累及远端指间和髋、膝等负重关节。活动时疼痛加剧，常伴有"咔嚓"声。类风湿因子检查呈阴性，X 线检查可发现关节边缘呈唇样增生。

（2）强直性脊柱炎　发病部位多始于骶髂关节，而不是四肢的小关节。关节滑膜炎不明显，但关节骨化、钙化明显，类风湿因子检查呈阴性。

六、治疗

由于病因和发病机制尚不明确，类风湿关节炎缺乏特效的治疗方法，需要终身间歇性治疗。强调早诊断、早治疗、达标治疗和严密监测。治疗的目的主要是获得临床缓解，减轻疼痛，延缓病情进展，尽可能维护关节和肌肉的功能，减少致残，改善患者的生活质量。

1. 一般措施　改变生活方式如根据活动能力和病情变化制定合适的锻炼计划、减轻体重、保持乐观生活态度和合理的营养，有助于缓解类风湿关节炎的症状，减少肿痛关节的数目，缩短晨僵时间，但不能延缓病情进展。

2. 药物治疗　包括非甾体抗炎药、抗风湿病药、糖皮质激素、生物制剂和植物制剂等。

（1）非甾体抗炎药　有解热、镇痛、抗炎的作用，包括布洛芬、吲哚美辛、尼美舒利、吡罗昔康、塞来昔布等。能减轻类风湿关节炎活动期患者的炎症症状和体征，改善关节功能，但无法消除炎症产生的原因。

（2）糖皮质激素 常用药物有曲安奈德、倍他米松等，可迅速减轻关节肿痛症状，减轻全身炎症反应。小剂量、短疗程使用，须同时合用抗风湿药物。

（3）抗风湿药物 能延缓病情进展，是国内外指南都认可的一线药物。常用药物包括甲氨蝶呤、来氟米特、柳氮磺吡啶、羟氯喹等。一经确诊，应尽早开始抗风湿药物治疗。首选的药物是甲氨蝶呤。

（4）生物制剂 生物靶向制剂是延缓类风湿关节炎快速进展的有效治疗手段，特别是经抗风湿药物治疗未达标的患者，建议联合使用一种生物制剂。包括：①TNF拮抗剂，如依那西普、英夫利昔单抗和阿达木单抗，能延缓关节炎症表现和防止关节破坏；②IL-6受体拮抗剂，如托珠单抗，主要用于抗风湿药物治疗无效或治疗未达标者。

（5）植物药物 常用药物包括雷公藤、白芍总苷和青藤碱，可改善关节肿痛，减轻炎症、延缓关节破坏。

3. 手术治疗 包括人工关节置换和滑膜切除手术，前者适用于失去功能的关节畸形，后者可一定程度上缓解病情，当滑膜再次增生后关节炎可复发，必须合用抗风湿药物。

4. 其他治疗 包括热浴、蒸汽浴、药浴等和按摩、理疗、活动训练等，这些可以改善患者血液循环，放松肌肉，减轻疼痛，消退炎症，促进关节功能恢复。但不能改变病程。

第二节 系统性红斑狼疮 🖵微课

系统性红斑狼疮（SLE）是由抗体和免疫复合物介导，引起全身多系统损伤的慢性自身免疫性疾病，其血清中出现以抗核抗体为代表的多种自身抗体。临床表现复杂多样，起病隐匿。本病好发于女性，尤其是20~45岁生育期妇女。

一、病因

病因目前尚未阐明，可能与遗传因素、环境因素及雌激素等有关。

1. 内因

（1）遗传因素 同卵双胎同患SLE的发病率为50%，在SLE患者的子女中，本病的患病率约为5%，说明SLE的发病存在遗传易感性。

（2）性激素 SLE发病率在生育期女性中显著高于同年龄男性，也高于高龄女性和青春期以前的儿童。提示本病的发生可能与雌激素和泌乳素水平关系密切。

2. 外因

（1）紫外线 日光照射能加重SLE皮疹，还能引起疾病复发或恶化，被称为光敏感现象。

（2）药物性狼疮 某些含有芳香胺基团或联胺基团的药物（如肼苯哒嗪、普鲁卡因酰胺等）可诱发药物性狼疮。其临床表现和部分血清学特征与SLE类似。但是目前仍缺乏有力证据证实，诱发药物性狼疮的药物能使SLE病情加重。

（3）其他 临床上某些感染因素如病毒感染，能诱发SLE患者病情复发或加重。此外，任何过敏也可使SLE患者病情复发或加重，社会与心理压力对SLE患者也有不良影响。

二、发病机制

发病机制尚未明确，目前认为是由于诱发因素导致抗体和免疫复合物形成，介导机体免疫系统异常激活后攻击自身组织器官，最终引发多系统受损。诱发因素包括物理、药物及病原体因素。

1. 物理因素　紫外线能诱导皮肤上皮细胞凋亡，DNA 解聚为胸腺嘧啶二聚体，抗原性极强，可激活体内免疫系统产生自身抗体。

2. 药物及病原体因素　某些药物如普鲁卡因胺、异烟肼、利血平、甲基多巴、氯丙嗪等；化学试剂如三甲双酮，微生物病原体等，也可激活机体的免疫系统，加重 SLE 患者病情。某些病原体如病毒感染，也可通过分子模拟或超抗原作用，破坏机体的耐受性。

三、临床表现

轻型 SLE 患者症状较轻、无重要脏器受损；重型 SLE 患者病情较重，常伴发热、重要脏器受损、辅助检查明显异常；急性危及生命的重症 SLE 称为狼疮危象。

1. 全身症状　活动期大多数患者有全身症状。常见发热（低、中度热）、疲乏、体重下降。

2. 皮肤与黏膜　包括光敏感、脱发，手足掌和甲周红斑、盘状红斑、结节性红斑、网状青斑、雷诺现象等。最具特征的是分布在鼻梁和双颧颊部的蝶形红斑，不伴瘙痒症状。口腔或鼻黏膜痛性溃疡常见。

3. 骨骼肌肉　常见指、腕、膝关节发生对称性多关节疼痛、肿胀，通常不伴骨质破坏和关节畸形。可伴肌痛及肌无力。

4. 心血管系统　常发生心包炎，可出现心肌炎、心内膜炎、心律失常，重症 SLE 可伴心力衰竭，提示预后不良。可累及冠状动脉，有心绞痛和心电图 ST - T 改变，甚至发生急性心肌梗死。而抗磷脂抗体还会引起动脉血栓的形成。

5. 肺部表现　其发病机制包括肺血管炎、肺血栓栓塞、雷诺现象和广泛肺间质性病变。约35%患者有中小量、双侧性胸腔积液。SLE 患者中出现肺动脉高压也并不少见，提示 SLE 预后不良。

6. 神经精神狼疮　又称狼疮脑病，病理基础为脑局部血管炎的微血栓。轻者表现为偏头痛、记忆力减退、性格改变等；重者可出现昏迷、癫痫持续状态及脑血管意外等。

7. 消化系统　消化系统症状与肠壁及肠系膜的血管炎有关。表现为食欲下降、恶心呕吐、腹痛腹泻等，可出现肠系膜血管炎和肝脏损害等。少数可并发急腹症，如胰腺炎、肠梗阻及肠坏死，与 SLE 活动有关。

8. 血液系统　在 SLE 活动期中贫血、白细胞和（或）血小板减少常见，Coombs 试验阳性的溶血性贫血占10%。血小板减少是由于骨髓中巨核细胞成熟障碍、血清中存在抗血小板抗体及抗磷脂抗体。部分患者可伴有无痛性淋巴结肿大，少数患者脾脏增大。

9. 狼疮肾炎　几乎全部 SLE 患者的肾组织都有病理变化。狼疮肾炎可表现为下肢浮肿、蛋白尿和高血压，甚至肾功能衰竭，是 SLE 患者死亡主要原因之一。

10. 眼部表现　约15%的 SLE 患者出现视网膜血管炎，眼底变化表现为视网膜渗出、出血、视盘水肿等，严重者可失明。若早期干预，多数能逆转。

11. 抗磷脂抗体综合征　可在 SLE 活动期出现，临床表现为静脉和（或）动脉血栓的形成。SLE 患者血小板减少，自发性习惯性流产，血清中不止一次检出抗磷脂抗体。

12. 干燥综合征　SLE 患者中约30%继发干燥综合征，表现为口干、龋齿、眼干少泪等。

✖ **练一练**

系统性红斑狼疮的典型临床表现不包括（　）

A. 蝶形红斑　　　　　　B. 中枢神经系统症状　　　　　C. 口腔溃疡

D. 多尿　　　　　　　　E. 发热

答案解析

？想一想

想一想如果有女性朋友患 SLE，向你咨询本病会不会影响结婚生子，你如何根据所学的知识对她进行指导？

答案解析

四、实验室和其他检查

1. 血常规和血沉 可有血红蛋白降低，白细胞及血小板计数减少，血沉（ESR）加快。

2. 尿常规 可有血尿、蛋白尿，镜下可见细胞和颗粒管型。

3. 生化检查 肝功能可有轻中度异常，血清丙氨酸氨基转移酶和天门冬氨酸氨基转移酶升高。狼疮肾炎时，血清尿素氮及肌酐升高，有助于判断临床分期和评价疗效。血清 C 反应蛋白（CRP）升高。

4. 免疫学检查 约 30% 的 SLE 患者伴高球蛋白血症，以 γ 球蛋白升高为主，SLE 活动期血清 IgG 水平升高，单个补体成分 C3、C4 和总补体活性（CH50）均出现下降。

5. 自身抗体检测 包括抗 Sm 抗体、抗双链 DNA（dsDNA）、抗心磷脂抗体和抗核抗体（ANA）阳性。几乎所有 SLE 患者均有抗核抗体阳性，但特异性低。抗 dsDNA 抗体多在 SLE 活动期出现，是诊断 SLE 标志性抗体之一。抗 Sm 抗体特异性极高，有助于诊断早期及不典型的 SLE 患者。

6. 影像学检查

（1）超声心动图 用于发现心包积液、心肌及瓣膜病变、肺动脉高压等。

（2）X 线检查 可发现胸膜增厚或胸腔积液。

（3）CT 有助于早期发现肺间质病变。

（4）头磁共振成像（MRI） 用于监测脑血管病变、脑梗死或出血性病灶。

7. 其他检查

（1）腰椎穿刺 合并中枢神经系统病变时，脑脊液压力增高，常规检查蛋白含量增多，细胞、葡萄糖及氯化物多在正常水平。

（2）肾穿刺活检 病理类型多样，最具特征性的是免疫复合物在内皮下大量沉积，表现为毛细血管壁显著增厚。晚期可有肾小球纤维化。

五、诊断与鉴别诊断

1. 诊断 美国风湿病学会 1997 年推荐的系统性红斑狼疮的诊断标准目前被普遍采用，共有 11 条表现，符合 ≥4 条者考虑诊断系统性红斑狼疮，具体如下。

（1）双面颊部红斑。

（2）盘状红斑 片状红斑，隆起于皮肤，像盘子一样。

（3）光过敏 对日光照射有明显反应，暴晒后可引起皮疹。

（4）口腔溃疡 发生在口腔或鼻咽部，一般无痛，这也是跟白塞病有区别的一点。

（5）关节炎 一般是非侵蚀性，累及两个以上关节，但不会有关节畸形。

（6）浆膜炎 包括胸膜炎及心包炎。

（7）肾脏病变 尿蛋白 >0.5g/24h，或镜下见管型。

（8）神经系统病变　包括癫痫或精神病发作等。

（9）血液系统病变　包括溶血性贫血、白细胞（淋巴细胞）减少或血小板减少等。

（10）免疫学异常　抗双链 DNA 抗体阳性、抗磷脂抗体阳性。

（11）抗核抗体的阳性。

2. 鉴别诊断

（1）系统性血管炎　两膝以下和足背部皮肤损害最多见，多有结节红斑、风团丘疹、紫癜、血疱、坏死及溃疡等。SLE 典型临床表现为面部蝶形红斑和全身盘状红斑，血清中可有多种特异性自身抗体阳性。

（2）类风湿关节炎　类风湿关节炎和系统性红斑狼疮都可表现为近端指间、腕、掌指关节肿痛，血清中类风湿因子、抗 CCP 抗体等特异性自身抗体及其他伴随症状可有助鉴别。

六、治疗

SLE 目前尚不能彻底治愈，但恰当治疗能缓解大多数 SLE 患者的病情。治疗原则是早诊断，早治疗，避免或延缓不可逆的多系统病理损害。治疗目标是诱导疾病缓解、维持病情稳定及预防复发。治疗手段包括一般治疗和药物治疗。

1. 一般治疗

（1）去除诱因　如避免过多的紫外线暴露，避免接触可能诱发或加重 SLE 的药物，避免摄入易致敏的食物，尽量避免美容和手术，避免口服避孕药。SLE 活动期避免注射疫苗。

（2）休息和锻炼　活动期注意休息，病情控制后可合理制订运动计划，避免过度疲劳。

（3）精神和心理治疗　避免消极的心理因素，建立乐观积极的情绪。

（4）预防和控制感染　SLE 患者长期接受免疫抑制剂治疗，抵抗力下降，需积极预防和控制感染，可适当使用增强免疫力的药物，如转移因子、胸腺素等。

2. 药物治疗　目前治疗 SLE 的常用药物包括抗疟药、糖皮质激素、免疫抑制剂、非甾体抗炎药（NSAIDs）、生物制剂等。

（1）抗疟药　羟氯喹可控制 SLE 病情，改善狼疮肾炎及神经系统症状，减少复发，提高生存率。可作为 SLE 患者治疗的基础用药，在诱导缓解及维持治疗中长期使用。

（2）糖皮质激素　重症 SLE 患者的首选治疗药物，可快速抑制自身免疫系统，缓解症状，是缓解期最为常用的药物之一。

（3）免疫抑制剂　SLE 活动期常需选择免疫抑制剂联合治疗。在羟氯喹或（和）糖皮质激素治疗不达标，或伴有功能受累，可联合免疫抑制剂治疗，如甲氨蝶呤、硫唑嘌呤、吗替麦考酚酯等；脏器受累危及生命时，可用环磷酰胺抢救性治疗。但对于有妊娠计划的妇女，需谨慎选择并提前做好应对方案。

（4）非甾体类抗炎药　如洛索洛芬、塞来昔布等，能缓解低热、皮疹、关节痛，减轻心包炎及胸膜炎症状。

（5）生物制剂　欧洲抗风湿病联盟 2019 年指南推荐，SLE 患者伴肾脏外受累，一线治疗（羟氯喹＋糖皮质激素＋免疫抑制剂）不达标，可加用贝利木单抗。利妥昔单抗常用于狼疮肾炎一线治疗失败（环磷酰胺、吗替麦考酚酯）或复发时的治疗。

药爱生命

SLE 是一种具有遗传倾向的自身免疫性疾病，大数见于育龄期妇女。由于 SLE 女性患者妊娠的死胎和流产率高，生产风险大，20 世纪 70 年代以前，医生不建议 SLE 患者怀孕。20 世纪 80 年代后，随着医学的进步，SLE 的诊治水平不断提高。女性 SLE 患者在病情稳定 1 年后可以怀孕，但妊娠前 3 个月需停用免疫抑制剂（如环磷酰胺、甲氨蝶呤等，糖皮质激素除外），整个妊娠期间密切监测病情变化。医学的进步重新赋予了 SLE 女性患者生育宝宝的权利。

看一看

英夫利昔单抗开启生物治疗

英夫利昔单抗是 1998 年美国食品药物管理局（FDA）批准的第一个生物治疗药物。其机制包括拮抗 TNF－α 活性，对免疫细胞的直接细胞毒作用和诱导 T 细胞凋亡。研究证明重复英夫利昔单抗药物治疗可诱导缓解复发性的 CD 并维持疗效。临床试验数据表明英夫利昔单抗在治疗活动性 UC 方面是有益的，能减少糖皮质激素的使用。作为用于临床的第一个单克隆 TNF 抗体，英夫利昔单抗是纯化的重组 DNA 衍生的嵌合人－小鼠 Ig G 单克隆抗体，并且含有鼠重（H）和轻（L）链可变区，连接到人基因组的重链和轻链恒定区。英夫利昔单抗可迅速与人类可溶性或膜形式的 TNF 形成稳定复合物，终止 TNF 的生物活性以及信号传导。1998 年被 FDA 批准后，英夫利昔单抗用于炎症性肠病治疗约 18 年，已取得较好的临床疗效。

目标检测

答案解析

一、单项选择题

1. 血清中类风湿因子阳性是下列哪个疾病的诊断要点
    A. 高尿酸血症
    B. 类风湿关节炎
    C. 溶血性贫血
    D. 系统性红斑狼疮
    E. 糖尿病

2. 抗核抗体的阳性是下列哪个疾病的诊断要点
    A. 高尿酸血症
    B. 类风湿关节炎
    C. 溶血性贫血
    D. 系统性红斑狼疮
    E. 糖尿病

二、多项选择题

1. 类风湿关节炎的诊断要点包括
    A. 类风湿因子阳性
    B. 对称性关节肿痛
    C. 晨僵
    D. 关节间隙变窄
    E. 皮下结节

2. 系统性红斑狼疮的诊断要点包括
    A. 蝶形红斑
    B. 光过敏
    C. 口腔溃疡
    D. 抗核抗体的阳性
    E. 狼疮肾炎

3. 系统性红斑狼疮的治疗药物包括

    A. 羟氯喹   B. 糖皮质激素   C. 塞来昔布

    D. 环磷酰胺   E. 甲氨蝶呤

三、简答题

1. 简述类风湿关节炎的诊断标准。

2. 简述系统性红斑狼疮的诊断标准。

（吴静怡）

书网融合……

    重点回顾   微课   习题

第九章　神经系统疾病

学习目标

知识目标：

1. 掌握 神经系统常见疾病的临床表现、诊断和治疗原则。

2. 熟悉 神经系统常见疾病的病因及防治。

3. 了解 神经系统疾病的流行病学、发病机制及病理变化。

技能目标：

能运用正确的临床思维对神经系统疾病进行诊断，并能进行准确治疗。

素质目标：

具有人文关怀意识和良好的医德医风。

📖 **导学情景**

　　情景描述： 患者，男，67岁。左侧肢体无力、麻木3天。患者于3天前无明显诱因逐渐出现左侧肢体无力，无法行走，左手无法持物，伴麻木感，言语不清，无头晕、头痛，无恶心、呕吐，无视物模糊，无饮水呛咳。1天前上述症状无缓解，并出现饮水呛咳、左侧口角流涎，口角向右歪斜，来急诊就诊。查头颅CT提示右侧顶叶及右侧基底节－放射冠区多发低密度灶。否认其他病史。饮酒30余年，吸烟30余年。

　　情景分析： 结合主诉及现病史，根据该患者的临床发病特点，初步诊断为"右侧大脑半球梗死"。

　　讨　　论： 1. 脑梗死的临床表现特点是什么？

　　　　　　　　 2. 为进一步明确诊断需要进行的下一步检查有哪些？

　　学前导语： 脑梗死是神经系统的常见疾病，好发于60岁以上的老年人，发病率高，致残率高，治愈率低，各种危险因素导致动脉粥样硬化斑块形成是主要病因，结合该患者的个人史及临床表现特征，急性期如何进行抗凝及抗血小板治疗，药物的不良反应有哪些？生活中需要去除哪些不良生活习惯？

第一节　急性脑血管疾病

PPT

　　急性脑血管疾病是指各种原因所致的急性脑血管病变或血流障碍引发的脑功能障碍。急性脑血管病又称脑卒中，分为出血性脑血管疾病和缺血性脑血管疾病。

　　脑血管疾病的发病率、死亡率、致残率及再发率均高，其与心脏病及恶性肿瘤构成了人类的三大死因。在对脑血管病进行有效治疗的同时积极对脑血管病进行预防非常重要。脑血管疾病的预防主要是控制危险因素，包括高血压、心脏病、糖尿病、血脂异常、高同型半胱氨酸血症、吸烟、酗酒、肥胖、动脉粥样硬化、口服避孕药物、肺炎衣原体感染、情绪应激、抗凝治疗等，其中控制高血压是预防卒中发生的最重要的环节。脑血管病的预防包括一级预防和二级预防。

一、短暂性脑缺血发作

短暂性脑缺血发作（TIA）是指由于脑或视网膜局灶性缺血所致的、不伴急性梗死的短暂性神经功能缺损发作。TIA 的临床症状一般多在 1 小时内恢复，不遗留神经功能缺损症状和体征，且影像学上没有急性脑梗死的证据。

（一）病因

TIA 的发病与动脉粥样硬化、动脉狭窄、心脏病、血液成分改变及血流动力学变化等多种病因有关，其发病机制主要有以下两种类型。

1. 血流动力学改变　是在各种原因（如动脉硬化和动脉炎等）所致的颈内动脉系统或椎 - 基底动脉系统的动脉严重狭窄基础上，血压的急剧波动和下降导致原来靠侧支循环维持血液供应的脑区发生一过性缺血。每次发作持续时间短暂，一般不超过 10 分钟。

2. 微栓塞　主要来源于动脉粥样硬化的不稳定斑块或附壁血栓的破碎脱落、瓣膜性或非瓣膜性心源性栓子及胆固醇结晶等。当栓子破碎移向远端或自发溶解时，血流恢复，症状缓解。微栓塞型 TIA 的临床症状多变，发作频率通常稀疏，每次发作持续时间一般较长。

（二）临床表现 🄴微课

1. 一般特点　TIA 好发于中老年人，男性多于女性，患者多伴有高血压、动脉粥样硬化、糖尿病或高血脂等脑血管病危险因素。发病突然，局部脑或视网膜功能障碍历时短暂，最长时间不超过 24 小时，不留后遗症状。由于微栓塞导致的脑缺血范围很小，一般神经功能缺损的范围和严重程度比较有限。TIA 常反复发作。

2. 颈内动脉系统 TIA　临床表现与受累血管分布有关。大脑中动脉供血区的 TIA 可出现缺血对侧肢体的单瘫、轻偏瘫、面瘫和舌瘫，可伴有偏身感觉障碍和对侧同向偏盲，优势半球受损常出现失语和失用，非优势半球受损可出现空间定向障碍。大脑前动脉供血区的 TIA 可出现人格和情感障碍、对侧下肢无力等。颈内动脉眼支供血区的 TIA 表现眼前灰暗感、云雾状或视物模糊，甚至为单眼一过性黑矇、失明。颈内动脉主干供血区的 TIA 可表现为眼动脉交叉瘫。

3. 椎 - 基底动脉系统 TIA　最常见表现是眩晕、平衡障碍、眼球运动异常和复视。可有单侧或双侧面部、口周麻木，单独出现或伴有对侧肢体瘫痪、感觉障碍，呈现典型或不典型的脑干缺血综合征。

（三）实验室和其他检查

1. 常规化验　如血常规、凝血功能、血糖和血脂等检测，对查找病因、判定预后及预防脑卒中是十分必要的。

2. 心电图及超声心动图　有助于判断是否有心源性栓子的可能。

3. 头部 CT 和 MRI　TIA 患者应尽快行头部 CT 或 MRI 检查，一般头部 CT 和 MRI 检查多正常。MRI 弥散加权成像（DWI）有助于发现新发梗死灶。在 TIA 发作时，灌注加权成像（PWI）可显示脑局部缺血性改变。

4. 经颅多普勒（TCD）及颈动脉超声　通过 TCD 检查可监测微栓子，能发现狭窄或闭塞的颅内大动脉，并判断其狭窄程度；可评估侧支循环的代偿情况，了解脑血液循环状况；通过颈动脉超声对颈部动脉和椎 - 基底动脉的颅外段进行检查，可发现动脉硬化斑块并评价斑块性质；也可判断血管狭窄的程度及是否存在闭塞。

5. 血管造影　MRA 和 CTA 是无创性血管成像技术，可以初步了解脑部血管狭窄等情况。DSA 检查是评估颅内外血管病变最为准确的诊断方法，尽管是有创检查，其严重并发症的发生率仅为 0.5% ~1.0%。

（四）诊断与鉴别诊断

1. 诊断　大多数 TIA 患者就诊时临床症状已消失，故诊断主要依靠病史。中老年患者突然出现局灶性脑功能损害症状，符合颈内动脉或椎 – 基底动脉系统及其分支缺血表现，并在短时间内症状完全恢复（多不超过 1 小时），应高度怀疑为 TIA。如果神经影像学检查没有发现神经功能缺损对应的病灶，临床即可诊断 TIA。

2. 鉴别诊断

（1）脑梗死　TIA 在神经功能缺损症状消失前需与脑梗死鉴别。脑梗死在发病早期脑 CT、普通 MRI 等神经影像学检查也可正常，但 DWI 在发病早期可显示缺血灶，有利于进行鉴别诊断。如果患者神经功能缺损症状已持续存在超过 1 小时，因绝大部分患者均持续存在神经功能缺损对应的缺血灶，通常应考虑脑梗死诊断。

（2）癫痫的部分性发作　特别是单纯部分性发作，常表现为持续数秒至数分钟的肢体抽搐或麻木针刺感，从躯体的一处开始，并向周围扩展，可有脑电图异常，CT/MRI 检查可能发现脑内局灶性病变。

（3）梅尼埃病　发作性眩晕、恶心、呕吐与椎 – 基底动脉 TIA 相似，但每次发作持续时间往往超过 24 小时，伴有耳鸣、耳阻塞感，反复发作后听力减退等症状。除眼球震颤外，无其他神经系统定位体征。发病年龄多在 50 岁以下。

（五）治疗

TIA 是卒中的高危因素，应给予足够重视，积极筛查病因及危险因素，全面评估，积极给予相应治疗，同时应遵循个体化原则。

1. 药物治疗

（1）抗血小板聚集药物　对非心源性 TIA 患者，建议给予抗血小板治疗而非抗凝治疗。抗血小板药物主要包括阿司匹林（50 ~ 325mg，每日 1 次）和氯吡格雷片（75mg，每日 1 次）。阿司匹林通过抑制环氧化酶而抑制血小板聚集，长期服用对消化道有刺激性，严重时可致消化道出血。氯吡格雷是 ADP 诱导血小板聚集的抑制剂，与阿司匹林相比上消化道出血的发生率显著减少，在预防血管性事件发生方面优于阿司匹林。对于存在颅内大动脉粥样硬化性严重狭窄（70% ~ 99%）的急性非心源性 TIA 患者，可考虑给予阿司匹林联合氯吡格雷的双重抗血小板治疗，双抗治疗持续时间不超过 3 个月。不推荐一般患者长期进行阿司匹林联合氯吡格雷的双重抗血小板治疗。

（2）抗凝治疗　抗凝治疗不应作为 TIA 患者的常规治疗。对于伴有心房颤动（包括阵发性）、风湿性二尖瓣病变及人工机械瓣膜等的 TIA 患者（感染性心内膜炎除外），建议使用华法林口服抗凝治疗。因华法林起效缓慢，如需快速达到抗凝效果，可同时应用普通肝素或低分子肝素，待华法林充分发挥抗凝效果后停用肝素。一般华法林 1 ~ 3mg，每日 1 次，口服，3 ~ 5 天后改为 2.5 ~ 5mg 维持，并参考国际标准化比值（INR）调整剂量，使 INR 控制在 2.0 ~ 3.0。有出血倾向、溃疡病、严重高血压及肝肾疾病的患者禁忌抗凝治疗。非瓣膜性心房颤动患者除了可应用华法林外也可选用新型口服抗凝药物达比加群酯。对于存在抗凝治疗禁忌或拒绝接受抗凝治疗的患者，应使用抗血小板药物治疗。

（3）钙拮抗剂　能阻止细胞内钙超载，防止血管痉挛，增加血流量，改善微循环。尼莫地平 20 ~ 40mg，每日 3 次；盐酸氟桂利嗪 5 ~ 10mg，每日睡前口服 1 次。

（4）其他　可应用中医中药，也可用改善循环药物。

2. 病因治疗　对 TIA 患者要积极查找病因，针对可能存在的脑血管病危险因素，如高血压、糖尿病、血脂异常、心脏疾病等进行积极有效的干预治疗。同时应建立健康的生活方式，合理运动，避免酗酒，适度降低体重等。病因治疗是预防 TIA 复发的关键。

3. 手术和介入治疗　常用方法包括颈动脉内膜切除术（CEA）和动脉血管成形术（PTA）

二、脑梗死

脑梗死又称缺血性脑卒中，是指各种脑血管病变所致脑部血液供应障碍，导致局部脑组织缺血、缺氧性坏死，而迅速出现相应神经功能缺损的一类临床综合征。脑梗死是卒中最常见类型，占卒中病例的 70% ~ 80%。

（一）病因

大动脉粥样硬化导致脑梗死的机制主要包括血栓形成、动脉栓塞、载体动脉病变堵塞穿支动脉及低灌注。心房颤动是心源性脑栓塞中最常见的原因，心房颤动的发病率随着年龄增加而增加。

（二）临床表现

临床表现取决于梗死灶的大小和部位，主要为局灶性神经功能缺损的症状和体征，如偏瘫、偏身感觉障碍、失语、共济失调等，部分可有头痛、呕吐、昏迷等全脑症状。患者一般意识清楚，在发生基底动脉闭塞或大面积脑梗死时，病情严重，出现意识障碍，甚至有脑疝形成，最终导致死亡。

发病前兆：

1. 突然发生眩晕，眩晕是脑血栓的前兆中极为常见的症状，可发生在脑血管病前的任何时段，以清晨起床时发生率最高。

2. 突然发生剧烈头痛，任何突然发生的剧烈头痛，伴有抽搐发作，近期有头部外伤史；伴有昏迷、嗜睡；头痛的性质、部位、分布等发生了突然的变化；因咳嗽用力而加重的头痛；疼痛剧烈，可在夜间痛醒。

3. 步态异常，步履蹒跚，走路腿无力是偏瘫的先兆症状之一。

4. 哈欠不断。

5. 高血压患者的鼻出血。

6. 血压异常，血压突然持续升高到（200/120mmHg）以上时，是发生脑血栓的前兆；血压突然降至（80/50mmHg）以下时，也是形成脑血栓的前兆。

如有上述脑血栓的前兆情况之一，应及早到医院进行检查治疗。

（三）实验室和其他检查

1. 血液化验及心电图检查　血液化验包括血常规、凝血功能、血糖、血脂、肾功能及血电解质等。这些检查有利于发现脑梗死的危险因素。

2. 脑 CT　急诊脑 CT 平扫可准确识别绝大多数颅内出血，并帮助鉴别非血管性病变（如脑肿瘤），是疑似脑卒中患者首选的影像学检查方法。

3. MR　可清晰显示早期缺血性梗死。

（四）诊断与鉴别诊断

1. 诊断　首先需明确是否为卒中。中年以上的患者，急性起病，迅速出现局灶性脑损害的症状和体征，并能用某一动脉供血区功能损伤解释，排除非血管性病因，临床应考虑急性脑卒中。再者明确是缺血性还是出血性脑卒中。当影像学检查发现责任梗死灶时，即可明确诊断。

2. 鉴别诊断　主要需与以下疾病相鉴别。

（1）脑出血　脑梗死有时与脑出血的临床表现相似，但活动中起病、病情进展快、发病当时血压明显升高常提示脑出血，CT 检查发现出血灶可明确诊断。

（2）脑栓塞 起病急骤，局灶性体征在数秒至数分钟达到高峰，常有栓子来源的基础疾病如心源性（心房颤动、风湿性心脏病、冠心病、心肌梗死、亚急性细菌性心内膜炎等），非心源性（颅内外动脉粥样硬化斑块脱落、空气、脂肪滴等）。大脑中动脉栓塞最常见。

（3）颅内占位病变 颅内肿瘤、硬膜下血肿和脑脓肿可呈卒中样发病，出现偏瘫等局灶性体征，颅内压增高征象不明显时易与脑梗死混淆，须提高警惕，CT 或 MRI 检查有助确诊。

（五）治疗

1. 急性期治疗 脑血栓应尽早及时治疗。改善脑循环，防治脑水肿，治疗并发症。适当活动可以起到改善脑循环的作用，但有神志不清的患者，应卧床休息，加强护理。

（1）可应用改善脑部血液循环的药物 选用低分子右旋糖酐、706 代血浆、川芎嗪等药，每日 1～2 次脉滴注，注射液量 250～500ml，连用 7～10 天。

（2）溶血栓疗法 一般在发病 24 小时内应用。

（3）高压氧治疗 对治疗脑梗死效果很好，宜早期应用，每日 1 次，10 次为 1 个疗程，每次吸氧时间 90～110 分钟。

2. 恢复期治疗 恢复期治疗目的就是改善肢体麻木、语言不利等症状，使之达到最佳状态；并降低复发率。尤其是在恢复肢体运动障碍方面更显得突出。

❤ 药爱生命

缺血性脑血管病的预防

缺血性脑血管病（ICVD）的二级预防包括：①调控可干预的危险因素。②症状性颈动脉狭窄 50%，且围术期并发症和死亡风险估计＜6% 时，可考虑行 CEA 或 CAS。能参加体力活动的缺血性卒中或 TIA 患者，每周进行 1～3 次至少 30 分钟的中等强度体力活动。③抗血小板治疗：非心源性卒中推荐抗血小板治疗。可单独应用阿司匹林，或氯吡格雷，或小剂量阿司匹林和缓释的双嘧达莫。④抗凝治疗：明确诊断心源性脑栓塞或脑梗死伴心房颤动的患者推荐华法林抗凝治疗。⑤干预 TIA。

三、出血性脑血管疾病

脑出血（ICH）是指非外伤性脑实质内出血，发病率为每年（60～80）/10 万，在我国约占全部脑卒中的 20%～30%。虽然脑出血发病率低于脑梗死，但其致死率却高于后者，急性期病死率为 30%～40%。

（一）病因

最常见的病因是高血压合并细小动脉硬化，其他病因包括动 - 静脉血管畸形、脑淀粉样血管病变、血液病（如白血病、再生障碍性贫血、血小板减少性紫癜、血友病、红细胞增多症和镰状细胞病等）、抗凝或溶栓治疗等。

（二）发病机制

高血压脑出血的主要发病机制是脑内细小动脉在长期高血压作用下发生慢性病变破裂所致。颅内动脉具有中层肌细胞和外层结缔组织少及外弹力层缺失的特点。长期高血压可使脑细小动脉发生玻璃样变性、纤维素样坏死，甚至形成微动脉瘤或夹层动脉瘤，在此基础上血压骤然升高时易导致血管破裂出血。豆纹动脉和旁正中动脉等深穿支动脉，自脑底部的动脉直角发出，承受压力较高的血流冲击，易导致血管破裂出血，故又称出血动脉。

非高血压性脑出血，由于其病因不同，故发病机制各异。

（三）临床表现

1. 一般表现 ICH 常见于 50 岁以上患者，男性稍多于女性，寒冷季节发病率较高，多有高血压病史。多在情绪激动或活动中突然发病，发病后病情常于数分钟至数小时内达到高峰。少数也可在安静状态下发病。前驱症状一般不明显。

ICH 患者发病后多有血压明显升高。由于颅内压升高，常有头痛、呕吐和不同程度的意识障碍，如嗜睡或昏迷等。

2. 局限性定位表现 取决于出血量和出血部位。

（1）基底核区出血 ①壳核出血：最常见，占 ICH 病例的 50% ~ 60%，系豆纹动脉尤其是其外侧支破裂所致。常有病灶对侧偏瘫、偏身感觉缺失和同向性偏盲，还可出现双眼球向病灶对侧同向凝视不能，优势半球受累可有失语。②丘脑出血：占 ICH 病例的 10% ~ 15%，系丘脑膝状体动脉和丘脑穿通动脉破裂所致。常有对侧偏瘫、偏身感觉障碍，通常感觉障碍重于运动障碍。③尾状核头出血：较少见，多由高血压动脉硬化和血管畸形破裂所致。常有头痛、呕吐、颈强直、精神症状，神经系统功能缺损症状并不多见，故临床酷似蛛网膜下隙出血。

（2）脑叶出血 占脑出血的 5% ~ 10%，常由脑动静脉畸形、血管淀粉样病变、血液病等所致。出血以顶叶最常见，顶叶出血可有偏身感觉障碍、轻偏瘫、对侧下象限盲，非优势半球受累可有构象障碍。

（3）脑干出血 脑桥出血约占脑出血的 10%，多由基底动脉脑桥支破裂所致。大量出血（血肿 > 5ml）累及双侧被盖部和基底部，常破入第四脑室，患者迅即出现昏迷、双侧针尖样瞳孔、呕吐咖啡样胃内容物、中枢性高热、中枢性呼吸障碍、眼球浮动、四肢瘫痪和去大脑强直发作等。延髓出血更为少见，患者临床表现为突然意识障碍，影响生命体征，如呼吸、心率、血压改变，继而死亡。

（4）小脑出血 约占脑出血的 10%。多由小脑上动脉分支破裂所致。常有头痛、呕吐，眩晕和共济失调明显，起病突然，可伴有枕部疼痛。暴发型则常突然昏迷，在数小时内迅速死亡。

（四）实验室和其他检查

1. CT 和 CTA 检查 颅脑 CT 扫描是诊断 ICH 的首选方法，可清楚显示出血部位、出血量大小、血肿形态、是否破入脑室以及血肿周围有无低密度水肿带和占位效应等。病灶多呈圆形或卵圆形均匀高密度区，边界清楚。

2. MRI 和 MRA 检查 对发现结构异常，明确脑出血的病因很有帮助。MRI 对检出脑干和小脑的出血灶和监测脑出血的演进过程优于 CT 扫描，对急性脑出血诊断不及 CT。MRA 可发现脑血管畸形、血管瘤等病变。

3. 脑脊液检查 脑出血患者一般无需进行腰椎穿刺检查，以免诱发脑疝形成，如需排除颅内感染和蛛网膜下隙出血，可谨慎进行。

4. DSA 脑出血患者一般不需要进行 DSA 检查，除非疑有血管畸形、血管炎或 Moyamoya 病又需外科手术或血管介入治疗时才考虑进行。DSA 可清楚显示异常血管和造影剂外漏的破裂血管及部位。

5. 其他检查 包括血常规、血液生化、凝血功能、心电图检查和胸部 X 线摄片检查。外周血白细胞可暂时增高，血糖和尿素氮水平也可暂时升高，凝血活酶时间和部分凝血活酶时间异常提示有凝血功能障碍。

（五）诊断与鉴别诊断

1. 诊断要点 中老年患者在活动中或情绪激动时突然发病，迅速出现局灶性神经功能缺损症状以及头痛、呕吐等颅高压症状应考虑脑出血的可能，结合头颅 CT 检查，可以迅速明确诊断。

2. 鉴别诊断

（1）首先应与其他类型的脑血管疾病如急性脑梗死、蛛网膜下隙出血相鉴别。

（2）对发病突然、迅速昏迷且局灶体征不明显者，应注意与引起昏迷的全身性疾病如中毒（乙醇中毒、镇静催眠药物中毒、一氧化碳中毒）及代谢性疾病（低血糖症、肝性脑病、肺性脑病和尿毒症等）相鉴别。

（3）对有头部外伤史者应与外伤性颅内血肿相鉴别。

（六）治疗

治疗原则为安静卧床、脱水降颅压、调整血压、防治继续出血、加强护理、防治并发症，以挽救生命，降低死亡率、残疾率和减少复发。

1. 内科治疗

（1）一般处理 患者一般应卧床休息 2~4 周，保持安静，避免情绪激动和血压升高。有意识障碍、消化道出血者宜禁食 24~48 小时，必要时应排空胃内容物。注意水、电解质平衡，预防吸入性肺炎，早期积极控制感染。明显头痛、过度烦躁不安者，可酌情适当给予镇静止痛剂；便秘者可选用缓泻剂。

（2）降低颅内压 脑水肿可使颅内压增高，并致脑疝形成，是影响脑出血死亡率及功能恢复的主要因素。积极控制脑水肿、降低颅内压是脑出血急性期治疗的重要环节。不建议应用激素治疗减轻脑水肿。

（3）调整血压 一般认为 ICH 患者血压升高是机体针对颅内压为保证脑组织血供的一种血管自动调节反应，随着颅内压的下降血压也会下降，因此降低血压应首先以进行脱水降颅压治疗为基础。但如果血压过高，又会增加再出血的风险，因此需要控制血压。调控血压时应考虑患者的年龄、有无高血压史、有无颅内高压、出血原因及发病时间等因素。

（4）止血治疗 止血药物如氨基己酸、氨甲苯酸、巴曲酶等对高血压动脉硬化性出血的作用不大。如果有凝血功能障碍，可针对性给予止血药物治疗。

（5）亚低温治疗 是脑出血的辅助治疗方法，可能有一定效果，可在临床当中试用。

2. 外科治疗 严重脑出血危及患者生命时内科治疗通常无效，外科治疗则有可能挽救生命；但如果患者预期幸存，外科治疗较内科治疗通常增加严重残疾风险。主要手术方法包括：去骨瓣减压术、小骨窗开颅血肿清除术、钻孔血肿抽吸术和脑室穿刺引流术等。

3. 康复治疗 脑出血后，只要患者的生命体征平稳、病情不再进展，宜尽早进行康复治疗。早期分阶段综合康复治疗对恢复患者的神经功能，提高生活质量有益。

第二节　帕金森病

帕金森病（PD），又名震颤麻痹，是一种常见于中老年的神经系统变性疾病，临床上以静止性震颤、运动迟缓、肌强直和姿势平衡障碍为主要特征。我国 65 岁以上人群患病率为 1700/10 万，患病率随年龄增加而升高，男性稍高于女性。

一、病因及发病机制

本病主要病理改变为黑质多巴胺（DA）能神经元变性死亡，但为何会引起黑质多巴胺能神经元变性死亡尚未完全明了。

1. 遗传因素 UCH－L1 基因突变最早报道于一个德国家庭，其遗传模式可能是常染色体显性遗传。迄今已经发现许多基因易感性可能是帕金森病发病的易感因素。目前认为约 10% 的患者有家族史，绝大多数患者为散发性。

2. 年龄因素　主要发生于中老年人，40 岁以前发病少见，提示神经系统老化与发病有关。

3. 其他因素　目前认为帕金森病并非单因素所致，而是多因素交互作用下发病。除基因突变外，在环境因素、神经系统老化等因素的共同作用下，导致黑质多巴胺能神经元大量变性、丢失，才会导致发病。

二、临床表现

发病年龄平均约 55 岁，多见于 60 岁以后，40 岁以前相对少见。男性略多于女性。隐匿起病，缓慢进展。

1. 运动症状　常始于一侧上肢，逐渐累及同侧下肢，再波及对侧上肢及下肢。

（1）**静止性震颤**　常为首发症状，多始于一侧上肢远端，静止位时出现或明显，随意运动时减轻或停止，紧张或激动时加剧，入睡后消失。典型表现是拇指与示指呈"搓丸样"动作。

（2）**肌强直**　被动运动关节时阻力增高，且呈一致性，类似弯曲软铅管的感觉，故称"铅管样强直"；在有静止性震颤的患者中可感到在均匀的阻力中出现断续停顿，如同转动齿轮，称为"齿轮样强直"。

（3）**运动迟缓**　随意运动减少，动作缓慢、笨拙。体检见面容呆板，双眼凝视，瞬目减少，酷似"面具脸"；做快速重复性动作时表现运动速度缓慢和幅度减小。

（4）**姿势步态障碍**　在疾病早期，表现为走路时患侧上肢摆臂幅度减小或消失，下肢拖曳。有时行走中全身僵住，不能动弹，称为"冻结"现象。

2. 非运动症状　也是十分常见和重要的临床症状，可以早于或伴随运动症状而发生。

（1）**感觉障碍**　疾病早期即可出现嗅觉减退或睡眠障碍，尤其是快速眼动期睡眠行为异常。中、晚期常有肢体麻木、疼痛。有些患者可伴有不安腿综合征。

（2）**自主神经功能障碍**　临床常见，如便秘、多汗、溢脂性皮炎（油脂面）等。吞咽活动减少可导致流涎。疾病后期也可出现性功能减退、排尿障碍或体位性低血压。

（3）**精神和认知障碍**　近半数患者伴有抑郁，并常伴有焦虑。15% ~ 30% 的患者在疾病晚期发生认知障碍乃至痴呆，以及幻觉，其中视幻觉多见。

三、实验室和其他检查

1. 血、唾液、脑脊液常规检查　均无异常。在少数患者中可以发现血 DNA 基因突变；可以发现脑脊液和唾液中 α 突触核蛋白、DJ – 1 含量有改变。

2. 嗅棒及经颅超声　嗅觉测试可发现早期患者的嗅觉减退。

3. 脑功能显像　是诊断 PD 的重要手段，最常用的显像靶点是显像脑多巴胺转运蛋白（DAT），在 PD 的早期即可发现壳核区域 DAT 可降低 65%。

4. 脑 CT、MRI 检查　无特征性改变；分子影像 PET 或 SPECT 检查在疾病早期甚至亚临床期即能显示异常，有较高的诊断价值。

四、诊断与鉴别诊断

国际帕金森病及运动障碍学会及我国帕金森病及运动障碍学组和专委会制定了帕金森病临床诊断标准（2016 版），具体如下。

1. 诊断标准（必备条件）

（1）运动迟缓

（2）至少存在下列 1 项　静止性震颤或肌强直

2. 支持标准（支持条件）

（1）患者对多巴胺能药物的治疗明确且显著有效。在初始治疗期间，患者的功能可恢复或接近至正常水平。

（2）出现左旋多巴诱导的异动症。

（3）临床体检观察到单个肢体的静止性震颤（既往或本次检查）。

（4）以下辅助检查阳性有助于鉴别帕金森病与非典型性帕金森综合征　①存在嗅觉减退或丧失；②头颅超声显示黑质异常高回声；③心脏间碘苄胍闪烁显像法，显示心脏去交感神经支配。

3. 绝对排除标准　出现下列任何 1 项即可排除帕金森病的诊断（但不应将有明确其他原因引起的症状算入其中，如外伤等）。

（1）存在明确的小脑性共济失调，或者小脑性眼动异常（持续的凝视诱发的眼震、巨大方波跳动、超节律扫视）。

（2）出现向下的垂直性核上性凝视麻痹，或者向下的垂直性扫视选择性减慢。

（3）在发病后 5 年内，患者被诊断为高度怀疑的行为变异型额颞叶痴呆或原发性进行性失语。

（4）发病 3 年后仍局限于下肢的帕金森样症状。

（5）多巴胺受体阻滞剂或多巴胺耗竭剂治疗诱导的帕金森综合征，其剂量和时程与药物性帕金森综合征相一致。

（6）尽管病情为中等严重程度，但患者对高剂量（不少于 600mg/d）左旋多巴治疗缺乏显著的治疗应答。

（7）存在明确的皮质复合感觉丧失（如在主要感觉器官完整的情况下出现皮肤书写觉和实体辨别觉损害），以及存在明确的肢体观念运动性失用或进行性失语。

（8）分子神经影像学检查突触前多巴胺能系统功能正常。

（9）存在明确可导致帕金森综合征或疑似与患者症状相关的其他疾病，或者基于全面诊断评估，由专业医师判断其可能为其他综合征，而非帕金森病。

4. 警示征象

（1）发病后 5 年内出现快速进展的步态障碍，以至于需要经常使用轮椅。

（2）运动症状或体征在发病后 5 年内或 5 年以上完全不进展，除非这种病情的稳定是与治疗相关。

（3）发病后 5 年内出现延髓性麻痹症状，表现为严重的发音困难、构音障碍或吞咽困难（需进食较软的食物，或通过鼻胃管、胃造瘘进食）。

（4）发病后 5 年内出现吸气性呼吸功能障碍，即在白天或夜间出现吸气性喘鸣或者频繁的吸气性叹息。

（5）发病后 5 年内出现严重的自主神经功能障碍。

（6）发病后 3 年内由于平衡障碍导致反复（>1 次/年）跌倒。

（7）发病后 10 年内出现不成比例的颈部前倾或手足挛缩。

（8）发病后 5 年内不出现任何一种常见的非运动症状，包括嗅觉减退、睡眠障碍、自主神经功能障碍、精神障碍（抑郁、焦虑、幻觉）。

（9）出现其他原因不能解释的锥体束征。

（10）起病或病程中表现为双侧对称性的帕金森综合征症状，没有任何侧别优势，且客观体检亦未观察到明显的侧别性。

5. 本病需与其他原因引起的帕金森综合征鉴别

（1）继发性帕金森综合征共同特点是有明确病因可寻的，如感染、药物中毒、脑动脉硬化、外伤等，相关病史是鉴别诊断的关键。

（2）特发性震颤除了明显的震颤（姿势性为主）外，患者基本正常，无 PD 的其他主征。此病进展缓慢，可导致轻微残疾。

五、治疗

应对 PD 的运动症状和非运动症状应采取综合治疗，包括药物治疗、手术治疗、运动疗法、心理疏导及照料护理。药物治疗作为首选，坚持"剂量滴定"以避免产生药物急性不良反应，力求实现"尽可能以小剂量达到满意临床效果"的用药原则，可避免或降低运动并发症尤其是异动症的发生率。目前应用的治疗手段，无论药物还是手术，只能改善症状，不能阻止病情的发展，更无法治愈。因此，治疗需长期管理，以达到长期获益。

1. 常用治疗药物

（1）抗胆碱能药 主要适用于震颤明显且年轻患者，老年患者慎用，闭角型青光眼及前列腺肥大患者禁用。主要不良反应有口干、视物模糊、便秘、排尿困难，影响认知，严重者可出现幻觉、妄想。主要药物有苯海索，用法 1～2mg，3 次/日。

（2）金刚烷胺 对少动、强直、震颤均有改善作用，对改善异动症有帮助。不良反应有下肢网状青斑、踝部水肿、不宁、意识模糊等。肾功能不全、癫痫、严重胃溃疡、肝病患者慎用，哺乳期妇女禁用。用法 50～100mg，2～3 次/日。

（3）复方左旋多巴制剂（左旋多巴和脑外多巴脱羧酶抑制剂） 是治疗本病最基本、最有效的药物，对强直、少动、震颤等均有良好疗效。初始用量 62.5～125mg，2～3 次/日，根据病情而渐增剂量至疗效满意和不出现不良反应为止，餐前 1 小时或餐后 1.5 小时服药。不良反应有恶心、呕吐、低血压、心律失常（偶见）、症状波动、异动症和精神症状等。活动性消化道溃疡者慎用，闭角型青光眼、精神病患者禁用。

（4）DR 激动剂 目前非麦角类 DR 激动剂为首选药物，尤其用于早发型患者。可以减少或推迟运动并发症的发生。DR 激动剂有两种类型，麦角类包括溴隐亭、培高利特、α 二氢麦角隐亭、卡麦角林和麦角乙脲；非麦角类包括普拉克索、罗匹尼罗、吡贝地尔、罗替高汀和阿扑吗啡。

2. 手术及干细胞治疗 早期药物治疗显效，而长期治疗疗效明显减退，同时出现异动症者可考虑手术治疗。需强调的是手术仅是改善症状，而不能根治疾病，术后仍需应用药物治疗，但可减少剂量。

3. 中医、康复及心理治疗 中药、针灸和康复（运动）治疗作为辅助手段对改善症状也可起到一定作用。对患者进行语言、进食、走路及各种日常生活训练和指导。教育与心理疏导也是不容忽视的辅助措施。

第三节 癫 痫

PPT

癫痫是多种原因导致的脑部神经元高度同步化异常放电所致的临床综合征，临床表现具有发作性、短暂性、重复性和刻板性的特点。异常放电神经元的位置不同及异常放电波及的范围差异，可表现为感觉、运动、意识、精神、行为、自主神经功能障碍。临床上每次发作或每种发作的过程称为痫性发作。

一、病因

癫痫不是独立的疾病，而是一组疾病或综合征，引起癫痫的病因非常复杂，根据病因学不同，癫痫可分为以下三大类。

1. 特发性癫痫（原发性癫痫） 病因不明，未发现脑部有足以引起癫痫发作的结构性损伤或功能异常，可能与遗传因素密切相关，常在某一特定年龄段起病，具有特征性临床表现及脑电图表现。约占全部癫痫病例的2/3。

2. 症状性癫痫 由各种明确的中枢神经系统结构损伤或功能异常所致，如脑外伤、脑血管病、脑肿瘤、中枢神经系统感染、感染寄生虫、遗传代谢性疾病、皮质发育障碍、神经系统变性疾病、药物和毒物等。

3. 隐源性癫痫 指目前尚未找到肯定致痫原因的癫痫。

二、发病机制

癫痫的发病机制非常复杂，至今尚未能完全了解其全部机制。

1. 神经元异常放电 是癫痫发病的电生理基础。

2. 痫性放电的传播异常 高频放电反复通过突触联系诱发周边及远处的神经元同步放电，从而引起异常电位的连续传播。

3. 痫性放电的终止 可能机制为脑内各层结构的主动抑制作用，即癫痫发作时，癫痫灶内产生巨大突触后电位，后者激活负反馈机制，使细胞膜长时间处于过度去极化状态，从而抑制异常放电扩散，同时减少癫痫灶的传入性冲动，促使发作放电的终止。

三、临床表现

癫痫临床表现具有短时、刻板和间歇反复发作等特点，各种发作既可单独地或不同组合地出现在同一患者身上，也可在起病初期表现为一种类型的发作，以后可能转为另一类型。下面介绍几种常见的发作类型，沿用 ILAE1981 年发作分类。

1. 部分性发作 是指源于大脑半球局部神经元的异常放电，包括单纯部分性、复杂部分性、部分性继发全面性发作三类。

（1）单纯部分性发作 发作时程短，一般不超过 1 分钟，发作起始与结束均较突然，无意识障碍。

（2）复杂部分性发作（CPS） 占成人癫痫发作的 50% 以上，也称为精神运动性发作，病灶多在左颞叶。由于起源、扩散途径及速度不同，临床表现有较大差异。

（3）部分性发作继发全面性发作 单纯部分性发作可发展为复杂部分性发作，单纯或复杂部分性发作均可泛化为全面性强直阵挛发作。

2. 全面性发作 最初的症状学和脑电图提示发作起源于双侧脑部，多在发作初期就有意识丧失。

（1）全面强直 - 阵挛发作（GTCS） 意识丧失、双侧强直后出现阵挛是此型发作的主要临床特征。可由部分性发作演变而来，也可在疾病开始即表现为全面强直 - 阵挛发作。

（2）强直性发作 多见于弥漫性脑损害的儿童，睡眠中发作较多。表现为与强直 - 阵挛性发作中强直期相似的全身骨骼肌强直性收缩，常伴有明显的自主神经症状，如面色苍白等。如发作时处于站立位可剧烈摔倒。发作持续数秒至数十秒。典型发作期 EEG 为暴发性多棘波。

（3）阵挛性发作 几乎都发生在婴幼儿，特征是重复阵挛性抽动伴意识丧失，之前无强直期。双侧对称或某一肢体为主的抽动，幅度、频率和分布多变，为婴儿发作的特征，持续 1 分钟至数分钟。

EEG 缺乏特异性，可见快活动、慢波及不规则棘 – 慢波等。

（4）失神发作　分典型和不典型失神发作，临床表现、脑电图背景活动及发作期改变、预后等均有较大差异。

（5）肌阵挛发作　表现为快速、短暂、触电样肌肉收缩，可遍及全身，也可限于某个肌群或某个肢体，常成簇发生，声、光等刺激可诱发。发作期典型 EEG 改变为多棘 – 慢波。

（6）失张力发作　是姿势性张力丧失所致。部分或全身肌肉张力突然降低导致垂颈（点头）、张口、肢体下垂（持物坠落）、躯干失张力跌倒或猝倒发作，持续数秒至 1 分钟，时间短者意识障碍可不明显，发作后立即清醒和站起。EEG 示多棘 – 慢波或低电位活动。

四、实验室和其他检查

1. 脑电图（EEG）　是诊断癫痫最重要的辅助检查方法。EEG 对发作性症状的诊断有很大价值，有助于明确癫痫的诊断及分型和确定特殊综合征。近年来广泛应用的 24 小时长程脑电监测和视频脑电图使发现痫样放电的可能性大为提高，可同步监测记录患者发作情况及相应脑电图改变，可明确发作性症状及脑电图变化间的关系。

2. 神经影像学检查　包括 CT 和 MRI，可确定脑结构异常或病变，对癫痫及癫痫综合征的诊断和分类颇有帮助，有时可做出病因诊断，如颅内肿瘤、灰质异位等。

五、诊断与鉴别诊断

1. 诊断　癫痫是多种病因所致的疾病，其诊断需遵循三步原则：首先明确发作性症状是否为癫痫发作；其次确定是哪种类型的癫痫或癫痫综合征；最后明确发作的病因是什么。

2. 鉴别诊断

（1）晕厥　脑血流灌注短暂全面下降，缺血、缺氧所致意识瞬时丧失和跌倒。多有明显的诱因，如久站、剧痛、见血、情绪激动和严寒等。

（2）假性癫痫发作　是一种非癫痫性的发作性疾病，是由心理障碍而非脑电紊乱引起的脑部功能异常。可有运动、感觉和意识模糊等类似癫痫发作症状，难以区分。

（3）发作性睡病　可引起意识丧失和猝倒，易误诊为癫痫。根据突然发作的不可抑制的睡眠、睡眠瘫痪、入睡前幻觉及猝倒症四联征可鉴别。

（4）基底动脉型偏头痛　因意识障碍应与失神发作鉴别。但其发生缓慢，程度较轻，意识丧失前常有梦样感觉。

（5）短暂性脑缺血发作（TIA）　TIA 多见于老年人，常有动脉硬化、冠心病、高血压、糖尿病等病史，临床症状多为缺失症状（感觉丧失或减退、肢体瘫痪）、肢体抽动不规则，也无头部和颈部的转动，症状常持续 15 分钟到 1 小时，脑电图无明显痫性放电。

（6）低血糖症　血糖水平低于 2mmol/L 时可产生局部癫痫样抽动或四肢强直发作，伴意识丧失，常见于胰岛素瘤或长期服降糖药的 2 型糖尿病患者，病史有助于诊断。

六、治疗

目前癫痫治疗仍以药物治疗为主，药物治疗应达到三个目的：控制发作或最大限度地减少发作次数；长期治疗无明显不良反应；使患者保持或恢复其原有的生理、心理和社会功能状态。

抗癫痫药物治疗的基本原则是尽可能单药治疗，70% ~80% 左右的癫痫患者可以通过单药治疗控制发作。常用的抗癫痫药如下。

（1）苯妥英钠（PHT） 对 GTCS 和部分性发作有效，可加重失神和肌阵挛发作。

（2）卡马西平（CBZ） 是部分性发作的首选药物，对复杂部分性发作疗效优于其他抗癫痫药物，对继发性 GTCS 亦有较好的疗效，但可加重失神和肌阵挛发作。

（3）丙戊酸钠（VPA） 是一种广谱抗癫痫药物，是全面性发作，尤其是 GTCS 合并典型失神发作的首选药，也用于部分性发作。

（4）苯巴比妥（PB） 常作为小儿癫痫的首选药物，较广谱，起效快，对 GTCS 疗效好，也用于单纯及复杂部分性发作，对发热惊厥有预防作用。

（5）乙琥胺（ESX） 仅用于单纯失神发作。

（6）氯硝西泮（CNZ） 直接作用于 GABA 受体亚单位，起效快，但易出现耐药使作用下降。

（7）托吡酯（TPM） 为天然单糖基右旋果糖硫代物，为难治性部分性发作及继发 GTCS 的附加或单药治疗药物，对于婴儿痉挛症等也有一定疗效。

（8）拉莫三嗪（LTG） 为部分性发作及 GTCS 的附加或单药治疗药物，也用于失神发作和肌阵挛发作的治疗。

（9）加巴喷丁（GBP） 用于 12 岁以上及成人的部分性癫痫发作和 GTCS 的辅助治疗。

（10）奥卡西平（OXC） 是一种卡马西平的衍生物，适应证与卡马西平相同，主要用于部分性发作及继发全面性发作的附加或单药治疗。

（11）替加宾（TGB） 作为难治性复杂部分性发作的辅助治疗。

练一练

癫痫持续状态的药物治疗首选（ ）

A. 苯妥英钠静脉滴注　　　　B. 苯巴比妥肌内注射　　　C. 10% 水合氯醛保留灌肠

D. 地西泮 10～20mg 静脉注射　　E. 副醛保留灌肠

答案解析

想一想

请您结合所学知识，想一想抗癫痫药物治疗的一般原则有哪些？

答案解析

第四节　阿尔茨海默病

PPT

阿尔茨海默病（Alzheimer's disease，AD）是发生于老年和老年前期，以进行性认知功能障碍和行为损害为特征的中枢神经系统退行性病变。临床上表现为记忆障碍、失语、失用、失认、视空间能力损害、抽象思维和计算力损害、人格和行为改变等。AD 是老年期最常见的痴呆类型，约占老年期痴呆的 50%～70%。

一、病因

AD 可分为家族性 AD 和散发性 AD。家族性 AD 呈常染色体显性遗传，多于 65 岁前起病，最为常见的是位于 21 号染色体的淀粉样前体蛋白（APP）基因、位于 14 号染色体的早老素 1（PS1）基因及位于 1 号染色体的早老素 2（PS2）基因突变。携带有 APP 和 PS1 基因突变的人群几乎 100% 会发展为

AD，而携带有 PS2 基因突变的人群，发展为 AD 的概率约为 95%。对于占 90% 以上的散发性 AD，尽管候选基因众多，目前认为载脂蛋白 E（APOE）基因最为有关。其罹患 AD 的风险约为正常人的 3.2 倍。

二、发病机制

有关 AD 的发病机制，现有多种学说，其中影响较广的有 β 淀粉样蛋白瀑布假说。AD 发病的危险因素有低教育程度、膳食因素、吸烟、女性雌激素水平降低、高血压、高血糖、高胆固醇、高同型半胱氨酸、血管因素等。

三、临床表现

AD 通常隐匿起病，持续进行性发展，主要表现为认知功能减退和非认知性神经精神症状。

1. 轻度 AD 主要表现是记忆障碍。首先出现的是近事记忆减退，常将日常所做的事和常用的一些物品遗忘。早期可见抑郁、焦虑和淡漠等症状。

2. 中度 AD 除记忆障碍继续加重外，工作、学习新知识和社会接触能力减退，特别是原已掌握的知识和技巧出现明显的衰退。

3. 重度 AD 此期的患者除上述各项症状逐渐加重外，还有情感淡漠、哭笑无常、言语能力丧失，以致不能完成日常简单的生活事项，如穿衣、进食。此期患者常可并发全身系统疾病的症状，如肺部及尿路感染、压疮以及全身性衰竭症状等，最终因并发症而死亡。

四、实验室和其他检查

1. 实验室检查 血、尿常规、血生化检查均正常。脑脊液（CSF）检查可发现 $A\beta_{42}$ 水平降低，总 tau 蛋白和磷酸化 tau 蛋白增高。

2. 脑电图 AD 的早期脑电图改变主要是波幅降低和 α 节律减慢。少数患者早期就有脑电图 α 波明显减少，甚至完全消失，随病情进展，可逐渐出现较广泛的 θ 活动，以额、顶叶明显。晚期则表现为弥漫性慢波。

3. 影像学 CT 检查见脑萎缩、脑室扩大；头颅 MRI 检查显示的双侧颞叶、海马萎缩。SPECT 灌注成像和氟脱氧葡萄糖 PET 成像可见顶叶、颞叶和额叶，尤其是双侧颞叶的海马区血流和代谢降低。

4. 神经心理学检查 对 AD 的认知评估领域应包括记忆功能、言语功能、定向力、应用能力、注意力、知觉（视、听、感知）和执行功能七个领域。

5. 基因检查 有明确家族史的患者可进行 APP、PS1、PS2 等基因检测，突变的发现有助于确诊和疾病的提前预防。

五、诊断与鉴别诊断

1. 诊断 应用最广泛的 AD 诊断标准是由美国国立神经病语言障碍卒中研究所和阿尔茨海默病及相关疾病学会 1984 年制定的，2011 年美国国立老化研究所和阿尔茨海默协会对此标准进行了修订，制定了 AD 不同阶段的诊断标准。

（1）很可能的 AD 痴呆

1）核心临床标准 ①符合痴呆诊断标准；②起病隐袭，症状在数月至数年中逐渐出现；③有明确的认知损害病史；④表现为遗忘综合征（学习和近记忆下降，伴 1 个或 1 个以上其他认知域损害）或者非遗忘综合征（语言、视空间或执行功能三者之一损害，伴 1 个或 1 个以上其他认知域损害）。

2）排除标准　①伴有与认知障碍发生或恶化相关的卒中史，或存在多发或广泛脑梗死，或存在严重的白质病变；②有路易体痴呆的核心症状；③有额颞叶痴呆的显著特征；④有原发性进行性失语的显著性特征；⑤有其他引起进行性记忆和认知功能损害的神经系统疾病，或非神经系统疾病，或药物过量或滥用证据。

3）支持标准　①在以知情人提供和正规神经心理测验得到的信息为基础的评估中，发现进行性认知下降的证据；②找到致病基因（APP、PS1 或 PS2）突变的证据。

（2）可能的 AD 痴呆　有以下任一情况时，即可诊断。

1）非典型过程　符合很可能的 AD 痴呆核心临床标准中的第 1 条和第 4 条，但认知障碍突然发生，或病史不详，或认知进行性下降的客观证据不足。

2）满足 AD 痴呆的所有核心临床标准，但具有以下证据　①伴有与认知障碍发生或恶化相关的卒中史，或存在多发或广泛脑梗死，或存在严重的白质病变；②有其他疾病引起的痴呆特征，或痴呆症状可用其他疾病和原因解释。

2. 鉴别诊断

（1）血管性痴呆（VD）　一般发病较急，有脑血管病史或伴有脑血管病危险因素，并且痴呆的发生和脑血管病密切相关。

（2）路易体痴呆（LBD）　典型的 LBD 患者发病较急、进展快，具有波动性病程，可有视幻觉。

六、治疗

AD 患者认知功能衰退目前治疗困难，综合治疗和护理有可能减轻病情和延缓发展。

1. 生活护理　包括使用某些特定的器械。有效的护理能延长患者的生命及改善患者的生活质量，并能防止摔伤、外出不归等意外的发生。

2. 非药物治疗　包括职业训练、音乐治疗等。

3. 药物治疗

（1）改善认知功能　①乙酰胆碱酯酶抑制剂（AChEI）；②NMDA 受体拮抗剂；③脑代谢复活剂，如奥拉西坦。

（2）控制精神症状　①选择性 5－HT 再摄取抑制剂，如氟西汀、帕罗西汀等；②不典型抗精神病药，如利培酮、奥氮平等。

4. 支持治疗　重度患者自身生活能力严重减退，常导致营养不良、肺部感染、泌尿系感染、压疮等并发症，应加强支持治疗和对症治疗。

目前，还没有确定的能有效逆转认知缺损的药物，针对 AD 发病机制不同靶点的药物开发尚处于试验阶段。处于 AD 痴呆前阶段的患者，宜饮食调整（地中海饮食）、体力锻炼和认知训练结合起来延缓认知功能下降。

看一看：食物和饮料对神经系统疾病的作用

目标检测

答案解析

一、单项选择题

1. TIA 的临床表现为

　　A. 血压突然升高，抽搐

　　B. 眩晕、呕吐，持续数日

　　C. 发作性神经功能缺损，最长不超过 24 小时，且无责任病灶的证据

　　D. 昏迷、清醒、再昏迷

　　E. 一侧轻偏瘫，历时数日渐恢复

2. 椎－基底动脉系统 TIA 不可能出现的临床表现为

　　A. 失语　　　　　　　　B. 眩晕和呕吐　　　　　　　C. 平衡障碍

　　D. 眼震和复视　　　　　E. 交叉瘫

3. 最易发生脑血栓形成的动脉为

　　A. 大脑前动脉　　　　　　　B. 颈内动脉及大脑中动脉　　　　　C. 基底动脉

　　D. 大脑后动脉　　　　　　　E. 椎－基底动脉

4. 下列不是癫痫发作影响因素的是

　　A. 遗传因素　　　　　　　B. 年龄　　　　　　　C. 睡眠

　　D. 吸烟　　　　　　　　　E. 饮酒

5. 患者，女，68 岁。以"言语不清、右侧肢体无力 5 天，加重 2 天"为主诉来诊。查体：血压 148/80mmHg，神清，Broca 失语，右侧肢体偏瘫。可排除的疾病是

　　A. 脑栓塞　　　　　　　　B. 脑梗死　　　　　　　C. TIA

　　D. 脑出血　　　　　　　　E. 血管性痴呆

6. 患者，男，65 岁。以"不能说话、左侧肢体无力，5～6 分钟恢复，反复发作 3 天"为主述来诊。神经系统检查无阳性体征。诊断考虑为

　　A. 局灶性癫痫发作　　　　　B. 脑栓塞　　　　　　　C. TIA

　　D. 脑出血　　　　　　　　　E. 血管性痴呆

二、简答题

1. 缺血性脑血管疾病有哪些？

2. 影响癫痫发作的因素有哪些？

（孟　松）

书网融合……

　　　　重点回顾　　　　　微课　　　　　习题

第十章　精神疾病

<table>
<tr><td rowspan="7">学习目标</td><td>知识目标：</td></tr>
</table>

知识目标：

1. 掌握　精神分裂症的概念、临床表现、诊断和鉴别诊断、治疗与康复原则。

2. 熟悉　精神分裂症预后的影响因素。

3. 了解　精神疾病常见的症状。

技能目标：

能运用正确的临床思维方法对精神疾病进行诊断。

素质目标：

具有人文关怀意识和良好的医德医风。

📖 导学情景

情景描述： 患者，男，17岁，高三学生。半年前无明显诱因出现凭空闻人语，即使在没人的时候也经常听到一些同学在议论自己的声音，并感觉周围同学要联合起来陷害自己，老师也故意刁难自己，为此患者难以集中精力学习，成绩明显下降，回避与人交往。

情景分析： 结合主诉及现病史，根据该患者的临床发病特点，初步诊断为"精神分裂症"。

讨　　论： 1. 精神分裂症的临床表现特点是什么？

　　　　　　 2. 为进一步明确诊断需要进行的下一步检查有哪些？

学前导语： 精神分裂症是最常见的重性精神疾病之一，好发于青壮年，与遗传因素、环境因素及性格心理因素等有关，抗精神病药物治疗作为首选的治疗措施。而健康教育、工娱治疗、心理社会干预等措施应该贯穿治疗的全过程，即目前倡导的全病程治疗。请根据该患者的年龄及临床特点，推荐合适的治疗药物有哪些？如何识别药物的不良反应？

第一节　精神疾病常见症状

PPT

人的精神活动是一个协调统一的整体。为了便于描述，普通心理学将人的正常精神活动分为认知、情感和意志行为等心理过程。同样，为了便于对精神症状的描述，我们通常也按照精神活动的各个心理过程分别进行介绍。

一、感知觉障碍

感知觉包括感觉和知觉两个心理过程。感觉是大脑对客观刺激作用于感觉器官所产生对事物个别属性的反映，如形状、颜色、大小、重量和气味等。知觉是在感觉基础上，大脑对事物的各种不同属性进行整合，并结合以往经验，形成的整体印象。如根据山楂的形状、气味、颜色等，结合既往对山楂的认知，在大脑中产生的山楂的印象就是一种知觉。正常情况下，人们的感觉和知觉是与外界客观事物相一致的。

1. 感觉障碍 包括感觉减退、感觉过敏和内感性不适。

2. 知觉障碍 包括错觉、幻觉（幻听、幻视、幻味、幻嗅、幻触）等。幻听可见于多种精神障碍，其中评论性幻听、议论性幻听和命令性幻听是精神分裂症的典型症状。

3. 感知综合障碍 指患者对客观事物的整体属性能够正确感知，但对某些个别属性如大小、形状、颜色、距离、空间位置等产生错误的感知。常见感知综合障碍，比如：视物变形症、自身感知综合障碍、时间感知综合障碍、空间感知综合障碍和非真实感。

二、思维障碍

思维是人脑对客观事物间接概括的反映，它可以揭露事物内在的、本质的特征，是人类认识活动的最高形式。思维包括分析、综合、比较、抽象、概括、判断和推理等基本过程。

思维障碍是精神科常见症状，临床表现多种多样，可大体分为思维形式障碍和思维内容障碍。

1. 思维形式障碍 主要为思维过程的联想和逻辑障碍。常见的症状如下。

（1）思维奔逸 指思维联想速度加快、数量增多和转换加速。患者表现为特别健谈，说话滔滔不绝，口若悬河，感到脑子特别灵活，就像机器加了"润滑油"一样难以停顿下来。多见于躁狂发作。

（2）思维迟缓 指思维联想速度减慢、数量减少和转换困难。表现为语量少，语速慢，语音低和反应迟缓。患者感到脑子就像生锈了的机器一样，变笨了，反应变慢了，思考问题困难。多见于抑郁发作。

（3）思维贫乏 指联想概念与词汇贫乏，患者感到脑子空空荡荡，没有什么思想。表现为寡言少语，谈话时言语内容空洞单调或词穷句短，回答问题简单，严重者对什么问题都回答"不知道"。多见于精神分裂症、痴呆及智力发育障碍等。

（4）思维散漫、思维破裂、语词杂拌 指思维的连贯性障碍，即联想概念之间缺乏必要的联系。思维散漫表现为在交谈时，患者表现为联想松弛，内容散漫，缺乏主题，话题转换缺乏必要的联系。多见于精神分裂症及智力发育障碍。思维破裂表现为患者的言语或书写内容有结构完整的句子，但各句含意互不相关，变成了语句堆积，整段内容令人不能理解。多见于精神分裂症。

（5）思维不连贯 表现与语词杂拌类似，但产生背景不同，它是在意识障碍背景下出现的言语支离破碎和杂乱无章状态。多见于谵妄状态。

（6）思维中断指思维联想过程突然发生中断。表现为患者在无意识障碍，又无外界干扰时，言语突然停顿，片刻之后又重新开始，但所谈主题已经转换。多见于精神分裂症。

（7）思维被夺、思维插入 属于思维联想障碍，前者感到自己思想被某种外力突然抽走，而后者则表现为患者感到有某种不属于自己的思想被强行塞入自己的脑中。两者均不受个人意志所支配，多见于精神分裂症。

（8）强制性思维 是思维联想的自主性障碍。表现为患者感到脑内涌现大量无现实意义、不属于自己的联想，是被外力强加的。这些联想常常突然出现，突然消失，内容多变。多见于精神分裂症。

（9）病理性赘述 指思维联想活动迂回曲折，联想枝节过多。表现为患者对某种事物做不必要的过分详尽的描述，言语啰唆，但最终能够回答出有关问题。见于癫痫、老年痴呆等。

（10）逻辑倒错性思维 以推理缺乏逻辑性为特点，表现为患者推理过程或缺乏前提依据，或因果倒置，令人感到不可理解，离奇古怪。多见于精神分裂症。

（11）强迫思维 指在患者脑中反复出现的某一概念或相同内容的思维，明知不合理和没有必要，但又无法摆脱，常伴有痛苦体验。强迫思维常伴有强迫动作。多见于强迫障碍，也可见于精神分裂症。

2. 思维内容障碍 思维内容障碍主要表现为妄想，它是在病态推理和判断基础上形成的一种病理性的歪曲的信念。妄想应注意与幻想区别。幻想是一种超现实的遐想，将不同的元素或是内容组合在一起的思考形式。幻想通常具有一定目的性，易于纠正。

妄想是精神科临床上常见且重要的精神病性症状之一，可以根据其起源、结构和内容进行分类。

（1）根据妄想的起源，可分为原发性妄想和继发性妄想。

（2）按照妄想的结构，可分为系统性妄想和非系统性妄想。

（3）临床上通常按妄想的主要内容归类，常见有关系妄想、被害妄想、夸大妄想、罪恶妄想、疑病妄想、钟情妄想、嫉妒妄想、非血统妄想、物理影响妄想、内心被揭露感等。

三、注意障碍

注意是指个体精神活动集中指向一定对象的心理过程。注意可分为主动注意和被动注意两类。主动注意又称为有意注意，是自觉的、有目的的注意；被动注意又称为无意注意，是外界刺激所激发、没有目的的注意。常见注意障碍包括以下几种。

1. 注意增强　为主动注意的兴奋性增高，表现为过分关注某些事物。多见于精神分裂症、躯体忧虑障碍等。

2. 注意减退　为主动及被动注意的兴奋性减弱和注意稳定性降低，表现为注意力难以唤起和维持。多见于抑郁发作、精神分裂症等。

3. 注意涣散　为被动注意兴奋性增强和注意稳定性降低，表现为注意力不集中，容易受到外界的干扰而分心。多见于注意缺陷多动障碍、焦虑障碍、精神分裂症等。

4. 注意狭窄　为注意广度和范围的显著缩小，表现为当注意集中于某一事物时，不能再注意与之有关的其他事物。多见于意识障碍、智能障碍等。

5. 注意转移　为注意转换性增强和稳定性降低，表现为主动注意不能持久，很容易受外界环境的影响而使注意对象不断转换。多见于躁狂发作。

四、记忆障碍

记忆是既往事物经验在大脑中的重现。记忆是在感知觉和思维基础上建立起来的精神活动，包括识记、保持、再认和回忆三个基本过程。记忆障碍通常涉及记忆过程的各个部分，常见记忆障碍包括以下几种。

1. 记忆增强　是病理性的记忆力增强，表现为患者对病前已经遗忘且不重要的事都能重新回忆起来，甚至包括事件的细节。多见于躁狂发作和精神分裂症等。

2. 记忆减退　是记忆各个基本过程功能的普遍减退。轻者表现为近记忆力的减弱，如记不住刚见过人的名字、别人刚告诉的电话号码等。多见于痴呆，也可见于正常老年人。

3. 遗忘　是记忆痕迹在大脑中的丧失，表现为对既往感知过的事物不能回忆。根据是否能够恢复，遗忘可分为暂时性遗忘和永久性遗忘。在临床上，通常按照遗忘与疾病的时间关系分为：顺行性遗忘、逆行性遗忘、界限性遗忘和进行性遗忘等。

五、智能障碍

智能是人们获得和运用知识解决实际问题的能力，它涉及感知、记忆、注意和思维等一系列认知过程。临床上，智能障碍可分为智力发育障碍和痴呆两大类。

1. 智力发育障碍　是指先天或发育成熟以前（18岁以前），由于各种原因影响智能发育所造成的智能低下和社会适应困难状态。随着年龄增长，患者的智力水平可能有所提高，但仍明显低于正常同龄人。影响智能发育的原因包括遗传、感染、中毒、缺氧、脑外伤、内分泌异常等。

2. 痴呆 指智力发育成熟以后，由于各种原因损害原有智能所造成的智能低下状态。痴呆的发生往往具有脑器质性病变基础，如脑外伤、颅脑感染、脑缺氧、脑血管病变等。临床主要表现为记忆力、计算力、理解力、判断力下降，工作和学习能力下降，后天获得的知识与技能丧失等，严重时甚至生活不能自理。老年性痴呆患者还往往伴有人格改变、情感淡漠、行为幼稚及本能意向亢进等。

六、定向力障碍

定向力指一个人对时间、地点、人物以及自身状态的认识能力。定向力障碍是指对环境或自身状况认识能力的丧失或认识错误。定向障碍多见于意识障碍时，它是意识障碍的一个重要标志。

精神分裂症患者也可在意识清晰状态下出现定向力障碍，通常表现为双重定向。即对周围环境的时间、地点、人物出现双重体验，其中一种体验是正确的，而另外一种体验则与妄想有关，是妄想性的判断或解释。如一住院患者感到病房既是医院又是看守所，工作人员既是医生又是迫害他的人等。

七、情感障碍

情感和情绪是指个体对客观事物的态度和因之而产生的相应的内心体验。两者既有区别又有联系，情感主要是指与人的社会性需要相联系的体验，具有稳定性、持久性，不一定有明显的外部表现，如爱与恨等；情绪则主要是指与人的自然性需要相联系的体验，具有情景性、暂时性和明显的外部表现，如喜与怒。

情感障碍主要包括以下内容。

1. 情感高涨 是正性情感活动的明显增强。表现为不同程度的、与周围环境不相称的病态喜悦，患者自我感觉良好，整日喜笑颜开，谈话时语音高昂，眉飞色舞，表情丰富。多见于躁狂发作。

2. 欣快 是在智能障碍基础上出现的与周围环境不协调的愉快体验。表现为患者自得其乐，似乎十分幸福。多见于痴呆。

3. 情感低落 是负性情感活动的明显增强。表现为忧愁、苦闷、唉声叹气、暗自落泪等，多见于抑郁发作。

4. 情感淡漠 是指对外界刺激缺乏相应的情感反应，缺乏内心体验。多见于晚期精神分裂症。

5. 焦虑 是指在缺乏相应的客观刺激情况下出现的内心不安状态。表现为患者顾虑重重、紧张恐惧，坐立不安。多见于焦虑障碍。

6. 恐惧 是指面临某种事物或处境时出现的紧张不安反应。病态的恐惧是指与现实威胁不相符的恐惧反应，表现为过分害怕，提心吊胆，且常伴有明显的自主神经功能紊乱症状。多见于恐惧障碍。

7. 易激惹 是情感活动的激惹性增高，表现为极易因一般小事而引起强烈的不愉快情感反应，如暴怒发作。多见于人格障碍、躁狂发作等。

8. 情感不稳 是情感活动的稳定性障碍，表现为患者的情感反应极易发生变化，从一个极端波动至另一极端，显得喜怒无常，变化莫测。多见于脑器质性损害所致的精神障碍。

八、意志障碍

意志是人自觉地确定目标，并根据目标调节支配自身的行动，克服困难，实现预定目标的心理过程。意志障碍主要表现为：意志增强、意志减退、意志缺乏、矛盾意向等。

九、动作行为障碍

动作是指简单的随意和不随意运动，如挥手、点头等。精神障碍患者由于病理性感知、思维、情感等影响，可以出现不同形式的动作行为障碍主要表现如下。

1. 精神运动性兴奋 指患者的动作行为及言语活动明显增多。包括协调性和不协调性两类。

2. 精神运动性抑制 指动作行为和言语活动显著减少。主要包括木僵、蜡样屈曲、缄默症和违拗症等。

3. 模仿动作 指患者无目的地模仿别人的动作，如医生动一下头发，患者也跟着动一下自己的头发。常与模仿言语同时存在。多见于精神分裂症。

4. 刻板动作 指患者机械刻板地反复重复某一单调的动作，如长时间反复地将苹果拿起和放下，常与刻板言语同时出现。多见于精神分裂症、孤独症谱系障碍等。

5. 作态 指患者做出古怪的、愚蠢的、幼稚做作的动作、姿势、步态与表情，如做怪相、扮鬼脸等。多见于精神分裂症。

6. 强迫动作 指患者明知没有必要，却难以克制的去重复做某种动作行为，如果不重复，患者往往焦虑不安，如强迫性洗涤、强迫性检查等。强迫动作多与强迫思维有关。常见于强迫障碍。

十、意识障碍

在临床医学上，意识是指个体对周围环境、自身状态感知的清晰程度及认识反应能力。

意识障碍可表现为意识清晰度的降低、意识范围缩小及意识内容的变化。意识清晰度下降时，患者可出现感知觉迟钝、注意力不集中、理解困难、判断能力降低、记忆减退、情感反应迟钝、行为缺乏目的性、定向力障碍等。其中，定向力障碍是判断意识障碍的重要指标。

常见的意识障碍包括：嗜睡、昏睡、昏迷、朦胧状态、谵妄状态和梦样状态。

十一、自知力障碍

自知力又称领悟力或内省力，是指患者对自己精神状态的认识和判断能力。

自知力缺乏是重性精神障碍的重要标志，临床上往往将有无自知力及自知力恢复的程度作为判定病情轻重和疾病好转程度的重要指标。自知力完全恢复是精神疾病康复的重要指标之一。

第二节 精神分裂症

PPT

精神分裂症是一组病因、临床表现、治疗反应及病程不同的疾病。临床表现涉及感知、思维、情感、认知和行为方面的异常，这些表现在不同的患者及同一患者的不同时期会有不同。多起病于青壮年，疾病对患者的影响通常严重而持续。精神分裂症是最常见的重性精神疾病之一，但其本质特征尚未明了，诊断主要依据全面的病史材料和精神状况检查，缺乏特异的实验指标和病理生理体征。

一、病因及发病机制

1. 病因尚未明确，可能与下列因素有关

（1）遗传因素 是精神分裂症最可能的一种素质因素。目前认为多基因遗传方式的可能性最大。也有人认为是常染色体单基因遗传或多源性遗传。

（2）性格特征改变 约40%患者的病前性格具有孤僻、冷淡、敏感、多疑、富于幻想等特征，即内向性性格。

（3）精神分裂症发病与年龄有一定关系，多发生于青壮年，约50%患者于20~30岁发病。发病年龄与临床类型有关，偏执型发病较晚。

（4）环境因素　家庭中父母的性格，言行、举止和教育方式（如放纵、溺爱、过严）等都会影响子女的身心健康或导致其个性偏离常态；家庭成员间的关系及其精神交流的紊乱；生活不安定、居住拥挤、职业不固定、人际关系不良、噪声干扰、环境污染等均对发病有一定作用。农村精神分裂症发病率明显低于城市。

（5）心理因素　一般认为不良生活事件可诱发精神分裂症，诸如失学、失恋、学习紧张、家庭纠纷、夫妻不和、意外事故等均对发病有一定影响，但这些事件的性质均无特殊性。

二、临床表现 🅔微课

本症可发生于任何年龄，以青壮年最多，20～30岁发病者约占50%。一般起病缓慢。

1. 早期　可出现神经衰弱综合征症状或有强迫症状，但不主动要求治疗。随着这些症状的发展，逐渐显露出精神分裂症状和病型的特点。

2. 发展期　症状几乎涉及精神障碍症状学中大部分内容，每个病例随类型不同虽然有区别，但有以下共同特征。

（1）思维障碍　是精神分裂症在整个病程中必不可缺的症状。在早期往往不引人注意，至发展期变得突出。思维障碍中有联想障碍及思维内容障碍。联想障碍开始多为联想松弛，谈话内容不紧凑，应答往往不切题，进而出现联想散漫，重则出现思维破裂、联想中断；或有象征性思维、语词新作。思维内容障碍多为各种妄想，其逻辑推理荒谬离奇，无系统性，脱离现实，且常有泛化，涉及众人；妄想内容以被害、嫉妒等多见，也可存在夸大、罪恶等妄想；还可有被控制感、思维播散、思维插入或思维被夺。

（2）感知觉障碍　以幻听最多见，如评论性、争议性或命令性幻听，或思维化声。其他幻觉次之。

（3）情感障碍　是精神分裂症最易引人注意的症状。情感表现与思维活动和意志行为互不协调，与周围环境也不协调，是本症特征。情感障碍以迟钝、淡漠多见，对身边事务毫不关心，并常常无明显诱因出现易怒、急躁、情感爆发、情感矛盾等。

（4）意志行为障碍　多表现为精神运动性抑制，呆坐少动，沉默寡言，独居一处，与家人也交往少，呈木僵状态。相反则出现不协调性兴奋，如躁动不安、易冲动、自伤等。有的表现出幼稚、傻气等。

（5）智力障碍　智力尚保持良好；但有的随着病情发展，于后期可有智力减退和人格改变。

3. 慢性期　发展期症状如不缓解，或病情多次复发，迁延多年后，可呈所谓慢性期或衰退期精神分裂症。此时，发展期的症状大部分消退，出现人格幼稚化及精神活动减退，如思维贫乏、感情淡漠等，孤独退缩，生活需要被照顾，记忆力、计算力减退，主动性不足。

三、诊断要点

精神分裂症的诊断应结合病史、临床症状、病程特征及体格检查和实验室检查的结果来做出，典型病例诊断一般不难。

一般来说，患者在意识清晰的基础上，持续较长时间出现下述症状就要想到精神分裂症的可能，出现的症状条目越多，诊断的信度和效度就越高。

1. 思维化声、思维插入或思维被夺以及思维被广播。

2. 明确涉及躯体或四肢运动，或特殊思维、行动或感觉的被影响、被控制或被动妄想；妄想性思维障碍。

3. 对患者的行为进行跟踪性评论或彼此对患者加以讨论的幻听（评论性或争议性幻听），或来源于身体一部分的其他类型的听幻觉。

4. 与文化不相称且根本不可能的其他类型的持续性妄想，如具有某种宗教或政治身份，或超人的力量和能力（例如能控制天气，或与另一世界的外来者进行交流）。

5. 伴有转瞬即逝的或未充分形成的无明显情感内容的妄想、或伴有持久的超价观念、或连续数周或数月每日均出现的任何感官的幻觉。

6. 联想断裂或无关的插入语，导致言语不连贯，或不中肯或词语新作。

7. 紧张性行为，如兴奋、摆姿势，或蜡样屈曲、违拗、缄默及木僵。

8. 阴性症状，如显著的情感淡漠、言语贫乏、情感反应迟钝或不协调，常导致社会退缩及社会功能的下降，但必须澄清这些症状并非由抑郁症或抗精神病药物治疗所致。

9. 个人行为的某些方面发生显著而持久的总体性质的改变，表现为丧失兴趣、缺乏目的、懒散、自我专注及社会退缩。

四、鉴别诊断

在临床上，精神分裂症的诊断实际上是依靠排除法做出的。临床上常需与以下疾病相鉴别。

1. 继发性精神病性障碍　理论上讲，凡能引起大脑功能异常的疾病均可能出现精神病性症状，尤其当颞叶和中脑受到损伤时。当患者表现出任何不典型或少见的症状，或有意识水平变化时更应小心。即使是对以往诊断为精神分裂症的患者也需要排除是否由于躯体疾病所致，比如既往的精神症状也许是一个未被诊断出来的脑肿瘤所致。某些精神活性物质及治疗药物（如激素类、抗帕金森病药等）的使用可导致精神症状的出现。

2. 其他精神病性障碍　如分裂样精神障碍、急性短暂性精神病性障碍可以表现出与精神分裂症类似的症状，应予以鉴别。分裂样精神障碍主要特点是病程不足 1 个月。急性短暂性精神障碍的特点是在没有前驱期症状的情况下突然起病，精神病性症状在 2 周内达到疾病的顶峰状态，症状的性质与强度通常每天之间甚至一天之内都有变化，通常在数天内完全缓解，个体能恢复到病前功能水平，部分患者病前有明显的应激因素。

3. 心境障碍　严重的抑郁或躁狂发作患者也会表现出与心境协调的妄想或幻觉，但这些精神病性症状在情绪症状有所改善时就会较快消失，不是疾病的主要临床相。严重抑郁患者思维迟缓，行为动作减少有时可达亚木僵或木僵的程度，此时需与紧张性木僵鉴别。

4. 焦虑与强迫障碍　部分精神分裂症患者，尤其是疾病早期，常出现焦虑、抑郁和强迫等症状。

5. 人格障碍　某些人格障碍，如分裂型、边缘型及强迫型人格障碍可以表现出某些精神分裂症的特点。

五、治疗

精神分裂症的治疗以精神药物治疗为主。

1. 抗精神病药物　常用药物有氯丙嗪、氯氮平、舒必利、奋乃静、氟哌啶醇等，并以氯丙嗪为首选药物，氯丙嗪、氯氮平均有较明显疗效。氟哌啶醇有不明显的抗幻觉和妄想作用，并能减轻或消除孤独退缩症状，适用于急性和慢性精神分裂症。

✎ 练一练

下列属于治疗精神分裂症药物的是（　　）

A. 利培酮　　　　　　　　　B. 卡马西平　　　　　　　　　C. 盐酸氯米帕明

D. 盐酸阿米替林　　　　　　E. 阿普唑仑

答案解析

❤ 药爱生命

氯丙嗪的应用

氯丙嗪能够显著缓解精神分裂症症状，如进攻、亢进、妄想、幻觉等，但对冷漠等阴性症状效果不显著。急性期时药物起效较快。氯丙嗪主要用于 I 型精神分裂症（精神运动性兴奋和幻觉妄想为主）的治疗，尤其对急性患者效果显著，但不能根治，需长期用药，甚至终身治疗；对慢性精神分裂症患者疗效较差。对 II 型精神分裂症患者无效甚至加重病情。氯丙嗪对其他精神分裂症伴有的兴奋、躁动、紧张、幻觉和妄想等症状也有显著疗效。

2. 电抽搐治疗　对紧张性兴奋和木僵、兴奋躁动、伤人、自伤和消极情绪严重者的疗效显著。症状控制后应配合精神药物治疗。

3. 胰岛素昏迷治疗　对偏执型和青春型精神分裂症疗效较好。由于治疗方法复杂，需要专门设施和受过训练的人员监护、治疗期长等因素的限制现几乎已被更方便、更安全的抗精神病药物取代。

4. 精神治疗　是指广义的精神治疗。作为一种辅助治疗有利于提高和巩固疗效，适用于偏执型和精神因素明显的恢复期患者，行为治疗有利于慢性期患者的管理与康复。

5. 精神外科治疗　是一种破坏性治疗措施，适应证应从严掌握，仅作为应用其他方法久治无效、危及社会和周围人安全的慢性难治患者的最后的治疗手段。

不论是首次发作还是复发的精神分裂症患者，抗精神病药物治疗应作为首选的治疗措施。而健康教育、工娱治疗、心理社会干预等措施应该贯穿治疗的全过程，即目前倡导的全病程治疗。对部分药物治疗效果不佳和（或）有木僵违拗、频繁自杀、攻击冲动的患者，急性治疗期可以单用或合用电抽搐治疗。对于诊断明确、治疗合作且无潜在风险者，可以选择门诊治疗。住院治疗的指征包括：有潜在危险者（自杀、攻击暴力、共患严重躯体疾病、生活自理困难等）、治疗不合作者、诊断不明确者、需要调整药物治疗方案者。

❓ 想一想

想一想精神分裂症药物治疗时，如何进行选药？并充分考虑人文关怀。

答案解析

👁 看一看

精神医学临床访谈

临床面试是精神病学中最重要的技能。面谈是了解患者困难的主要手段。这种理解导致了诊断公式和治疗计划的发展。面谈对精神病学的重要性不亚于手术室对外科的重要性，实验室对内科的重要性。

精神病学的评估过程主要依赖于精神病医师的访谈和观察技能，因为没有实验室测试、组织诊断或成像方法可用于确认精神病学诊断。

面试可以被定义为"为特定的职业目的鼓励个人信息披露的技能"并具有以下目的：以高效的方式收集临床信息，引发情绪、感觉和态度，建立医患关系，发展融洽关系，生成并测试一组假设，以得出首选诊断，同时列出必须考虑的其他条件（称为鉴别诊断），确定进一步调查的方向及领域，制定治疗计划及方案。

目标检测

答案解析

一、单项选择题

1. 精神分裂症最多见的幻觉是

    A. 视幻觉   B. 听幻觉   C. 触幻觉

    D. 嗅幻觉   E. 本体幻觉

2. 精神分裂症的遗传方式最可能的是

    A. 单基因遗传   B. 双基因遗传   C. 多基因遗传

    D. 常染色体显性遗传   E. 常染色体隐性遗传

3. 在意识清晰的基础上，以下哪项对精神分裂症最具诊断意义

    A. 被害妄想   B. 嫉妒妄想   C. 牵连观念

    D. 思维散漫   E. 夸大妄想

4. 下列哪项不属于精神分裂症的阳性症状

    A. 幻听   B. 关系妄想   C. 幼稚愚蠢行为

    D. 情感倒错   E. 孤僻离群

5. 在精神分裂症的病因学研究中，目前认为最重要的致病因素是

    A. 遗传   B. 环境   C. 生化

    D. 脑萎缩   E. 精神刺激

6. 患者，男，18岁。3个月前无明显诱因急性起病，意识清晰，表现说话难以理解，行为幼稚怪异，傻笑，当众裸体玩弄自己的生殖器。有片段的耳闻远方亲友声音的幻觉，有时觉得有人跟踪。此患者最可能的诊断是

    A. 分裂情感性障碍   B. 精神分裂症   C. 品行障碍

    D. 病毒性脑炎   E. 分裂样精神病

7. 患者，男，30岁。近半年来总觉得有人跟踪自己，有人在屋里放了窃听器而不敢大声讲话，常听见有人在议论如何对付他但又看不到人，街上的陌生人对他也心怀恶意，因而表现闷闷不乐，闭门不出，写信到公安局请求保护。此患者最可能的诊断是

    A. 分裂情感性障碍   B. 精神分裂症   C. 抑郁症

    D. 病毒性脑炎   E. 分裂样精神病

8. 患者，女，20岁，大学生。家人诉患者近3年来逐渐变得少语少动，孤僻离群，对亲友冷淡，个人卫生需督促，经常发呆，学习成绩明显下降，对自己的前途无打算。未发现幻觉妄想。患者病前性格内向，但学习成绩良好。家族中其叔叔患精神病于15年前离家出走，至今下落不明。此患者最可能的诊断是

    A. 精神分裂症   B. 品性障碍   C. 分裂样精神病

    D. 抑郁症   E. 人格障碍

二、多项选择题

1. 精神分裂症患者常见的前驱期症状包括

    A. 行为改变   B. 思维改变   C. 认知改变

    D. 躯体改变   E. 情绪改变

2. 在意识清晰的基础上出现以下哪些幻觉对诊断精神分裂症有特征性

    A. 评议性幻听   B. 争论性幻听   C. 命令性幻听

    D. 入睡前幻听   E. 噪声性幻听

三、简单题

精神分裂症最具特征性的症状有哪些?

(孟　松)

书网融合……

重点回顾   微课   习题

第十一章 传染性疾病

学习目标

知识目标：

1. 掌握 传染性疾病的流行特性、临床表现及诊治方法。

2. 熟悉 传染性疾病的发生及发展；传染病诊治的流程。

3. 了解 传染性疾病的病因、发病机制。

技能目标：

1. 具备对传染性疾病预防和初步处理的能力。

2. 能根据病史、体格检查及其有关的辅助检查等资料做出初步诊断。

素质目标：

具备良好的医患沟通能力，全心全意为患者服务的人文素质。

📖 **导学情景**

情景描述： 患者，男，40岁，工人。乏力，食欲不振3个月，腹胀、黄疸1周，皮下出血和瘀斑3天入院。家族中无遗传性疾病史。

体格检查： 体温38.9℃，呼吸26次/分，脉搏92次/分，血压128/79.5mmHg。患者神志清晰，精神萎靡，急性病容，消瘦。全身皮肤、黏膜重度黄染，胸部和双下肢皮下散在出血点和瘀斑，腹膨隆，肝区深压痛阳性，肝右肋下3cm，质中、边缘光滑。移动性浊音阳性。

腹部B超提示： 肝右肋下3cm伴中度腹腔积液。实验室检查：血常规：WBC $13.2 \times 10^9/L$，PLT $172 \times 10^9/L$；尿常规：尿胆原阳性，尿胆红素阳性；大便常规：粪胆原阳性；生化及免疫学检查：BUN 16.5mmol/L，Cr 154μmol/L，血糖8.7mmol/L，HBsAg（＋）、HBsAb（－）、HBeAg（＋）、HBeAb（－）、HBcAb（＋），AST 670U/L，ALT 395U/L，TBIL 160μmol/L，DBIL 91.3μmol/L，IBIL 68.7μmol/L，TP 55g/L，ALB 21g/L，GLB 34g/L。

情景分析： 结合主诉及现病史，根据该患者的临床发病特点，初步诊断为"慢性乙型病毒性肝炎"。

讨　　论： 1. 慢性乙型病毒性肝炎的临床表现特点是什么？

　　　　　　2. 为进一步明确诊断需要进行的下一步检查有哪些？

学前导语： HBV感染多发生于婴幼儿及青少年，主要传播途径有血液传播、母婴垂直传播、日常生活密切接触及性接触等途径；可并发肝硬化、肝性脑病等严重疾病，请结合该患者的病情特点及辅助检查，判断该患者是否需要隔离，目前出现了哪些并发症？进一步的治疗药物有哪些？

感染性疾病是指由病原体感染所致的疾病，包括传染病和非传染性感染性疾病。传染病是指由病原微生物感染人体后，在一定条件下可造成流行，并有传染性的疾病。传染病学主要研究各种有传染性疾病的发生发展、治疗方法和预防措施。是以治病救人，防治结合为目的的一门学科。

历史上传染病曾对人类造成很大的灾难。在"预防为主、防治结合"的方针指引下，围生期保健工作不断加强，免疫接种覆盖率逐年提高，目前天花已被消灭，脊髓灰质炎也已接近被消灭。

第一节 病毒性疾病

一、流行性感冒

流行性感冒是由流感病毒引起的急性呼吸道传染病，经呼吸道传播，传染性强，潜伏期短，传播迅速，尤其甲型流感在历史上曾对人类造成多次大流行，从而引起死亡性灾难。

（一）病原学

流感病毒属于正黏病毒科，属 RNA 病毒，呈球形或丝状，直径为 80～120nm，丝状流感病毒的长度可达 400nm。病毒由包膜、基质蛋白及核心组成，核心包含病毒单股负链 RNA，具有特异性。

根据流感病毒感染的对象可分为人、家禽、猪以及马等人畜共患。人类流感病毒根据其核蛋白和基质蛋白 M 的抗原性分为甲、乙、丙三型，且三型之间无交叉免疫。

流感病毒中抗原漂移与抗原转变是主要的抗原变异形式。甲型流感病毒抗原变异频繁，乙型、丙型流感病毒的抗原性很稳定。

流感病毒不耐热，加热至 56℃ 30 分钟、65℃ 5 分钟或 100℃ 1 分钟即可灭活；也不耐酸和乙醚，对紫外线、甲醛、乙醇和常用消毒剂均敏感。在干燥低温环境中可长期保存。

（二）流行病学

1. 传染源 主要为流感患者和隐性感染者。

2. 传播途径 主要以空气飞沫或气溶胶经呼吸道传播。也可通过直接接触或被污染的日常用具等间接传播。

3. 人群易感性 人群普遍易感，感染后获得对同型病毒免疫力，但持续时间短，各型及亚型之间无交叉免疫，可反复感染。

（三）发病机制

流感病毒进入呼吸道后，在纤毛柱状上皮细胞内复制，再侵入其他柱状上皮细胞，在上皮细胞发生变性、坏死与脱落，从而引起局部炎症，并出现全身中毒症状，如发热、乏力、全身酸痛和白细胞减少等。

（四）临床表现

流感潜伏期通常为 1～3 天（数小时至 4 天）。

1. 单纯流感 又称为典型流感，起病急骤，前驱期即出现发热、寒战、显著乏力、头痛、肌肉酸痛等全身中毒症状，但体征较轻。少数患者伴有流涕、咽痛、干咳、恶心、呕吐、食欲不振及腹泻等症状。体温可达 39℃ 左右，可持续 3～4 天，查体可见急性病容，颜面潮红，结膜充血，肺部可闻及干啰音，病程 4～7 天，但乏力、干咳可持续数周。

2. 其他类型 可分为胃肠型、肺炎型和中毒型。

（五）实验室和其他检查

1. 实验室检查

（1）血常规 白细胞计数正常或减少，分类正常或相对淋巴细胞增多。如有白细胞计数显著升高，说明有继发性细菌感染。

（2）补体结合试验和血凝抑制试验 取起病初和起病 2～4 周后双份血清滴度升高 4 倍及以上，可作为回顾性诊断或流行病学调查。

（3）病毒分离 起病 3 日内，患者咽拭子或口咽分泌物分离培养出病毒，即可诊断。

（4）反转录聚合酶联反应 患者上呼吸道分泌物中，流感病毒 RNA 可快速、敏感、特异性诊断。

2. X 线检查 部分患者可发生支气管感染，可见支气管纹理增多的征象；重症患者可出现肺部浸润性病变或胸腔积液。

（六）诊断与鉴别诊断

1. 诊断 结合流行病学资料，以全身中毒症状重为主，有高热、显著乏力等全身中毒症状，且临床症状及并发肺部炎症时出现严重呼吸道症状的体征。患者咽拭子或口咽分泌物分离培养出流感病毒即可确诊。

2. 鉴别诊断 应与普通感冒及其他全身或上呼吸道感染性疾病相鉴别。

（七）治疗

治疗原则：卧床休息，隔离患者，减少传播，及早应用抗病毒药物，合理对症治疗，预防并发症。

1. 一般治疗 卧床休息，多饮水，注意营养。密切观察和监测并发症。

2. 抗流感病毒治疗 目前尚无有效的抗病毒药物。可选用离子通道阻滞剂，如金刚烷胺；神经氨酸酶抑制剂，如奥司他韦。

（八）预防

1. 控制传染源 全球检测，加强疫情监测，及时掌握疫情动态，及早对流感患者进行呼吸道隔离和早期治疗。发现疑似患者或接触过患者，隔离时间为病后 1 周或至主要症状消失。

2. 切断传播途径 保持空气清新，加强通风，必要时要对公共场所进行消毒。流行感染期间及地区，应避免集体活动。

3. 保护易感人群 以接种疫苗及药物预防为主。

二、病毒性肝炎 e 微课

病毒性肝炎由多种肝炎病毒引起，是以肝脏损害为主的、具有全身性表现的传染性疾病。按病原学常分为甲型、乙型、丙型、丁型、戊型五种肝炎病毒。我国多见慢性乙型肝炎病毒感染的患者。病毒性肝炎传播途径呈多样性，流行性广，发病率高。

（一）病原学

肝炎病原体目前已证实的有甲、乙、丙、丁，戊五型。不排除仍有未发现的肝炎病毒存在。

1. 甲型肝炎病毒（HAV） 呈球形，直径 27～32nm，无包膜。目前我国已分离的 HAV 均为 I 型，只有 1 个抗原抗体系统。

HAV 对外界抵抗力较强，耐酸、耐碱；室温下可生存 1 周；干粪便中 25℃ 能生存 30 天；在贝壳类动物、污水、淡水、海水、泥土中能生存数月。对紫外线、氯、甲醛等敏感。60℃ 30 分钟、80℃ 5 分钟或 100℃ 1 分钟才能完全灭活。

2. 乙型肝炎病毒（HBV） 为嗜肝病毒科正嗜肝 DNA 病毒属。有完整的病毒颗粒又称 Dane 颗粒，直径 42nm，分为包膜和核心两部分。包膜上的蛋白质，为乙肝表面抗原（HBsAg）；核心部分是复制和感染的主体，为 HBV－DNA，DNA 聚合酶（DNAP），乙肝核心抗原（HBcAg）及乙肝 e 抗原（HBeAg）。

HBV 的抵抗力很强，对热、低温、干燥、紫外线及一般的消毒剂均能耐受。在 37℃ 可存活 1 周，在血清中 30℃ 至 32℃ 可保存 6 个月，零下 20℃ 可保存 15 年。100℃ 10 分钟、65℃ 10 小时或高压蒸汽消毒可被灭活，对 0.2% 苯扎溴铵及 0.5% 过氧乙酸均敏感。

3. 丙型肝炎病毒（HCV） 为黄病毒科丙型肝炎病毒属，单股正链 RNA 病毒，呈球形颗粒，直径 30～60nm，外有脂质外壳、囊膜和棘突结构，内有由核心蛋白和核酸组成的核衣壳。HCV 有基因型 6 个，同一基因型可分为多种亚型。中国最常见 1 型基因型，呈世界性分布。

对有机溶剂敏感，10% 三氯甲烷可杀灭 HCV。经 60℃ 10 小时或 1∶1000 甲醛 37℃ 6 小时可使传染性丧失。煮沸、紫外线等亦可使 HCV 灭活。

4. 丁型肝炎病毒（HDV） HDV 呈球形，直径 35～37nm，是缺陷病毒。HDV 是必须与 HBsAg 共存才能复制感染。

5. 戊型肝炎病毒（HEV） 为 20 面对称体球形颗粒，无包膜，直径 27～34nm。单股正链 RNA，全长 7.2～7.6kb。根据同源性可分为至少 4 个基因型，其中 I 型以水源性流行，主要感染青壮年男性，孕妇感染后病死率高达 20%，为人畜共患病。HEV 在碱性环境下较稳定，对高热，三氯甲烷等敏感。

（二）流行病学

甲型肝炎人群流行率（抗 – HAV 阳性）约 80%。全世界 HBsAg 携带者约有 3.5 亿，其中我国占 1 亿左右。全球 HCV 感染者约 1.7 亿，我国抗 – HCV 阳性者占 1%～3%，约 3000 万。HDV 人群流行率约 1%，HEV 人群流行率约 20%。

1. 传染源 HAV、HEV 传染源为急性期患者和隐性感染者。HAV 患者起病前 2 周至血清丙氨酸转氨酶（ALT）高峰期后 1 周，少数患者可延长至其病后 30 天。传染源和传播途径与甲型肝炎相似，隐性感染多见，显性感染主要发生于成年。原有慢性 HBV 感染者或晚期孕妇感染 HEV 后病死率高。

HBV、HCV、HDV 的传染源主要是急、慢性肝炎患者和病毒携带者。急性患者在潜伏期末及急性期有传染性。慢性患者和病毒携带者作为传染源的意义最大。

2. 传播途径 HAV、HEV 肝炎以消化道（粪 – 口）途径传播为主，水源污染和贝壳类海产品感染可引起爆发性流行。

HBV、HCV、HDV 传播途径有：①血液为主要途径，输注病毒污染的血液、血制品或注射器和医疗器具等；②母婴垂直传播是重要的传播途径，包括分娩、哺乳等方式；③日常生活密切接触、性接触等途径。

3. 人群易感性 对各类肝炎病毒人群普遍易感。HAV 感染最多见于儿童；HBV 感染多发生与婴幼儿及青少年；HCV 感染多见于成年人；HEV 感染多见于中青年。肝炎之间无交叉免疫，单人最多可患有 4 型肝炎病毒。

（三）发病机制与病理改变

1. 发病机制

（1）HAV 与 HEV 感染 引起肝细胞损伤的机制尚未完全明确。HAV 经口进入人体内后，通过肠道进入血液循环，引起短暂的病毒血症，约 7 天后进入肝细胞内复制，14 天后经胆汁排出体外。

（2）HBV 感染 HBV 的发病机制非常复杂，目前尚未完全阐明。HBV 侵入人体后，未被单核 – 吞噬细胞系统清除的病毒到达肝脏或肝外组织，如胰腺、胆管、脾、肾、淋巴结及骨髓等。肝细胞病变主要取决于机体的免疫应答，尤其是细胞免疫应答。

（3）HCV 感染 HCV 进入人体内后，可引起毒血症，毒血症间断地出现于整个病程。目前认为 HCV 致肝细胞损伤有下列因素的参与：①HCV 直接杀伤作用；②宿主免疫因素；③自身免疫；④细胞凋亡。

（4）HDV 感染 发病机制还未完全阐明。

2. 病理改变 基本病理改为以肝脏损害为主，肾脏、胰腺、脑、关节、皮肤及心血管系统也有损害。病变为弥漫性细胞变性、坏死、再生、炎症细胞浸润和间质增生。

（四）临床表现

1. 临床特点 各型病毒感染的肝炎潜伏期不同，甲型肝炎为 2～6 周（约 4 周）；乙型肝炎为 1～6 个月（约 3 个月）；丙型肝炎为 2 周～6 个月（约 40 天）；丁型肝炎为 4～20 周；戊型肝炎为 2～9 周（约 6 周）。

（1）急性肝炎 各型肝炎病毒均可引起，HAV 和 HEV 只表现为急性感染，HBV、HCV、HDV 表现为急性或慢性感染的肝炎表现，可进展为肝硬化和肝癌。急性肝炎包括急性黄疸型肝炎和急性无黄疸型肝炎。

1）急性黄疸型肝炎 病程为 2 至 4 个月。①黄疸前期：本期持续 5～7 天。表现为起病急骤，约 80% 患者有发热伴畏寒、全身乏力、食欲减退、恶心、呕吐、厌油、腹胀、肝区疼痛、尿色加深等，肝功能改变主要为 ALT、AST 升高。HBV、HCV、HDV 肝炎起病相对较缓，仅少数有发热或无发热，伴有皮疹、关节痛等。②黄疸期：本期持续 2～6 周。表现为自觉症状减轻，巩膜和皮肤出现黄疸，尿黄加深，部分患者可出现一过性粪色变浅与皮肤瘙痒。查体：肝大，质软，有压痛及叩痛，少数病例有脾大。实验室检查：肝功能有 ALT 和胆红素升高，尿胆红素阳性，血清病原学检查阳性，可帮助诊断。③恢复期：本期持续 1～2 个月。症状逐渐消失，黄疸消退，肝脏、脾脏回缩，肝功能逐渐恢复正常。

2）急性无黄疸型肝炎 病程持续为 2～3 个月。除无黄疸外，其他临床表现与黄疸型相似。发病率远高于黄疸型。临床表现有起病缓慢，症状较轻，有肝脏肿大，脾肿大少见。恢复较快。化验肝功能呈轻、中度升高。

（2）慢性肝炎 急性肝炎病程超过 6 个月或原有 HBV、HCV、HDV 肝炎急性发作再次出现肝炎症状、体征及肝功能异常者；发病日期不明确或虽无肝炎病史，但根据肝组织病理学或根据症状、体征、化验及 B 超检查符合慢性肝炎者。依据病情轻重可分为轻、中、重三度。

2. 并发症

（1）肝性脑病 诱因有上消化道出血、感染、高蛋白饮食、大量放腹水等，其发生为多因素综合作用的结果。肝功能不全所引起的神经精神证候群，可发生于重型肝炎和肝硬化。

（2）上消化道出血 病因主要有：①门脉高压；②胃黏膜广泛糜烂和溃疡；③凝血因子、血小板减少。上消化道出血可诱发肝性脑病、腹水、感染、肝肾综合征等。

（3）肝肾综合征 是肝病的终末期表现。主要表现为少尿或无尿，氮质血症，电解质平衡失调。约半数病例有出血、放腹水、大量利尿、严重感染等诱因。

（4）感染 以胆道、腹膜、肺多见，以革兰阴性杆菌为主，主要来源于肠道，应用广谱抗生素后，也可出现真菌感染。

（五）实验室检查及其他检查

1. 血常规 急性肝炎初期白细胞总数正常或略高。黄疸期白细胞总数正常或稍低，淋巴细胞相对增多，偶可见异型淋巴细胞。

2. 尿常规 尿胆红素和尿胆原有助于黄疸的鉴别诊断。

3. 肝功能检查

（1）血清酶测定 ①丙氨酸氨基转移酶（ALT）：在肝细胞损伤时释放入血，是反映肝细胞功能的常用指标。ALT 对肝病诊断的特异性比天冬氨酸氨基转氨酶（AST）高。②天冬氨酸氨基转移酶（AST）：在心肌内含量最高，依次为心、肝、骨骼肌、肾、胰。肝脏发生疾病时血清 AST 升高，示线粒体损伤，病情易持久且较严重，通常与肝病严重程度呈正相关。③乳酸脱氢酶（LDH）：肝病时可显著升高，但肌病时亦可升高，须配合临床加以鉴别。④y-氨酰转肽酶（y-GT）：肝炎和肝癌患者可显著升高，在胆管炎症、胆管阻塞的情况下更明显。⑤胆碱酯酶：其活性降低提示肝细胞已有较明显损伤，数值越低，示病情越重。⑥碱性磷酸酶（ALP 或 AKP）：主要来源于肝和骨组织，ALP 测定用于肝病和骨病的临床诊断。

（2）血清蛋白　慢性肝炎中度以上、肝硬化、重型肝炎时白蛋白下降，γ 球蛋白升高，A/G 比例下降甚至倒置。

（3）胆红素　胆红素含量是反映肝细胞损伤严重程度的重要指标。急性或慢性肝炎时，血清胆红素升高。

（4）PT、PTA、INR　PT 延长或 PTA 下降与肝损害严重程度密切相关。

4. 病原学检查

（1）甲型肝炎　①抗 – HAV IgM：是新近感染的证据，是早期诊断甲型肝炎最简便而可靠的血清学标志。在发病后数天即可阳性，3 ~ 6 个月转阴。临床上多采用酶联免疫吸附试验（ELISA）检测。②抗 – HAV IgG：属于保护性抗体，具有免疫力的标志。出现稍晚，2 ~ 3 个月达到高峰，持续多年或终身。③HAV – RNA：反转录聚合酶链反应（RT – PCR）法。是病毒感染和复制的直接标志。HCV – RNA 定量测定有助于了解病毒复制程度、抗病毒治疗的选择及疗效评估。

（2）乙型肝炎　①HBsAg 与抗 – HBs：常用 ELISA 法检测。HBsAg 在感染 HBV 2 周后即可阳性。HBsAg 阳性反映现症 HBV 感染，阴性不能排除 HBV 感染。抗 – HBs 为保护性抗体，阳性表示对 HBV 有免疫力。②HBeAg 与抗 – HBe：常用 ELISA 法检测。HBeAg 的存在表示病毒复制活跃且有较强的传染性。抗 – HBe 阳转后，病毒复制多处于静止状态，传染性降低。但长期抗 – HBe 阳性者并不代表病毒复制停止或无传染性。③HBcAg 与抗 – HBc：血清中 HBcAg 主要存在于 HBV Dane 颗粒的核心，常规方法不能检出。HBcAg 与 HBV – DNA 呈正相关，HBcAg 阳性表示 HBV 处于复制状态，有传染性。④HBV – DNA：是病毒复制和传染性的直接标志。目前常用聚合酶链反应（PCR）和分子杂交检测。PCR 技术灵敏，定性方法对临床诊断有帮助，但易因实验污染出现假阳性。荧光定量技术对于判断病毒复制程度，传染性大小，抗病毒药物疗效等有重要意义。

（3）丙型肝炎　①抗 – HCV IgM 和抗 – HCV IgG：不是保护性抗体，是感染的标志。抗 – HCV IgM 阳性提示现症感染。抗 – HCV IgG 阳性提示现症感染或既往感染。②HCV – RNA：HCV 在血液中含量很少，常采用 PCR 法以提高检出率。HCV – RNA 阳性是病毒感染和复制的直接标志。HCV – RNA 定量方法有助于了解病毒复制程度、抗病毒治疗的选择及疗效评估等。

（4）丁型肝炎　①HDV Ag：阳性是诊断急性 HDV 感染的直接证据。在病程早期出现，HDV Ag 多以免疫复合物形式存在，此时检测 HDV Ag 为阴性。在慢性 HDV 感染中，由于有高滴度的抗 – HDV，HDV Ag 多为阴性。②抗 – HDV IgM：阳性是现症感染的标志，当感染处于 HDV Ag 和抗 – HDV IgG 之间的窗口期时，可仅有抗 – HDV IgM 阳性。③抗 – HDV IgG：不是保护性抗体，高滴度抗 – HDV IgG 提示感染的持续存在，低滴度提示感染静止或终止。④HDV RNA：血清或肝组织中 HDV – RNA 是诊断感染最直接的依据。可采用分子杂交和 RT – PCR 方法检测。

（5）戊型肝炎　①抗 – HEV IgM 和抗 – HEV IgG：抗 – HEV IgM 在发病初期产生，是近期 HEV 感染的标志，大多数在 3 个月内阴转。抗 – HEV IgG 在急性期滴度较高，恢复期则明显下降；如果抗 – HEV IgG 滴度较高，或由阴性转为阳性，或由低滴度升为高滴度，均可诊断为 HEV 感染。②HEV – RNA：采用 RT – PCR 法在粪便和血液标本中检测到 HEV – RNA，可明确诊断。

5. 影像学检查

（1）B 型超声　有助于鉴别阻塞性黄疸、脂肪肝及肝内占位性病变。

（2）彩色超声　尚可观察到血流变化。

（3）CT、MRI　应用价值基本同 B 超，但价格较昂贵。

6. 肝组织病理　对明确诊断、衡量炎症活动度，纤维化程度及评估疗效具有重要价值。还可在肝组织中原位检测病毒抗原或核酸，确定病毒复制状态。

（六）诊断与鉴别诊断

1. 诊断　结合临床表现、流行病学病史及实验室检查等资料进行诊断。

2. 鉴别诊断

（1）其他原因引起的黄疸　如溶血性黄疸及肝外梗阻性黄疸。

（2）其他原因引起的肝炎　如其他病毒所致的肝炎、感染中毒性肝炎、药物性肝损害、酒精性肝病、自身免疫性肝炎及脂肪肝等。

（七）治疗

治疗原则以综合治理为主，充分休息，合理饮食，辅以对症药物，避免过劳和服用损害肝脏的药物。

1. 急性肝炎　急性肝炎一般为自限性，多可完全康复。以一般治疗及对症支持治疗为主，饮食宜清淡易消化，适当补充维生素，热量不足者应静脉补充葡萄糖。急性期应进行隔离。一般不采用抗病毒治疗。

2. 慢性肝炎　可依据个体差异性制定综合治疗方案，包括心理健康，充分休息和均衡营养，保护肝功能，抗病毒，抗纤维化，调节机体免疫等治疗。

（1）一般治疗　适当休息，以高蛋白、高热量、高维生素且易消化食物为宜，保障患者心态平衡，及时纾解患者心中疑虑。必须卧床休息，尤其症状明显或病情较重者。

（2）抗病毒治疗　抑制病毒复制为重要目的，减少传染性；改善肝功能；减轻肝组织病变；提高生活质量；减少或延缓肝硬化、肝衰竭和原发性肝癌的发生，延长存活时间。

1）慢性乙型肝炎　核苷类似物：目前仅用于乙型肝炎的抗病毒治疗，可分为两类，即核苷类似物和核苷酸类似物，前者包括拉米夫定、恩替卡韦、恩曲他滨、替比夫定、克拉夫定等，后者包括阿德福韦酯、特诺福韦等。治疗方案根据患者病情而定。

2）慢性丙型肝炎　只要血清 HCV－RNA 阳性，ALT 升高与否，均应给予 IFN－α 治疗，联合利巴韦林可提高疗效。

3）慢性丁型肝炎　首选干扰素治疗，具体剂量与疗程可参考慢性乙型肝炎。

（3）免疫调节　如胸腺肽或胸腺素、转移因子、特异性免疫核糖核酸等。

（八）预防

1. 控制传染源　各型病毒性肝炎可依据潜伏期进行隔离，急性患者隔离治疗至症状消失。慢性患者和携带者可根据病毒复制指标评估传染性大小。凡现症感染者不能从事食品加工、饮食服务、托幼保育等工作。

2. 切断传播途径　做好食品卫生、搞好环境卫生和个人卫生，加强粪便，水源管理，养成良好的个人卫生习惯，接触患者后用肥皂和流动水洗手，各种血制品严格把控管理，医疗器械实行一用一消毒措施，采取主动和被动免疫阻断母婴传播。

3. 保护易感人群

（1）主动免疫　甲型肝炎、乙型肝炎及戊型肝炎可接种疫苗。

（2）被动免疫　可接种人丙种球蛋白及乙肝高效价免疫球蛋白。

诊断病毒性肝炎最可靠的根据是（　）

A. 发病季节　　　　　　B. 起病方式　　　　　　C. 症状及体征

D. 接触史　　　　　　　E. 病原学检查

答案解析

三、艾滋病

艾滋病是获得性免疫缺陷综合征（AIDS）的简称，系由人免疫缺陷病毒（HIV）引起的慢性传染病。本病主要经性接触、血液及母婴传播。HIV 主要侵犯、破坏 $CD4^+$ T 淋巴细胞，导致机体免疫细胞和（或）功能受损乃至缺陷，最终并发各种严重机会性感染和肿瘤。具有传播迅速、发病缓慢、病死率高的特点。

（一）病原学

HIV 为单链 RNA 病毒，属于反转录病毒科，慢病毒属中的人类慢病毒组。HIV 为直径 $100\sim120nm$ 的球形颗粒，由核心和包膜两部分组成。HIV 既嗜淋巴细胞，又嗜神经细胞，主要感染 $CD4^+$ T 细胞以及单核 – 吞噬细胞、B 淋巴细胞、小神经胶质细胞和骨髓干细胞等。根据 HIV 基因的差异，目前可将 HIV 分为 HIN – 1 型和 HIV – 2 型。包括我国在内，全球流行的主要毒株是 HIV – 1。

HIV 对外界抵抗力低。对热敏感，100℃ 20 分钟可将 HIV 完全灭活。能被 75% 乙醇，0.2% 次氯酸钠及含氯石灰灭活。0.1% 甲醛、紫外线和 γ 射线均不能灭活 HIV。

（二）流行病学

1. 传染源　HIV 感染者和艾滋病患者是本病唯一的传染源。血清病毒阳性而 HIV 抗体阴性的窗口期感染者也是重要的传染源，窗口期通常为 2~6 周。

2. 传播途径　传染途径主要是性接触、血液接触和母婴传播。

3. 易感人群　人群普遍易感。中、青年高发。儿童和妇女感染率逐年上升。高危人群为性乱者、男性同性恋、静脉药物依赖者、多次接受输血或血制品者。遗传因素可能与发病亦有关系。

想一想

艾滋病的传播方式有哪些？

答案解析

（三）发病机制

HIV 入侵人体后，通过其外膜糖蛋 GP120 特异性地作用于细胞表面含有 CD4 糖白分子的 T 淋巴细胞（主要为辅助诱导淋巴细胞及某些单核巨噬细胞），因此 CD4 的辅助性 T 细胞是 HIV 的主要靶细胞，CD4 分子是 HIV 作用的受体。

（四）临床表现

1. 临床分期　潜伏期平均 9 年，可短至数月，长达 15 年。与 HIV 相关的临床表现呈多种多样，将艾滋病分为急性期、无症状期和艾滋病期。

（1）急性期　通常发生在初次感染 HIV 的 2~4 周，大多数患者临床症状轻微，持续 1~3 周后缓解。临床表现以发热最为常见，可伴有全身不适、头痛、盗汗、恶心、呕吐、腹泻、咽痛、肌痛、关节痛、皮疹、淋巴结肿大以及神经系统症状等，症状持续 3～14 天后消失。此期血清可检出 HIV - RNA 及 P$_{24}$抗原。部分感染者出现 HIV 病毒血症和免疫系统急性损伤所产生的临床症状。

（2）无症状期 从急性期进入此期或无明显的急性期症状而进入此期。此期持续时间一般为 6～8 年无症状期。此期由于 HIV 在感染者体内不断复制，免疫系统受损，CD4$^+$T 淋巴细胞计数逐渐下降，此期具有传染性。

（3）艾滋病期 ①艾滋病相关综合征：表现为持续 1 个月以上的发热、盗汗、腹泻；体重减轻 10% 以上。部分患者表现为神经精神症状，如记忆力减退，精神淡漠，性格改变，头痛、癫痫及痴呆等。另外还可出现持续性全身淋巴结肿大，其特点为：全身包括腹股沟有两处以上部位的淋巴结肿大。淋巴结直径≥1cm，质地韧，可移动，无压痛，无粘连。持续时间 3 个月以上，且无其他可解释原因。②各种机会性感染及肿瘤：由于免疫功能缺陷所导致的继发性机会性感染或恶性肿瘤的症状。

（五）实验室和其他检查

1. 血常规 有 WBC、RBC 及血红蛋白降低，少数患者血小板也会降低，尿常规中尿蛋白异常及肝肾功能异常。

2. 免疫学检查 CD4$^+$T 淋巴细胞计数明显下降，CD8$^+$T 淋巴细胞计数正常范围，CD4/CD8≤1（正常为 1.5～2）。

3. 特异性诊断检查

（1）抗体检测 抗 - HIV 抗体阳性即可诊断，感染 HIV 3～4 周抗体即开始出现。

（2）抗原检测 在急性感染初期可用 P$_{24}$快速诊断，感染后 1～2 周逐渐消失。

（3）核酸检测 HIV - RNA 阳性表示病毒复制即可诊断，敏感性为 100%，特异性为 97%。也可用于观察病情治疗情况。

（4）病毒分离 从外周淋巴细胞、精液、宫颈分泌物、脑脊液可分离出病毒。

（五）诊断与鉴别诊断

1. 诊断 结合流行病史，有短期内体重下降 10% 以上，不明原因低热、腹泻≥4 周，全身淋巴结肿大等表现。抗 - HIV 抗体阳性即可诊断；在急性感染初期可用 P$_{24}$快速诊断；HIV - RNA 阳性表示病毒复制即可诊断。

2. 鉴别诊断

（1）艾滋病急性感染期（早期） 需与流感、感冒、急性淋巴结炎等疾病进行鉴别。

（2）艾滋病晚期出现各种感染、肿瘤等疾病时，需要和肝硬化所致脾功能亢进症、原发性肿瘤进行鉴别。

（3）艾滋病还需和恐艾症进行鉴别。

（六）治疗

目前尚无特效疗法。

1. 高效抗反转录病毒治疗 是针对病原体的特异治疗，目标是最大限度的抑制病毒复制，重建或维持免疫功能。降低病死率和 HIV 相关疾病的罹患率，提高患者的生活质量；减少免疫重建炎症反应综合征；减少艾滋病的传播，预防母婴传播。目前主张联合用药称为高效抗反转录病毒治疗（HAART）。

2. 免疫重建 免疫重建炎症反应综合征发生时，应继续进行抗病毒治疗，根据情况对出现的潜伏性感染进行针对性的病原治疗，症状严重者可短期使用糖皮质激素。

3. 对症支持 加强营养支持治疗，有条件可辅以心理治疗。

（七）预防

1. 管理传染源　加强国境检疫。隔离治疗患者及监控无症状 HIV 感染者。高危人群普查 HIV 感染有助于发现传染源。

2. 切断传播途径　加强艾滋病防治知识宣传教育。

3. 保护易感人群　可选用 24 小时阻断药物。

💗**药爱生命** ————————————————————————————————————

世界艾滋病日

世界卫生组织于 1988 年将每年的 12 月 1 日定为世界艾滋病日，号召世界各国和国际组织在这一天举办相关活动，宣传和普及预防艾滋病的知识。

世界艾滋病日的标志是红丝带。红丝带标志的意义：红丝带像一条纽带，将世界人民紧紧联系在一起，共同抗击艾滋病，它象征着我们对艾滋病病毒感染者和艾滋病患者的关心与支持；象征着我们对生命的热爱和对和平的渴望；象征着我们要用"心"来参与预防艾滋病的工作。

————————————————————————————————————

四、狂犬病

狂犬病又名恐水症，是由狂犬病毒引起的一种侵犯中枢神经系统为主的急性人兽共患传染病。通常由病兽通过唾液以咬伤方式将狂犬病毒传给人。迄今为止，发病后病死率达 100%。

（一）病原学

狂犬病毒属于弹状病毒科拉沙病毒属，形似子弹，大小约为 75nm × 180nm，单股负链 RNA，外面为核衣壳和含脂蛋白及糖蛋白的包膜。从患者或患病动物直接分离得到的病毒称为野毒株或街毒株，致病力强，能在唾液腺中繁殖。

狂犬病毒易被紫外线、苯扎溴铵（新洁尔灭）碘酒、高锰酸钾、乙醇、甲醛等灭活，加热 100℃ 2 分钟可灭活。

（二）流行病学

1. 传染源　我国主要是病犬，其次为猫、猪、牛、马等家畜，带狂犬病毒的动物是本病的传染源。

2. 传播途径　主要以被患病动物咬伤方式传播，唾液经各种伤口和抓伤、舔伤的黏膜和皮肤入侵；少数可在宰杀病犬、剥皮、切割、食用病兽等接触过程中被感染。

3. 易感人群　人群普遍易感，兽医与动物饲养员尤其易感。被病犬咬伤后有 15% ~ 20% 的发病率。被病兽咬伤后是否发病与下列因素有关：咬伤部位、咬伤程度、咬伤后局部处理情况及有无及时接种疫苗。

（三）发病机制与病理变化

1. 发病机制　狂犬病毒自皮肤或黏膜破损处入侵人体后，对神经组织有强大的亲和力，①首选在伤口周围及其横纹肌细胞内进行繁殖，在局部可停留 3 天或更久，再入侵人体近处的末梢神经。此时处于潜伏期。②病毒迅速沿神经轴突向心性扩展，至背根神经节和脊髓段到达中枢神经系统。主要侵犯脑干、小脑等处的神经细胞。③向各器官扩散期：病毒从中枢神经向周围神经扩展，侵入各器官组织，尤以唾液腺、舌部味蕾、嗅神经上皮等处病毒量较多。

2. 病理变化　主要为急性弥漫性脑脊髓炎，以大脑基底面海马回和脑干部位（中脑，脑桥和延髓）及小脑损害最为明显。具有特征性的病变是嗜酸性包涵体，称内基小体，是狂犬病毒的集落，最常见于海马以及小脑浦肯野细胞中。该小体染色后呈樱桃红色，具有诊断意义。

（四）临床表现

潜伏期与年龄、伤口部位、伤口深浅、入侵病毒数量和毒力等因素相关，多数患者在 3 个月内发病，潜伏期可长达 10 年以上。

典型临床经过分为以下 3 期。

1. 前驱期 本期持续 2 ~ 4 天。患者常表现为低热、倦怠、头痛、恶心、全身不适，继而恐惧不安、烦躁失眠等症状，对声、光、风等刺激敏感而有喉头紧缩感。

具有诊断意义的早期症状是在愈合的伤口及其神经支配区有痒、痛、麻及蚁走等异样感觉，发生于 50% ~80% 的病例。

2. 兴奋期 本期持续 1 ~ 3 天。恐水表现较为明显，典型患者虽渴极而不敢饮，见水、闻流水声、饮水或仅提及饮水时均可引起咽喉肌严重痉挛。患者表现为高度兴奋、恐惧不安、恐水、恐风。外界刺激如风、光、声也可引起咽肌痉挛。严重发作时可出现全身肌肉阵发性抽搐，因呼吸肌痉挛致呼吸困难和发绀。可伴有流涎、多汗、心率快、血压增高等交感神经功能亢进表现。患者神志多清晰，可有幻视、幻听及精神失常等。

3. 麻痹期 该期持续时间较短，一般为 6 ~ 18 小时，本病全程≤6 天。患者肌肉痉挛发作减少或停止，逐渐安静，进入到全身弛缓性瘫痪，继而呈昏迷状态，最后因呼吸、循环衰竭而死亡。

（五）实验室和其他检查

1. 血、尿常规及脑脊液检查 外周血白细胞总数轻至中度增多，中性粒细胞一般占 80% 以上。尿常规可发现轻度蛋白尿，偶有透明管型。脑脊液压力稍增高，细胞数轻度增高，以淋巴细胞为主，蛋白轻度增高，糖及氯化物正常。

2. 病原学检查 选脑脊液或唾液直接涂片检测抗原，阳性率可达 98%。动物或死者的脑组织做切片染色，镜检找内基小体，阳性率为 70% ~80%。

3. 核酸测定 取新鲜唾液和皮肤活检组织行反转录聚合酶链反应法测定狂犬病毒 RNA。

4. 抗体检查 存活 1 周以上者做血清中和试验或补体结合试验检测抗体，效价上升者有诊断意义。

（六）诊断与鉴别诊断

1. 诊断 依据有被狂犬或病兽咬伤或抓伤史。典型症状如恐水、怕风、咽喉肌痉挛等表现，或咬伤处出现麻木、感觉异常等即可做出临床诊断。确诊有赖于检查病毒抗原，病毒核酸或尸检脑组织中的内基小体。

2. 鉴别诊断 应与破伤风、脊髓灰质炎、狂犬病疫苗接种后神经系统并发症及其他病毒性脑炎等相鉴别。

（七）治疗

1. 对症治疗 以对症支持等综合治疗为主。

2. 隔离患者 单室隔离患者，卧床休息，减少光、风、声等刺激。尽量保持患者安静，防止分泌物、排泄物污染，所用物品须严格消毒。

（八）预防

1. 管理传染源 做好宠物狗、猫的登记与疫苗接种信息。捕杀野犬、狂犬、狂猫及其他狂兽，应予焚毁或深埋处理。

2. 伤口处理 即刻有效地处理伤口，可明显降低狂犬病的发病率。创面应用 20% 肥皂水或 0.1% 苯扎溴铵（新洁尔灭）彻底冲洗伤口至少 30 分钟，力求去除狗涎，挤出污血。彻底冲洗后用 2% 碘酒或75%酒精涂擦伤口，不予缝合伤口或包扎，以便引流排血。如有抗狂犬病免疫球蛋门或免疫血清，则应在伤口底部和周围行局部浸润注射。

3. 预防接种 对防止发病有肯定作用，主要用于高危人群及被接触者，均可接种。也可接种免疫球蛋白。

第二节　细菌性疾病

PPT

一、伤寒

伤寒是由伤寒沙门菌引起的急性肠道传染病。水源污染是本病最重要的传播途径。临床特征为持续发热、表情淡漠、相对缓脉、玫瑰疹、肝脾大和白细胞计数减少等。可发生与任何季节，以夏、秋季多见。

（一）病原学

伤寒沙门杆菌属 D 组沙门菌属，革兰染色阴性，普通培养基中即可生长，但于含胆汁的培养基中则生长更好。伤寒沙门菌不产生外毒素，其菌体裂解所释放的内毒素在发病机制中起重要作用。

在自然环境中生存力较强，耐低温，在水中可存活 $2 \sim 3$ 周，粪便中可存活 $1 \sim 2$ 个月，在冰冻环境中可存活数月。对阳光、干燥、热及消毒剂抵抗力弱，阳光直射数小时即死，热水煮沸后即刻即可杀灭。

（二）流行病学

1. 传染源 带菌者或患者为主要传染源。少数患者可终身排出细菌，是伤寒不断传播甚至流行的主要传染源。

2. 传播途径 通过消化道（粪－口）途径传播，污染水源是本病最重要的传播途径，常可引起暴发流行。食物被污染是传播伤寒的主要途径。

3. 人群易感性 人群普遍易感。伤寒发病后可获得较稳固的免疫力，第二次发病少见。伤寒和副伤寒之间没有交叉免疫。

（三）发病机制及病理

1. 发病机制 伤寒沙门菌进入人体后是否发病取决于所摄入细菌的数量，致病性以及宿主的防御能力。例如，当胃酸的 pH 小于 2 时伤寒沙门菌很快被杀灭。临床观察提示被激活的巨噬细胞对伤寒沙门菌的细胞内杀伤机制起重要作用，巨噬细胞吞噬伤寒沙门菌，红细胞，淋巴细胞及细胞碎片，称为"伤寒细胞"。伤寒细胞聚集成团，形成小结节，称为"伤寒小结"或"伤寒肉芽肿"，具有病理诊断意义。

2. 病理特征 是全身单核－吞噬细胞系统的增生性反应。未被胃酸杀灭的部分伤寒沙门菌将到达回肠下段，穿过黏膜上皮屏障，侵入回肠集合淋巴结的单核吞噬细胞内繁殖形成初发病灶；进一步侵犯肠系膜淋巴结，经胸导管进入血液循环，形成第一次菌血症。此时，临床上处于潜伏期。伤寒沙门菌被单核－巨噬细胞系统吞噬、繁殖后再次进入血液循环，形成第二次菌血症。

（四）临床表现

潜伏期为 $3 \sim 60$ 天，通常为 $7 \sim 14$ 天。

1. 典型伤寒的临床表现

（1）初期　起病的第 1 周。起病缓慢，首发是发热，发热前可伴有畏寒，出汗不多；热度呈阶梯形上升，在5~7天后逐步升高达39~40℃。有上呼吸道中毒感染症状，如全身疲倦、乏力、头痛、食欲减退、恶心、呕吐胃内容物、腹痛、轻度腹泻或便秘等表现。

（2）极期　为起病的第2~3周。出现伤寒典型表现。

1）发热　体温上升到达高热以后，多呈稽留热型。如果没有进行有效的抗菌治疗，热程可持续2周以上，呈持续性。

2）神经系统表现　由于内毒素的致热和毒性作用，患者表现为表情淡漠、呆滞、反应迟钝、耳鸣、重听或听力下降，严重者可出现谵妄、颈项强直（虚性脑膜炎的表现）甚至昏迷。儿童可出现抽搐。这些症状与患者病情的轻重相关，也可随着病情好转，体温开始逐渐恢复正常。

3）循环系统表现　成年人常见相对缓脉，并发心肌炎时，相对缓脉不明显。重症患者可血压下降，脉搏细速，循环衰竭。

4）玫瑰疹　主要分布在胸、腹及肩背部，可分批出现，在2~4天内逐渐消失，病程的第6~14天可出现淡红色的小斑丘疹，直径2~4mm，压之褪色，多在10个以下。

5）消化系统症状　肠道病变以回肠末端为主，故右下腹部腹痛及压痛明显。表现为食欲不振，伴腹胀、便秘或腹泻等症状。大多数患者有轻度的肝、脾肿大，质软、有轻压痛。

（3）缓解期　为起病的第4周。症状逐渐缓解恢复，体温开始下降，食欲好转，肝、脾逐渐缩小。还可能并发肠出血、肠穿孔等。

（4）恢复期　为起病的第5周。所有异常症状和体征均逐渐恢复正常。完全恢复需要1个月左右。

2. 其他类型　由于多数患者能得到及时诊断和有效的抗菌治疗，或在病初患者使用抗生素，所以，目前具有典型表现患者较少见，如其他临床类型：轻型、暴发型、迁延型和逍遥型等。

3. 再燃与复发

（1）再燃　到缓解期时，体温又再次升高，血培养阳性，与菌血症未被完全控制有关。

（2）复发　症状进入恢复期，体温恢复正常3周左右，体温又重新升高，症状又出现，血培养阳性。规范化应用的抗菌药物治疗可减少或杜绝再燃。多见于抗菌治疗不充分、机体免疫力低下者。

4. 并发症

（1）肠出血　为伤寒最常见的并发症。多出现在病程第2~3周，发生率为2%~15%。

（2）肠穿孔　为伤寒最严重的并发症。常发生于病程第2~3周，发生率为1%~4%。

（3）中毒性肝炎　多见于发热阶段，发生在病程第1~3周，发生率为10%~50%。

（4）中毒性心肌炎　出现在病程第2~3周，发生率为3%~5%。

（5）其他　包括支气管炎及肺炎，感染性精神病，中毒性脑病，溶血性尿毒综合征，急性胆囊炎，血栓性静脉炎及肾盂肾炎等。

（五）实验室和其他检查

血和骨髓培养阳性有确诊意义。外周血白细胞计数减少，淋巴细胞比例相对增多，嗜酸性粒细胞减少或消失。肥达试验阳性有辅助诊断意义。

（六）诊断与鉴别诊断

1. 诊断　夏、秋季流行，个人饮食与卫生，既往患过伤寒史，最近与伤寒患者是否有接触史，上述均有重要的诊断参考价值。有稽留热、表情淡漠、食欲下降、腹痛，腹泻或便秘，相对缓脉，玫瑰疹和肝脾大等体征。血和骨髓培养阳性有确诊意义。肥达试验阳性有辅助意义。

2. 鉴别诊断　本病需与病毒性感染、斑疹伤寒、细菌性痢疾、疟疾、革兰阴性杆菌败血症、血行播散型肺结核、钩端螺旋体病，恶性组织细胞病等相鉴别。

（七）治疗

1. 一般治疗 按照肠道传染病常规进行消毒隔离。发热期患者应卧床休息，热退后1周才由轻度活动逐渐过渡至正常活动量。发热期给予流质或无渣半流饮食，少量多餐。退热后2周才能恢复正常饮食。

2. 病原治疗 首选氟喹诺酮类药物治疗，如氧氟沙星，左旋氧氟沙星及环丙沙星等。也可选用第二、三代头孢菌素。或复方磺胺甲噁唑和阿莫西林。

（八）预防

1. 控制传染源 患者按肠道传染病隔离至体温正常后的第15天才解除隔离；或退热后每周一次便培养，两次阴性也可解除隔离。

2. 切断传播途径 疫区做好水源、饮食、粪便和消灭苍蝇等卫生工作，提倡良好的个人卫生与饮食卫生习惯。

3. 保护易感人群 对易感人群进行疫苗预防接种，免疫期为1年，需每年加强。

二、副伤寒

副伤寒是甲、乙、丙型副伤寒沙门菌引起的一组细菌性传染病。病原分属沙门菌A、B、C组。副伤寒甲分布比较局限，副伤寒乙呈世界性分布。副伤寒确诊可应用血、骨髓、粪便、脓液等病原学培养，治疗与伤寒一致。出现脓肿形成时，应进行外科手术排脓，同时加强抗菌治疗。预后良好。副伤寒的临床疾病过程和处理措施与伤寒大致相同，以下为副伤寒与伤寒不同的临床特点。

1. 甲、乙型副伤寒 甲型副伤寒主要见于我国成人，乙型副伤寒以儿童较常见。甲、乙型副伤寒患者肠道病变表浅，范围较广，可波及结肠。潜伏期比较短，一般为8～10日，起病急骤，出现腹痛、腹泻、呕吐等急性胃肠炎症状，3天后症状减轻，出现发热等轻度伤寒样表现，热程2～3周，发热呈不规则型。甲、乙型副伤寒复发率较伤寒高，病死率低。

2. 丙型副伤寒 临床症状比较复杂，常表现为伤寒型、急性胃肠炎型及脓毒血症型。伤寒型临床表现与甲、乙型副伤寒相似。急性胃肠炎型：因进食污染的含副伤寒门菌食物所引起，表现为恶心、呕吐、腹痛、腹泻等胃肠道症状，2～3日即可恢复健康。脓毒血症型：起病急，发热伴寒战，热型以不规则型多见，伴局部皮疹和肝脾肿大。以肺部、骨骼及关节等部位的局限性化脓灶为常见。

三、霍乱

霍乱是由霍乱弧菌所致的烈性肠道传染病。在我国，霍乱属于甲类传染病，经污染的水和食物传播，发病急，传播快。典型表现为先泻后吐，然后出现脱水、肌肉痉挛，严重者导致循环衰竭和急性肾衰竭。

（一）病原学

1. 霍乱弧菌生物学特点 霍乱弧菌革兰染色阴性，呈弧形或逗点状，长为1.5～3.0μm，宽为0.3～0.4μm，为菌体的4～5倍。霍乱弧菌运动活泼，在暗视野悬滴镜检呈穿梭状运动，患者粪便直接涂片时可见弧菌纵列呈"鱼群"样。该病原菌属兼性厌氧菌，在普通培养基中生长良好，在碱性环境中生长繁殖更快。

霍乱弧菌对热、干燥及消毒剂均敏感。100℃加热1～2分钟即可杀灭。在外界的抵抗力强，在河水、海水和井水中可存活1～3周，在各类食品上可存活1～3天。

2. 分类 WHO根据霍乱弧菌的O抗原特异性，生化性状，致病性等不同，将其分为以下三群。

（1）O_1群霍乱弧菌 是霍乱的主要致病菌。

（2）非O_1群霍乱弧菌 目前非O_1群霍乱弧菌已从O群编排至O以上血清群，一般无致病性，仅少数血清群可引起散发性腹泻。

（3）不典型 O_1 群霍乱弧菌　可被多价 O_1 群血清所凝集，但本群弧菌在体内外均不产生肠毒素，因此没有致病性。

（二）流行病学

1. 传染源　患者和带菌者是主要传染源，其中轻型和隐性感染者不易确诊，往往不能及时隔离和治疗，在疾病传播上起着重要作用。

2. 传播途径　消化道（粪－口）为主要传播途径。经污染水源或食物传播后可引起霍乱暴发流行，霍乱弧菌能通过污染鱼、虾等水产品引起传播，尤其以贝壳类生物传播作用更大。

3. 人群易感性　人群普遍易感，隐性感染较多，病后可获一定免疫力，能产生抗菌抗体和抗肠毒素抗体，但亦有再感染的报告。

（三）发病机制

人体食入霍乱弧菌后是否发病，主要取决于机体的免疫力、食入弧菌的数量和致病力。正常胃酸可杀灭一定数量的霍乱弧菌。若曾进行胃大部分切除使胃酸分泌减少，或大量饮水，大量进食使胃酸稀释，均能引起发病。霍乱肠毒素是引起霍乱症状的主要物质。只有 O_1 群霍乱弧菌和非 O_1 群霍乱弧菌的 O_{139} 血清型才能引起霍乱。

（四）临床表现

霍乱的潜伏期为 1~3 天（数小时至 7 天）。发病急骤，埃尔托生物型所致者常为轻型，隐性感染较多。古典生物型则相反；O_{139} 型霍乱弧菌症状较重。

典型病例病程分为以下三期。

1. 泻吐期　持续数小时至 2 日。

（1）腹泻　无痛性剧烈腹泻是发病的首发症状，其特点为无发热、里急后重感，多数不伴腹痛，排便后自觉轻快感。粪便初性状为稀便，后为米泔水样或洗肉水样，无粪臭，每日排便数次至十数次。

（2）呕吐　发生在腹泻后，多为喷射状，少有恶心。呕吐物初为胃内食物，后为水样，严重者可呕吐"米泔水"样液体。轻者可无呕吐。多数患者可有腓肠肌痉挛，有的腹直肌痉挛。

2. 脱水期　持续数小时至 2~3 天。

频繁的腹泻和呕吐使患者迅速出现脱水，水、电解质紊乱和代谢性酸中毒，严重者出现循环衰竭，急性肾衰竭。病程长短主要取决于治疗是否及时和正确与否。

低钠可引起腓肠肌和腹直肌痉挛，表现为痉挛部位的疼痛，肌肉呈强直状态。腹泻使钾盐大量丧失，低血钾可引起肌张力减低，腱反射消失，鼓肠甚至心律失常。碳酸氢盐大量丢失，产生代谢性酸中毒。循环衰竭及少尿使病情进一步加重，直至患者嗜睡甚至昏迷。

3. 恢复期或反应期　症状逐渐消失，腹泻停止，脱水纠正后，患者体温、脉搏、血压恢复，正常少数患者可有反应性低热，可能是循环改善后肠毒素吸收增加所致，一般持续 1~3 天后自行消退。

（五）实验室和其他检查

1. 一般检查

（1）血常规及生化检查　血液浓缩由于失水引起，白细胞和红细胞计数均升高，尿素氮、肌酐升高，而碳酸氢离子下降。治疗前由于细胞内钾离子外移，血清钾可在正常范围，当酸中毒纠正后，钾离子移入细胞内而出现低钾血症。

（2）尿常规　可有少量蛋白，镜检有少许红细胞、白细胞和管型。

（3）便常规　可见黏液和少许红细胞、白细胞。

2. 病原菌检查

（1）粪便涂片染色　革兰染色镜检，镜下可见革兰染色阴性的弧菌，呈鱼群样排列，无芽孢、无荚膜。

（2）动力试验和制动试验　新鲜粪便做悬滴或暗视野显微镜检，可见呈穿梭状活泼运动的弧菌，即为动力试验阳性。

（3）增菌培养　疑似患者，除做显微镜检外，均应进行增菌后分离培养。粪便留取应在使用抗菌药物前并尽快送到实验室做培养。

（4）核酸检测　通过 PCR 方法识别霍乱弧菌毒素基因来诊断霍乱，该方法的特异性和灵敏度均较高。

（5）血清免疫学检查　血清免疫学检查主要用于流行病学的追溯诊断和粪便培养阴性的可疑患者的诊断。抗凝集素抗体双份血清滴度 4 倍以上升高有诊断意义。

（六）诊断与鉴别诊断

1. 诊断　在霍乱流行地区、流行季节，与患者有明显接触史，均应怀疑感染，需进行隔离及病原学检查。典型的先泻后吐，迅速脱水，肌肉痉挛，循环衰竭。血清抗体（抗凝集素抗体）效价 4 倍以上升高。粪便培养阳性可直接诊断。

2. 鉴别诊断　应与食物中毒性肠炎、大肠埃希菌性肠炎及病毒性肠炎等进行鉴别。

（七）治疗

治疗原则：严格隔离，及时补液，辅以抗菌和对症治疗。

1. 严格隔离　患者应按甲类传染病进行严格隔离，及时上报疫情。确诊患者和疑似病例应分别隔离，患者排泄物应彻底消毒。患者症状消失 6 日后，隔天粪便培养一次，连续 2 次阴性方可解除隔离。

2. 补液疗法　补充液体和电解质是治疗的关键。补液疗法分为口服补液和静脉补液。

3. 抗菌治疗　抗菌药物是辅助治疗，可缩短病程，减少腹泻次数和迅速从粪便中清除病原菌。常用药物有环丙沙星、诺氟沙星、多西环素或复方磺胺甲噁唑。

4. 对症治疗　重症患者补足液体后，血压仍较低甚或出现顽固性休克者，可加用糖皮质激素及血管活性药物（多巴胺）。

（八）预防

1. 控制传染源　属于甲类传染病，应健全腹泻病门诊，及早发现患者及带菌者。对患者隔离治疗，并做好疫源检索。对接触者应严密检疫 5 天，留粪便培养并服药预防。

2. 切断传播途径　加强饮水、水产品消毒和食品管理，建立良好的卫生设施。对患者和带菌者的排泄物进行彻底消毒。不饮生水，不吃生冷不洁食物。

3. 提高人群免疫力　口服霍乱疫苗。

四、猩红热

猩红热是 A 组 β 型链球菌引起的急性呼吸道传染病。主要经呼吸道传播，全年均可发生传播，冬、春季多见。其临床特征为发热、咽峡炎、全身弥漫性鲜红色皮疹和疹后明显脱屑。少数患者病后可出现变态反应性心、肾、关节损害。儿童多见。

（一）病原学

A 组 β 型溶血性链球菌也称化脓性链球菌，直径为 0.5 ~ 2.0μm，革兰染色阳性。刚从体内检出时常带有荚膜，无鞭毛、芽孢，易在含血的培养基上生长，并产生完全（β 型）溶血。猩红热主要由 A 组引起，致病力来源于细菌本身及其产生的毒素和蛋白酶类。

对热及干燥抵抗力不强，56℃ 30 分钟及一般消毒剂均能将其杀灭，在痰和脓液中可生存数周。

（二）流行病学

1. 传染源 主要传染源是患者和带菌者。患者自发病前 24 小时至病情高峰期传染性最强。正常人鼻咽部、皮肤可带菌。

2. 传播途径 主要经空气飞沫传播，也可经皮肤创伤处或产妇产道而引起"外科型猩红热"或"产科型猩红热"。也可经过接触物品进行直接接触性传播。

3. 易感人群 普遍易感。感染后可对红疹病毒永久免疫。但由于红疹毒素有 5 种血清型，其间无交叉免疫，若感染另一种疹毒素的 A 组链球菌仍可再发病。

（三）发病机制及病理

猩红热的临床表现主要由化脓性、中毒性和变态反应性病变综合而成，并引起相应的病理改变。

1. 化脓性病变 A 组 β 型溶血性链球菌在 LTA 的辅助下黏附于黏膜上皮细胞，随后侵入组织引起炎症，通过 M 蛋白和细菌荚膜抵抗机体吞噬细胞的作用，在链激酶、透明质酸酶等作用下，使炎症扩散并引起组织坏死。

2. 中毒性病变 链球菌产生的毒素进入血液循环后，引起全身毒血症表现，如发热、头晕、头痛等。红疹毒素使皮肤血管充血、水肿，上皮细胞增殖，白细胞浸润，以毛囊周围最为明显，形成典型的猩红热样皮疹，最后表皮死亡而脱落，形成"脱屑"。黏膜亦可充血，有时呈点状出血，形成"内疹"。

3. 变态反应性病变 少数病例于病程第 2~3 周时，可出现变态反应性变化，主要见于心、肾及关节滑囊浆液性炎症。

（四）临床表现

潜伏期为 1~7 天，一般为 2~3 天。

1. 普通型（典型） 在流行期间 95% 的患者为此型。

（1）前驱期 起病急，有持续性发热，可达 39℃ 左右。可伴有头痛、全身不适等全身中毒症状；体检可见咽部充血、扁桃体红肿，局部可有脓性渗出液，软腭黏膜可有充血及出血性黏膜内疹。病程初期舌覆白苔，红肿的乳头凸出于白苔之外，以舌尖及舌前部边缘明显，称为"草莓舌"。2~3 天后白苔开始脱落，舌面光滑呈肉红色，乳头仍凸起，此称"杨梅舌"。颌下及颈淋巴结肿大，有压痛。

（2）出疹期 发热后 1 日内开始出疹，始于耳后、颈部及上胸部，然后迅速蔓及全身。典型的皮疹：在皮肤表面出现均匀分布的弥漫充血性、针尖大小的丘疹，压之褪色，疹间皮肤正常。部分患者可见带黄白色脓头且不易破溃的皮疹，称为"粟粒疹"。严重的患者出现出血性皮疹在皮肤皱褶，皮疹密集或由于摩擦出血呈紫色线状，称为"线状疹"（又称 Pastia 线、帕氏线），如颜面部位仅有充血而无皮疹，口鼻周围充血不明显，相比之下显得发白，称为"口周苍白圈"。

（3）恢复期 多数情况下，皮疹于 48 小时达高峰，然后按出诊顺序开始消退，2~3 天内退尽，但重者可持续 1 周左右。疹退后开始皮肤脱屑，皮疹密集处脱屑更为明显，尤以粟粒疹为重，可呈片状脱皮，手、足掌、指（趾）处可呈套状，而面部、躯干常为糠屑状。脱皮持续 2~4 周，严重者可有暂时性脱发。

2. 其他 还可见脓毒型、中毒型、外科型或产科型等。

（五）实验室和其他检查

1. 一般检查

（1）血常规 白细胞总数升高可达（10~20）×10^9/L，中性粒细胞在 80% 以上，严重患者可出现中毒颗粒。出疹后嗜酸性粒细胞增多占 5%~10%。

（2）尿常规　无明显异常。如发生肾脏变态反应并发症，则可出现尿蛋白、红细胞、白细胞及管型。

2. 血清学检查　可用免疫荧光法检测咽拭子涂片进行快速诊断。

3. 病原学检查　可用咽拭子或其他病灶的分泌物培养溶血性链球菌。

（六）诊断与鉴别诊断

1. 诊断　有当地流行的流行病学病史或与感染患者接触史。骤然起病，有发热、咽峡炎、草莓舌、口周苍白圈、帕氏线、典型皮疹等。可用咽拭子或其他病灶的分泌物培养溶血性链球菌阳性即可确诊。可用免疫荧光法检测咽拭子涂片进行快速诊断。

2. 鉴别诊断　本病应与其他原因引起的咽峡炎如白喉、传染性单核细胞增多症等相鉴别。还应与其他出疹性疾病如麻疹、风疹、猩红热样药疹、川崎病及金黄色葡萄球菌相鉴别。

（七）治疗

1. 一般治疗　包括急性期卧床休息，呼吸道隔离。加强护理、保持皮肤及口腔卫生。

2. 病原治疗　首选青霉素治疗，因多数 A 组链球菌对青霉素仍较敏感。80% 左右的患者 24 小时内即可退热，4 天左右咽炎消失，皮疹消退。对青霉素过敏者，可用红霉素，也可用复方磺胺甲噁唑治疗。对带菌者可用常规治疗剂量青霉素连续用药 7 天，一般均可转阴。

3. 对症治疗　若发生感染中毒性休克，要积极补充血容量，纠正酸中毒，给予血管活性药等。对已化脓的病灶，必要时给予切开引流或手术治疗。

（八）预防

1. 管理传染源　患者应隔离治疗，呼吸道隔离，隔离期 6~7 天或咽拭子培养 3 次阴性且无并发症者，可解除隔离。

2. 切断传播途径　流行期间避免去公共场所、人员密集场所，患者分泌物及污染物及时消毒处理。儿童机构发现猩红热患者时，应严密观察接触者（包括儿童及工作人员）7 天。

3. 保护易感人群　目前尚无主动免疫菌苗。

五、细菌性痢疾

细菌性痢疾简称菌痢，是由志贺菌属引起的肠道传染病。其主要病理变化为直肠、乙状结肠的炎症与溃疡，主要表现为腹痛、腹泻、排黏液脓血便以及里急后重等，可伴有发热及全身毒血症状。主要通过消化道传播为主，以夏秋季流行多见。

（一）病原学

志贺菌属于肠杆菌科志贺菌属。革兰阴性杆菌，有菌毛，无鞭毛、荚膜及芽孢，无动力，兼性厌氧，但最适宜于需氧生长。志贺菌血清型繁多，根据生化反应和 O 抗原的不同，将志贺菌属分为 4 个血清群（即痢疾志贺菌、福氏志贺菌、鲍氏志贺菌、宋内志贺菌，又依次称为 A、B、C、D 群），共 47 个血清型或亚型（其中 A 群 15 个，B 群 13 个，C 群 18 个，D 群 1 个）。我国以福氏和宋内志贺菌占优势。福氏志贺菌感染易转为慢性；宋内志贺菌感染引起症状轻，多呈不典型发作；痢疾志贺菌的毒力最强，可引起严重症状。

志贺菌所有菌株都能产生内毒素，内毒素是引起全身反应如发热、毒血症及休克的重要因素。外毒素又称为志贺毒素，有肠毒性、神经毒性和细胞毒性，分别导致相应的临床症状。

志贺菌对理化因素抵抗力弱，对酸和一般消毒剂敏感，加热 $60℃$ 10 分钟可被杀死。在粪便中数小时内死亡，但在污染物品及瓜果、蔬菜上可存活 10~20 天。

（二）流行病学

1. 传染源 急、慢性菌痢患者和带菌者。非典型患者、慢性菌痢患者及无症状带菌者作为传染源的意义比较大。

2. 传播途径 主要经消化道（粪－口）途径传播，粪便排出后通过手、苍蝇、食物和水，经口感染。另外，还可通过生活接触传播，即接触患者或带菌者的生活用具而感染。

3. 人群易感性 人群普遍易感，病后可获得一定的免疫力，但持续时间短，不同菌群及血清型间无交叉保护性免疫，易反复感染。

（三）发病机制及病理

1. 发病机制 志贺菌进入消化道后，大部分被胃酸杀死，少数进入下消化道的细菌也可因正常菌群的拮抗作用，肠道分泌型 IgA 的阻断作用而不能致病。致病力强的志贺菌即使 10～100 个细菌进入人体也可引起发病。当人体抵抗力下降时，少量细菌也可致病。

志贺菌经口侵入机体，穿过胃黏膜屏障后，侵袭和生长在结肠黏膜上皮细胞上，经基底膜进入固有层，并在其中繁殖、释放毒素，引起炎症反应和小血管循环障碍，炎性介质的释放使志贺菌进一步侵入并加重炎症反应，导致肠黏膜炎症、坏死及溃疡。由黏液、细胞碎屑、中性粒细胞，渗出液和血液形成黏液脓血便。

2. 病理 病理变化主要发生于大肠，以乙状结肠与直肠为主，严重者可以波及整个结肠及回肠末端。

典型病变过程为初期急性卡他性炎症，随后出现特征性假膜性炎和溃疡，最后愈合。肠黏膜的基本病理变化是弥漫性纤维蛋白渗出性炎症。1 周左右，假膜开始脱落，形成大小不等，形状不一的"地图状"溃疡。肠道严重感染可引起肠系膜淋巴结肿大，肝、肾等实质脏器损伤。

（四）临床表现

潜伏期一般为 1～4 天，短至数小时，长达 7 天。根据病程长短和病情轻重可以分为下列各型。

1. 急性菌痢 根据毒血症及肠道症状轻重，可以分为 4 型。

（1）普通型（典型） 自然病程为 1～2 周，多数可自行恢复，少数转为慢性。急性起病，有高热、畏寒伴头痛、乏力、食欲减退，并出现腹痛、腹泻，先为稀水样便，量多，后转为黏液脓血便，便量少，每天排便十余次至数十次，有明显里急后重。查体有左下腹压痛，伴肠鸣音亢进。

（2）轻型（非典型） 自然病程≤7 天，可自愈，少数转为慢性。全身毒血症状轻微，可无明显发热或仅低热。起病急，排便≤10 次/天，稀便有黏液但无脓血。查体有轻微腹痛及左下腹压痛，里急后重较轻或缺如。

（3）重型 多见于老年、体弱、营养不良患者，急起发热，腹泻≥30 次/天，早期为稀水脓血便，偶尔排出片状假膜，甚至大便失禁，有明显腹痛、里急后重。后期可出现严重腹胀及中毒性肠麻痹，常伴呕吐，严重失水可引起外周循环衰竭。部分病例以中毒性休克为突出表现者，则体温不升，常有酸中毒和水、电解质平衡失调。少数患者可出现心、肾功能不全。

（4）中毒性菌痢 多见于 2～7 岁儿童，成人少见。起病急骤，病势凶险，突起畏寒、高热，全身中毒症状严重，而局部肠道症状很轻或缺如，可有嗜睡、昏迷及抽搐，迅速发生循环和呼吸衰竭。开始时可无腹痛及腹泻症状，但发病 24 小时内可出现痢疾样粪便。临床以严重毒血症状、休克和（或）中毒性脑病为主。

2. 慢性菌痢 指急性菌痢反复发作或迁延不愈达 2 个月以上者。

（1）慢性迁延型 急性菌痢发作后，迁延不愈，时轻时重，腹泻与便秘交替出现，可触及增粗的乙状结肠。长期出现腹泻可导致维生素缺乏、贫血、乏力营养不良等。

（2）急性发作型 临床表现同急性菌痢，但症状轻。6个月内有过菌痢病史，因饮食、精神压力及劳累等诱因引起。

（3）慢性隐匿型 1年内有过急性菌痢病史，2月以上无临床症状，但粪便培养可检出志贺菌，结肠镜检可发现黏膜炎症或溃疡等病变。

（五）实验室和其他检查

1. 一般检查

（1）血常规 急性菌痢白细胞总数可轻至中度增多，以中性粒细胞为主，可达（10~20）×10^9/L，慢性患者可有贫血表现。

（2）便常规 粪便外观多为黏液脓血便，镜检可见白细胞（≥15个/高倍视野）、脓细胞和少数红细胞，如有巨噬细胞则有助于诊断。

2. 病原学检查

（1）细菌培养 粪便培养出痢疾杆菌可以确诊。在抗菌药物使用前采集新鲜标本，取脓血部分及时送检和早期多次送检均有助于提高细菌培养阳性率。

（2）特异性核动检测 PCR法可直接检查粪便中的痢疾杆菌核酸，具有灵敏度高、特异性强、快速简便、对标本要求低等优点，但临床较少使用。

3. 免疫学检查 采用免疫荧光微菌落方法，在粪便标本中于荧光素标记的志贺菌属免疫血清的液体培养基中4~8小时发生凝集，用荧光剂检出。可快速诊断。

4. 乙状结肠镜或纤维结肠镜检查 急性菌痢不建议选择。用于慢性腹泻，病因不明者。慢性菌痢可见结肠黏膜充血、水肿，呈颗粒状，可见溃疡、息肉与增生性改变。刮取黏液脓血粪便培养可提高诊断。

5. 钡剂灌肠X线检查 多用于慢性菌痢。可见肠黏膜纹理紊乱，肠腔狭窄，肠壁增厚等表现。

（六）诊断与鉴别诊断

1. 诊断 夏秋季，有不洁饮食或与菌痢患者接触史、不良卫生习惯等。急性期表现为发热、腹痛、腹泻、里急后重及黏液脓血便，左下腹右明显压痛。粪便培养出痢疾杆菌可以确诊。粪便外观为黏液脓血便有助于诊断。

2. 鉴别诊断

（1）急性菌痢 需与阿米巴痢疾、中毒性菌痢及胃肠型食物中毒相鉴别，诊断可用便常规及粪便培养，临床表现等。

（2）慢性菌痢 需与溃疡性结肠炎、结肠癌、直肠癌等鉴别。诊断用病原学检查及结肠镜检查。

（七）治疗

1. 一般治疗 消化道隔离至临床症状消失，粪便培养连续2次阴性。症状重者必须卧床休息。饮食以流食为主，忌食生冷、油腻及刺激性食物。

2. 病原学治疗 轻型菌痢患者在充分休息、对症处理和医学观察的条件下可不用抗菌药物，严重病例则需应用抗生素。应根据当地流行菌株药敏试验或粪便培养的结果选择敏感抗菌药。抗生素治疗的疗程一般为3~5天。首选氟喹诺酮类，第三、四代头孢菌素类及小檗碱治疗。

（八）预防

1. 管理传染源 急、慢性患者和带菌者应隔离至症状消失1周或粪便培养2次均阴性。发现带菌者应调离岗位，并给予彻底治疗。

2. 切断传播途径 加强食物、粪便的管理，养成良好的卫生习惯，改善生活环境，对苍蝇及蟑螂等严格消灭。

3. 保护易感人群 我国主要采用口服活菌苗，保护期均为 1 年。不同菌型之间多无交叉免疫作用。

六、破伤风

破伤风是由破伤风杆菌侵入伤口，在缺氧的环境下生长繁殖产生毒素所引起的一种急性特异性感染。临床上患者以牙关紧闭、持续性肌肉强直及阵发性抽搐为其特征。

（一）病因

破伤风杆菌为专性厌氧，革兰染色阳性。平时存在于人畜的肠道，随粪便排出体外，以芽孢状态分布于自然界，尤以土壤中为常见。破伤风杆菌及其毒素都不能侵入正常的皮肤和黏膜，故破伤风都发生在伤后。

此菌对环境有很强的抵抗力，能耐煮沸。

（二）发病机制及病理生理

在缺氧环境中，破伤风杆菌的芽孢发育为增殖体，迅速繁殖并产生大量外毒素，主要是痉挛毒素，引起患者一系列临床症状和体征。菌体及其外毒素，在局部并不引起明显的病理改变，伤口甚至无明显急性炎症或可能愈合。破伤风毒素还可阻断脊髓对交感神经的抑制，致使交感神经过度兴奋，引起血压升高、心率增快、体温升高、自汗等。溶血毒素主要引起组织局部坏死和心肌损害。

（三）临床表现

潜伏期平均为 6～10 日，亦有短于 24 小时或长达 20～30 日，甚至数月。一般来说，潜伏期或前驱症状持续时间越短，症状越严重，死亡率越高。

1. 前驱期表现 患者常先有乏力、头晕、头痛、咬肌紧张酸胀、烦躁不安，打呵欠等前驱症状。这些前驱症状一般持续 12～24 小时，随后出现典型的肌肉强烈收缩，最初是咬肌，以后依次为面肌、颈项肌、背腹肌、四肢肌群、膈肌和肋间肌。

2. 典型症状

（1）患者开始感到咀嚼不便，张口困难，随后有牙关紧闭；面部表情肌群呈阵发性痉挛，使患者具有独特的"苦笑"表情。

（2）颈项肌痉挛时，出现颈项强直，头略向后仰，不能做点头动作。

（3）背腹肌同时收缩，但背肌力量较强，以致腰部前凸，头及足后屈，形成背弓，称为"角弓反张"。

（4）四肢肌收缩时，因屈肌较伸肌有力，肢体可出现屈膝、弯肘、半握拳等姿态。

（5）在持续紧张收缩的基础上，任何轻微刺激，如光线、声响、振动或触碰患者身体，均能诱发全身肌群的痉挛和抽搐。

（6）每次发作持续数秒至数分钟，患者面色发绀，呼吸急促，口吐白沫，流涎，磨牙，头频频后仰，四肢抽搐不止，全身大汗淋漓，非常痛苦。

（7）发作的间歇期间，疼痛稍减，但肌肉仍不能完全松弛。强烈的肌痉挛，有时可使肌断裂，甚至发生骨折。膀胱括约肌痉挛又可引起尿潴留。持续性呼吸肌群和膈肌痉挛，可以造成呼吸停止，以致患者死亡。

（8）疾病期间，患者神志始终清楚，一般无高热。出现高热提示有肺炎发生。病程一般为 3～4 周。自第 2 周后，随病程的延长，症状逐渐减轻。但在痉愈后的一个较长时间内，某些肌群有时仍有紧张和反射亢进的现象。

少数患者表现为局部破伤风，仅有受伤部肌肉的持续强直，可持续数周至数月，以后逐渐消退。但有时也可发展为全身性破伤风。

（四）实验室和其他检查

一般无特异性。

1. 血常规 肺部发生感染时，白细胞计数可明显升高。

2. 病原学检查 痰培养可发现相应的病原菌。伤口分泌物常分离到需氧性化脓性细菌，亦可培养出经厌氧分离出破伤风杆菌。

3. 破伤风的临床表现 较为特异，尤其症状典型时诊断不难，故临床诊断时不需做常规厌氧培养和细菌学证据。

（五）诊断与鉴别诊断

1. 诊断 有外伤史、曾以柴灰等敷伤口、旧法接生等。起病时间、缓急不一，前驱期可有咀嚼不便、全身不适及疼痛等，继而出现肌强直和肌痉挛。肌强直表现为：张口困难和牙关紧闭、角弓反张等典型表现。伤口分泌物常分离到需氧性化脓性细菌，亦可培养出经厌氧分离出破伤风杆菌即可诊断。

2. 鉴别诊断 应与化脓性脑膜炎及狂犬病相鉴别。

（六）治疗

破伤风是一种极为严重的疾病，死亡率高，尤其是新生儿和吸毒者，要采取积极的综合性治疗措施，包括消除毒素来源，中和毒素，控制和解除痉挛，保持呼吸道通畅和防治并发症。

1. 消除毒素来源 处理伤口，需在控制痉挛下进行彻底的清创。

2. 中和游离毒素 抗毒素（TAT）或破伤风免疫球蛋白（TIG）对于神经组织结合的毒素无中和作用，但考虑到血中可能存在一些游离毒素，未愈合伤口中可能有破伤风杆菌繁殖及毒素形成。

3. 控制和解除痉挛

4. 防治并发症 补充水和电解质，纠正强烈的肌痉挛、出汗及不能进食等所引起的水与电解质代谢失衡，如缺水、酸中毒等。

5. 应用抗生素 大剂量青霉素可抑制破伤风杆菌，并有助于其他感染的预防，可及早使用。或可选用甲硝唑。

（七）预防

最可靠的预防方法是注射破伤风类毒素。加强劳动保护、避免创伤、正确的处理伤口，都是重要的预防措施。抗毒素可发生过敏反应，注射前必须进行皮内敏感试验。

第三节 疟 疾

PPT

疟疾是由人类疟原虫感染引起的寄生虫病。间日疟及卵形疟可出现复发，恶性疟发热常不规则，病情较重，并可引起脑型疟等凶险发作。临床上以间歇性寒战、高热，继之出大汗后缓解为特点。可伴有贫血及脾肿大。

（一）病原学

疟原虫可感染人类的共有 4 种，即间日疟原虫，卵形疟原虫、三日疟原虫和恶性疟原虫。疟原虫的生活史包括在人体内和在按蚊体内两个阶段。

1. 疟原虫在人体内阶段 在人体内的进行无性繁殖期，在蚊体内为有性繁殖。

（1）在肝细胞内的发育 此期又称为红细胞外期或肝细胞内期。子孢子于按蚊叮人吸血时随其唾液腺分泌物进入人体，经血液循环而迅速进入肝脏。在肝细胞内经 9 ~ 16 天从裂殖子发育为成熟的裂殖体。当被寄生的肝细胞破裂时，释放出大量裂殖子。

（2）在红细胞内的发育　简称红内期。裂殖子侵入红细胞后发育为早期滋养体，即环状体，经滋养体发育为成熟的裂殖体。血中的裂殖子再侵犯未被感染的红细胞，重新开始新一轮的无性繁殖，形成临床上周期性发作。

2. 按蚊体内阶段　疟原虫在按蚊体内的交合、繁殖阶段为有性繁殖期。当雌性按蚊吸血时，配子体被吸入其体内，开始其有性繁殖期。

（二）流行病学

1. 传染源　为现症患者和无症状感染者。

2. 传播途径　传播媒介为雌性按蚊，经叮咬人体传播和（或）血液传播。患疟疾的孕妇胎盘传播造成先天性疟疾感染，我国最重要的传播媒介是中华按蚊，是平原地区间日疟的主要传播媒介。

3. 人群易感性　人对疟疾普遍易感。各型疟疾之间无交叉免疫性。感染后虽可获得一定程度的免疫力，但不持久。

（三）发病机制及病理解剖

疟原虫在红细胞内发育时一般无症状。临床发作主要是红细胞破裂释放裂殖子同时释放大量细胞因子及代谢产物引起临床高热、大汗的症状。由于裂殖子从破裂的红细胞逸出后，部分可再侵入其他红细胞，进行裂体增殖，如此循环往复，从而引起周期性的临床发作。

疟原虫在人体内增殖引起强烈的吞噬反应，易致全身单核－吞噬细胞系统显著增生，导致肝、脾大，以脾大为显著。周围血中单核细胞增多，血浆球蛋白增高。

（四）临床表现

1. 潜伏期　间日疟和卵形疟的潜伏期为 13 ~ 15 天，三日疟为 24 ~ 30 天，恶性疟为 7 ~ 12 天。

2. 典型临床表现　为突发性寒战，高热和大量出汗。寒战常持续 20 ~ 60 分钟。患者虽高热，但神志清楚，常伴头痛、全身酸痛、乏力。高热常持续 2 ~ 6 小时，随之开始暴汗，体温骤降，持续时间为 30 ~ 60 分钟，然后患者自觉明显好转，但常感乏力、口干。

各种疟疾的两次发作之间都有一定的间歇期。反复发作造成大量红细胞破坏，可使患者出现不同程度的贫血和脾肿大。

3. 其他特殊类型　亦可见到脑型、恶性、输血后及经母婴传播的疟疾。

4. 再燃　见于病愈后的 1 ~ 4 周，可多次出现。是由血液中残存的疟原虫引起的，因此，四种疟疾都有发生再燃的可能性。

5. 复发　见于病愈后的 3 ~ 6 个月。是由寄生于肝细胞内的迟发型子孢子引起的，只见于间日疟和卵形疟。

（五）实验室和其他检查

1. 常规检查　白细胞计数正常或减少，单核细胞增多，多次发作后，红细胞与血红蛋白量可有不同程度下降，网织红细胞增多。

2. 病原学检查　血液中查到疟原虫是确诊的可靠依据。血液的厚、薄涂片经吉姆萨染色后用显微镜油镜检查，寻找疟原虫，具有确定诊断及判断疟原虫密度的重要意义。必要时做骨髓涂片，阳性率稍高于外周血液涂片。

3. 疟疾的其他实验室诊断方法　包括吖啶橙荧光染色法和特异性 DNA 的聚合酶链反应法。

（六）诊断

结合疟疾流行区，有否被蚊叮咬，近期有无输血史等。典型疟疾的临床表现是间歇发作性寒战、高热，大量出汗，贫血和脾肿大。血液中查到疟原虫是确诊的可靠依据，并可鉴别疟原虫种类。

（七）治疗

治疗原则：药物治疗需结合当地疟原虫的虫种及其对抗疟药的敏感性，做到合理、规范用药。在疟疾的治疗中，最重要的是杀灭红细胞内的疟原虫，并要杀灭配子体以防止传播。

主要控制发作的药物有氯喹、奎宁、甲氟喹、青蒿素、磺胺类与甲氧苄啶等药物。伯氨喹可防止疟疾的传播与复发。乙胺嘧啶能杀灭各种疟原虫的裂殖体。

（八）预防

1. 管理传染源 健全疫情报告，根治疟疾现症患者及带疟原虫者。

2. 切断传播途径 主要是消灭防蚊、灭蚊。个人防护可应用驱避剂或蚊帐等，避免被蚊叮咬。

3. 保护易感人群 药物预防是目前较常应用的措施。高疟区的健康人以及外来人群可用氯喹 0.5g；耐氯喹疟疾流行区可用甲氟喹 0.25g，或乙胺嘧啶 25mg，或多西环素 0.2g。孕妇、儿童宜服用氯喹作预防。

看一看：中国首位诺贝尔医学奖获得者—屠呦呦

答案解析

目标检测

一、单项选择题

1. 急性乙型肝炎最早出现的血清学指标是
   A. HBsAg
   B. 抗 HBs
   C. HBeAg
   D. 抗 Hbe
   E. 抗 HBc

2. 乙型肝炎患者体内是否存在 HBV 复制，可测
   A. 抗 – 前 S2 抗体
   B. HBsAg
   C. HBV – DNA
   D. 抗 – HBe
   E. 抗 – HBcIgG

3. 伤寒杆菌致病的主要因素是
   A. 内毒素
   B. 肠毒素
   C. 外毒素
   D. 神经毒素
   E. 细胞毒素

4. 伤寒的确诊依据是
   A. 粪培养伤寒杆菌阳性
   B. 尿培养伤寒杆菌阳性
   C. 胆汁培养伤寒杆菌阳性
   D. 肥达试验阳性
   E. 血培养伤寒杆菌阳性

5. 对曾使用过抗生素，疑为伤寒患者，最有价值的检查是
   A. 粪培养
   B. 骨髓培养
   C. 血培养
   D. 肥达试验
   E. 血嗜酸性粒细胞计数

6. 细菌性痢疾的病原体属于
   A. 志贺菌属
   B. 沙门菌属
   C. 弧菌属
   D. 弯曲菌属
   E. 螺旋菌属

7. 细菌性痢疾的主要病变部位位于
   A. 回肠末端
   B. 乙状结肠与直肠
   C. 升结肠
   D. 降结肠
   E. 累及整个肠道

8. 霍乱的确诊依据是
   A. 典型的临床表现
   B. 粪便、呕吐物培养阳性
   C. 与霍乱患者密切接触史

D. 大便常规仅见少数白细胞　　E. 大便悬滴镜检阳性

9. 疟疾是由下述哪种虫媒叮咬传播

    A. 库蚊　　　　　　　　　　B. 伊蚊　　　　　　　　　　C. 蝉

    D. 按蚊　　　　　　　　　　E. 白蛉

10. 确诊疟疾最简便而迅速的方法是

    A. 血涂片　　　　　　　　　B. 骨髓涂片　　　　　　　　C. 酶联免疫吸附试验

    D. 吖啶橙荧光染色法　　　　E. PCR 法

11. HIV 不能通过下列哪种途径传播

    A. 性接触　　　　　　　　　B. 输血　　　　　　　　　　C. 母婴

    D. 握手　　　　　　　　　　E. 共用注射器注射

12. 预防 HIV 感染的主要措施应当为

    A. 加强爱国卫生宣传，养成良好的卫生习惯，防止病从口入

    B. 加强爱国卫生宣传，消灭四害，搞好环境卫生

    C. 加强爱国卫生宣传，搞好计划免疫，增强体质

    D. 加强宣传教育，严禁毒品注射，禁止性乱交，严格检查血液制品

    E. 加强爱国卫生宣传，搞好环境卫生，保持室内能通风

13. 患者，男，25 岁。1 周来食欲不振，检查：ALT 1300U/L（赖氏法），血清总胆红素 30μmol/L，甲型肝炎 IgG 抗体（＋），HBsAg（＋），HBeAg（＋），抗 HBc IgM 抗体（＋），本例可能性最大的临床诊断是

    A. 急性甲型肝炎　　　　　　B. 慢性乙型肝炎　　　　　　C. 急性乙型肝炎

    D. 乙型肝炎病毒携带者　　　E. 急性甲型肝炎合并黄疸型乙型肝炎

二、多项选择题

1. 狂犬病临床表现有

    A. 怕光、怕声　　　　　　　B. 流涎　　　　　　　　　　C. 咽肌痉挛

    D. 咬伤处有麻木、感觉异常　E. 怕水

2. 关于霍乱患者大便性状的描述，下列正确的是

    A. 米泔水样　　　　　　　　B. 脓血黏液便　　　　　　　C. 黄色水样

    D. 水样　　　　　　　　　　E. 洗肉水样

三、简答题

1. 请简述霍乱典型的临床分期。

2. 流感病毒包括哪些亚型？

（闫婷婷）

书网融合……

📋 重点回顾　　　　　📱 微课　　　　　📋 习题

第十二章　外科学基础

导学情景

情景描述：患者，男，48岁，体重60kg。因腹部损伤引起肠瘘，患者出现头晕、乏力、视物模糊。体检示：脉搏细速（120次/分），血压90/70mmHg，四肢发冷，尿少。测血清钠为129mmol/L。该患者经治疗后，血清钠恢复至135mmol/L，但患者主诉四肢无力，EKG监护出现ST段降低和U波。

情景分析：结合主诉及现病史，根据该患者的临床发病特点初步诊断为"低渗性脱水"。

讨　　论：1. 低渗性缺水的临床表现是什么？

　　　　　　2. 为进一步明确诊断，还应检测哪项指标？

学前导语：细胞外液构成了人体内环境，是沟通组织与细胞之间和机体与外界环境之间的媒介，最主要的阳离子是Na^+。该患者由于腹部损伤导致细胞外液减少合并低血钠，即低渗性缺水。根据患者临床表现及实验室检查结果，评估患者低渗性缺水的程度及需补充的钠量（mmol）。

第一节　外科患者的体液失衡

PPT

体液是由水和溶解于其中的电解质、低分子有机化合物及蛋白质等组成，广泛分布于组织与细胞内外。成人体液总量约占体重的60%，其中细胞内液约占体重的40%，细胞外液约占体重的20%；细胞外液中血浆约占体重的5%，其余的15%为组织间液。细胞外液构成了人体内环境，是沟通组织与细胞之间和机体与外界环境之间的媒介，内环境相对稳定是机体各种生理功能有效发挥和新陈代谢正常进行的前提。

细胞外液中最主要的阳离子是Na^+，主要的阴离子是Cl^-、HCO_3^-和蛋白质。细胞内液中的主要阳

离子是 K^+ 和 Mg^{2+}，主要阴离子是 HPO_4^{2-} 和蛋白质。细胞外液和细胞内液的渗透压相等，一般为 $280 \sim 310mOsm/L$。

正常人的体液保持着一定的酸碱度（动脉血浆的 pH 为 $7.35 \sim 7.45$），以维持正常的生理和代谢功能。

机体主要通过肾脏来维持体液的平衡，保持内环境稳定。肾的调节功能受神经－内分泌反应的影响。

一、水、钠失衡

水和钠的关系非常密切，故缺水和失钠常同时存在。引起水和钠的代谢紊乱的原因不同，在缺水和缺钠的程度上也可有不同。水和钠既可按比例丧失，也可缺水多于缺钠，或缺水少于缺钠，如水过多时又可发生水中毒，因而引起的病理生理变化和临床表现也各有不同。

（一）低渗性脱水

低渗性脱水即细胞外液减少合并低血钠，特点是 Na^+ 丢失多于失水，血清 Na^+ 浓度 $<135mmol/L$，血浆渗透压 $<280mOsm/L$，伴有细胞外液量减少。

1. 病因

（1）大量消化液丢失而只补充水　这是最常见原因，如大量呕吐、长期胃肠减压或慢性肠梗阻，以致钠随着大量消化液而丧失。

（2）经皮肤丢失　如大量出汗、大面积烧伤等。

（3）服用利尿剂　长期连续应用排钠利尿剂（呋塞米、依他尼酸等）时，未注意补给适量的钠盐，以致体内缺钠相对地多于缺水。

（4）液体在第三间隙集聚　如腹膜炎、胰腺炎形成大量腹腔积液，肠梗阻导致大量肠液在肠腔内集聚、胸膜炎形成大量胸腔积液等。

2. 临床表现　随缺钠程度而不同。常见症状有恶心、呕吐、头晕、视物模糊、软弱无力、脉搏细速、起立时容易晕倒等。当循环血量明显下降时，肾的滤过量相应减少，以致体内代谢产物潴留，可出现神志不清、肌痉挛性疼痛、肌腱反射减弱、昏迷等。根据缺钠程度，低渗性脱水可分为以下三度。

（1）轻度缺钠　患者疲乏无力、头晕、手足麻木，口渴不明显。尿中 Na^+ 少。血清钠在 135mmol/L 以下。

（2）中度缺钠　除上述症状外，患者尚有恶心、呕吐，脉搏细速，血压不稳定或下降，脉压变小，浅静脉萎陷，视物模糊，站立性晕倒。尿量少，尿中几乎不含钠和氯。血清 Na^+ 在 130mmol/L 以下。

（3）重度缺钠　患者神志不清，出现肌痉挛性抽痛，腱反射减弱或消失，出现木僵，甚至昏迷。常发生休克。血清 Na^+ 在 120mmol/L 以下。

3. 诊断　如患者有上述体液丢失病史和临床表现，可初步诊断为低渗性脱水。进一步检查包括：①血清钠在 135mmol/L 以下；②尿 Na^+、Cl^- 测定常有明显减少，尿比重常在 1.010 以下；③红细胞计数、血红蛋白量、红细胞比容、血尿素氮均有增高。

4. 治疗　积极处理致病原因。针对细胞外液缺钠多于缺水和血容量不足的情况，采用含盐溶液或高渗盐水静脉输注，以纠正体液的低渗状态和补充血容量。临床上治疗原则是根据血钠降低速度、程度及症状进行，出现急性症状特别是有严重神经症状时必须处理。低渗性缺水补钠量可按下列公式计算：需补充的钠量（mmol）＝［血钠的正常值（mmol/L）－血钠测得值（mmol/L）］×体重（kg）×0.6（男性）或 0.5（女性）。按 17mmol Na^+ ＝1g 钠盐计算补给氯化钠的量。总输入量应分次完成，一般先补充缺钠量的一部分，以解除急性症状，然后再根据临床表现及血 Na^+、Cl^- 浓度、动脉血血气分析等指标完成剩余量的补充。重度缺钠出现休克者，应先补足血容量，以改善微循环和组织器官灌注，可应用晶体液（复方乳酸氯化钠溶液、等渗盐水）、白蛋白及血浆等胶体溶液。输注高渗盐水应严格控制滴速，每小时不应超过150ml，随后根据病情及血钠浓度再调整治疗方案。

（二）高渗性脱水

高渗性脱水又称原发性缺水。水和钠虽同时缺失，但缺水多于缺钠，血清 Na^+ 浓度 >150mmol/L，血浆渗透压 >310mOsm/L，细胞外液量和细胞内液量都减少。

1. 病因

（1）水分摄入不足　如食管癌的咽下困难、重危患者的给水不足、鼻饲高浓度的要素饮食或静脉注射大量高渗盐水溶液。

（2）水分丧失过多　如高热大量出汗（汗中含氯化钠0.25%）、烧伤暴露疗法、糖尿病未控制致大量尿液排出等。

（3）呕吐、腹泻及消化道引流　可导致等渗或含钠低的消化液丢失。

（4）中枢性或肾性尿崩症　均可经肾排出大量低渗性尿液。

2. 临床表现　随缺水程度而异。根据症状轻重，一般将高渗性脱水分为三度：①轻度脱水，患者除口渴外，无其他症状，缺水量为体重的2%～4%；②中度脱水，患者极度口渴，唇舌干燥，皮肤弹性差，眼窝凹陷，伴有乏力、尿少和尿比重增高，常出现烦躁，缺水量为体重的4%～6%；③重度缺水，患者除上述症状外，可出现躁狂、幻觉、谵妄甚至昏迷等脑功能障碍症状，缺水量超过体重的6%。

3. 诊断

（1）有水分摄入不足及水分丧失过多的病史。

（2）有口渴、乏力、尿少、躁狂、谵妄等临床表现。

（3）血清钠升高，在150mmol/L以上。

（4）尿比重增高。

（5）红细胞计数、血红蛋白量、红细胞比容轻度增高。

4. 治疗　应尽早去除病因。不能口服的患者，静脉滴注5%葡萄糖溶液或0.45%氯化钠溶液，以补充已丧失的液体。估计需要补充液体量可根据临床表现估计丧失水量占体重的百分比来估计。每丧失体重的1%，补液400～500ml。纠正高渗性脱水速度不宜过快，以免快速扩容导致脑水肿。

必须注意，血清 Na^+ 测定虽有增高，但因同时有缺水，血液浓缩，体内总钠量实际上仍有减少。故在补水的同时应适当补钠，以纠正缺钠。

（三）等渗性脱水

等渗性脱水又称急性缺水或混合性缺水。外科患者最易发生这种缺水。水和钠成比例丧失，血清钠仍在正常范围，细胞外液的渗透压也保持正常。

1. 病因

（1）消化液的急性丧失　如大量或频繁呕吐，肠瘘等。

（2）体液丧失在感染区或软组织内　如腹腔内或腹膜后感染、肠梗阻、烧伤等，这些丧失的液体与细胞外液基本相同。

（3）大量抽放胸腔积液、腹腔积液，大面积烧伤等。

2. 临床表现　患者出现尿少、厌食、恶心、乏力等，但不口渴。舌干燥，眼窝凹陷，皮肤干燥、松弛。如短期内体液的丧失达到体重的5%时，即丧失细胞外液的25%时，患者出现脉搏细速、肢端湿冷、血压不稳定或下降等血容量不足的症状。体液继续丧失达体重的6%～7%时（相当丧失细胞外液的30%～35%），则出现更严重的休克表现。

3. 诊断

（1）有消化液的急性丧失及体液丧失在感染区或软组织内等病史。

（2）有厌食、皮肤干燥、松弛，但不口渴等临床表现。

（3）血清 Na^+ 和 Cl^- 一般无明显降低。

（4）存在血液浓缩现象。

（5）尿少，尿比重增高。

4. 治疗　积极处理病因，以减少水和钠的丧失。针对细胞外液量的减少，用平衡盐溶液或等渗盐水尽快补充血容量。脉搏细速和血压下降等血容量不足表现者，需从静脉快速输注以恢复其血容量。

目前常用的平衡盐溶液有乳酸钠与复方氯化钠混合液，以及碳酸氢钠与等渗盐水混合液两种。在纠正缺水后，钾的排泄有所增加，K^+ 浓度也会因细胞外液量增加而被稀释降低，故应注意低钾血症的发生。

二、钾失衡 🅔 微课1

（一）低钾血症

血清钾的正常值为 $3.5 \sim 5.5mmol/L$。低于 $3.5mmol/L$ 为低钾血症。

1. 病因

（1）钾摄入不足　消化道梗阻、长期禁食、昏迷、神经性厌食等。

（2）钾丢失过多　呕吐、持续胃肠减压、腹泻、肠瘘等胃肠道液体丢失。

（3）应用利尿剂　长期应用呋塞米或噻嗪类利尿剂，肾小管性酸中毒，盐皮质激素分泌过多使肾排出钾过多。

（4）钾分布异常　如代谢性碱中毒、静脉输注葡萄糖和胰岛素后钾向细胞内转移。

2. 临床表现　肌无力为最早表现，一般先出现四肢肌软弱无力，以后延及躯干和呼吸肌，严重时可有软瘫、腱反射减弱或消失。消化道可表现为吞咽困难、腹胀和肠麻痹等。心脏受累主要影响心脏的除极和复极过程，典型的心电图改变为早期出现 ST 段降低，T 波降低、变宽或倒置，随后出现 Q - T 间期延长和 U 波。但并非每个患者都有上述心电图改变，故不应仅凭心电图异常来诊断低钾血症。

3. 诊断　根据详细的病史、临床表现以及实验室检查即可做出低钾血症的诊断，血清钾低于 $3.5mmol/L$ 有诊断意义，心电图检查可作为辅助性诊断手段。

4. 治疗　应尽早治疗原发病，补充钾盐以纠正低钾血症。临床较难判定缺钾的程度，可根据血钾水平，每天补氯化钾 $3 \sim 6g$，不宜更多输入。补钾注意事项如下。

（1）能口服者尽量口服补钾。

（2）见尿补钾，血容量不足者以尽快恢复血容量，待每小时尿量超过 40ml 后，再从静脉补充氯化钾溶液。

（3）静脉输入时，钾的浓度不宜过高，每 500ml 液体中钾的含量不宜超过 $1.5g$。

（4）静脉输入时，补钾的速度不宜过快，滴速每分钟不超过 60 滴。

（5）完全纠正体内缺钾需时较长，患者能够口服后，可将注射钾盐改为口服钾盐。

（6）补钾过程中，特别是静脉补钾过程中，注意监测患者血钾变化。

（二）高钾血症

血清钾超过 $5.5mmol/L$ 时，即称高钾血症。

1. 病因

（1）进入体内的钾增多　如口服含钾药物或静脉输入过多钾，以及大量输入保存期较久的库存血等。

（2）肾排钾功能减退　如急性肾功能衰竭，应用保钾利尿剂（如螺内酯、氨苯蝶啶），盐皮质激素分泌不足等。

（3）细胞内钾外移　如溶血、组织损伤（如挤压综合征）以及酸中毒等。

2. 临床表现　高钾血症时肌肉轻度震颤、手足感觉异常和四肢软弱等。可以引起窦性心动过缓、房室传导阻滞或快速性心律失常，甚至发生心搏骤停。高钾血症，特别是血钾超过 7mmol/L 时，几乎都有心电图的改变。典型的心电图改变为：早期 T 波高尖、Q－T 间期缩短，QRS 波增宽伴幅度下降，P 波波幅下降并逐渐消失。

🗡 **练一练12-1**

心电图表现为高尖 T 波的电解质紊乱是（　　）

　A. 高钙血症　　　　　　　B. 高钾血症　　　　　　　C. 低钾血症

　D. 低磷血症　　　　　　　E. 低钙血症

答案解析

3. 诊断　有引起高钾血症原因的患者，当出现无法用原发病解释的上述临床表现时，应考虑到有高钾血症的可能。血清钾浓度超过 5.5mmol/L 即可确诊，心电图有辅助诊断价值。

4. 治疗　高钾血症患者有心搏突然停止的危险，故发现患者有高钾血症后，除尽快处理原发病和改善肾功能外，同时采取如下紧急措施。

（1）停止钾盐摄入　停用一切含钾的药物或溶液，尽量不食含钾量较高的食物，以免血钾更加增高。

（2）促使 K^+ 暂时向细胞内转移　5% 碳酸氢钠溶液 250ml 静脉滴注，可使血容量增加，K^+ 得到稀释，又可使 K^+ 移入细胞内或由尿排出，同时还有助于酸中毒的治疗；10U 胰岛素加入 10% 葡萄糖溶液 300~500ml 中静脉滴注；10% 葡萄糖酸钙溶液 10~20ml 稀释后缓慢静脉注射。

（3）减少钾的吸收　阳离子交换树脂，每日口服 2~3 次，每次 15g，可从消化道携带走较多的钾离子。

（4）透析疗法　主要为血液透析，一般用于上述疗法仍不能降低血清钾浓度时。

三、酸碱失衡

正常人的体液保持着一定的酸碱度，是机体维持正常生命活动的基础。不论发生哪种酸碱平衡失调，机体都有继发性代偿反应，使 pH 恢复至正常范围，以维持内环境的稳定。原发性酸碱平衡失调有代谢性酸中毒、代谢性碱中毒、呼吸性酸中毒和呼吸性碱中毒四种。有两种或两种以上的原发性酸碱平衡失调同时存在的情况，称为混合型酸碱平衡失调。临床上最常见的是代谢性酸中毒。

（一）代谢性酸中毒

代谢性酸中毒临床最为常见，由于体内 HCO_3^- 减少所引起。

1. 病因

（1）碱性物质丢失过多　严重腹泻、肠瘘、胆瘘和胰瘘等。

（2）酸性物质产生过多　组织缺血、缺氧、碳水化合物氧化不全等，产生大量丙酮酸和乳酸，发生乳酸性酸中毒。在糖尿病或长期不能进食时，体内脂肪分解过多，可形成大量酮体积聚，引起酮体酸中毒。

（3）肾功能不全　肾小管功能不全，不能将内生性 H^+ 排出而积聚在体内，HCO_3^- 在近曲小管重吸收下降。

（4）外源性固定酸摄入过多，消耗 HCO_3^- 缓冲　如大量摄入阿司匹林、长期服用氯化铵等药物。

（5）高钾血症　各种原因引起细胞外液 K^+ 增高，K^+ 与细胞内 H^+ 交换，引起细胞外 H^+ 增加，导致代谢性酸中毒。

2. 临床表现　轻症可无明显症状，重症出现疲乏、眩晕、嗜睡、感觉迟钝或烦躁，严重时出现昏迷。最突出的表现是呼吸深而快，称为酸中毒大呼吸。呼气中有时带有酮味，面部潮红，心率加快，血压常偏低，心律不齐。有对称性肌张力减退、腱反射减弱或消失，常伴有严重缺水的症状，可发展至急性肾衰竭和休克。

3. 诊断

（1）根据患者有严重腹泻、肠瘘或输尿管乙状结肠吻合术等的病史，出现深而快伴有鼾音的大呼吸，即应怀疑有代谢性酸中毒。

（2）动脉血气分析可以明确诊断，并可了解代偿情况和酸中毒的严重程度。部分代偿时，血液 pH、HCO_3^- 和 PCO_2 均有一定程度的降低；失代偿时，血液 pH 和 HCO_3^- 明显下降，PCO_2 正常。

（3）尿液检查一般呈酸性反应。

4. 治疗　消除引起代谢性酸中毒的原因。较轻的酸中毒（血浆 HCO_3^- 在 $16 \sim 18mmol/L$）常可自行纠正，一般不需应用碱剂治疗。对血浆 HCO_3^- 低于 10mmol/L 的患者，应立刻用液体和碱剂进行治疗。常用碱性溶液为碳酸氢钠溶液。此外，酸中毒纠正时容易导致低钾血症和低钙血症，出现相应的临床表现，应及时注意防治。

（二）代谢性碱中毒

代谢性碱中毒由体内 HCO_3^- 增多所引起。

1. 病因

（1）酸性物质丢失过多　如严重呕吐，长期胃肠减压等，由于肠液中的 HCO_3^- 未能被来自胃液的盐酸所中和，使血液中 HCO_3^- 增高。此外，大量胃液的丧失也丢失了钠、氯和细胞外液，引起 HCO_3^- 在肾小管内的再吸收增加，K^+ 和 Na^+ 的交换及 H^+ 和 Na^+ 的交换增加，引起 H^+ 和 K^+ 丧失过多，造成碱中毒和低钾血症。

（2）碱性物质摄入过多　几乎都是长期服用碱性药物所引起。

（3）H^+ 向细胞内移动　低钾血症时，每 3 个 K^+ 从细胞内释出，即有 2 个 Na^+ 和 1 个 H^+ 进入细胞内，引起代谢性碱中毒。

2. 临床表现　一般无明显症状，神经肌肉系统的影响表现为烦躁不安、精神错乱或谵妄等中枢神经兴奋的表现，面部及肢体肌肉抽动、腱反射亢进及手足抽搐。严重时发生昏迷。

3. 诊断

（1）有酸性胃液丧失过多及碱性物质摄入过多等病史。

（2）有呼吸变浅变慢或神经精神方面异常等临床表现。

（3）血气分析可确定诊断。

4. 治疗　在积极处理原发疾病的基础上，纠正碱中毒。可静脉输注等渗盐水、盐酸稀释溶液或葡萄糖盐水，同时注意补钾。

（三）呼吸性酸中毒

呼吸性酸中毒是指 CO_2 排出障碍或吸入过多引起 pH 下降，导致高碳酸血症。

1. 病因

（1）全身麻醉过深、镇静剂过量、心搏骤停、气胸、急性肺水肿、支气管痉挛、喉痉挛和呼吸机使用不当等，显著地影响呼吸，使通气不足，引起急性、暂时性的高碳酸血症。

（2）肺组织广泛纤维化、重度肺气肿等慢性阻塞性肺部疾病，这些疾病有换气功能障碍或肺泡通气－血流比例失调，故能引起 CO_2 在体内潴留，导致高碳酸血症。

2. 临床表现　表现为呼吸困难、换气不足和全身乏力，有时有气促、发绀、头痛、胸闷。随着酸中毒的加重，可出现血压下降、谵妄、昏迷等。

3. 诊断

（1）有呼吸功能受影响病史。

（2）血气分析显示血液 pH 明显下降，$PaCO_2$ 增高。

4. 治疗　在治疗原发病的基础上，改善通气功能：通过吸痰、扩张支气管、消除支气管黏膜肿胀等手段通畅呼吸道，促进二氧化碳的排出。必要时，行气管插管或气管切开术，或使用呼吸机，以改善换气。如因呼吸机使用不当而发生酸中毒，则应调整呼吸机的频率、压力或容量。

（四）呼吸性碱中毒

呼吸性碱中毒指肺泡通气过度，体内生成的 CO_2 排出过多，以致血液中的 $PaCO_2$ 降低，引起低碳酸血症。

1. 病因　癔病、精神过度紧张、发热、创伤、感染、中枢神经系统疾病、轻度肺水肿、肺栓塞、低氧血症、肝功能衰竭和使用呼吸机不当等。慢性呼吸性碱中毒在外科患者中比较少见。

2. 临床表现　一般无症状，可出现眩晕，手、足和口周麻木和针刺感，肌震颤，手足抽搐，心动过速。这些症状很可能是引起碱中毒的疾病的症状，而不是碱中毒本身的症状。危重患者发生急性呼吸性碱中毒，常提示预后不良，或将发生急性呼吸窘迫综合征。

3. 诊断

（1）有癔病、精神过度紧张、发热、创伤等病史。

（2）有眩晕，手、足和口周麻木和针刺感，肌震颤，手足抽搐，心动过速等临床表现。

（3）血液 pH 增高，$PaCO_2$ 和 HCO_3^- 下降。

4. 治疗　在积极处理原发疾病的基础上，通过不同途径减少 CO_2 的排出和增加 CO_2 的吸入。用纸袋罩住口鼻，增加呼吸道无效腔，减少 CO_2 的呼出和丧失，也可给予含 5% CO_2 的氧气吸入。如系呼吸机使用不当所造成的通气过度，应调整呼吸机。静脉注射葡萄糖酸钙注射液可消除手足抽搐。

第二节　麻　醉

PPT

麻醉是指利用麻醉药物使中枢神经系统或神经系统中某些部位受到暂时的、完全可逆的抑制。目的是消除手术疼痛，保障患者安全，为手术创造良好条件。根据麻醉作用部位将临床麻醉分为局部麻醉、椎管内麻醉和全身麻醉。近年来，随着各相关学科的发展，麻醉技术和理论与医学其他领域的联系越来越密切，不仅要求能消除手术时的疼痛，还需要镇静镇痛、重症监测、急救复苏等。

一、概述

（一）麻醉前评估

1. 病史采集　麻醉前应仔细阅读病历，详细了解临床诊断、病史记录及与麻醉有关的检查。访视患者时，应询问手术麻醉史、吸烟史、药物过敏史及药物治疗情况，平时体力活动能力及目前的变化，知晓患者的心理状态。

2. 体格检查　重点检查生命体征，心、肺及呼吸道、脊柱及神经系统的功能状态，并对并存病的严重程度进行评估。

3. 辅助检查 根据病情进行必要的辅助检查，以便能彻底地了解病情，充分评估手术及麻醉风险，预防并发症。

4. 体格状态评估分级 美国麻醉医师协会（ASA）将病情分为 5 级，对病情的判断有重要参考价值（表 12 - 1）。

表 12 - 1　ASA 病情分级和围手术期死亡率

分级	标准	死亡率（%）
I	体格健康，发育正常，营养良好，各器官功能正常	0.06 ~ 0.08
II	除外科疾病外，有轻度并存病，功能代偿健全	0.27 ~ 0.40
III	并存病较严重，体力活动受限，但尚能应付日常工作	1.82 ~ 4.30
IV	并存病严重，丧失日常工作能力，经常面临生命威胁	7.80 ~ 23.0
V	无论手术与否，生命难以维持 24 小时的濒死患者	9.40 ~ 50.7
VI	确诊为脑死亡，其器官拟用于器官移植手术供体	-

分析该表发现，I ~ II 级患者对麻醉和手术的耐受性良好，风险性较小。III 级患者的器官功能虽在代偿范围内，但对麻醉和手术的耐受能力减弱，风险性较大，如术前准备充分，尚能耐受麻醉。IV级患者因器官功能代偿不全，麻醉和手术的风险性很大，即使术前准备充分，围手术期的死亡率仍很高。V 级者为濒死患者，麻醉和手术都异常危险，不宜行择期手术。

（二）麻醉前准备

1. 纠正或改善病理生理状态

（1）纠正营养不良　若存在营养不良时应予以纠正，一般要求血红蛋白≥80g/L，血浆清蛋白≥30g/L，并纠正缺水、电解质紊乱和酸碱平衡失调。

（2）心脏病用药　有心衰史、心房纤颤或心脏明显扩大者，应以洋地黄类药物治疗；术前以洋地黄类药物维持治疗者，建议手术当日停药。长期服用 β 受体阻滞药治疗心绞痛、心律失常和高血压者，围手术期继续用药，包括手术当日。

（3）高血压用药　高血压患者，血压控制在 180/100mmHg 以下较为安全，需选用合适降压药。

（4）糖尿病用药　合并糖尿病者，择期手术前应控制空腹血糖不高于 8.3mmol/L，尿糖低于（+ +），尿酮体阴性。

（5）呼吸系统疾病用药　有呼吸系统疾病者，术前应检查肺功能、动脉血气分析和胸部 X 线片，有急、慢性肺部感染者可选择有效抗生素。

2. 心理方面的准备 手术是一种创伤性治疗方法，麻醉对患者来讲则更加陌生。患者术前难免紧张和焦虑，甚至有恐惧感。应关心和鼓励患者，消除其思想顾虑和焦虑心情。对于过度紧张而难以自控者，应配合药物治疗。有心理障碍者，应请心理学专家协助处理。

3. 胃肠道的准备 择期手术前应常规排空胃，以免发生胃内容的反流、呕吐或误吸。一般认为，择期手术患者，无论选择何种麻醉方法，术前都应禁食易消化固体食物或非母乳至少 6 小时；而禁食油炸食物、富含脂肪或肉类食物至少 8 小时。急症患者也应充分考虑胃排空问题，饱胃又需立即手术时，可考虑选用全麻，行气管内插管，有利于避免或减少呕吐和误吸的发生。

4. 麻醉用品、设备及药品的准备 为了使麻醉和手术能安全顺利进行，防止任何意外事件的发生，麻醉前必须对麻醉和监测设备、麻醉用具及药品进行准备和检查。无论实施何种麻醉，都必须准备麻醉机、急救设备和药品。

5. 知情同意 手术前应将麻醉方法、围手术期可能发生的各种意外情况及并发症和手术前后的注意事项等告知患者及其家属，并签署知情同意书。

（三）麻醉前用药

1. 目的

（1）消除患者紧张、焦虑及恐惧的情绪；增强全身麻醉药的效果，减少全麻药的不良反应；对不良刺激可产生遗忘作用。

（2）提高患者的痛阈，缓解或解除原发疾病或麻醉前有创操作引起的疼痛。

（3）消除因手术或麻醉引起的不良反射，特别是迷走神经反射，抑制交感神经兴奋以维持血流动力学的稳定。

2. 用药原则及药物选择 麻醉前用药应根据麻醉方法和病情来选择用药（表12-2），一般遵循如下原则：全麻患者以镇静药和抗胆碱药为主，有剧痛者加用麻醉性镇痛药；腰麻患者以镇静药为主；硬膜外麻醉必要时给予镇痛药；冠心病及高血压患者的镇静药剂量可适当增加；心脏瓣膜病、心功能差及病情严重者，镇静及镇痛药的剂量应酌减；一般状况差、年老体弱者、恶病质及甲状腺功能减退者，对镇静药及镇痛药较敏感，用药量应减少；而年轻体壮或甲亢患者，用药量应酌情增加。

表12-2 麻醉前用药

药物类型	药名	作用	用法和用量（人）
镇静药	地西泮 咪达唑仑	镇静、催眠、抗焦虑、抗惊厥	口服2.5～5mg 肌内注射0.04～0.08mg/kg
催眠药	苯巴比妥	镇静、催眠、抗惊厥	肌内注射0.1～0.2g
镇痛药	吗啡 哌替啶	镇痛、镇静	肌内注射0.1mg/kg 肌内注射1mg/kg
抗胆碱药	阿托品 东莨菪碱	抑制腺体分泌，解除平滑肌痉挛和迷走神经兴奋	肌内注射0.01～0.02mg/kg 肌内注射0.2～0.6mg

✕ 练一练12-2

下列不属于术前用药的是（ ）

A. 镇静药 　　　　B. 镇痛药 　　　　C. 静脉麻醉药

D. 抗胆碱能药 　　E. 催眠药

答案解析

二、局部麻醉 　微课2

局部麻醉是用局麻药暂时阻断某些周围神经的冲动传导，使这些神经所支配的区域产生麻醉作用，简称局麻。局麻简便易行，安全性大，能保持患者清醒，对生理功能干扰小，并发症少。适用于较表浅局限的中、小型手术。

（一）局麻方法

常用的局部麻醉方法有表面麻醉、局部浸润麻醉、区域阻滞麻醉、神经阻滞麻醉。

1. 表面麻醉 将穿透力强的局麻药通过滴入、喷雾或贴敷等方法与局部黏膜接触，使之渗透至黏膜、黏膜下并扩散，与神经末梢接触，所产生的感觉消失状态称为表面麻醉。常用于眼、鼻、咽喉、尿道和膀胱等处。

2. 局部浸润麻醉 将局麻药由浅入深分层注入手术区，阻滞组织中的神经末梢，称局部浸润麻醉。

该法是应用最广的麻醉方法。常用于手术切口等处。麻醉时应遵循如下原则。

（1）一针技术 即只有第一针刺入时才有痛感。操作时先在皮肤切口一端皮内注射一皮丘，继沿切口走行方向做成一连串皮丘，做新皮丘时注射针应在前一皮丘内刺入方可无疼痛。

（2）逐层浸润 注射时根据手术需要由皮丘按解剖层次向四周及深部逐层浸润。注药时应在短时内加压注入，使麻药能与神经末梢广泛而均匀地接触，增强麻醉效果。

（3）回抽无血 每次注药前都要回抽注射器，无回血方可注入。

（4）控制浓度 为避免出现麻醉药物中毒，应控制药物的浓度。

（5）加入药物 为延缓局麻药的吸收，延长作用时间，药液中可加入肾上腺素，配成1：20万～40万浓度。

3. 区域阻滞麻醉 在手术区周围和基底部注射局麻药，以阻滞支配手术区的神经纤维。适用于肿块切除术，如乳房纤维腺瘤的切除等。

4. 神经阻滞麻醉 将局麻药注入神经干、丛、节的周围，阻滞其冲动传导，使其所支配的区域产生麻醉作用。常用的神经阻滞麻醉有颈丛、臂丛、肋间神经和指（趾）神经阻滞麻醉。

（二）常用局麻药

1. 普鲁卡因 是一种弱效、短时效但较安全的常用局麻药。它的麻醉效能较弱，黏膜穿透力很差，故不用于表面麻醉和硬膜外阻滞。由于它毒性较小，适用于局部浸润麻醉。成人一次限量为1g。其代谢产物对氨苯甲酸有减弱磺胺类药物的作用，使用时应注意。

2. 丁卡因 是一种强效、长时效的局麻药。此药的黏膜穿透力强，适用于表面麻醉、神经阻滞麻醉、腰麻及硬膜外阻滞麻醉。一般不用于局部浸润麻醉。成人一次限量表面麻醉40mg、神经阻滞麻醉为80mg。

3. 利多卡因 是中等效能和时效的局麻药。它的组织弥散性能和黏膜穿透力都很好，可用于各种局麻方法，但使用的浓度不同。最适用于神经阻滞麻醉和硬膜外阻滞麻醉。成人一次限量表面麻醉为100mg，局部浸润麻醉和神经阻滞麻醉为400mg。但反复用药可产生快速耐药性。

4. 布比卡因 是一种强效和长时效局麻药。常用于神经阻滞麻醉、腰麻及硬膜外阻滞麻醉，很少用于局部浸润麻醉。它与血浆蛋白结合率高，故透过胎盘的量少，较适用于分娩镇痛，常用浓度为0.125%～0.25%。作用时间为4～6小时。成人一次限量为150mg。使用时应注意其心脏毒性。左旋布比卡因的基本药理性能和临床使用与布比卡因相似，但其心脏毒性弱于布比卡因。

（三）局麻药不良反应

1. 毒性反应 指单位时间内血液中局麻药浓度超过了机体的耐受力而引起的中毒症状。

（1）常见原因 一次用量超过患者的耐受量；意外注入血管内；注药部位血供丰富，吸收增快；患者因体质衰弱等原因而导致耐受力降低。

（2）临床表现 主要表现为中枢神经系统及心血管系统的变化，而中枢神经系统对局麻药更敏感。在中枢神经系统先表现中枢兴奋和惊厥，如局麻药浓度再升高，则表现为全面抑制，如神志淡漠或昏迷、呼吸抑制或停止、循环衰竭等。局麻药中毒时除直接舒张外周血管外，亦抑制心肌的收缩和传导，使心排血量下降，导致低血压、循环衰竭甚至心脏停搏。

（3）预防和治疗 为了预防局麻药毒性反应的发生，可给予适量镇静药。局麻药液中加肾上腺素，可减少局麻药物中毒反应。一旦发生毒性反应，应立即停用局麻药；支持呼吸和循环功能，如人工呼吸、给氧和使用升压药，心跳停止时应立即复苏；抗惊厥，静脉注射硫喷妥钠1～2mg/kg，亦可用速效肌松药。

2. 过敏反应 有极少数患者在使用局麻药后出现皮肤黏膜水肿、荨麻疹、哮喘、低血压或休克等症状，称为过敏反应。凡患者属过敏体质或有过敏史者应更加注意。酰胺类较酯类局麻药过敏反应发生率低。对疑有对酯类过敏者，可改用酰胺类。

三、椎管内麻醉

椎管内麻醉是指将局麻药注入椎管内不同腔隙，阻滞脊神经根或脊神经的传导，使所支配的区域产生麻醉效果，称为椎管内麻醉。根据局麻药注入的腔隙不同，分为蛛网膜下隙阻滞、硬膜外隙阻滞及腰麻 – 硬膜外隙联合阻滞。

（一）蛛网膜下隙阻滞

将局麻药注入蛛网膜下隙，阻滞部分脊神经的传导，称为蛛网膜下隙阻滞，简称腰麻。

1. 适应证 适用于 2 ~ 3 小时以内的下腹部、盆腔、下肢及会阴、肛门的手术。如阑尾切除术、疝修补术、半月板摘除术及痔切除术等。

2. 禁忌证

（1）中枢神经系统疾病 如脑膜炎、脊髓前角灰 – 白质炎、脊柱结核及肿瘤等。

（2）穿刺部位感染或脓毒症。

（3）心血管功能不全 如严重贫血、休克、心力衰竭、高血压、冠心病等。

（4）凝血功能障碍。

3. 常用药物

（1）5% 普鲁卡因含糖溶液（普鲁卡因粉 150mg + 5% 葡萄糖液或脑脊液 3ml）。

（2）1% 丁卡因、10% 葡萄糖、3% 麻黄碱各 1ml 混合液。

（3）0.5% ~ 0.75% 布比卡因 2ml 加 10% 葡萄糖液 1ml。

4. 穿刺方法 常取侧卧位，背部与手术台的边缘平齐并垂直于手术台，两手抱膝，脊椎尽量弯曲，使腰椎棘突间隙加宽。穿刺点选择在腰椎 3 ~ 4 或 4 ~ 5 间隙，穿刺成功后注入药物，调节麻醉平面。

（二）硬膜外隙阻滞

将局麻药注入硬脊膜外隙，阻滞部分脊神经的传导功能，使躯干的某一节段产生麻醉作用，称硬脊膜外隙阻滞，简称硬膜外阻滞或硬膜外麻醉。根据给药方式不同可分为单次法和连续法两种，连续法在临床最常用。

1. 适应证 横膈以下的各种腹部、腰部和下肢手术，且不受手术时间的限制。还用于颈部、上肢和胸壁手术，但麻醉操作和管理技术都较复杂，采用时要慎重。

2. 禁忌证 禁忌证与腰麻相似，如中枢神经系统疾病、穿刺部位感染或脓毒症、心功能不全、脊柱严重畸形等。

3. 常用药物 包括 1.5% ~ 2% 利多卡因、0.25% ~ 0.33% 丁卡因、0.5% ~ 0.75% 布比卡因及 0.75% 罗哌卡因。如患者无高血压，可在局麻药中加入 1∶20 万的肾上腺素，收缩局部血管延长药物作用时间。

4. 穿刺方法 体位如腰麻，用特制的腰椎穿刺针，在预定范围为中心的椎间隙穿刺，证实在硬膜外隙内后，插入导管并退出穿刺针，留置导管于硬膜外隙内，并用胶布固定。先给试探药量并观察，确定未穿破硬脊膜，则按手术所需剂量第二次或多次给药维持麻醉作用。

（三）椎管内麻醉并发症

1. 血压下降 主要因交感神经被阻滞而引起阻力血管和容量血管的扩张，导致血压下降。尤其是上腹部手术时，因胸腰段交感神经阻滞的范围较广，并可阻滞心交感神经引起心动过缓，更易发生低血压。

2. 呼吸抑制 硬膜外阻滞可影响肋间肌及膈肌的运动，导致呼吸储备功能降低，而对静息通气量的影响较小。此时可鼓励患者做深呼吸、吸氧或辅助呼吸以维持足够的肺通气量。如膈肌麻痹，则呼吸停止，应立即做人工呼吸进行急救，同时应注意循环及做相应处理。

3. 全脊髓麻醉 为硬膜外阻滞最严重的并发症，系局麻药误注入蛛网膜下隙所致，表现为注药后数分钟内即出现进行性呼吸困难。一旦发生，立即气管内插管行人工呼吸，同时加快输液并给予升压药维持循环。

4. 恶心、呕吐 多由于麻醉平面过高、迷走神经亢进、腹腔内脏牵拉等原因所致。处理时主要是及时找到原因，必要时可应用氟哌利多、昂丹司琼等药物予以防治。

四、全身麻醉

全身麻醉是指全麻药经呼吸道吸入或静脉、肌内注射进入人体内，产生中枢神经系统的暂时抑制，使患者意识和痛觉暂时消失、反射活动减弱、肌肉松弛的一种麻醉方法。全身麻醉包括吸入麻醉和静脉麻醉。

（一）吸入麻醉

吸入麻醉是指患者吸入气体或挥发性液体麻醉药物产生的全身麻醉作用。临床麻醉中应用最广泛，可用于全身麻醉的诱导和维持。

1. 常用药物

（1）氧化亚氮（N_2O） 也称笑气，作用弱，常与其他吸入或静脉麻醉药复合应用。单纯应用 $50\% \sim 70\%$ 浓度 N_2O 的时，易出现兴奋现象，并有骨髓抑制现象。

（2）氟烷 麻醉效能强，可扩张血管、抑制心肌，使心率减慢、血压下降，肝血流量减少，但能增加肌松剂的效果。

（3）安氟醚 麻醉效果好，诱导快，苏醒平稳迅速。深麻醉时出现呼吸抑制，高浓度（$3\% \sim 4\%$）吸入伴过度通气时，可出现肌肉痉挛性收缩。

（4）异氟醚 麻醉效能好，诱导苏醒快，对呼吸、循环、肝肾功能影响轻微，对肝血流量无明显影响。

2. 麻醉方法 麻醉应准备好麻醉机、气管插管用具及吸引器等，开放静脉和胃肠减压管，测定血压和心率的基础值，有条件者应监测心电图、SpO_2。

（1）麻醉诱导 实施麻醉诱导，是指者接受全麻药后，由清醒状态到神志消失，并进入全麻状态后进行气管内插管，这一阶段称全麻诱导期。目的是尽快缩短诱导期，使患者平稳地转入麻醉状态。包括单纯静脉麻醉诱导、静脉诱导加吸入麻醉诱导和单纯吸入麻醉诱导。

（2）麻醉维持 一般需要用口咽或鼻咽通气管或气管插管保持上呼吸道的通畅。将 $N_2O - O_2 -$ 挥发性麻醉药合用来维持麻醉，需要肌肉松弛时加用肌松药。

（二）静脉麻醉

将麻醉药注入静脉，作用于中枢神经系统而产生全身麻醉作用，称静脉麻醉。

1. 常用药物

（1）硫喷妥钠 为超短效的巴比妥类静脉全麻药，对中枢神经系统有强烈而短暂的抑制作用，但镇痛效能差，对呼吸中枢有明显的抑制作用，特别是当静脉注射速度过快时更为显著。适用于全麻诱导、抗惊厥治疗及小儿基础麻醉。常用浓度 2.5%。

（2）氯胺酮 是一速效、短效的静脉麻醉药，镇痛作用显著；静脉注射后 $30 \sim 60$ 秒患者意识丧失，作用时间 $15 \sim 20$ 分钟；肌内注射后约 5 分钟起效，15 分钟作用最强。可用于全麻诱导，剂量 $1 \sim$

2mg/kg 静脉注射。以 15 ~ 45μg/（kg·min）速度静脉滴注可用于麻醉维持。

（3）依托咪酯（乙咪酯） 为短效催眠药，无镇痛作用。起效快，静脉注射后 30 秒钟患者意识即可丧失，1 分钟脑内浓度达到峰值。对呼吸的作用明显轻于硫喷妥钠。主要用于麻醉诱导，适用于年老体弱和危重患者。一般剂量 0.15 ~ 0.3mg/kg。

（4）丙泊酚（异丙酚，普鲁泊福） 具有镇静、催眠作用，有轻微镇痛作用。起效快，静脉注射 1 ~ 2mg/kg 后 30 ~ 40 秒患者即入睡，维持时间仅 3 ~ 10 分钟，停药后苏醒快而完全。临床用于全麻静脉诱导，剂量 1.0 ~ 2.5mg/kg。

2. 麻醉方法 包括静脉诱导法和麻醉维持两个阶段。静脉诱导多选择硫喷妥钠、依托咪酯、丙泊酚等药物，静脉麻醉药维持除氯胺酮外，多数都属于催眠药，缺乏良好的镇痛作用，临床多选择复合全身麻醉。

（三）复合麻醉

复合麻醉是指两种或两种以上的麻醉药或（和）方法联合应用，彼此取长补短，以达到最佳临床麻醉效果，是目前临床应用最多的方法。根据给药途径不同大致分为全静脉复合麻醉和静吸复合麻醉。

1. 全静脉复合麻醉 指在静脉麻醉的诱导后，采用多种短效静脉麻醉药复合应用，以间断或连续静脉注射法维持麻醉。

2. 静吸复合麻醉 指在静脉麻醉的基础上，吸入挥发性麻醉药，既可以维持麻醉的稳定，又可以减少吸入麻醉药的用量，有利于麻醉后的苏醒。

（四）并发症

1. 反流与误吸 全麻时容易发生反流和误吸，尤其以产科和小儿外科患者的发生率较高。主要措施包括：减少胃内物的滞留，促进胃排空，加强对呼吸道的保护等。

2. 呼吸道梗阻

（1）上呼吸道梗阻 常见原因为机械性梗阻，如舌后坠、口腔内分泌物及异物阻塞、喉头水肿等。典型表现是吸气性呼吸困难，伴有鼻翼扇动和三凹征等。出现后可根据病因进行处理。

（2）下呼吸道梗阻 常见原因为气管导管扭折、导管斜面过长而紧贴在气管壁上、分泌物或呕吐物误吸入后堵塞气管及支气管。典型表现是呼气性呼吸困难。麻醉师术中应经常检查导管的位置，避免导管扭折；经常听诊患者肺部，及时清除呼吸道内的分泌物，必要时可静脉注射氨茶碱 250 ~ 500mg 或氢化可的松 100mg。

3. 低血压 麻醉期间收缩压下降超过基础值的 30% 或绝对值低于 80mmHg 者应及时处理。包括调节麻醉深度、补充血容量、应用血管收缩药、解除手术刺激等。

4. 高血压 麻醉期间舒张压高于 100mmHg 或收缩压高于基础值的 30%，都应根据原因进行适当治疗。

5. 心律失常 如窦性心动过速、心动过缓、期前收缩等应及早发现，积极治疗。

6. 高热、抽搐和惊厥 常见于小儿麻醉。麻醉过程中应快找到原因、及时处理。最容易诱发恶性高热的药物是琥珀胆碱和氟烷；治疗恶性高热的特效药物是丹曲林。

第三节 围术期处理

围手术期是指从决定手术治疗时起，到与本次手术有关的治疗结束为止的这段时间。包括术前、术中和术后三个阶段。临床实践中，不同的手术及同种手术的不同患者，围手术期的处理不尽相同。按照手术的时限性，外科手术可分为三种。①急症手术：病情危急，需在最短时间内进行必要准备后，迅速实施手术，挽救患者生命，如外伤性大血管破裂。②限期手术：手术时间可以选择，但有一定限度，应在尽可能短的时间内做好术前准备，如恶性肿瘤根治术。③择期手术：可选择合适时机，在充分的术前准备后进行手术，如一般的良性肿瘤切除术。

练一练12-3

按手术期限，下列属于限期手术的是（　）

A. 慢性阑尾炎切除术　　　B. 直肠癌根治术　　　C. 完全性肠梗阻造瘘术

D. 胃穿孔修补术　　　E. 大隐静脉曲张高位结扎加抽剥术

答案解析

一、术前准备 微课3

完善的术前准备是手术成功的重要条件。术前准备的重点是在全面评估患者健康状况的基础上，分析手术耐受性，纠正患者现存健康问题，提高患者对手术和麻醉的耐受能力，预防并发症。

（一）心理准备

（详见本章第二节）

（二）生理准备

对患者生理状态进行调整，使患者能够在较好的状态下，安全度过手术和术后的治疗过程。

1. 为手术后变化的适应性锻炼　术前让患者习惯于在床上解大小便，在术前教会患者正确咳嗽和咳痰的方法。有吸烟习惯的患者，术前2周应停止吸烟。

2. 输血和补液　施行大、中手术者，术前应做好血型和交叉配合试验，备好一定数量的血制品。凡有水、电解质及酸碱平衡失调和贫血的患者均应在术前予以适当纠正。

3. 预防感染　在围手术期中，感染特别是手术部位感染（SSI）的预防是中心任务。下列情况需要预防性应用抗生素：①涉及感染病灶或切口接近感染区域的手术；②胃肠道手术；③操作时间长、创伤大的手术；④开放性创伤，创面已污染或有广泛软组织损伤，创伤至实施清创的间隔时间较长，或清创所需时间较长以及难以彻底清创者；⑤癌肿手术；⑥涉及大血管的手术；⑦需要植入人工制品的手术；⑧脏器移植术。

预防性抗生素给药方法是：术前0.5~2小时或麻醉开始时首次给药；手术时间超过3小时或失血量大于1500ml，术中可给予第二剂。总预防用药时间一般不超过24小时，个别可延长至48小时。

4. 胃肠道准备　从术前8~12小时开始禁食，术前4小时开始禁饮，防止因麻醉或手术过程中的呕吐而引起窒息或吸入性肺炎，必要时可用胃肠减压。涉及胃肠道手术者，术前1~2日开始进流质饮食，若为幽门梗阻的患者，术前3日每晚用生理盐水洗胃。通常胃肠道手术，术前1~2日进流食。如果施行的是结肠或直肠手术，应在术前1日及手术当日清晨行清洁灌肠，并于术前2~3日开始进流质食、口服肠道制菌药物，以减少术后并发感染的机会。

5. 其他　手术前日，若患者惊恐不安，当晚可给予镇静剂；若妇女月经来潮，非急症手术时应延迟手术日期。另外，对于估计手术时间长的患者或者施行的是盆腔手术，还应留置导尿管；若患者有活动义齿，应予取下。

（三）特殊准备

1. 营养不良　营养不良的患者抵抗力低下，容易并发感染，术前应尽可能予以纠正。如果血浆白蛋白测定值在30g/L以下或转铁蛋白小于0.15g/L，则需通过肠内或肠外营养支持加以纠正。

2. 高血压　高血压患者的手术危险性与高血压的程度及病程长短呈正相关。若患者血压在 160/100mmHg（21.3/13.3kPa）以下，可不必做特殊准备；若血压过高时可并发脑血管意外或充血性心力衰竭。因此，对于血压过高者（ > 180/100mmHg），术前应选用适当的降血压药物，但并不要求降至正常后才做手术。对于原有高血压病史，进入手术室血压急骤升高的患者，应与麻醉医师共同处理。

3. 心脏病　伴有心脏疾病的患者，施行手术的死亡率无疑将高于非心脏病者，手术前应认真纠正。如急性心肌梗死患者 6 个月内不施行择期手术；心力衰竭患者，最好在心力衰竭控制 3~4 周后再施行手术。

4. 肺功能障碍　外科术后患者的肺部并发症和相关的死亡率仅次于心血管系统，居第二位，故术前有肺病史或预期行肺切除术者、食管或纵隔肿瘤切除术者术前应进行肺功能评估。

5. 肝疾病　一般来说，肝功能轻度损害，不影响手术耐受力；肝功能损害较严重或濒于失代偿者，手术耐受力显著削弱，必须经过较长时间严格准备，方可施行择期手术；至于肝功能有严重损害，除急症抢救外，多不宜施行手术。

6. 肾疾病　麻醉、手术创伤都会加重肾的负担，严重者可导致急性肾衰竭。因此，凡有肾病者，都应进行肾功能检查。

7. 糖尿病　糖尿病患者在整个围术期都处于应激状态，其并发症发生率和死亡率较无糖尿病者上升 50%。术前血糖控制不良的患者，术后并发症发生率和围术期死亡率显著升高。对糖尿患者的术前评估包括糖尿病慢性并发症（如心血管、肾疾病）和血糖控制情况，并作相应处理。

（1）仅以饮食控制病情者，术前不需特殊准备。

（2）口服降糖药的患者，应继续服用至手术前一天晚上；服长效降糖药如氯磺丙脲，应在术前 2~3 日停服。围术期血糖理想范围为 7.77~9.99mmol/L。禁食患者需静脉输注葡萄糖加胰岛素维持血糖轻度升高状态（5.6~11.2mmol/L）。

（3）平时用胰岛素者，术前应以葡萄糖和胰岛素维持正常糖代谢。在手术日晨停用胰岛素。

（4）伴有酮症酸中毒的患者，需要接受急症手术，应当尽可能纠正酸中毒、血容量不足、电解质失衡（特别是低血钾）。

（四）知情同意书

应履行书面知情同意手续，包括手术、麻醉的知情同意书，输血治疗同意书等，由患者本人或法律上有责任的亲属（或监护人）签署。为挽救生命而需紧急手术，若亲属未赶到，须在病史中记录清楚。

? 想一想

请试着对阑尾炎患者进行术前准备的指导。

答案解析

二、术后处理

术后处理是围术期处理的一个重要阶段，是连接术前准备、手术与术后康复之间的桥梁。术后处理得当，能使手术应激反应减轻到最低程度。

（一）常规处理

1. 监测　手术后多数患者可返回原病房，需要监护的患者可以送进外科重症监护治疗室。监测内容包括神志、体温、脉搏、呼吸、血压、尿量、出入量等。危重患者还可增加中心静脉压（CVP）、肺动脉楔压（PAWP）、心电监护等项目。

2. 体位　应根据麻醉方法、手术部位和方式，以及患者的全身情况等选择卧床姿势。全身麻醉尚未清醒的患者除非有禁忌，均应平卧，头转向一侧，直到清醒，使口腔内分泌物或呕吐物易于流出，避免误吸入气管。蛛网膜下隙阻滞的患者，应平卧或头低卧位 12 小时，以防止因脑脊液外渗致头痛。全身麻醉清醒后、蛛网膜下隙阻滞 12 小时后，以及硬脊膜外隙阻滞、局部麻醉等患者，可根据手术需要选择体位。

施行颅脑手术后，如无休克或昏迷，可取 15°～30°头高脚低斜坡卧位。施行颈、胸手术后，多采用高半坐位卧式，以便于呼吸及有效引流。腹部手术后，多取低半坐位卧式或斜坡卧位，以减少腹壁张力。脊柱或臀部手术后，可采用俯卧或仰卧位。腹腔内有污染的患者，在病情许可情况下，尽早改为半坐位或头高脚低位，以便体位引流。休克患者，应取下肢抬高 15°～20°，头部和躯干抬高 20°～30°的特殊体位。肥胖患者可取侧卧位，有利于呼吸和静脉回流。

3. 饮食　何时开始、进何种饮食与手术范围大小及是否涉及胃肠道有关，通常可以根据下列两种情况来掌握。

（1）非腹部手术　视手术大小、麻醉方法和患者的反应决定开始饮食的时间。一般体表或肢体的手术，全身反应较轻者，术后即可进食；局部麻醉下施行手术又无任何不适或反应者，术后即时随患者要求而给予饮食；蛛网膜下隙阻滞和硬脊膜外隙阻滞者，术后 3～6 小时可进饮食；全身麻醉者，待麻醉清醒，恶心、呕吐反应消失后，方可进食。

（2）腹部手术　胃肠道手术后，一般需 2～3 日肛门排气后，可以进少量流质饮食，逐步增加到全流质饮食，第 5～6 日开始进半流质饮食，第 7～9 日可以恢复普通饮食。在禁食及进少量流质饮食期间，应经静脉输液来供给水、电解质和营养。

4. 活动和起床　可以根据手术性质、患者术后恢复情况而定。原则上鼓励患者早期床上活动，争取在短期内起床活动，以减少深静脉血栓形成、腹胀和尿潴留等并发症。对于有休克、心力衰竭、严重感染、出血、极度衰弱等情况，以及施行过若干有特殊固定、制动要求的手术患者，则不宜早期活动。

5. 缝线拆除　缝线的拆除时间，可根据切口部位、局部血液供应情况、患者年龄、营养状况等来决定。一般头、面、颈部在术后 4～5 日拆线，下腹部、会阴部在术后 6～7 日拆线，胸部、上腹部、背部、臀部手术 7～9 日拆线，四肢手术 10～12 日拆线（近关节处可适当延长），减张缝线 14 日拆线。青少年患者可适当缩短拆线时间，年老、营养不良患者可延迟拆线时间，也可根据患者的实际情况采用间隔拆线。电刀切口，也应推迟 1～2 日拆线。

6. 切口分类　根据手术的无菌程度将切口分为以下三类。

（1）清洁切口（Ⅰ类切口）　指缝合的无菌切口，如甲状腺大部分切除术的手术切口。

（2）可能污染切口（Ⅱ类切口）　指手术时可能带有污染的缝合切口，如胃大部切除术的手术切口。

（3）污染切口（Ⅲ类切口）　指邻近感染区或组织直接暴露于感染物的切口，如阑尾穿孔的阑尾切除术、肠梗阻坏死肠管的切除术等的手术切口。

7. 切口愈合　根据切口愈合的情况，可将切口分为三级，分别用甲、乙、丙表示。

（1）甲级愈合　用"甲"字代表，指愈合优良，无不良反应。

（2）乙级愈合　用"乙"字代表，指愈合处有炎症反应，如红肿、硬结、血肿、积液等，但未化脓。

（3）丙级愈合　用"丙"字代表，指切口化脓，需要做切开引流等处理。手术患者出院时应对切口愈合情况做出记录。如甲状腺大部切除术后愈合优良，则记以"Ⅰ/甲"；胃大部切除术后切口血肿，则记以"Ⅱ/乙"，余类推。

（二）各种不适的处理

1. 疼痛　麻醉作用消失后，切口会出现疼痛，最初24小时内最剧烈，2~3日后疼痛明显减轻。处理时可选择口服镇痛药物、哌替啶肌肉或皮下注射（婴儿禁用）、硬脊膜外隙连接镇痛泵等。

2. 恶心、呕吐　早期常见原因是麻醉反应，待麻醉作用消失后，即可停止。处理时除了应用镇静、镇吐药物减轻症状外，应着重查明原因，进行针对性治疗。

3. 腹胀　术后早期腹胀一般是由于胃肠道蠕动受抑制，肠腔内积气所致，随着胃肠道蠕动恢复，肛门排气后，即可自行缓解。若腹胀持续存在，处理时可继续胃肠减压、肌内注射新斯的明等，经过非手术治疗不能好转者，尚需再次手术。

4. 呃逆　呃逆的原因可能是神经中枢或膈肌直接受刺激引起。手术后发生呃逆者并不少见，多为暂时性，若为顽固性呃逆应想到可能是膈下感染。处理时可采用压迫眶上缘，短时间吸入二氧化碳，抽吸胃内积气、积液，给予镇静或解痉药物等措施。

（三）术后并发症的防治

1. 术后出血　术中止血不完善，创面渗血控制不完全，结扎线脱落等，是造成术后出血的常见原因。可见覆盖切口敷料被血渗湿、有血块或有鲜血涌出等。若确诊术后出血，可采用再次手术止血，清除血凝块等方法。

2. 术后应激性溃疡　多发生在烧伤、颅脑损伤等术后。表现为呕血或胃管引流出暗红色或鲜红色液体。胃镜检查能明确诊断。预防和治疗时可用 H_2 受体拮抗剂西咪替丁或法莫替丁静脉滴注，或 H^+/K^+ 泵抑制剂奥美拉唑静脉滴注。

3. 术后肺炎与肺膨胀不全　常发生在胸、腹部大手术后，肺膨胀不全最常发生在术后48小时之内，如超过72小时，肺炎则不可避免，但多数患者都能自愈。要鼓励患者深吸气、勤翻身，教会患者咳痰，痰液黏稠不易咳出者可使用蒸气吸入、超声雾化器或口服稀释剂等。

4. 术后肺栓塞　肺栓塞是因栓子堵塞肺动脉主干或分支，引起肺循环障碍的临床和病理生理综合征。临床表现为突发性呼吸困难、胸痛、咯血等。处理时应给予绝对卧床、吸氧、气管插管通气、溶栓、抗凝治疗等。

5. 切口感染　除了细菌侵入外，多与血肿、异物、局部组织血供不良等有关。表现为术后3~4日，切口疼痛加重，并伴有体温升高，切口局部有炎症反应。可拆除部分缝线，使脓液流出。应做细菌学检查，以便明确诊断。

6. 切口裂开　多见于腹部及肢体邻近关节部位。切口裂开常发生于术后1周左右，往往在患者一次腹部突然用力时，自觉切口疼痛和突然裂开，肠或网膜脱出。处理时要立刻用无菌敷料覆盖切口，送手术室重新缝合。

7. 尿潴留　多见于老年人、盆腔手术、会阴部手术或蛛网膜下隙麻醉后。预防和治疗时应先用地西泮镇静，如无禁忌可协助患者改变体位，必要时留置导尿管导尿。

8. 深静脉血栓形成　好发于下肢的深静脉内，尤其多见于左侧腓肠肌静脉丛内。患者自觉小腿肌肉疼痛，下肢肿胀或发白或发绀。血管造影可以确定病变部位。鼓励患者早期下床活动、静脉滴注右旋糖酐对预防静脉栓塞均有一定作用。

第四节　烧伤和冻伤

PPT

一、烧伤

（一）伤情判断

1. 面积估算

（1）中国新九分法　适用于较大烧伤面积计算。烧伤面积的估算是指皮肤烧伤区域占全身体表面积的百分数，为便于记忆，将体表面积划分为 11 个 9% 的等份，另加 1%，构成 100% 的体表面积（表12－3）。

表 12－3　体表面积新九分法

部位		占成人体表%		占儿童体表%
头颈	发部 面部 颈部	3 3 3	9×1	9＋（12－年龄）
双上肢	双上臂 双前臂 双手	7 6 5	9×2	
躯干	躯干前 躯干后 会阴	13 13 1	9×3	
双下肢	双臀 双大腿 双小腿 双足	5※ 21 13 7※	9×5＋1	9×5＋1－（12－年龄）

※成年女性的臀部和双足各占6%

（2）手掌法　不论年龄大小与性别，伤员自己手掌（五指并拢）面积为其体表面积的 1%。此法适用于小面积的烧伤计算；大面积烧伤亦可以手掌法减去未烧伤的面积来计算。

练一练12-4

根据我国情况，成人头颈部占体表面积的（　　）

A. 5%　　　　B. 10%　　　　C. 12%　　　　D. 9%　　　　E. 20%

答案解析

2. 深度估计

（1）三度四分法　即根据皮肤烧伤的深浅分成Ⅰ度、浅Ⅱ度、深Ⅱ度、Ⅲ度。Ⅰ度和浅Ⅱ度属浅度烧伤；深Ⅱ度和Ⅲ度属深度烧伤。

（2）烧伤深度鉴别　详见表12－4。

表12-4 烧伤深度鉴别

烧伤深度	伤及层次	临床特点	愈合过程
Ⅰ度（红斑型）	仅达表皮层	红斑、热、痛、感觉过敏	3~7日愈合，无瘢痕
浅Ⅱ度 深Ⅱ度（水泡型）	达真皮浅层，生发层健在 达真皮深层，仅皮肤附件残留	剧痛，水疱大，疱皮薄，基底潮红，明显水肿 感觉迟钝，水疱小，疱皮厚，基底苍白，拔毛痛，数日后可出现细小的网状栓塞血管	2周内痊愈，无瘢痕，可有色素沉着。 3~4周愈合，遗留瘢痕，并有色素沉着。
Ⅲ度（焦痂型）	达皮肤全层，可深及皮下组织，肌肉和骨骼	感觉消失，创面焦黄炭化、干燥，皮革样，数日后可见粗大的树枝状栓塞血管	2~4周后焦痂脱落，出现肉芽创面，除小面积外，一般需要植皮方能愈合，并遗留瘢痕

3. 烧伤分度法

（1）轻度烧伤 Ⅱ度烧伤面积10%（儿童5%）以下。

（2）中度烧伤 Ⅱ度烧伤面积10%~30%（儿童5%~15%）；或Ⅲ度烧伤面积不足10%（儿童5%）。

（3）重度烧伤 烧伤总面积31%~50%（儿童16%~25%）；或Ⅲ度烧伤面积10%~20%（儿童6%~9%）；或烧伤面积虽不到上述百分比，但已发生休克等并发症、呼吸道烧伤或有较重的复合伤。

（4）特重烧伤 烧伤总面积50%（儿童25%）以上；或Ⅲ度烧伤20%（儿童10%）以上，已有严重的并发症。

（二）临床表现

1. 休克期 烧伤局部水肿，创面有大量渗出液，心率增快，血压下降，呼吸急促，四肢厥冷，口渴、尿少、烦躁不安等，属于低血容量性休克，甚至发生血红蛋白尿或多器官功能衰竭。伤后2~3小时最为急剧，8小时达高峰，随后减缓，至48小时逐渐恢复。

2. 感染期 由于创面污染、细菌附着、全身免疫力低下等原因，患者容易发生感染。早期表现为急性蜂窝组织炎，严重者可形成烧伤创面脓毒症，或细菌进入血液循环导致脓毒血症。脓毒症的发生有三个高峰期：早期脓毒症，多发生在伤后3~7日；中期脓毒症，多发生在伤后3~4周焦痂溶解期；后期脓毒症，多发生在烧伤1个月以后。

烧伤脓毒症临床表现：①病情突然恶化，体温>39℃或<35.5℃，连续在3日以上。②心率>120次/分。③呼吸窘迫，频率>28次/分。④白细胞计数>12×10^9/L或<4×10^9/L，其中中性粒细胞>80%或幼稚粒细胞>10%。⑤临床症状和体征：精神萎靡、烦躁或谵妄；腹胀、腹泻或消化道出血；创面萎缩、肉芽色暗无光泽、糜烂、坏死、出血等；舌质绛红、毛刺、干而无津。

3. 修复期 组织烧伤后，在炎症反应的同时，机体组织修复也已经开始。浅度烧伤多能自行修复；深Ⅱ°烧伤靠残存的上皮岛融合修复；Ⅲ°烧伤靠皮肤移植修复。

👁 **看一看**

跳跃式深度烧伤

何谓"跳跃式深度烧伤"？在强电流通过肢体时，引发肢体强烈痉挛，关节屈曲常形成电流短路，而在肘、腋、膝、股等处出现的深度烧伤称为跳跃式深度烧伤。

（三）辅助检查

主要用于指导治疗及预防并发症。如血常规检查时发现红细胞比容升高提示血液浓缩，出现二氧化碳结合力下降则提示存在酸中毒等。

（四）诊断

有烧伤病史，有典型的烧伤创面表现即可诊断。

（五）治疗

1. 治疗原则

（1）小面积浅表烧伤　迅速处理好创面，防治感染，促进及早愈合。

（2）大面积深度烧伤　因其伤情严重，在处理好创面的同时，必须兼顾全身治疗，防止并发症发生。如及时补充液体，纠正低血容量休克，维持呼吸道通畅，应用抗生素预防感染，及早清创、植皮，重视损伤组织器官形态与功能的恢复等。

2. 处理创面

（1）处理原则　①Ⅰ度烧伤创面保持清洁，减轻疼痛；②浅Ⅱ度烧伤创面应防止感染，促进愈合；③深Ⅱ度烧伤创面尽早清除坏死组织，防止感染，保护残留的上皮组织，促进其愈合，以减少瘢痕形成；④Ⅲ度烧伤创面应保持焦痂完整干燥，防止感染，为早期切痂和植皮创造良好条件。

（2）处理方法　清创应待病情稳定后，在完善的止痛和严密的消毒下施行。先剃去创面周围的毛发，并以肥皂水清洗健康皮肤，然后再用碘伏轻拭消毒。①Ⅰ度烧伤无需特殊处理，烧灼感重，可涂薄层油脂。②小面积浅Ⅱ度烧伤清创后，如水疱皮完整，应予保存，只需抽去水疱液，消毒包扎；如水疱皮已撕脱，可以用无菌油性敷料包扎；如创面已感染，应勤换敷料，清除脓性分泌物，保持创面清洁。③深度烧伤，清创后正确选择外用抗生素，如有1% 磺胺嘧啶银霜剂、碘伏等。④大面积深度烧伤，清创后可采用大张异体皮开洞嵌植小块自体皮、异体皮下移植微粒自体皮，以及充分利用头皮为自体皮来源等方法治疗。

3. 防治休克　休克是烧伤的严重并发症，液体疗法则是防治烧伤休克的主要措施。患者入院后，应立即寻找一较粗且易于固定的静脉行穿刺或切开，以保持一条通畅的静脉输液通道，这对严重烧伤患者早期救治十分重要。

（1）补液方案　按烧伤面积和伤员的体重作为计算依据。具体包括两个方面。①丧失量：第一个24小时，成人每1% 烧伤面积（Ⅱ度、Ⅲ度）每千克体重应补电解质液和胶体液共1.5ml（小儿2.0 ml），晶体液与胶体液的比例一般为2∶1，广泛深度烧伤者与小儿烧伤其比例可改为1∶1。②基础水分量：需补给每日的基础水分量，通常采用5%～10% 葡萄糖溶液补给，成人为2000～2500ml，儿童为60～80ml/kg，婴幼儿为100ml/kg。

（2）补液性质　晶体液包括等渗盐水、林格液、平衡盐液等；胶体液包括血浆、血浆代用品（如右旋糖酐、706 代血浆）、全血或血液成分制品等。

（3）补液原则　先快后慢、先盐后糖、先晶后胶。补液应在伤后的前8 个小时内输入补液量的一半，其余的一半可在16 小时内完成。第二个24 小时，胶体和电解质液为第一个24 小时的一半，水分补充仍为2000ml。

（4）补液举例　一位烧伤面积60%、体重50kg 的患者，第一个24 小时补液总量为$60 \times 50 \times 1.5 + 2000 = 6500ml$，其中电解质液为$60 \times 50 \times 1 = 3000ml$，胶体为$60 \times 50 \times 0.5 = 1500ml$，水分为2000ml，输液速度为前8 小时输入3250ml，后16 小时输入剩下的3250ml。第二个24 小时，电解质液减半为1500ml，胶体减半为750ml，水分仍为2000ml，于24 小时内均匀输入。

（5）监测指标　①尿量：每小时尿量每千克体重应不低于1ml。②心率与血压：成人心率要求在120 次/分以下，收缩压维持在90mmHg 以上，脉压在20mmHg 以上。③精神状态：伤员安静，或反应灵敏。④呼吸平稳，无明显口渴。⑤周围循环状态：四肢温暖，毛细血管充盈良好。⑥中心静脉压（CVP）、血气、乳酸、血红蛋白、红细胞计数、红细胞比容等均应接近正常范围。如上述指标不正常，应调节输液速度或检查呼吸道是否通畅。

4. 防治并发症

（1）烧伤脓毒症　烧伤后休克与感染是烧伤脓毒症发生和发展的重要诱因，而烧伤脓毒症则是导致患者死亡的主要原因，故应积极防治。主要措施包括：①消毒隔离，做好隔离和无菌操作，避免和减少创面污染；②正确处理创面，保持创面清洁干燥，深度烧伤的创面应早期切痂植皮；③加强营养，增强机体抵抗力；④正确应用抗生素，合理的应用抗生素是防治感染的有力措施。

（2）肺部感染　多数发生于面部烧伤或呼吸道烧伤者。应保持口腔、鼻腔清洁，并鼓励和协助患者翻身、咳嗽、深呼吸；有呼吸困难者应予以氧气吸入，必要时可做气管切开。

（3）消化道出血　由应激性溃疡所致，常发生于伤后 1 周左右。有效的抗休克和控制全身性感染为预防的关键环节。给予抗酸剂、质子泵抑制剂和胃黏膜保护剂仍然必要。

（4）急性肾衰竭　关键在于积极地防治休克，当发生血红蛋白尿、肌红蛋白尿时，应在积极碱化尿液的同时，给予利尿剂。

♥ 药爱生命

致敬消防员

2020 年 3 月 30 日四川凉山大火，19 名消防员牺牲，另外还有 3 名人员送往医院进行抢救，最小的才 24 岁，全身烧伤严重。这些消防员在生死关头，冲锋陷阵，救我们于危难，充分体现了他们在平凡的岗位中不平凡的使命感和责任感。我们要学习他们胸怀大爱、竭诚为民的高尚情怀；要学习他们爱岗敬业、恪尽职守的责任担当；要学习他们无私奉献、不怕牺牲的拼搏精神。在临床救治过程中我们要熟练掌握对烧伤者的治疗原则；正确处理创面；通过补液、监测各项指标防治休克；防治并发症（烧伤脓毒症、肺部感染、消化道出血等）。

二、冻伤

是机体遭受低温侵袭所引起的局部或全身性损伤，分为非冻结性冻伤和冻结性冻伤两类。

（一）非冻结性冻伤

非冻结性冻伤是人体在冰点以上、10℃以下低温、潮湿环境所造成的损伤，好发于手、足、耳廓及鼻尖等处。包括冻疮、战壕足、水浸足（手）等。

1. 临床表现　局部有痒感或针刺样疼痛，可伴水疱；去除疱皮后创面发红并有渗液，后可出现糜烂或溃疡，最终形成瘢痕或纤维化。冻疮易复发，与患病后局部皮肤的慢性血管炎以及皮肤抵抗力降低有关。战壕足和水浸足（手）常伴发蜂窝织炎、淋巴结炎甚至组织坏死。治愈后组织对寒冷特别敏感，一旦受冷刺激肢端常发紫。

2. 预防和治疗　冬季及高寒地区外出，应有防寒、防水服装。寒冷环境中工作时应注意防寒保暖，手、足、耳处可外涂防冻疮霜剂。冻疮发生后局部可外用冻疮膏，已破溃者也可涂抹含抗菌药物的软膏。战壕足和水浸足（手）的治疗应在反应性充血期或之前即开始，肢体应当尽早脱离湿冷状态而置于温暖、干燥的环境中。抬高肢体、减轻水肿、避免压迫，采取改善局部与全身循环以及抗感染措施。

（二）冻结性冻伤

冻结性冻伤是由冰点以下低温所造成，包括局部冻伤和全身冷伤（又称冻僵）。气候、海拔、衣着保暖、暴露时间以及组织湿化程度对冻伤的发展均有影响。全身冻伤常发生在严寒季节、高海拔地区，或是在雪崩、暴风雪等灾害状况下发生。

1. 临床表现 局部冻伤后皮肤苍白发凉、麻木或丧失知觉，不易区分其深度。复温冻融后可按其损伤的不同程度分为四级。

（1）Ⅰ度冻伤（红斑性冻伤） 伤及表皮层。局部红肿、充血；有热、痒、刺痛的感觉。症状数日后消退，表皮脱落、水肿消退，不留瘢痕。

（2）Ⅱ度冻伤（水疱性冻伤） 伤及真皮层。局部明显充血、水肿，12～24小时内形成水疱，疱液呈血清样。若无感染，水疱在2～3周内干燥结痂，以后脱痂愈合。痂下皮肤嫩薄而容易损伤，可有轻度瘢痕形成。

（3）Ⅲ度冻伤（焦痂性冻伤） 伤及全层皮肤或皮下组织。创面由苍白变为黑褐色，感觉消失，创面周围红、肿、痛并有水疱形成。若无感染，坏死组织干燥成痂，4～6周后痂脱落，形成肉芽创面，愈合甚慢且留有瘢痕。

（4）Ⅳ度冻伤（血栓形成与血管闭塞） 损伤深达肌肉、骨骼，甚至肢体坏死，表面呈死灰色，无水疱；坏死组织与健康组织的分界在20日左右明显，通常呈干性坏死，也可并发感染而成湿性坏疽。局部表现类似Ⅲ度冻伤，治愈后多留有功能障碍或致残。

全身冻伤时先有寒战、皮肤苍白或发绀，有疲乏、无力等表现，继而肢体僵硬，意识障碍，呼吸抑制、心跳减弱、心律失常，最后呼吸、心跳停止。如能得到及时救治，其心跳呼吸虽可恢复，但常出现心室纤维颤动、低血压、休克，可发生肺水肿、肾衰竭等严重并发症。

2. 治疗

（1）急救和复温 尽快使伤员脱离寒冷环境，快速复温。衣服、鞋袜等连同肢体冻结者，不可勉强卸脱，应用温水（40℃左右）使冰冻融化后脱下或剪开。立即施行局部或全身的快速复温，但勿用火炉烘烤。以冰雪拭冻伤部位不仅延误复温并会加重组织损伤。伤员置于15～30℃温室中，将伤肢或冻僵的全身浸浴于足量的40～42℃温水中，保持水温恒定，使受冻局部在20分钟内，全身在30分钟内复温。复温以肢体红润、循环恢复良好、皮温达到36℃左右为妥。体温恢复10分钟后神志可转为清醒，如果患者感觉疼痛可使用止痛剂。若无温水，可将伤员伤肢置于救护者怀中复温。对呼吸、心搏骤停者要施行胸外心脏按压和人工呼吸、吸氧等急救措施。复温过程中肢体可出现肌筋膜综合征，严重时可能需行肌筋膜切开术。多数冻伤者有脱水，复苏过程中输注的液体可适当加温。

（2）局部冻伤的治疗 Ⅰ度冻伤保持创面干燥清洁，数日后可自愈。Ⅱ度冻伤复温后，可用软干纱布包扎，避免擦破皮肤、防止压迫。有较大水疱时，应在无菌条件下吸尽水疱内液体，用无菌纱布包扎；创面感染时，先用浸有抗菌药的纱布湿敷，再用冻伤膏，采用包扎或半暴露疗法。Ⅲ、Ⅳ度冻伤多用暴露疗法，受冻部位每天在药液中清洗1～2次。对分界明确的坏死组织予以切除，视创面情况可植皮。对清创、抗生素治疗无效者且并发湿性坏疽或有脓毒症，则需截肢。

（3）全身冻伤的治疗 ①复苏过程中首先要维持呼吸道通畅，吸氧，必要时给予辅助呼吸；②体温低时极易出现室颤或心搏骤停，应施行心电图监护，注意纠正异常心律，必要时采取除颤复苏措施；③胃管内热灌洗或温液灌肠有助复温；④扩充血容量防治休克，选用适当血管活性药物；⑤有肾功能不全、脑水肿时，可使用利尿剂并采取相应的治疗措施。

（4）其他治疗措施 ①注射破伤风抗毒素；②应用低分子右旋糖酐、妥拉唑啉、罂粟碱等扩血管药物改善微循环，减轻血栓形成与组织损伤，但要注意避免出血倾向；③根据冻伤部位可选用封闭疗法，或行交感神经阻滞术，以解除血管痉挛和止痛；④应用抗生素预防感染；⑤加强营养支持，给予高热量、高蛋白、富含多种维生素饮食。

3. 预防 在寒冷条件下工作的人员应注意防寒、防湿。衣着宜保暖不透风，保持干燥，减少体表外露，外露部位适当涂抹油脂；寒冷环境下应避免久站或静止不动。进入高寒地区工作的人员，平时应进行适应性训练，提供高热量饮食，酒后不宜野外工作。

第五节 创 伤

PPT

狭义上的创伤是指机械性致伤因素作用于人体所造成的组织结构完整性的破坏或功能障碍。广义上讲，物理、化学、心理等因素对人体造成的伤害也称为创伤。随着社会进步和科学技术的不断发展，很多疾病已逐步得到有效控制，但创伤却有增多趋势，而且已成为继心脑血管疾病、恶性肿瘤之后的主要致死原因。所以，创伤越来越受到社会的广泛关注，医务人员更应给予足够的重视。

一、颅脑损伤

（一）病因及分类

颅脑损伤多见于交通、工矿等事故，自然灾害，爆炸、火器伤、坠落、跌倒以及各种锐器、钝器对头部的伤害；常与身体其他部位的损伤复合存在。颅脑损伤可分为头皮损伤、颅骨骨折与脑损伤，三者可单独发生，也常合并存在。

（二）临床表现

1. 头皮损伤

（1）头皮血肿 ①皮下血肿：血肿范围较局限，周围软组织肿胀隆起，中央有凹陷感，易与凹陷骨折混淆，需头颅 X 线片做鉴别。②帽状腱膜下血肿：由于帽状腱膜下层组织疏松，血肿易于蔓延至整个帽状腱膜下层，含血量可多达数百毫升。③骨膜下血肿：由于骨膜在颅缝处附着牢固，故血肿限于某一颅骨范围之内。

（2）头皮裂伤 伤处疼痛剧烈，裂口大小、深度不一，创缘整齐或不整齐。因出血较多，易引起失血性休克。

（3）头皮撕脱伤 颅骨外露，创面大，出血多，疼痛难忍，可导致失血性或疼痛性休克。

2. 颅骨骨折

（1）颅盖骨折 ①线形骨折：头部伤区可有（或无）头皮挫伤。如不合并颅内损伤，常无显著症状；如合并颅内血肿、脑或颅神经损伤则有相应的症状和体征。首选颅骨 X 线片检查确诊。②凹陷骨折：头颅局部出现变形、凹陷、头皮伤口、头皮血肿等。若有脑受压时，可出现局限性癫痫、颅内压增高等表现。颅骨 X 线片及 CT 扫描检查可协助确诊。

（2）颅底骨折 ①颅前窝骨折：累及眶顶和筛骨，可有鼻出血、眶周广泛性瘀血斑（称为"熊猫眼"征），以及广泛球结膜下瘀血斑等表现；若脑膜、骨膜均破裂，则合并脑脊液鼻漏；若筛板或视神经管骨折，可合并嗅神经或视神经损伤。②颅中窝骨折：若累及蝶骨，可有鼻出血或合并脑脊液鼻漏。若累及颞骨岩部，脑膜、骨膜及鼓膜均破裂时，则合并脑脊液耳漏；若鼓膜完整，脑脊液则沿耳咽管入鼻腔形成鼻漏；常合并第Ⅶ、Ⅷ脑神经损伤。若累及蝶骨和颞骨的内侧部，可能损伤垂体或第Ⅱ、Ⅲ、Ⅳ、Ⅴ、Ⅵ脑神经。③颅后窝骨折：累及颞骨岩部后外侧时，多在伤后 1~2 日出现乳突部皮下瘀血斑（称为 Battle 征）。若累及枕骨基底部，可在伤后数小时出现枕下部肿胀及皮下瘀血斑；枕骨大孔或岩尖后缘附近的骨折，可合并后组脑神经（第Ⅸ、Ⅹ、Ⅺ、Ⅻ）的损伤。

3. 脑损伤 脑损伤是指暴力作用于头部所引起的脑组织损伤，具有伤情变化快、病情重、病因复杂、死亡率高的特点，因此应熟练掌握各型脑损伤的诊断原则及处理方法。

（1）原发性脑损伤 暴力作用于头部时立即发生的脑损伤称为原发性脑损伤，主要有脑震荡、脑挫裂伤等。

1）脑震荡 脑震荡是最轻的脑损伤，表现为伤后即刻发生的短暂意识障碍和逆行性遗忘。①意识障碍：伤后立即出现，表现为神志不清或完全昏迷。一般不超过半小时。②自主神经和脑干功能紊乱：如出汗、皮肤苍白、心动过缓、血压下降、肌张力降低、呼吸浅慢、各生理反射迟钝或消失等表现，但随着意识的恢复很快趋于正常。③逆行性遗忘：即清醒后多不能回忆受伤当时及伤前一段时间内的情况。④脑外伤后综合征：病情恢复过程中可能出现头痛、头晕、恶心、呕吐等症状，但神经系统检查无阳性体征，颅脑 CT 检查、脑脊液检查均无异常。

2）脑挫裂伤 指头部受到暴力作用后脑组织发生明显的器质性损伤。①意识障碍：受伤当时立即出现，意识障碍的程度和持续时间与脑挫裂伤的程度、范围直接相关，绝大多数在半小时以上，重症者可长期持续昏迷。②局灶症状与体征：受伤当时立即出现与伤灶相应的神经功能障碍或体征，如运动区损伤出现锥体束征，语言中枢损伤出现失语等。③头痛与恶心呕吐：为脑挫裂伤最常见的症状。头痛可局限于某一处，或为全头性疼痛。可能与颅内压增高、自主神经功能紊乱或外伤性蛛网膜下隙出血等有关。④颅内压增高与脑疝：为继发脑水肿或颅内血肿所致。

小脑幕切迹疝：有颅内压增高"三主征"（头痛、呕吐及视神经乳头水肿）；瞳孔改变（初期病侧瞳孔缩小，继之散大，晚期则出现双侧瞳孔散大）及神经受损表现。

枕骨大孔疝：除颅内压增高外，主要特点是呼吸循环障碍出现较早而瞳孔变化和意识障碍出现较晚，常在没有瞳孔改变前而呼吸先骤停。

（2）继发性脑损伤 继发性脑损伤是指头部受伤一定时间后出现的脑受损病变。因容易引起颅内压增高而导致脑疝，故应早期诊断并及时处理，以挽救患者的生命。

1）硬脑膜外血肿 血肿最常发生于颞区，是指形成于颅骨与硬脑膜之间的血肿。一般认为成人幕上达20ml 以上，幕下达 10ml 时，即有可能出现脑受压的症状和体征。①意识障碍：典型表现为昏迷→清醒→昏迷，而中间清醒期是硬脑膜外血肿最典型特点，大多为数小时或稍长，超过 1 日者甚少，若脑损伤较重或迅速形成血肿，则无中间清醒期。②瞳孔改变：发生小脑幕切迹疝时，患侧瞳孔缩小→散大→双侧散大；枕骨大孔疝瞳孔改变出现晚而出现呼吸骤停早。③锥体束征：血肿对侧躯体可表现为偏瘫、感觉障碍等锥体束征。④生命体征变化：常为进行性的血压升高、心率减慢和体温升高，为典型的库欣反应。

2）硬脑膜下血肿 硬脑膜下血肿是颅内血肿中最常见类型，是指出血积聚于硬脑膜下腔，常呈多发性或与别种血肿合并发生。典型的急性硬脑膜下血肿表现为：①意识障碍：伤后持续昏迷，意识障碍进行性加深，无中间清醒期或意识好转期表现。②瞳孔改变：病情发展快，出现单侧或双侧瞳孔散大，对光反射消失，甚至去大脑强直。③颅内压增高症状明显。④腰穿可见血性脑脊液。

3）脑内血肿 指脑挫裂伤时脑内血管破裂所致的血肿，常和硬脑膜下血肿相伴发生。以进行性意识障碍加重为主，与急性硬脑膜下血肿很相似。意识障碍过程受原发性脑损伤程度和血肿形成的速度影响，由凹陷骨折所致者，可能有中间清醒期。

（三）辅助检查

1. 颅骨 X 线检查 主要对颅骨骨折有较高的诊断价值。

2. CT 检查 为目前脑损伤最常用的检查手段。脑震荡 CT 检查无异常发现；脑挫裂伤典型表现为局部脑组织内有高低密度的混杂影，其中点片状高密度影为出血灶，低密度影则为水肿区。

3. MRI 检查 因检查时间较长，一般很少用于急性颅脑损伤的诊断。但对于较轻的脑挫伤灶及慢性血肿的诊断，均优于 CT。

4. 腰椎穿刺检查 无直接诊断意义，但脑挫裂伤可出现血性脑脊液，而脑震荡则无血性脑脊液。

5. 脑血管造影 可显示脑外无血管区，呈梭形位于骨折处者为硬脑膜外血肿；呈新月形或条带者为硬脑膜下血肿；呈占位性改变者则为脑内血肿。

（四）诊断

根据颅脑受伤史、临床表现及辅助检查即可确诊。

（五）治疗

1. 头皮损伤

（1）头皮血肿　较小的头皮血肿在 1~2 周可自行吸收，巨大的血肿可能需 4~6 周才吸收。若血肿不消或继续增大时，可切开清除血肿并止血。对合并颅骨骨折的骨膜下血肿，不宜加压包扎，因有并发颅内血肿的可能。凡已经感染的血肿均需切开引流。

（2）头皮裂伤　尽早清创，单纯伤口缝合即可起到止血作用。对有头皮组织缺损者行皮下松解术或转移皮瓣等方法修复。修复时应注意检查有无颅骨和脑损伤。

（3）头皮撕脱伤　立即给予创口加压包扎止血，在镇静和抗休克治疗的前提下，行中厚皮片植皮术，对骨膜已撕脱者，需在颅骨外板上多处钻孔至板障，待肉芽组织生长后植皮。条件允许时，应采用显微外科技术行小血管吻合、头皮原位缝合。

2. 颅骨骨折

（1）颅盖骨折

1）线形骨折　单纯线形骨折本身一般不需特殊处理，但需密切观察谨防合并脑损伤。

2）凹陷性骨折　有手术指征时应立即手术。手术适应证包括：①大面积的骨折片陷入颅腔或合并脑损伤，导致颅内压增高，有脑疝可能者；②因骨折片压迫脑重要部位引起神经功能障碍者；③在非功能部位的小面积凹陷骨折，无颅内压增高，深度超过 1cm 者；④开放性骨折的碎骨片易致颅内感染，须全部取出。

（2）颅底骨折　颅底骨折无需特别治疗，着重于观察有无合并脑损伤及处理脑脊液漏、脑神经损伤等合并症。合并脑脊液漏时，绝大多数漏口会在伤后 1~2 周内自行愈合，治疗期间，不可堵塞或冲洗耳鼻腔，禁做腰穿，取头高位卧床休息，避免剧烈咳嗽、打喷嚏，给予抗生素防感染。如超过 30 日仍未停止漏液，可行手术修补硬脑膜。

3. 脑损伤

（1）原发性脑损伤

1）病情观察　动态的病情观察是脑损伤治疗过程中的重要内容，如意识、瞳孔和生命体征等。伤后 72 小时内每半小时或 1 小时测呼吸、脉搏、血压一次，随时检查意识，瞳孔变化，注意有无新症状和体征出现。

2）一般治疗　①体位：意识清楚患者，可抬高床头 15°~30°，以利颅内静脉回流。对于昏迷患者应取侧卧位以免呕吐物误吸。②保持呼吸道通畅：对于昏迷患者，应及时清除呼吸道分泌物，必要时行气管切开，以确保呼吸道通畅。③营养治疗：早期可采用肠外营养，静脉输入 5% 或 10% 葡萄糖液、10% 或 20% 脂肪乳剂、复方氨基酸液等，肠蠕动恢复后根据病情再给予肠内营养治疗。④对症治疗：如躁动不安者给予镇静药物，高热者给予降温方法，呼吸困难者应保证吸氧，癫痫时应用抗癫痫药物控制，头痛剧烈者予以镇痛药物。脑震荡患者主要采用该法。

3）防治脑水肿　①脱水疗法：适用于颅脑损伤后出现颅内压增高表现者。常用的药物为甘露醇、呋塞米及白蛋白等。20% 甘露醇按每次 0.5~1g/kg（成人每次 250ml）静脉快速滴注，于 15~30 分钟内滴完，依病情轻重每 6、8 或 12 小时重复一次。20% 甘露醇与呋塞米联合应用，可增强疗效。②糖皮质激素：用于重型脑损伤，其防治脑水肿的作用不甚确定，以尽早短期使用为宜。地塞米松成人量 5mg 肌内注射，6 小时一次，或地塞米松 20mg 静脉滴注，一般用药 3 日。③过度换气：给予肌肉松弛剂后，借助呼吸机做控制性过度换气，使血 CO_2 分压降低，促使脑血管适度收缩，从而降低了颅内压。④其他：曾用于临床的尚有高压氧治疗、亚低温治疗、巴比妥类药物治疗等。

4）手术治疗 ①适应证：a. 继发性脑水肿严重，脱水治疗无效，病情日趋恶化；b. 颅内血肿清除后，颅内压无明显缓解，脑挫裂伤区继续膨出且排除了颅内其他部位血肿；c. 脑挫裂伤灶或血肿清除后，伤情一度好转，以后又恶化出现脑疝。②手术方法：脑挫裂伤灶清除术、颞肌下减压或骨瓣切除减压术等。

（2）继发性脑损伤

1）手术治疗 凡有手术指征者皆应及时手术，以便尽早地去除颅内压增高的病因和解除脑受压。已经出现一侧瞳孔散大的小脑幕切迹疝征象时，更应力争在 30 分钟或最迟 1 小时以内将血肿清除或去骨瓣减压；超过 3 小时者，将产生严重后果。

手术适应证：①意识障碍程度逐渐加深；②颅内压的监测压力在 273mmH$_2$O（2.67kPa）以上，并呈进行性升高表现；③有局灶性脑损害体征；④虽无明显意识障碍或颅内压增高症状，但 CT 检查血肿较大（幕上者 >40ml，幕下者 >10ml），或血肿虽不大但中线结构移位明显（移位 >1cm）、脑室或脑池受压明显者；⑤在非手术治疗过程中病情恶化者。

常用手术方式有开颅血肿清除术、去骨瓣减压术、颅骨钻孔探查术、脑室引流术等。

2）非手术治疗 部分患者可通过非手术治疗痊愈，如 CT 发现血肿不大，处于非功能区，中线无移位，脑室或脑池无受压，颅内压不很高，伤后意识障碍不明显者，可暂不手术，但要密切注意观察，若有手术指征时应马上手术。

二、胸部损伤

胸部损伤多由车祸、挤压、坠落和锐器等暴力所致，既可造成胸壁如软组织、肋骨、胸膜的损伤，也可造成胸内脏器如肺脏、心脏等的损伤。

（一）病因

1. 肋骨骨折 肋骨骨折多发生在第 4~7 肋；第 1~3 肋粗短，又有锁骨、肩胛骨及肩带肌群的保护而不易骨折；第 8~10 肋骨连接于软骨肋弓上，有弹性缓冲，骨折机会较少；第 11 和 12 肋为浮肋，活动度较大，极少骨折。但是，当暴力强大时，这些肋骨都有可能发生骨折。

（1）直接暴力 暴力直接作用于肋骨使其向内弯曲而折断，其断端向内移位，可刺破肋间血管、胸膜和肺，产生血胸或（和）气胸。

（2）间接暴力 胸部受到前后挤压暴力时，骨折多在肋骨中段，断端向外移位，刺伤胸壁软组织，产生胸壁血肿。

2. 损伤性气胸 创伤导致胸膜腔内积气称为损伤性气胸。气胸可以分为闭合性气胸、开放性气胸和张力性气胸三类。

（1）闭合性气胸 气胸多来源于钝性伤所致肺破裂。胸膜破裂口较小，气体进入胸膜腔后，肺裂口即自行闭合，空气不再继续进入胸膜腔。也可由于细小胸腔穿透伤引起的肺破裂，或空气经胸壁小创口进入后随即创口闭合，胸膜腔仍与外界隔绝，胸膜腔内压力略低于大气压。

（2）开放性气胸 胸膜腔破裂口较大，外界空气自由进出胸膜腔。空气出入量与胸壁伤口大小有关，如胸壁伤口较大，空气出入量多，伤侧胸腔压力几乎等于大气压，肺全部萎陷，丧失呼吸功能，同时由于健侧胸腔压力可随呼吸周期而增减，从而引起纵隔扑动，导致严重的通气、换气功能障碍。

（3）张力性气胸 又称高压性气胸，指气管、支气管或肺损伤处形成单向活瓣，气体随每次吸气进入胸膜腔并积累增多，导致胸膜腔压力高于大气压。伤侧肺严重萎陷，纵隔显著向健侧移位，健侧肺受压，腔静脉回流障碍。若高压气体进入纵隔或胸壁软组织，形成纵隔气肿或面、颈、胸部的皮下气肿。

（二）临床表现

1. 肋骨骨折

（1）症状　局部疼痛是肋骨骨折最明显的症状，且随咳嗽、深呼吸或身体转动等加重。若患者不敢咳嗽而使痰潴留，可导致肺实变或肺不张。

（2）体征　①局部肿胀及皮下瘀血。②连枷胸，多根多处肋骨骨折将使局部胸壁失去完整肋骨支撑而软化，出现反常呼吸运动，即吸气时软化区胸壁内陷，呼气时外突，称为连枷胸。③具有胸廓挤压试验（＋）、局部压痛、骨擦音、骨擦感等体征。

2. 损伤性气胸

（1）闭合性气胸　肺萎陷在30％以下为小量气胸，患者可无明显症状。大量气胸可出现胸痛、胸闷、呼吸急促和呼吸困难等表现。查体可见气管向健侧偏移，伤侧胸廓饱满、语音震颤减弱、叩诊呈鼓音、呼吸音明显减弱或消失。

（2）开放性气胸　开放性气胸患者常在伤后迅速出现严重呼吸困难、鼻翼扇动、口唇发绀、颈静脉怒张甚至休克等。检查时胸壁可见有吸吮创口，伤侧语音震颤减弱、叩诊鼓音，呼吸音消失，有时可听到纵隔扑动声。

（3）张力性气胸　患者常表现有严重或极度呼吸困难、烦躁、意识障碍、发绀；伤侧胸壁饱满，肋间隙变平，叩诊为高度鼓音，听诊呼吸音消失；气管明显移向健侧；胸部、颈部和上腹部有皮下气肿，扪之有捻发音；胸膜腔穿刺可有大量高压气体涌出。

（三）辅助检查

胸部X线摄片可显示肋骨骨折断裂线、断端错位及胸腔内积气、肺萎陷、纵隔移位或皮下气肿等，但前胸肋软骨骨折并不显示X线征象。

（四）诊断

具有胸部暴力挤压、撞击及锐器刺入等病史；肋骨骨折有胸痛、呼吸困难、骨擦感等临床表现；X线摄片可显示肋骨骨折断裂线等表现。损伤形成气胸者可出现呼吸困难、胸壁伤口、皮下气肿、气管移位及呼吸音减弱或消失等临床表现；X线检查可协助确诊。

（五）治疗

1. 肋骨骨折

（1）镇痛　镇痛方法甚多，可酌情使用镇痛剂和镇静剂，或使用患者自控止痛装置、肋间神经阻滞等。

（2）胸廓固定

1）闭合性单处肋骨骨折　可采用多带条胸布或弹性胸带固定胸廓。这种方法也适用于胸背部、胸侧壁多根多处肋骨骨折，胸壁软化范围小而反常呼吸运动不严重的患者。

2）闭合性多根多处肋骨骨折　在伤侧胸壁放置牵引支架，在体表用巾钳或导入不锈钢丝，抓持住游离段肋骨，并固定在牵引支架上；或使用电视胸腔镜在直视下导入钢丝固定连枷胸。

3）开放性肋骨骨折　胸壁伤口需彻底清创，用不锈钢丝固定肋骨断端。如胸膜已穿破，还需做胸膜腔引流术。

2. 损伤性气胸

（1）闭合性气胸　小量闭合性气胸可自行吸收，不需特别处理。大量气胸应在患侧锁骨中线第2

肋间行胸腔穿刺抽气；若抽吸不尽或抽气不久又明显积气或另一侧亦有气胸、合并血胸、需行全身麻醉或需用机械通气等，均应放置闭式胸腔引流，并应用抗生素预防感染。

（2）开放性气胸　开放性气胸一经发现，必须立刻急救，尽快封闭胸壁创口，变开放性气胸为闭合性气胸。可用大块凡士林纱布或无菌塑料布制作成封闭敷料以避免漏气，在伤员深呼气末敷盖创口并包扎固定。

（3）张力性气胸　张力性气胸的急救在于迅速行胸腔排气解压。可用粗针头在患侧锁骨中线第2或第3肋间刺入胸膜腔排气减压。进一步处理应安置闭式胸腔引流，使用抗生素预防感染。

3. 闭式胸腔引流术　闭式胸腔引流术是胸外科应用较广的技术，是引流胸腔内积气、积液，促进肺扩张的重要措施。

（1）适应证　①中、大量气胸，开放性气胸，张力性气胸；②胸腔穿刺术治疗肺无法复张者；③需使用机械通气或人工通气的气胸或血气胸者；④拔除胸腔引流管后气胸或血胸复发者；⑤剖胸手术。

（2）操作方法　①切口部位：气胸引流一般在前胸壁锁骨中线第2肋间隙，血胸则在腋中线与腋后线间第6或第7肋间隙。②切开及分离：消毒后在局部胸壁全层做局部浸润麻醉，切开皮肤，分离肌层，进入胸膜腔。③置管引流：经肋骨上缘置入带侧孔的胸腔引流管，引流管的侧孔应深入胸腔内2～3cm。④固定引流管，缝合皮肤：引流管外接闭式引流装置。

（3）注意事项　术后经常挤压引流管以保证管腔通畅，记录每小时或24小时引流液量。引流后肺膨胀良好，已无气体和液体排出，可在患者深吸气屏气时拔除引流管，并封闭伤口。

三、腹部损伤

腹部损伤在平时和战时都较多见，损伤的严重程度、是否涉及内脏、涉及什么内脏等情况在很大程度上取决于暴力的强度、速度、着力部位和作用方向等因素。同时与解剖特点、内脏原有病理情况和功能状态等均有关。

（一）病因及分类

1. 腹部开放性损伤　伤后腹壁破损，多见于各种利器伤，如刀刺、枪弹、弹片所引起，伴腹膜破损者为穿透伤（多伴内脏损伤），无腹膜破损者为非穿透伤（偶伴内脏损伤）；其中投射物有入口、出口者为贯通伤，有入口无出口者为非贯通伤。常见受损内脏在开放性损伤中依次是肝、小肠、胃、结肠、大血管等。

2. 腹部闭合性损伤　伤后腹壁完整，多见于钝性暴力，如坠落、碰撞、冲击、挤压、拳打脚踢等所致。损伤可能仅局限于腹壁，也可同时兼有内脏损伤。常见受损内脏在闭合性损伤中依次是脾、肾、小肠、肝、肠系膜等。

3. 医源性损伤　临床上由各种穿刺、内镜、灌肠、刮宫、腹部手术等诊治措施导致的腹部损伤。

（二）临床表现

1. 单纯腹壁损伤

（1）闭合性损伤　局限性腹壁肿胀、疼痛、瘀斑，严重者可有血肿，随着时间延长症状逐渐缓解或消失，多无恶心、呕吐等消化道症状，无腹膜炎征象。

（2）开放性损伤　腹壁有伤口流血或流出腹腔液体，疼痛，严重者可发生休克。

2. 腹内脏器损伤　如仅有挫伤，通常伤情不重，但若合并脏器损伤或大血管破裂时则可能出现严重后果。

（1）空腔脏器破裂　如胃肠道、胆管等破裂时，则可呈现典型腹膜炎的表现。①腹痛，程度剧烈，难以忍受；②胃肠道症状明显，如恶心、呕吐，呕血、便血及明显腹胀等；③腹部体征，如腹部压痛、反跳痛及腹肌紧张明显，甚至呈"板状腹"，肝浊音界缩小或消失，肠鸣音消失等；④感染性休克，如发热、面色苍白、脉搏细数、血压下降、尿量减少、脉压降低等。

（2）实质脏器或大血管破裂　如肝、脾、胰、肾等损伤时，可出现内出血的典型表现。①腹痛、腹胀，程度较空腔脏器破裂轻；②腹部体征，如腹式呼吸减弱或消失、腹膜刺激征阳性、移动性浊音阳性等；③低血容量性休克表现。

（三）辅助检查

1. 诊断性腹腔穿刺及腹腔灌洗　对诊断腹腔内脏有无损伤和那一类脏器的损伤诊断阳性率可达90%以上。只要怀疑有腹腔内脏损伤，一般检查方法难以明确诊断的情况下均可进行此项检查。但在严重腹胀或有肠麻痹，中晚期妊娠，既往有腹腔严重感染及腹部大手术后，躁动不安不能合作者，不宜做腹腔穿刺。诊断性腹腔灌洗虽很敏感，但仍有少数假阳性及假阴性结果，故具体在制订治疗方案时应慎重考虑。

（1）腹腔穿刺　穿刺部位：①脐和髂前上棘连线的中、外1/3交界处；②脐水平线与腋前线交界处。穿刺部位选定后，让患者先排空膀胱并向穿刺侧侧卧5分钟，然后在局麻下用普通8～9号针头或16～20号腰穿刺针进行腹腔穿刺。把有多个侧孔的细塑料管经针管送入腹腔深处，进行抽吸。

（2）腹腔灌洗　抽不到液体而又不完全排除内脏损伤的可能性时，可行腹腔灌洗术。诊断性腹腔灌洗术则是经上述诊断性腹腔穿刺置入的塑料管向腹内缓慢灌入500～1000ml无菌生理盐水，然后借虹吸作用使腹内灌洗液流回输液瓶中。取瓶中液体进行肉眼或显微镜下检查，必要时涂片、培养或测定淀粉酶含量。此法对腹腔内少量出血者比一般诊断性穿刺术更为可靠，有利于早期诊断并提高确诊率。

（3）结果分析　若腹腔穿刺抽到液体，应观察其性状（血液、胃肠内容物、浑浊腹水、胆汁或尿液），借以推断损伤脏器的性质，必要时可做涂片或化学检查。若灌洗液检查结果符合以下任何一项，即属阳性：①灌洗液含有肉眼可见的血液、胆汁、胃肠内容物或证明是尿液；②显微镜下红细胞计数超过 $100 \times 10^9/L$ 或白细胞计数超过 $0.5 \times 10^9/L$；③淀粉酶超过 100 Somogyi 单位；④灌洗液中发现细菌。

2. X 线检查　腹部损伤的伤员如条件允许均应行 X 线检查。如腹腔游离气体影及立位腹部平片有膈下新月形阴影均提示胃肠道（主要是胃、十二指肠和结肠，少见于小肠）破裂；腹膜后积气提示腹膜后十二指肠或结直肠破裂。

3. 超声检查　具有安全、简便、无创等优点。对实质脏器如肝、脾、胰、肾等的损伤有重要诊断价值。

4. CT 检查　对实质脏器损伤及其范围、程度具有重要的诊断价值。比超声检查更精确、更敏感、特异，能够清楚地显示病变的部位及范围，为选择治疗方案提供依据。本法需搬动患者，适用于病情稳定而又需明确诊断者。

5. 腹腔镜检查　既能明确诊断，又可在直视下进行治疗。

（四）诊断

腹部损伤诊断不论是开放伤或闭合伤，在进行诊断时可遵循如下思路。

1. 有无内脏损伤　多数伤者根据临床表现即可确定内脏是否受损，但仍有不少伤者的诊断并不容易或被某些表面的现象所掩盖。

（1）病史询问　在接诊患者时应详细了解其受伤时间、受伤地点、致伤条件、伤情、受伤至就诊期间的伤情变化和就诊前的急救处理，特别是如下情况更应重视：①早期就诊而腹内脏器损伤体征尚不明显以及有腹壁损伤伴明显软组织挫伤者；②合并颅脑损伤时，伤者可因意识障碍而不能提供腹部损伤的自觉症状者；③合并胸部损伤时，因明显的呼吸困难使注意力被引至胸部；④合并长骨骨折时，因骨折部的剧痛和运动障碍而忽略了腹部情况。

（2）重视查体　除了关注生命体征外，还应全面而有重点地明确腹部压痛、肌紧张和反跳痛的程度和范围，是否有肝浊音界改变或移动性浊音，肠蠕动是否受抑制，直肠指检是否有阳性发现等。

（3）实验室检查　红细胞、血红蛋白与血细胞比容下降，表示有大量失血。血淀粉酶或尿淀粉酶升高提示胰腺损伤或胃肠道穿孔，或是腹膜后十二指肠破裂，但胰腺或胃肠道损伤未必均伴有淀粉酶升高。血尿是泌尿系损伤的重要标志，但其程度与伤情不成比例。

（4）诊断提示　出现下列情况时提示腹内脏器损伤。①早期出现休克征象者（尤其是出血性休克）；②有持续性甚至进行性腹部剧痛伴恶心、呕吐等消化道症状者；③有明显腹膜刺激征者；④有气腹表现者；⑤腹部出现移动性浊音者；⑥有便血、呕血或尿血者；⑦直肠指检发现前壁有压痛或波动感，或指套染血者。

2. 确定哪个脏器受到损伤　应先确定是哪一类脏器受损，然后考虑具体脏器。下列情况对于确定哪一类脏器破裂有一定价值：①有恶心、呕吐、便血、气腹者多为胃肠道损伤；②有排尿困难、血尿、外阴或会阴部牵涉痛者，提示泌尿系脏器损伤；③有膈面腹膜刺激表现者，提示上腹脏器损伤，其中尤以肝和脾的破裂为多见；④有下位肋骨骨折者，提示有肝或脾破裂的可能；⑤有骨盆骨折者，提示有直肠、膀胱、尿道损伤的可能。

3. 是否有多发性损伤　以下几种情况提示多发损伤：①腹内某一脏器有多处破裂；②腹内有两个或两个以上脏器受到损伤；③除腹部损伤外，尚有腹部以外的合并损伤；④腹部以外受损累及腹内脏器。无论哪一种情况，在诊断和治疗中都应注意避免漏诊，否则必将导致严重后果。

（五）治疗

1. 治疗原则

（1）先抢救致命伤　全面权衡轻重缓急，首先处理对患者生命威胁最大的损伤。心肺复苏是压倒一切的任务，而解除气道梗阻则是首要一环，其次要迅速控制明显的外出血，处理开放性气胸或张力性气胸，尽快恢复循环血容量，控制休克和进展迅速的颅脑外伤。如无上述情况，腹部创伤的救治就应当放在优先的地位。

（2）先抢救实质脏器损伤　对于腹内脏器损伤本身，实质性脏器损伤常可发生威胁生命的大出血，故比空腔脏器损伤更为紧急。

（3）全面查体、仔细观察　对于尚没有手术指征的腹部损伤，尤其是闭合性腹部损伤，必须详细查体、严密观察，未能排除腹内脏器损伤时应及早手术探查。

2. 非手术治疗

（1）禁饮食和胃肠减压　对确定或疑有腹内脏器损伤者，应禁饮食和持续胃肠减压，留置导尿管，记录出入量。

（2）营养支持　维持水、电解质及酸碱平衡，谨防出现休克，必要时建立多条静脉通路，并做好血型鉴定及交叉配血以备必要时输血。

（3）防治感染　腹内脏器损伤很容易继发感染，故应选择适当抗生素预防感染。

（4）对症处理　呼吸困难时予以吸氧；诊断明确后，若出现疼痛剧烈、烦躁不安时，可给予镇静剂或止痛剂。

3. 手术治疗　早期剖腹是治疗腹内脏器损伤的关键性措施。已发生休克的内出血伤者力争在收缩压回升至 90mmHg 以上后进行手术，但若在积极的抗休克治疗下，仍未能纠正，则提示腹内有进行性大出血，应在抗休克的同时，迅速剖腹止血。

目标检测

答案解析

一、单项选择题

1. 下列最易致低钾血症的是
   A. 大量出汗　　　　　　　　B. 高流量肠瘘　　　　　　　　C. 代谢性酸中毒
   D. 感染性休克　　　　　　　E. 大量输血

2. 轻至中度低渗性脱水首先补充的液体是
   A. 5%碳酸氢钠　　　　　　　B. 0.45%氯化钠　　　　　　　C. 0.9%氯化钠
   D. 5%氯化钠　　　　　　　　E. 11.2%乳酸钠

3. 等渗性脱水患者，给予补充液体治疗应首选
   A. 平衡盐溶液　　　　　　　B. 低渗盐水　　　　　　　　　C. 1.86%乳酸钠
   D. 5%葡萄糖　　　　　　　　E. 1.25%碳酸氢钠

4. 患者，男，56岁，上腹部创伤高位肠瘘5日，血压90/60mmHg，pH 7.2，HCO_3^- 15mmol/L，该患者酸碱失衡类型是
   A. 呼吸性碱中毒　　　　　　B. 代谢性碱中毒　　　　　　　C. 呼吸性酸中毒
   D. 代谢性酸中毒　　　　　　E. 呼吸性酸中毒合并代谢性碱中毒

5. 下列不属于局部麻醉的是
   A. 神经阻滞　　　　　　　　B. 区域阻滞　　　　　　　　　C. 硬膜外阻滞
   D. 臂丛阻滞　　　　　　　　E. 颈丛阻滞

6. 患者，女，54岁，手术前行腰麻，当麻醉穿刺注药后，血压立即下降。其主要原因是
   A. 麻药注入过缓　　　　　　B. 麻醉平面过低　　　　　　　C. 交感神经抑制
   D. 穿刺部位出血　　　　　　E. 缺氧

7. 麻醉前准备不包括
   A. 进行心理疏导　　　　　　B. 了解患者各系统功能　　　　C. 纠正患者生理功能紊乱
   D. 麻醉用具及药物的准备　　E. 手术区备皮

8. 术前常规禁食的目的是
   A. 避免胃潴留影响手术　　　B. 防止术中呕吐和误吸　　　　C. 防止术后腹胀
   D. 防止术后肠管麻痹　　　　E. 防止尿潴留

9. 施行上腹部手术后出现顽固性呃逆，应高度警惕
   A. 神经中枢直接受刺激　　　B. 膈肌直接受刺激　　　　　　C. 吻合口或十二指肠残端瘘
   D. 麻醉反应　　　　　　　　E. 盆腔脓肿

10. 手术后早期下床活动的优点，下列哪项不正确
    A. 有利于减少肺部并发症　　　　　　　　　　　　　　　B. 可改善全身血液循环
    C. 有利于减少深静脉血栓形成　　　　　　　　　　　　　D. 有利于减少切口感染
    E. 有利于减少腹腔粘连

11. 一般头皮裂伤清创的时限不应超过
    A. 24小时　　　　　　　　　B. 48小时　　　　　　　　　　C. 72小时
    D. 8小时　　　　　　　　　　E. 12小时

12. 巨大帽状腱膜下血肿的处理原则是
    A. 热敷　　　　　　　B. 冷敷　　　　　　　C. 加压包扎
    D. 预防感染　　　　　E. 抽吸引流

13. 头部外伤后腰椎穿刺检查脑脊液呈血性，最常见的是
    A. 脑挫裂伤　　　　　B. 脑震荡　　　　　　C. 急性颅内血肿
    D. 急性硬脑膜外血肿　E. 急性硬脑膜下血肿

14. 脑外伤后出现典型"中间清醒期"，首先考虑的疾病是
    A. 脑挫裂伤　　　　　B. 脑震荡　　　　　　C. 硬脑膜外血肿
    D. 硬脑膜下血肿　　　E. 颅底骨折

15. 最易骨折的肋骨是
    A. 第1、2肋　　　　　B. 第2、3肋　　　　　C. 第4~7肋
    D. 第8~10肋　　　　　E. 第11、12肋

16. 开放性气胸的紧急处理是
    A. 充分给氧　　　　　B. 胸腔闭式引流　　　C. 迅速封闭胸壁伤口
    D. 气管插管辅助呼吸　E. 注射呼吸中枢兴奋剂

17. 反常呼吸运动常见于
    A. 多根多处肋骨骨折　B. 开放性气胸　　　　C. 闭合性气胸
    D. 张力性气胸　　　　E. 血胸

18. 患者，男，34岁。右第4~7肋骨折，呼吸极度困难，发绀，出冷汗。检体：BP 65/40mmHg，右胸饱满，气管向左侧移位，叩诊呈鼓音，颈、胸部有广泛皮下气肿，该患者首要的处理方法是
    A. 立即开胸探查　　　B. 胸腔穿刺排气减压　C. 输血、补液
    D. 气管插管辅助呼吸　E. 吸氧

19. 腹部损伤合并失血性休克，主要处理原则是
    A. 快速补充液体　　　B. 给予大量止血药物　C. 输血以补充血容量
    D. 应用大量抗生素控制感染　E. 在积极抗休克的同时，手术探查止血

20. 关于肝破裂下列叙述哪项是错误的
    A. 右上腹外伤　　　　B. 局部疼痛及压痛　　C. 血红蛋白值逐渐下降
    D. 心率加快　　　　　E. 必须等待腹腔穿刺抽出血液

二、简答题

1. 请简述烧伤面积的计算方法。
2. 请简述腹腔损伤的治疗原则。

（崔　敏）

书网融合……

重点回顾　　微课1　　微课2　　微课3　　习题

227

第十三章　急危重症

知识目标：

1. **掌握**　急危重症的临床表现及抢救方法。
2. **熟悉**　急危重症的病因及防治措施。
3. **了解**　常见的急危重症发病机制及实验室检查。

技能目标：

能运用所学知识对常见急危重症进行诊断和抢救治疗。

素质目标：

具有救死扶伤的责任意识和大无畏的医德医风。

导学情景

情景描述：

患者，女，42 岁。因病毒性心肌炎服用抗心律失常药物，曾发生晕厥、气促。查体：意识不清，呼吸停顿，无脉搏，听诊心音消失，血压测不到。

辅助检查：心电图波形、振幅与频率均极不规则，无法辨认 QRS 波群、ST 段与 T 波。

情景分析：结合主诉及现病史，根据该患者的临床发病特点，初步诊断为"心室颤动"。

讨　　论：1. 心室颤动的临床表现特点是什么？

　　　　　　2. 为进一步明确诊断需要进行的下一步检查有哪些？

学前导语：心室颤动常见于急性心肌梗死，患者常有冠心病、高血压性心脏病、心肌炎、心脏瓣膜疾病、血管性疾病等原发疾病。心脏骤停患者 80% 以上是由心室颤动所引起。心肺复苏及早期除颤是患者存活的关键。结合该患者的危急状况，应该首先采取的抢救措施是什么？

急危重症医学是一门新型学科，不限于某一学科，集多个基础学科于一体，故形成多系统多学科专业。在急救或抢救危急重症患者、针对突发公共卫生事件和灾难中占有重要地位。

第一节　心脏停搏与心肺脑复苏

PPT

一、基本概念

1. 心肺复苏（CPR）　针对心跳停止，呼吸停止所采取的抢救措施，即用心脏按压或其他方法形成暂时的人工循环并恢复心脏自主搏动和血液循环，用人工呼吸代替并恢复自主呼吸，达到复苏和挽救生命的目的。为医务人员和群众必备技能，也正在全国普及使用。脑复苏是心肺脑复苏成功的重点和关键标志，故应快速恢复自主循环，以恢复脑神经功能。

2. 心脏停搏（SCA）　也称心搏骤停，是指未预料的、刚发生的心脏射血功能（搏动）突然终止，导致全身血液循环处于停止状态。是指各种原因所致心脏射血功能突然停止，立即出现意识丧失、无脉搏和呼吸停止，及时、高质量的心肺复苏后，部分患者可恢复呼吸、心跳。

3. 心脏性猝死（SCD）　是指由于心脏原因引起、以急性症状开始1小时内、骤然丧失意识为前提的、无法预料的自然死亡。强调自然、快速、不被预知。

4. 心脏停搏　指各种慢性疾病的晚期，为临终前表现的心搏停止。

二、心脏停搏的病因

1. 心源性心搏骤停　最为常用见于急性心肌梗死。常见原因有冠状动脉粥样硬化性心脏病、高血压性心脏病、心肌炎、心脏瓣膜疾病、血管性疾病等原因。

2. 非心源性心脏停搏　非心源性心脏停搏发病原因分类详见表13-1。

表13-1　非心源性心脏停搏发病原因分类

分类	病因
各种原因导致呼吸停止	气管异物、气道组织水肿、窒息；头部外伤、巴比妥类药物过量等
电解质与酸碱平衡失调	严重高血钾、低血钾；严重高镁、低镁血症；严重酸中毒等
药物中毒	奎尼丁、普鲁卡因、强心苷、青霉素及血清制品
毒品滥用	可卡因、海洛因
中毒	一氧化碳、氯化物等
环境原因	溺水、中暑、雷击或电击
其他因素	麻醉及手术意外；诊断性操作如血管造影、心导管检查

三、临床表现

心脏停搏的典型"三联征"包括：突发意识丧失、呼吸停止和大动脉搏动消失。临床表现如下。

1. 突然意识丧失，呼之不应，面色苍白或青紫。

2. 大动脉搏动消失，包括颈动脉及股动脉。

3. 呼吸停止或叹息样呼吸，继而停止。

4. 双侧瞳孔散大，对光反射消失。

5. 可伴有因脑缺氧引起的抽搐和大小便失禁，随即全身松软。

6. **心电图表现**　①心室颤动：又称室颤，最常见（77%~84%），多见于急性心肌梗死，复苏成功率高。表现为QRS波消失，代之以大小不等、形态各异的颤动波，频率为200~400次/分。②无脉性室性心动过速。③心室静止：又称心室静止，较常见（16%~26%），多见于麻醉、手术意外和过敏性休克，其心脏应激性降低，复苏成功率低。表现为心房、心室均无激动波可见，呈一直线或偶见P波。④无脉心电活动：又称心电-机械分离，极少见（5%~8%），常为终末期心脏病，心泵衰竭，心脏应激性极差，复苏十分困难。表现为矮小、宽大畸形的心室自主心率，但无心搏出量，频率为20~30次/分。

四、诊断

1. 病史

（1）需向家人、目击者和急救人员询问发病过程、服药史、毒物接触史、职业情况及既往史等有助于判断发病原因和预后。

（2）是否出现典型的心脏停搏的临床表现　突然意识丧失、心脏停搏、呼吸停止、瞳孔散大。查体包括：①检查气道是否通畅，有无异物；②寻找心脏停搏病因的证据；③动态监测有无复苏引起的并发症。

2. 辅助检查

（1）心电图检查　根据心电图表现及心脏停搏活动表现来进行诊断。

（2）实验室检查　血常规、心肌酶、肝功能、肾功能、血糖、电解质、凝血功能、动脉血气分析及相关毒物检查等。

五、治疗

心肺复苏包括三个阶段：①基础生命支持（BLS），又称初期复苏或基础生命支持或现场急救；②进一步生命支持（ALS），二期复苏或加强生命支持；③延续性生命支持（PLS），又称后期复苏或长程生命支持。在院外发现心脏停搏，应立即行心肺复苏，早评估、早呼救、早到达，因心搏骤停的严重后果以秒计算。心脏停搏3秒即可出现头晕；10秒即可出现意识丧失；30秒突然倒地即可出现"阿－斯综合征"发作；60秒即可出现自主呼吸逐渐停止；3分钟即可开始出现脑水肿；6分钟即可开始出现脑细胞死亡；8分钟即可出现"脑死亡"。BLS基本抢救技术方法包括开放气道、人工呼吸、胸外按压和电除颤等。

1. 基础生命支持（BLS）　心肺复苏成功率与开始CPR时间密切相关，每延误1分钟抢救成功率则降低10%。1分钟内实施，CPR成功率≥90%；4分钟内实施CPR成功率约60%；6分钟内实施CPR成功率约40%；8分钟内实施CPR成功率约20%；心搏骤停10分钟及以上，实施CPR成功率几乎为0，且侥幸存活者可能已"脑死亡"。BLS包含新的生存链"早期识别、求救；早期CPR；早期电除颤和早期高级生命支持"中的前三个环节。心肺复苏的基本顺序包括识别判断，向急救医疗服务体系（EMSS）求救后开始CPR，顺序为胸外按压－开放气道－人工呼吸。

（1）早期识别、求救　现场首先对患者有无反应、意识，呼吸和循环体征做基本判断。发现无意识、无呼吸（包括异常呼吸），立即向EMSS求救，即开始CPR。

（2）早期心肺复苏

1）摆放合适体位　发现心脏停搏的患者应放置于硬板床或硬地面上，头、颈及躯干摆放于同一轴面的仰卧位，双手放于身体两侧，身体无扭曲。对于颈部有损伤或怀疑有损伤患者应头、肩、躯干整体翻转摆放体位，禁止随意挪动或转移患者，静候专业人员进行患者转移。

2）胸外按压（C）　为心脏停搏患者建立人工血液循环的重要方法，是复苏最基本的抢救方法。①按压位置：按压部位在胸骨下1/3处，即乳头连线与胸骨交界处。②按压手法：急救者手臂垂直，双手重叠交叉固定于按压部位，身体稍前倾，借助于肩部及上半身力量垂直向下按压，按压与放松时间相同，放松时手掌不离开患者胸壁。按压深度为5~6cm，按压频率为100~120次/分。③按压/通气比：目前推荐的比例为30:2，每个周期为5组30:2，大致时间约为2分钟。2人以上CPR时，每隔2分钟，应交替做CPR，以免按压者疲劳使按压质量和频率降低。轮换时要求动作快，尽量减少中断按压。中断胸外按压时间需<10秒，应避免因各种治疗措施中断胸外按压的时间。

（3）开放气道（A）　心脏停搏后患者意识丧失，会厌部肌肉松弛引起舌后坠或呼吸道分泌物、呕吐物，假牙义齿等阻塞气道。①仰头抬颌法：主要用于无颈部受伤的患者，是复苏中最常用、安全有效的方法。一手放于患者前额部加压使头后仰，另一手食、中指放置于下颌骨部向上抬起，使下颌、耳垂连线与地面呈垂直。②托颌法：用于怀疑有颈椎受伤的患者。急救者位于患者头侧，两手拇指置于患者口角旁，余四指托住患者下颌部位，在保证头部和颈部固定的前提下，用力将患者下颌向上抬起，使下齿高于上齿，避免搬动颈部。

（4）人工呼吸（B）　将含氧气体被动送入被抢救者肺泡的通气措施。吹气时间应持续1~2秒/次，应见患者胸廓起伏，每次吹入潮气量为500~600ml。

1）口对口呼吸 确认呼吸道通畅后，用示指和拇指捏住患者鼻翼，平静吸气后，用口唇包裹住患者的唇部，将气体吹入患者口中。

2）口对鼻呼吸 用于口唇受伤或牙关紧闭者。急救者稍上抬患者下颌使口唇闭合，用口唇包裹住患者鼻腔，将气体吹入患者鼻中。

3）面罩通气 用透明面罩封住患者口鼻，通过连接管进行人工通气。面罩通气法具有闭合性好，通气效果好等优点。

（5）电除颤（D） 心脏停搏患者80%～90%是由心室颤动所引起。因此早期除颤是患者存活的关键。除颤每延迟1分钟患者存活率下降7%～10%，有条件的情况下，最好在5分钟内完成电除颤。①当发生心脏停搏时，现场如有AED或人工除颤器，应立刻进行CPR和尽早使用除颤器。②当发生心脏停搏时，尤其是从呼救至到现场时间≥5分钟，先应进行5组CPR，再分析心电图实施电除颤。③当心室颤动或无脉性室性心动过速发生时，急救人员应当电击除颤一次，后立刻进行5组CPR，再检查心律和脉搏，情况危急，可再进行一次电除颤。④《国际心肺复苏及心血管急救指南》推荐双相波除颤能量波150～200J，随后的除颤能量选择可使用第一次的能量或增加能量。单相波除颤使用360J。⑤电极放置位置：右侧电极放置于右锁骨下区，左侧电极放置于左乳头侧腋中线处。电击时要提示在场所有人员不要接触患者身体。

（6）心肺复苏有效指标 ①昏迷患者逐渐恢复意识或出现挣扎；②出现自主呼吸及恢复心跳；③散大的瞳孔转为缩小；④测得收缩压为≥60mmHg；⑤口唇黏膜、甲床及皮肤色泽由苍白转为红润。

（7）终止心肺复苏的指标 ①被抢救者恢复自主呼吸及心跳；②复苏过程时间≥30分钟，而患者仍未恢复意识、自主呼吸及心跳；③心电图检查呈一直线。

2. 进一步生命支持（ALS） 在基础生命支持的基础上，主要通过心电监护及时识别致命性心律失常，通过电除颤或临时心脏起搏术，以及针对性地使用各种抢救药物等多种措施将基础生命支持恢复的自主循环改为有效循环。必要时可机械通气来维持或替代呼吸。

3. 延续性生命支持（ALS） 是进一步生命支持的延续。主要是完成脑复苏及重要脏器的功能支持。针对病情及治疗效果加以判断，争取恢复神志及低温治疗，加强治疗。

？ 想一想

简述胸外心脏按压的方法与注意事项。

答案解析

PPT

第二节 休 克

休克指机体由各种致病因素引起的有效循环血容量急剧减少，导致器官和组织微循环灌注不足，引起细胞受损和器官、组织代谢紊乱的综合征。

一、病因与分类

1. 按病因分类

（1）失血性休克 发生取决于失血量和失血速度。如快速失血超过总血量的20%，则可引起休克。

（2）感染性休克 由各种病原微生物引起的严重感染所致，尤其是G⁻细菌感染引起的休克，细菌内毒素占有重要的作用，又称内毒素性休克或中毒性休克。

（3）过敏性休克　为Ⅰ型变态反应。致病与 IgE 和抗原在肥大细胞表面结合，从而组胺和缓激肽大量释放入血，引起血管舒张，血管床容积增大，毛细血管通透性增加有关。

（4）心源性休克　由于心输出量骤减，有效循环血量和灌注流量均下降。见于各种心脏原因引起的疾患，如心力衰竭、急性心肌梗死及严重心律失常等。

（5）神经源性休克　由于血管舒张、外周阻力降低，回心血量减少，血压降低。常见于疼痛剧烈、脊髓高位麻醉等原因。

2. 按休克发生的起始环节分类

（1）低血容量休克　机体体液大量丢失使血容量骤减，有效循环血量减少，引起交感神经兴奋，外周血管收缩，组织灌流量减少。见于失血、烧伤、感染、呕吐及腹泻等原因。

（2）分布性休克　由容量血管扩张、循环血量相对不足所引起。见于脊髓损伤或麻醉药过量等原因。

（3）血管源性休克　多种病因引起血管活性物质增加，致使小血管舒张，血管床容积扩大，大量血液淤积于小血管内，使有效循环血量减少，见于感染性、过敏性和神经源性休克。

（4）心源性休克　由于心脏射血功能衰竭，心输出量骤减，致使有效循环血量减少。

3. 按血流动力学特点分类　分为低排高阻型、高排低阻型及低排低阻型三种休克类型。

二、病理改变及发病机制

休克发生后机体可发生相应的病理生理变化，其主要特点如下。

1. 微循环缺血缺氧期（休克代偿期）

（1）微循环变化的特点　以缺血为主，微循环血流少灌少流，灌少于流。血液通过直捷通路和开放的动-静脉吻合支回流，故微循环呈现少灌少流，灌少于流或无灌的现象，组织呈现缺血、缺氧状态。

（2）微循环变化机制　各种原因引起的有效循环血量减少，导致交感-肾上腺髓质系统兴奋性增加，释放大量儿茶酚胺入血。低血容量、交感神经兴奋以及儿茶酚胺大量释放，可刺激机体产生较多体液因子，如血栓素、血管紧张素Ⅱ、加压素、内皮素等，均有缩血管作用。

2. 微循环淤血期（休克进展期）

（1）微循环变化的特点　以淤血为主，微循环血流多灌、少流。休克代偿期持续时间延迟后，微血管痉挛减轻并可转为舒张；血液由舒张的毛细血管前括约肌大量涌入毛细血管内。微静脉端因血液的流出道阻力增加，故微循环出现灌入多而流出少，灌大于流的现象，组织处于严重淤血。

（2）微循环变化机制　①酸中毒：缺血缺氧导致组织酸性代谢产物堆积。②局部血管物质增多：因组织缺血、缺氧、酸中毒刺激肥大细胞释放组胺过多，通过 H_2 受体使小动脉和毛细血管舒张、毛细血管壁通透性升高，引起血液浓缩；ATP 分解产物腺苷堆积、激肽类物质生成增多和细胞内释出的 K^+ 增多等，均具有舒血管作用。③内毒素的作用：内毒素和其他毒素可与血液中的白细胞发生反应，导致多肽类物质生成增多，使血管舒张。④血液流变学的改变：微循环流速明显降低；组胺可引起毛细血管通透性增加，血浆外渗、血液黏稠度增高；灌流压下降，使血流受阻；黏附与激活的白细胞释放氧自由基和溶酶体，引起内皮细胞和组织损伤；红细胞和血小板聚集，致使微循环血流进一步变慢，血液瘀滞。交感-肾上腺髓质系统的持续兴奋会加重组织灌流的减少，组织缺氧更加严重，形成恶性循环。

3. DIC 期（休克难治期）

（1）微循环变化的特点　以形成弥漫性血管内凝血（DIC）为主，微循环血流停止，不灌不流。淤血更加严重，微血管平滑肌麻痹，对任何血管活性物质失去反应，血液浓缩严重，凝固性更明显，即可诱发弥散性血管内凝血。也可继发纤溶系统活性亢进而导致出血。组织、细胞处于严重的缺血缺氧状态，可发生变性、坏死。

（2）微循环变化机制　①血液流变学改变：微循环淤血不断加重，血液浓缩，血浆黏度增大，血细胞压积增大，纤维蛋白原浓度增加，血小板和红细胞较易于聚集，血液处于高凝状态。②凝血系统启动：大量组织破坏、血管内皮细胞损伤，从而启动外源性和内源性凝血系统。③TXA_2 – PGI_2 平衡失调：组织缺氧、感染等因素可促使血小板合成 TXA 增多；血管内皮细胞损伤使 PGI 生成减少，使 TXA – PGI 平衡失调，促进血小板聚集。

4. 重要器官的继发损害

（1）心功能　休克中晚期，血压明显降低使冠状动脉的血流减少，心肌血供不足；低氧血症、酸中毒，高血钾、心肌抑制因子的作用均使心脏功能抑制；DIC 形成后心肌血管微血栓形成，影响心肌的营养，发生局灶性坏死和心内膜下出血使心肌受损，心脏收缩力下降，最终发生心功能不全。

（2）肺功能　休克早期的微循环障碍，使肺泡表面活性物质减少，肺泡塌陷，产生肺不张、肺内分流、无效腔样通气，通气血流比例失调和弥散功能障碍，病情加重时，部分人可发生急性呼吸窘迫综合征（ARDS）。

（3）脑功能　休克早期，因血流重新分布，脑血流可无明显减少，随着休克发展，血压进行性下降，患者由烦躁不安，转为神志淡漠、意识模糊直至昏迷，严重者可死亡。

（4）肾功能　肾是休克期最易受损伤的器官之一。早期时大量儿茶酚胺使肾血管痉挛，产生功能性少尿，随缺血时间延长，肾小管受累时出现急性肾小管坏死，可导致急性肾衰竭。

（5）肝功能　休克时肝细胞缺血缺氧，使肝脏的代谢过程延缓或停顿，凝血因子合成障碍，在肠道吸收的毒素，肝脏不能及时解毒。在感染引起的 MODS 中，患者如有严重肝功能障碍，则病死率较高。

（6）多器官功能障碍综合征（MODS）　休克晚期可发生。

三、临床表现

1. 休克早期（代偿期）　主要表现为精神紧张或烦躁、脉搏细速，呼吸及心率稍加快，四肢发冷，血压进行性下降，脉压逐渐缩小（具有早期诊断意义），尿量进一步减少或无尿。

此期如果积极治疗，可使病情好转，为临床抢救的关键时期；若处理不当，则病情进入休克抑制期。

2. 休克进展期（休克期）　休克进展期又称为休克抑制期、淤血缺氧期。主要表现为患者出现神志淡漠、意识模糊、嗜睡及昏迷，皮肤由苍白转为发绀，并出现花斑，脉搏细速、心搏无力、心音低钝，血压明显下降，脉压更小，少尿或无尿；严重时，全身皮肤黏膜明显发绀，脉搏不清，血压测不出，无尿，代谢性酸中毒等。皮肤黏膜出现瘀斑或消化道出血，提示已进展至 DIC 阶段。如出现进行性呼吸困难、严重低氧血症，则可能并发 ARDS。

四、实验室和其他检查

1. 血常规　白细胞计数及分类可反映感染的严重程度，为感染性休克诊断的重要依据。红细胞计数及血红蛋白测定可反映失血程度，可帮助对失血性休克的诊断；血细胞压积可反映血液有无浓缩或稀释，可对低血容量休克进行诊断，及判断是否继续失血的依据。

2. 尿、便常规　尿常规可诊断患者是否有原发病，也可提供泌尿系统是否感染的证据。便常规检查及潜血检查，可帮助诊断感染性或失血性休克。

3. 血生化检查 碱剩余、乳酸、血 pH 及二氧化碳结合力等检查，可帮助了解酸中毒的程度；可通过尿素氮、肌酐来判断肾脏功能损伤情况；判断有无电解质平衡紊乱，可检测水、电解质。

4. 出、凝血功能 检测血小板的数量和质量、凝血因子的消耗度及纤维蛋白降解产物（FDP）的测定，均有助于判断休克的进展及 DIC 的发生。

5. X 线检查 对休克的病因判断有一定意义。

6. 心电图 有利于心源性休克的诊断，并能了解休克时心肌供血及心律失常情况。

7. 血流动力学监测

（1）中心静脉压（CVP） 有助于鉴别休克病因，反映右心功能，CVP 降低代表低血容量性休克，CVP 升高代表心源性休克。

（2）肺动脉楔压（PAWP） 反映左室充盈压，可指导补液。心源性休克患者常升高。

五、诊断与鉴别诊断

1. 诊断标准

（1）具有发生休克的病因。

（2）意识障碍。

（3）脉搏细数或不能触及，脉搏 >100 次/分。

（4）皮肤由苍白转为发绀，并出现花斑，四肢湿冷；尿量少或无尿。

（5）收缩压 <90mmHg。

（6）脉压 <30mmHg。

（7）原有高血压者收缩压较原有水平下降≥30%。

凡符合以上 1 至 4 中的两项，和 5 至 7 中的一项者，即可确定诊断。

2. 鉴别诊断

（1）低血压与休克的鉴别 低血压是休克的重要临床表现之一，但并非都有休克。认为血压低于 <90/60mmHg 即可诊断为低血压。休克有病理变化，低血压没有，与休克有着本质的区别。常见的良性低血压包括：体位性低血压及直立性低血压。

（2）各类型休克之间的鉴别 各型休克有各自的特点，在治疗重点上有所不同。故辨别休克类型对处理急诊患者很重要。

六、治疗

治疗原则：去除病因；尽快补充血容量；改善微循环；恢复正常代谢和脏器功能。

1. 一般处理

（1）体位 仰卧位或头和躯干抬高 20°～30°，下肢抬高 15°～20°，以增加回心血量，有心衰或肺水肿者半卧位或端坐位。

（2）保持呼吸道通畅，及时清除口腔异物。禁食，镇静止痛，注意保暖，减少搬动。

（3）行心电、血氧饱和度和呼吸监护，必要时可行气管插管及气管切开术。完善实验室检查，了解病情变化，包括血常规，CVP，血气分析及生化检查，心电图、胸片等。

（4）留置导尿管，监测尿量并记录。

2. 原发病治疗

（1）处理原发病 是纠正休克的先决条件，消除引起休克的病因与恢复有效循环血量同等重要。

（2）补充血容量及时建立静脉输液通路 是纠正休克引起的组织低灌注和缺氧的关键。需持续监测动脉血压、尿量和 CVP 的基础上，结合患者的微循环情况，判断补充血容量的效果。可选择平衡液溶液，及早、大量、快速补液。如大量液体复苏可联合使用人工胶体液，必要时可成分输血。代谢性酸中毒时可适量补碱；失血性休克患者止血与补液应同时进行。心源性休克患者，补液需注意补液量及速度。

（3）药物治疗 在充分容量复苏的前提下，选择血管活性药物，以维持脏器灌注压。

1）感染性休克 可选用广谱抗生素控制感染。

2）血管收缩剂 多巴胺：最常用。抗休克时主要应用强心和扩张内脏血管的作用，小剂量开始。小剂量多巴胺和其他缩血管药物合用可升高血压。去甲肾上腺素：可兴奋心肌，缩血管，升高血压及增加冠脉血流，但作用时间短。间羟胺：对心脏和血管的作用同肾上腺素，药效弱，维持时间约 30 分钟。异丙肾上腺素：对心肌有强大的收缩作用和易发生心律失常，不能用于心源性休克。肾上腺激素：可应用于过敏性休克。

3）血管扩张剂 α 受体阻滞剂：包括酚妥拉明，能轻度增加心脏收缩力、心排出量和心率，同时增加冠状动脉血流量，降低周围循环阻力和血压。抗胆碱能药物：包括阿托品、山莨菪碱和东莨菪碱，在外周血管痉挛时，对提高血压、改善微循环、稳定病情效果明显。

4）糖皮质激素 适用于感染性休克、过敏性休克。

第三节 急性中毒

PPT

急性中毒是指有毒物质进入人体后，在短时间内引起危及生命的局部或全身性损害。引起中毒的化学物质称为毒物。

一、病因

1. 职业性中毒 在生产、保管、运输、使用过程中而发生的中毒。

2. 生活性中毒 误食、意外接触有毒物质，自杀或故意投毒谋害，药品过量等原因使过量毒物进入人体内而引起中毒。

二、发病机制

根据毒物种类不同、作用不一，中毒机制可表现为以下几种形式。

1. 局部腐蚀和刺激作用 强酸及强碱可吸收组织中的水分，并与蛋白质或脂肪结合，使细胞变性及坏死。常见的刺激性气体有氯、氨、光气、氮氧化物、氟化氢、二氧化硫及三氧化硫等。

2. 引起机体组织和器官缺氧 一氧化碳、硫化氢、氰化物等毒物可阻碍氧的吸收、转运或利用，使机体组织和器官缺氧。对氧需求比较高的是脑和心肌细胞，易发生中毒损伤。

3. 对机体的麻醉作用 亲脂性强的毒物（有机溶剂和吸入性麻醉剂）易通过血 - 脑屏障进入含脂量高的脑组织内，抑制其功能。

4. 抑制酶的活力 部分毒物或其代谢产物可通过抑制酶的活力而对人体产生毒性。如有机磷杀虫剂抑制胆碱酯酶、氰化物抑制细胞色素氧化酶，重金属抑制含巯基的酶的活力等。

5. 干扰细胞或细胞器的功能 在体内，四氯化碳代谢生成的三氯甲烷自由基，可作用于肝细胞膜中不饱和脂肪酸，诱使脂质过氧化，使线粒体、内质网变性和肝细胞坏死。

6. 受体竞争 例如阿托品通过竞争阻断毒蕈碱受体，产生毒性作用。

三、临床表现 📱微课1

1. 毒物接触史　毒物接触史对确定诊断极为重要。应向患者、家属、亲友、同事及现场发现者做调查。

（1）对怀疑生活性中毒者，应详细了解患者精神状态，长期服用药物种类、家中药品有无缺少等。

（2）怀疑一氧化碳中毒时，需查问室内炉火和通风情况，有无煤气泄漏，当时同室其他人员是否也有中毒表现。

（3）怀疑食物中毒应询问进食的种类、来源和同餐人员发病情况。

（4）怀疑职业性中毒应询问职业、工种及工龄，接触毒物的种类和时间，作业环境条件、防护措施及是否发生过中毒事故。

（5）怀疑服毒自杀应询问发病前精神状态，自杀现场有无空药瓶、药袋或剩余药物及标签等。

2. 临床特点　急性中毒临床表现复杂多样，病情变化快，可以累及全身各个系统而出现相应的临床表现，各类毒物所致系统损害及临床表现如下。

（1）皮肤黏膜　①皮肤及口腔灼伤：见于强酸、强碱、煤酚皂液（来苏）等腐蚀性毒物中毒。高浓度汞蒸气可致口腔炎。②发绀：引起血红蛋白氧合不足的毒物或产生高铁血红蛋白的毒物中毒，如亚硝酸盐。③黄疸：毒蕈、蛇毒、鱼胆损害肝脏或砷化氢引起急性溶血。

（2）眼部　①瞳孔扩大：见于阿托品、莨菪碱类中毒。②瞳孔缩小：见于有机磷农药、吗啡、氯丙嗪中毒。③视神经炎：见于甲醇中毒。

（3）神经系统　①昏迷：见于催眠镇静或麻醉药中毒、窒息性中毒、农药中毒等。②谵妄：见于阿托品、乙醇或抗组胺药中毒。③肌纤维颤动：见于有机磷农药、杀虫药等或急性异烟肼中毒以及铅中毒等。④惊厥：见于窒息性毒物或异烟肼中毒。⑤瘫痪：见于蛇毒、三氧化二砷、可溶性钡盐等中毒。⑥精神失常：见于一氧化碳、乙醇、阿托品、二硫化碳、有机溶剂及抗组胺药等中毒，亦可见于戒断综合征。

（4）呼吸系统　①呼出特殊气味：乙醇中毒有酒味；氰化物中毒有苦杏仁味；有机磷中毒有蒜味。②呼吸加快：见于呼吸中枢兴奋剂、甲醇及水杨酸类中毒。③呼吸减慢：见于催眠镇静药及吗啡中毒。④肺水肿：见于刺激性气体、磷化锌及有机磷中毒。

（5）循环系统

1）心律失常　洋地黄、夹竹桃、蟾蜍毒液等中毒；肾上腺素类药物、三环类抗抑郁药等中毒。

2）心脏停搏　①心肌毒性作用：见于洋地黄、奎尼丁、锑剂或依米丁（吐根碱）等中毒。②缺氧：见于窒息性气体毒物（如甲烷、丙烷和二氧化碳等）中毒。③严重低钾血症：见于可溶性钡盐、棉酚或排钾利尿药中毒等。

3）休克　三氧化二砷中毒引起剧烈呕吐和腹泻；强酸和强碱引起严重化学灼伤致血浆渗出；严重巴比妥类中毒抑制血管中枢，引起外周血管扩张。以上因素都可通过不同途径引起有效循环血容量相对或绝对减少而发生休克。

（6）消化系统　①腹痛：见于腐蚀性毒物、食物中毒，铅、钡、砷、有机磷农药、毒蕈及巴豆等中毒。②呕血：腐蚀性毒物、水杨酸类及抗凝剂等中毒。③肝损伤：砷、汞、磷、锑、硝基苯类、四氯化碳、毒蕈、抗肿瘤药及抗结核药等中毒。

（7）泌尿系统　一些毒物或药物可引起急性肾衰竭，如汞、四氯化碳、磺胺、多黏菌素、蛇毒、毒蕈等中毒；引发肾小管堵塞、肾缺血或肾小管坏死，可引起急性肾衰竭，出现少尿或无尿。

（8）血液系统　①贫血和黄疸：见于砷化氢、苯胺或硝基苯中毒。②出血：见于水杨酸、肝素、灭鼠药和毒蛇咬伤等中毒。③白细胞计数减少：见于氯霉素、抗肿瘤药或苯等中毒。

（9）发热 见于阿托品、二硝基酚或棉酚等中毒。

四、实验室和其他检查

1. 毒物检测 是最可靠的诊断方法。应尽快取剩余食物、毒物、药物及含毒标本如呕吐物、胃内容物、血液、尿、粪便以及其他可疑物品供检，检验标本尽量不放防腐剂并尽早送检。

2. 实验室检查

（1）尿液检查 尿液的外观和显微镜检查。①肉眼血尿：见于影响凝血功能的毒物中毒。②蓝色尿：见于含亚甲蓝的药物中毒。③绿色尿：见于麝香草酚中毒。④橘黄色尿：见于氨基比林中毒。⑤灰色尿：见于酚或甲酚中毒。⑥结晶尿：见于扑痫酮、磺胺等中毒。⑦镜下血尿或蛋白尿：见于生鱼胆等肾损害性毒物中毒。⑧橘红色尿：见于灭鼠药（抗维生素D类）、氯醛糖中毒。

（2）血液检查

1）血液外观 褐色：高铁血红蛋白生成性毒物中毒。粉红色：溶血性毒物中毒。

2）生化检查 肝功能异常：见于对乙酰氨基酚、重金属等中毒。肾功能异常：见于肾损害性毒物中毒，如氨基糖苷类抗生素、蛇毒、生鱼胆及重金属等中毒。

3）动脉血气 水杨酸类、甲醇等中毒可引起酸中毒。刺激性气体、窒息性毒物等中毒可引起低氧血症。

4）凝血功能检查 凝血功能异常多见于抗凝血类灭鼠药、蛇毒、毒蕈等中毒。

5）异常血红蛋白检测 碳氧血红蛋白浓度增高提示一氧化碳中毒；高铁血红蛋白血症见于亚硝酸盐、苯胺、硝基苯等中毒。

6）酶学检查 全血胆碱酯酶活力下降提示有机磷杀虫药、氨基甲酸酯类杀虫药中毒。

（3）心电图检查 氯喹、抗抑郁药（三环类）以及某些抗心律失常药引起的中毒可致心电图异常。

（4）脑电图检查 安定类或巴比妥类药物中毒，脑电图会出现周期性等电位线。

（5）内镜检查 各种腐蚀剂经口腔、食管及胃肠道中毒。

（6）腹部X线 如氯化钾、高锰酸钾、金属、三氯乙烯及四氯化碳中毒时，可用于了解消化道情况及进行相关鉴别。

五、诊断与鉴别诊断

1. 诊断

（1）病史 ①确切的毒物接触史：任何中毒都要了解发病现场情况，并寻找接触毒物的证据。②既往史：对中毒患者，应了解发病前健康状况、生活习惯、嗜好及情绪等情况。

（2）临床表现 急性中毒患者如有肯定的毒物接触史，要分析症状的特点，出现时间和顺序是否符合某种毒物中毒临床表现的规律性。要进一步根据主要症状，迅速进行重点而必要的体格检查，注意患者意识状态、呼吸、脉搏、血压情况，给予紧急处理。在病情允许的情况下，再进行系统而细致的补充检查。经过鉴别诊断排除其他疾病的可能性以后，才能得出急性中毒的诊断。

（3）实验室检查 应留取残余的毒物或可能含毒的标本，如呕吐物、胃内容物、尿、粪便、血标本等。必要时进行毒物分析或细菌培养。

2. 鉴别诊断 中毒的诊断主要依据接触史和临床表现，同时还应进行实验室及辅助检查或环境调查，以证实人体内或周围环境中存在毒物，并排除其他有相似症状的疾病，方可做出诊断。对于有明确接触史的患者诊断很容易，对于无明确接触史的患者，如果出现不明原因的抽搐、昏迷、休克及呼吸困难等，通过既往病史不能解释的情况下都应想到中毒的可能。

六、治疗

治疗原则：立即终止毒物接触；紧急复苏及对症支持治疗；检查并稳定生命体征；清除体内尚未吸收的毒物；应用特效解毒药；积极预防并发症。

1. 脱离中毒现场 终止毒物继续接触。通过呼吸道或皮肤中毒时，应立即撤离中毒现场，转移至空气新鲜的地方，脱去污染的衣服，用肥皂水或温水清洗接触部位的皮肤和毛发，不必用药物中和。

2. 紧急复苏和对症支持治疗 为保护和恢复患者重要器官功能为目的。急性中毒昏迷患者，需评估生命体征，保持呼吸道通畅、维持呼吸和循环功能；如休克，严重低氧血症和呼吸心脏停搏，应立即进行心肺复苏。出现惊厥时，可选用抗惊厥药。脑水肿时，使用甘露醇或地塞米松等。

3. 迅速清除体内尚未吸收的毒物 越快清除毒物，病情改善越明显，预后越好。

（1）催吐

1）适应证 神志清楚并能配合的患者。

2）禁忌证 昏迷、惊厥及有严重心脏病者。食管静脉曲张、溃疡活动期、孕妇及吞服腐蚀性毒物者。

3）方法 ①物理催吐：饮温水 300~500ml，用手指或压舌板刺激咽后壁或舌根诱发呕吐，至呕出全部胃内容物为止。②药物催吐：吐根糖浆 15~20ml 加入 200ml 水中分次口服；不宜重复应用或用于麻醉药中毒者。

（2）洗胃

1）适应证 服用吸收缓慢的毒物、胃蠕动功能减退或消失者；服毒 1 小时内者，最长 6 小时内洗胃效果最好。但即使超过 6 小时，大部分毒物仍残留于胃内，多数情况下仍需洗胃。

2）禁忌证 对吞服腐蚀性毒物、食管静脉曲张、惊厥或昏迷患者不宜采用。

3）方法 洗胃时，患者左侧卧位，头稍低并转向一侧。首先抽出全部胃液留作毒物分析，然后注入适量温开水反复灌洗，直至回收液清亮及无特殊气味。一次洗胃液体总量至少 2~5L，有时可达 6~8L。洗胃完毕拔除胃管时，应先将胃管尾部夹住，以免拔管过程中管内液反流进入气管，引起误吸。对不明原因的中毒，一般用清水洗胃。可根据毒物种类不同，选用适当的解毒物质。

（3）导泻

1）适应证 洗胃后灌入泻药，有利于清除肠道内毒物。

2）禁忌证 肾功能不全或昏迷及磷化锌中毒患者不宜使用。

3）方法 常用盐类泻药，硫酸钠或硫酸镁溶于水中，口服或经胃管注入。导泄不宜用油类泻药。

（4）灌洗

1）适应证 口服中毒 6 小时以上，导泄无效及抑制肠蠕动毒物中毒者。

2）禁忌证 腐蚀性毒物中毒者。

3）方法 ①常用的温肥皂水连续灌肠法，主要用于中毒时间超过 6 小时或导泄无效方法。②高分子聚乙二醇等渗电解质溶液连续灌洗，速度为 2L/h。

（5）清除皮肤及眼内的毒物 用大量清水（禁用热水）冲洗被污染的皮肤至洗净毒物。清除眼内毒物，立即用清水冲洗，冲洗时间不少于 5 分钟。

4. 促进已吸收毒物的排出

（1）强化利尿及改变尿液酸碱度 ①强化尿液：目的在于增加尿量而促进毒物排出。禁忌：有心、肺和肾功能障碍者禁用。方法：快速输入葡萄糖溶液或其他晶体溶液，同时静脉注射呋塞米，促进毒物随尿液排出。②碱化尿液：适用于弱酸性毒物中毒时应用。方法：静脉滴注碳酸氢钠使尿 pH≥8.0。③酸化尿液：适用于碱性毒物中毒时应用。方法：静脉应用大剂量维生素 C 或氯化铵，使尿 pH＜5.0。

（2）吸氧　用于吸入气态毒物中毒，如一氧化碳中毒时。高压氧舱是一氧化碳中毒特效抢救措施。

（3）血液净化治疗　用于中毒严重、血液中毒物浓度明显增高、昏迷时间长、有并发症、经支持治疗而病情日益恶化者。方法：将患者血液引出体外，通过净化装置除去其中某些致病物质，达到净化血液、治疗疾病的技术，包括血液透析、血液灌流、血浆置换等。

5. 特殊解毒药的应用

（1）金属中毒解毒药　①依地酸钙钠是最常用的氨羧整合剂，可与多种金属形成稳定而可溶的金属整合物排出体外，主要治疗铅中毒、锰中毒。②二巯丙醇主要治疗砷、汞、锑中毒；二巯丙磺酸钠治疗汞、砷、铜、锑等中毒；二巯丁二钠及其钠盐治疗锑、铅、汞、砷及铜等中毒。

（2）高铁血红蛋白血症解毒药　常用亚甲蓝（美蓝）。用于亚硝酸盐、苯胺、硝基苯胺等中毒。

（3）氰化物中毒解毒药　氰化物中毒一般采用亚硝酸盐 - 硫代硫酸钠疗法。

（4）有机磷杀虫药中毒解毒药　主要有阿托品，盐酸戊乙奎醚、碘解磷定等。

（5）中枢神经抑制剂中毒解毒药　①纳洛酮：为阿片受体拮抗剂，对麻醉镇痛药所致的呼吸抑制有特异性拮抗作用，对急性酒精中毒和镇静催眠药中毒引起的意识障碍亦有疗效。②氟马西尼：为苯二氮䓬类中毒的特效解毒药。

练一练

下列关于中毒诊治过程的描述，错误的是（　　）

A. 了解既往史、药物服用史　　　　　B. 待毒物标本检验结果回报后治疗

C. 进行系统的体格检查　　　　　　　D. 了解工作环境，毒物接触史

E. 留取可能含毒物的相关标本

答案解析

第四节　中　暑　微课 2

PPT

中暑是指人体在高温、通风不良、烈日暴晒等环境下，体温调节中枢出现功能障碍和水、电解质丢失过多而引起的以中枢神经系统和心血管功能障碍为主要表现的急性综合征。

一、病因

对高温环境不能适应是致病的主要原因。在大气温度升高（＞32℃）湿度较大（＞60%）和无风的环境中，长时间工作或强体力劳动，又无充分防暑降温措施时，缺乏对高热环境适应者极易发生中暑。通常发生中暑的原因如下。

1. 环境温度过高

2. 产热增加　在高热环境下长时间从事繁重体力劳动或体育运动，以及发热、甲状腺功能亢进症和应用某些药物（如苯丙胺）等代谢增强。

3. 散热障碍　湿度较大、肥胖或衣服透气不良。

4. 汗腺功能障碍　见于系统性硬化病、广泛皮肤烧伤后瘢痕形成或先天性汗腺缺乏症等。

二、发病机制

正常人体在下丘脑体温调节中枢的控制下，体内产热与散热处于动态平衡，使体温维持在 37℃ 左

右。正常情况下，人体的物理散热方式有辐射、蒸发、传导和对流四种。主要的散热部位是皮肤、呼吸、排尿及排便。高温条件下，血液循环和汗腺功能对调节体温起主要作用。

当出现产热剧增的因素，如高温环境下进行繁重体力劳动时，皮肤血管扩张和汗腺分泌增强，机体主要通过汗液蒸发的方式进行散热。①持续的汗液分泌会导致失水、失钠、血容量下降、血液浓缩等，甚至周围循环衰竭。若汗液蒸发不能把机体多余的热量带走，体内的产热逐渐积蓄，可引起体温升高。随着体温的升高，机体的代谢率提高，产热可进一步增加。②体温升高使下丘脑的体温调节、血管舒缩和出汗等中枢功能发生障碍，影响皮肤血管的舒张和汗腺的分泌，加速了体内热的积蓄。当体温持续上升，高热可引起缺氧、毛细血管通透性增加及代谢性酸中毒，导致中枢神经、肾、肝细胞的损害，继而出现一系列的临床表现。

三、临床表现

根据临床表现的轻重程度分为先兆中暑、轻症中暑和重症中暑。

1. 先兆中暑　在高温环境中工作一定时间后，出现头晕目眩、耳鸣、头痛、口渴、乏力、多汗、恶心、胸闷与心悸、注意力不集中、动作不协调等症状，体温正常或略高，体温一般≤38℃。

2. 轻症中暑　除先兆中暑外，同时兼有下列情况之一，就可诊断：①体温≥38.5℃以上；②面部潮红、皮肤灼热、胸闷及心率加快；③有早期循环功能紊乱，包括烦躁不安、恶心、呕吐、面色苍白、大汗淋漓、皮肤湿冷、脉搏细数和血压下降。

3. 重症中暑　有轻度中暑症状，还会出现高热、痉挛、惊厥、休克和昏迷等症状。

（1）**热痉挛**　在高温环境下进行剧烈运动后大量出汗，活动停止后出现头痛、头晕和肢体、腹壁肌肉痉挛，主要累及骨骼肌，持续约数分钟后缓解，无明显体温升高，无神智障碍。肌肉痉挛可能与严重体钠缺失（大量出汗和饮用低张液体）和过度通气有关。热痉挛也可为热射病的早期表现。

（2）**热衰竭**　常发生于老年人、儿童和慢性疾病患者。严重热应激时，由于体液和体钠丢失过多引起循环容量不足所致。表现为多汗、疲乏、无力、头晕、头痛、恶心、呕吐和肌痉挛，可有明显脱水征（心动过速、直立性低血压或晕厥）。体温轻度升高，≤40℃，无明显中枢神经系统损伤表现。热衰竭可以是热痉挛和热射病的中间过程，治疗不及时，可发展为热射病。

（3）**热射病**　体温≥40℃、无汗和意识障碍为典型表现。可见于任何年龄，但以老年人或有心血管疾病患者多见。根据发病时患者所处的状态和发病机制，临床上分为以下两种类型。

1）劳力性热射病：发病机制是高温环境下内源性产热过多。多发生在平素健康的年轻人。在高温、湿度大和无风天气进行重体力劳动或剧烈体育运动时发病。约50%患者有大量出汗，心率可达160～180次/分，脉压增大。此种患者可发生横纹肌溶解、急性肾衰竭、肝衰竭、DIC或多器官功能衰竭，病死率较高。

2）非劳力性（典型）热射病：发病机制是高温环境下体温调节功能障碍引起散热减少。多见于高温环境下，居住拥挤和通风不良房间的老年体衰患者。表现皮肤干热和发红，多无汗，直肠温度常＞41℃。疾病早期表现行为异常或癫痫发作，继而出现谵妄、昏迷和瞳孔对称性缩小，严重者可出现低血压休克、心律失常及心力衰竭、肺水肿和脑水肿。约5%的病例可发生急性肾衰竭，可有轻、中度DIC，常在发病后24小时左右死亡。

四、实验室和其他检查

1. 实验室检查

（1）**白细胞**　白细胞总数增高，以中性粒细胞增高为主。血小板计数减少，由于大量失液后血液浓缩所致。

（2）尿常规　有不同程度的蛋白尿、血尿、管型尿改变。抽搐患者可有血红蛋白尿，见于横纹肌溶解。

（3）血生化指标　血尿素氮、血肌酐、转氨酶、肌酸激酶和血乳酸脱氢酶可升高。有呼吸性和代谢性酸中毒。

（4）血清电解质　可有高钾、低氯及低钠血症。

2. 心电图检查　可呈现各种心律失常 ST 段压低、T 波改变等不同程度心肌损害。

五、诊断与鉴别诊断

1. 诊断　易患人群在高温环境中，进行重体力作业或剧烈运动之后甚至过程中出现相应的临床表现即可以诊断。对肌痉挛伴虚脱、昏迷伴有高热的患者应考虑中暑。

2. 鉴别诊断　主要与其他引起高热伴有昏迷的疾病相鉴别，如脑膜炎、中毒性细菌性痢疾、脑型疟疾、急性脑血管意外、脓毒症、甲状腺危象、伤寒、抗胆碱能药物中毒等原因引起的高温综合征。

👁看一看

2020 年最新版心肺复苏急救操作指南

新版指南中的更新内容如下：①再次强调非专业施救者尽早启动 CPR 的重要性。②重点突出肾上腺素早期给药，结果表明肾上腺素可提高自主循环恢复（ROSC）和生存率及对不可电击心律患者更早使用肾上腺素与 ROSC 之间存在关联。③按压深度和回弹音频反馈可使院内心脏骤停（IHCA）出院生存率提高 25%。④CPR 质量的生理监测。⑤尚未确定双重连续除颤对顽固性可电击心律的有用性。故不支持双重连续除颤。⑥静脉通路应优先于骨内通路。⑦心脏骤停恢复自主循环后救治和神经预测。⑧心脏骤停患者可给予康复治疗和支持，及随时观察病情变化。⑨施救者对患者分析总结并为其提供随访可能很有益。⑩关于孕妇心脏骤停的紧急处理办法。

六、治疗

急救治疗原则：迅速脱离热环境，立即降低患者的体温，预防并发症。

1. 降温治疗　快速降温是治疗的基础，降温速度决定患者的预后。劳力性热射病患者需在发病 30 分钟内迅速降温。

（1）体外降温　迅速将患者搬离高热环境；安置到通风良好的阴凉处；有条件者保持 20℃～25℃ 的空调抢救室内；解开或脱去外衣；取平卧位。无循环衰竭者迅速降温的金标准为冷水或冰水浸浴。有循环衰竭者，采取蒸发散热降温，如用 15℃冷水反复擦拭皮肤同时应用风扇及空调降温。

（2）体内降温　体外降温无效者，用冰盐水进行胃或直肠灌洗，也可用无菌生理盐水进行腹膜腔灌洗或血液透析，或将自体外血液体外冷却后回输至 39℃时停止降温。

（3）药物降温　迅速降温出现寒战者，生理盐水加氯丙嗪静脉注射，注意检测血压。

2. 综合与对症治疗　保持呼吸道通畅，昏迷或呼吸衰竭者行气管插管，用人工呼吸机辅助通气。肺水肿时可给予毛花苷 C、呋塞米、糖皮质激素和镇静剂；应及时发现和治疗肾功能不全；防治肝功能不全和心功能不全；控制心律失常；给予质子泵抑制剂预防上消化道出血，适当应用。颅内压增高者静脉注射甘露醇。心衰合并肾衰伴有高血钾时，慎用洋地黄。持续无尿、尿毒症、高钾血症是透析治疗的指标。

"生命之星"的符号故事

120 急救车上的标志叫"生命之星"，是紧急医疗救护服务系统的国际标志，不论在救护车、救护直升机、救护器材与救护技术员制服上都会发现生命之星的符号。生命之星是蓝色六边突出的星，并在中间加上阿斯克勒庇奥斯之杖（另一种说法是摩西所铸之柱）。六个角各代表紧急医疗救护服务系统EMSS 的一个功能，分别为：发现、报告、反应、现场抢救、运送途中监护和转至院内救治。蛇杖是医学的象征，其贯于蓝色的生命之星，寓意救死扶伤。

目标检测

答案解析

一、单项选择题

1. 成人心肺复苏时胸外按压的深度为
   A. 胸廓前后径的一半   B. 2~3cm   C. 4~5cm
   D. 6~7cm   E. 5~6cm

2. 心肺复苏指南中单或双人复苏时胸外按压与通气的比率为
   A. 30：2   B. 15：2   C. 30：1
   D. 15：1   E. 20：1

3. 成人心肺复苏时打开气道的最常用方式为
   A. 仰头举颏法   B. 双手推举下颌法   C. 托颏法
   D. 环状软骨压迫法   E. 以上都对

4. 处理急性口服中毒昏迷患者不宜采取
   A. 催吐   B. 洗胃   C. 导泻
   D. 利尿   E. 药物解毒

5. 患者，女，3岁，居于农村，平时体健。今天下午突然恶心、呕吐数次，随之抽搐而昏迷，急诊入院。查体：唾液过多，心率缓慢，瞳孔缩小，呈浅昏迷状态。可能的诊断是
   A. 破伤风   B. 苯巴比妥那中毒   C. 有机磷中毒
   D. 脑血管意外   E. 低血钾

6. 患者，男，48岁。炎热夏天，在外高空作业3小时，出现头痛、头晕、口渴、皮肤苍白、出冷汗，体温37.2℃，脉搏110次/分，血压90/50mmHg，最可能的诊断是
   A. 热衰竭   B. 轻度中暑   C. 热痉挛
   D. 日射病   E. 热射病

7. 患者，男，56岁。建筑工人，在高温闷热的夏天室外工作，近日出现全身乏力，继而体温升高，有时可达40℃，并出现皮肤干热，无汗、谵妄和抽搐，脉搏加快，血压下降，呼吸浅速等表现，来急诊室就诊，考虑可能是热射病（中暑高热）。首要治疗措施是
   A. 降温   B. 吸氧   C. 抗休克
   D. 治疗脑水肿   E. 纠正水、电解质紊乱

二、多项选择题

1. 判断心搏骤停的主要依据是
   - A. 面色苍白
   - B. 意识突然丧失
   - C. 抽搐
   - D. 大动脉搏动消失
   - E. 瞳孔散大

2. 属于低血容量性休克临床突出表现 5P 的是
   - A. 冷汗
   - B. 皮肤苍白
   - C. 脉搏细弱
   - D. 口渴
   - E. 烦躁不安

3. 胸外心脏按压并发症有
   - A. 皮下气肿
   - B. 张力性气胸
   - C. 肺挫伤
   - D. 肋骨骨折
   - E. 心脏破裂

4. 休克的病因包括
   - A. 血容量不足
   - B. 感染
   - C. 过敏
   - D. 创伤
   - E. 神经源因素

三、简答题

简述休克的分类。

（闫婷婷）

书网融合……

| 重点回顾 | 微课1 | 微课2 | 习题 |

第十四章　妇科疾病

📖 导学情景

情景描述：患者，女，38 岁。阴道分泌物增多伴外阴瘙痒 5 天就诊。5 天前出现阴道分泌物增多，伴外阴瘙痒，无异味。妇科检查：分泌物呈黄色泡沫状，阴道壁充血，宫颈充血。

情景分析：结合主诉、现病史及妇科检查，该患者初步诊断为"滴虫性阴道炎"。

讨　　论：1. 滴虫性阴道炎的临床表现特点是什么？

2. 为进一步明确诊断下一步需要进行什么检查？

学前导语：滴虫性阴道炎是由阴道毛滴虫引起的常见阴道炎，也是常见的性传播疾病。经性交直接传播为主要传播方式，患者再感染率高。结合该患者的发病特点，应该给予哪些药物治疗？为避免重复感染应指导患者生活中注意什么？

第一节　阴道炎

PPT

外阴前与尿道毗邻，后与肛门邻近，易受污染；阴道又是性交、分娩及各种宫腔操作的必经之道，容易受到损伤及外界病原体的感染。正常阴道内有多种微生物存在，由于阴道与这些微生物之间形成生态平衡，所以并不致病。但当大量应用抗生素、体内激素发生变化或各种原因致机体免疫力下降，阴道生态平衡被打破，均可使其他条件致病菌成为优势菌，引起炎症。

一、滴虫性阴道炎

滴虫性阴道炎是由阴道毛滴虫引起的常见阴道炎，也是常见的性传播疾病。

（一）病原体

滴虫适宜生长的温度为 25~40℃、pH 为 5.2~6.6 的潮湿环境。在 pH 为 5 以下或 7.5 以上可抑制其生长。月经前后阴道 pH 发生变化，经后接近中性，故隐藏在腺体及阴道皱襞中的滴虫常得以繁殖，引起炎症的发作。滴虫不仅感染阴道，还可感染尿道、尿道旁腺、膀胱甚至肾盂以及男性的包皮皱褶、尿道或前列腺。

（二）传染方式

1. 经性交直接传播 为主要传播方式。

2. 间接传播 经公共浴池、游泳池、浴巾、坐便器、衣物等间接传播。

3. 医源性传播 通过污染的器械及敷料传播。

（三）临床表现

潜伏期为 4～28 日。感染初期可无任何症状。主要症状是阴道分泌物增多及外阴瘙痒，间或有外阴灼热、疼痛或性交痛。分泌物典型特点为稀薄脓性、泡沫状、有臭味。若合并其他感染则分泌物呈脓性、黄绿色；若合并尿道感染，可有尿频、尿急、尿痛甚至血尿。阴道毛滴虫能吞噬精子，阻碍乳酸生成，加之阴道分泌物大量增多，可致不孕。检查见阴道黏膜充血，严重者有散在出血点，后穹隆有大量白带，严重者白带中混有血丝。带虫者阴道黏膜常无异常改变。

🛠 **练一练14-1**

滴虫性阴道炎的典型表现是（ ）

A. 阴道 pH 常 <4.5

B. 黄色泡沫状白带，外阴瘙痒

C. 白色豆渣样白带，奇痒

D. 凝乳状白带，外阴瘙痒

E. 黄色白带，不痒

答案解析

（四）诊断

典型病例容易诊断，若在阴道分泌物中找到滴虫即可确诊。最简便的方法是 0.9% 氯化钠溶液湿片法。对可疑患者，若多次悬滴法未能发现滴虫时，可送培养。取分泌物前 24～48 小时避免性交、阴道灌洗或阴道用药，分泌物取出后应立即送检并注意保暖，否则滴虫活动力减弱造成难以辨认。

（五）鉴别诊断

滴虫性阴道炎应与外阴阴道假丝酵母菌病、细菌性阴道病、需氧菌性阴道炎相鉴别，这四种阴道炎相似之处为阴道分泌物增多、外阴瘙痒，鉴别主要通过实验室检查确诊阴道炎类型。

（六）治疗

1. 药物治疗 因滴虫性阴道炎常合并其他部位的滴虫感染，故治疗需全身用药，主要治疗药物为甲硝唑及替硝唑。

2. 性伴侣的治疗 同时进行治疗，治愈前应避免无保护性交。

3. 治疗中注意事项 患者再感染率高，治疗后检查滴虫阴性时，应于下次月经后继续治疗一疗程，以巩固疗效。此外，为避免重复感染，内裤及洗涤用的毛巾应煮沸 5～10 分钟以消灭病原体，性伴侣同治。

二、外阴阴道假丝酵母菌病

外阴阴道假丝酵母菌病（vulvovaginal candidiasis，VVC）是由假丝酵母菌引起的一种常见外阴阴道炎。

（一）病原体和诱发因素

1. 病原体 80%～90% 的病原体为白假丝酵母菌，10%～20% 为光滑假丝酵母菌、近平滑假丝酵母菌等。白假丝酵母菌为机会致病菌，10%～20% 的非孕妇女及 30% 孕妇阴道中有此菌寄生，但菌量极少，并不引起症状。只有在全身及阴道局部细胞免疫能力下降，假丝酵母菌大量繁殖时才出现症状。假丝酵母菌适宜在酸性环境中生长，阴道 pH 通常小于 4.5。假丝酵母菌对热的抵抗力不强，加热至 60℃ 1 小时则死亡；对干燥、日光、紫外线及化学制剂等因素的抵抗力较强。

2. 诱发因素 常见的发病诱因有：长期应用广谱抗生素、妊娠、糖尿病、大量应用糖皮质激素治疗者。

（二）传染途径

主要为内源性传染。假丝酵母菌可寄生于阴道、口腔、肠道，这三个部位的白假丝酵母菌可相互传染。此外，小部分患者可通过性交直接传染，极少经污染衣物间接传染。

（三）临床表现

主要表现为外阴瘙痒、灼痛，严重时坐卧不安，还可伴有尿频、尿痛及性交痛。急性期白带增多，白带特征是白色稠厚呈凝乳状或豆腐渣样。检查可见外阴红肿，常伴有抓痕或皲裂，阴道黏膜红肿，附有白色膜状物，擦除后露出红肿黏膜面，有时还可见到糜烂及浅表溃疡。VVC 分为单纯性和复杂性两类（表 14 - 1）。

表 14 - 1　VVC 临床分类

	单纯性 VVC	复杂性 VVC
发生频率	散发性或非经常发作	复发性
临床表现	轻到中度	重度
病原体	白假丝酵母菌	非白假丝酵母菌
宿主情况	免疫功能正常	免疫功能低下、应用免疫抑制剂、糖尿病、妊娠

（四）实验室检查

1. 湿片法 可用 0.9% 氯化钠溶液或 10% 氢氧化钾溶液进行湿片法，在阴道分泌物中找到芽生孢子和假菌丝。

2. 阴道分泌物培养 适用于有症状而多次湿片法阴性的患者或顽固病例。

3. 阴道 pH 测定 有鉴别意义，若 pH < 4.5，可能为单纯假丝酵母菌感染。若 pH > 4.5 可能存在混合感染。

（五）诊断

根据临床症状、体征以及相应的实验室检查结果即可确诊。

（六）鉴别诊断

外阴阴道假丝酵母菌病应与滴虫性阴道炎、细菌性阴道病、需氧菌性阴道炎相鉴别。

（七）治疗

1. 消除诱因 患有糖尿病者应积极治疗，及时停用广谱抗生素、雌激素及糖皮质激素。

2. 单纯性 VVC 的治疗 主要以局部抗真菌治疗为主，如咪康唑栓剂、克霉唑栓剂、制霉菌素栓剂等。对不能耐受局部用药、未婚妇女及不愿局部用药者可全身用药，常用药物为氟康唑口服。

3. 复杂性 VVC 的治疗 无论局部用药还是全身用药均应延长治疗时间，对于复发性外阴阴道假丝酵母菌病（RVVC）治疗前应做真菌培养以确诊，治疗期间定期复查以监测疗效及药物不良反应，一旦发现严重不良反应，立即停药。

4. 妊娠期 VVC 的治疗 早孕期权衡利弊慎用药物。以局部治疗为主，如硝呋太尔制霉素阴道软胶囊，具体方案同单纯性 VVC。

三、细菌性阴道病

细菌性阴道病（bacterial vaginosis，BV）是阴道内正常菌群失调所致的一种混合感染，但临床表现及病理特征无炎症改变。

（一）病因

生理情况下，阴道内有各种厌氧菌及需氧菌，其中以产生过氧化氢的乳杆菌占优势。细菌性阴道病时，阴道内乳杆菌减少而其他微生物大量繁殖，主要有加德纳尔菌、动弯杆菌及其厌氧菌和支原体，其中以厌氧菌居多。厌氧菌的数量可以是正常妇女的 10000 倍。促使阴道菌群发生变化的原因仍不清楚，可能与频繁性交、多个性伴侣或阴道灌洗使阴道碱化有关。

（二）临床表现

10%~40% 的患者临床无症状，有症状者的主要表现为阴道分泌物增多，伴有鱼腥臭味，偶有外阴瘙痒或阴道烧灼感，白带呈灰白色，薄而均质，黏度很低。擦去阴道分泌物无充血的炎症表现。

（三）诊断

以下 4 条中有 3 条阳性，即可临床诊断为细菌性阴道病。

1. 匀质、稀薄、白色的阴道分泌物。
2. 线索细胞阳性。
3. 阴道分泌物 pH>4.5。
4. 氨臭味试验阳性。

（四）鉴别诊断

细菌性阴道病应与滴虫性阴道炎、外阴阴道假丝酵母菌病相鉴别。

（五）治疗

治疗原则为选用抗厌氧菌药物，主要有甲硝唑、替硝唑、克林霉素等。可全身用药亦可局部用药。

四、老年性阴道炎

老年性阴道炎常见于绝经后的老年妇女，也可见于产后闭经、卵巢早衰、卵巢切除以及药物假绝经治疗的妇女。

（一）病因

绝经后卵巢功能衰退，体内雌激素水平降低，阴道黏膜变薄、萎缩，阴道黏膜抵抗力降低，上皮细胞内糖原减少，阴道 pH 升高，致病菌容易侵入生长繁殖而引起阴道炎。

（二）临床表现

主要症状为阴道分泌物增多及外阴瘙痒、灼热感。阴道分泌物呈黄水样，严重时呈脓性，可带有淡血性，甚至发生少量阴道流血。检查见阴道呈萎缩性改变，黏膜萎缩，有充血，红肿面常有散在点状出血，有时见浅表溃疡。长期慢性炎症使阴道狭窄或粘连甚至闭锁，炎性分泌物引流不畅可导致阴道积脓或宫腔积脓。

（三）诊断

根据患者年龄、病史和临床表现，诊断不困难，应排除其他特异性炎症。取阴道分泌物检查，显微镜下见大量基底层细胞及白细胞而无滴虫及假丝酵母菌。对血性白带的妇女，常规进行子宫颈刮片细胞学检查，必要时行宫颈、子宫内膜分段诊刮，以排除子宫恶性肿瘤。对阴道壁肉芽组织及溃疡者，可行局部活组织检查，以排除阴道癌。

（四）鉴别诊断

老年性阴道炎病应与滴虫性阴道炎、外阴阴道假丝酵母菌病、子宫恶性肿瘤、阴道癌相鉴别。

（五）治疗

治疗原则为补充雌激素增加阴道抵抗力；抗生素抑制细菌生长。

1. 针对病因治疗 补充雌激素是老年性阴道炎的主要治疗方法。雌激素制剂可局部给药，也可全身给药。可用雌三醇软膏局部涂抹，每日 1~2 次，连用 14 日。为防止阴道炎复发，亦可全身用药，对同时需要性激素替代治疗的患者可给予替勃龙 2.5mg，每日 1 次，也可选用其他雌孕激素制剂连续联合使用。

2. 抗生素治疗 甲硝唑 200mg 或诺氟沙星 100mg，放于阴道深部，每日 1 次，共 7~10 日。也可选择中药保妇康栓等。

第二节　早期妊娠

PPT

临床上将妊娠全过程分为 3 个时期：第 13 周末之前，称为早期妊娠；第 14~27 周末，称为中期妊娠；第 28 周及其后，称为晚期妊娠。

（一）症状与体征

1. 停经 是妊娠最早、最重要的症状。生育年龄有性生活史的妇女，平时月经周期规律，一旦月经过期 10 日或以上，应怀疑妊娠。若停经已达 8 周以上，妊娠的可能性更大。但停经不是妊娠特有的症状。

2. 早孕反应 在停经 6 周左右出现畏寒、头晕、乏力、嗜睡、流涎、食欲缺乏、喜食酸物、恶心、晨起呕吐等现象，称为早孕反应。多在妊娠 12 周后自行消失。

3. 尿频 前倾增大的子宫在盆腔内压迫膀胱所致，妊娠 12 周后，子宫增大超出盆腔，尿频自然消失。

4. 乳房的变化 自觉乳房胀痛。乳房体积逐渐增大，有静脉显露，乳头增大，乳头乳晕着色加深，乳晕周围有深褐色的蒙氏结节。

5. 妇科检查 阴道窥器检查可见阴道黏膜及宫颈阴道部分充血，呈紫蓝色。停经 6~8 周时，双合诊检查子宫峡部极软，感觉宫颈与宫体之间似不相连，称为黑加征，是早期妊娠的典型体征。随妊娠进展，子宫增大变软，呈球形；停经 8 周时子宫约为非孕时的 2 倍；停经 12 周时子宫约为非孕时的 3 倍，可在耻骨联合上方触及。

（二）辅助检查

1. 妊娠试验 受精卵着床后不久，利用免疫学方法可检测出血液和尿液中的 hCG。临床上常用早孕试纸法检测受检者尿液，若为阳性再结合临床表现可以诊断妊娠。

2. 超声检查 是诊断早期妊娠快速、准确的方法。停经 35 日时，宫腔内可见到妊娠囊，停经 6 周时在妊娠囊内可见胚芽和原始血管搏动。彩色多普勒超声可见胎儿心脏区彩色血流，可以确诊为早期妊娠、活胎。胎儿头臀径是指通过超声检查测量胎儿头顶部到臀部外缘的长度，一般在妊娠 7~13^{+6} 周之间进行，通过测定胎儿的头臀径能较准确地估算孕周，校正预产期。胎儿颈项透明层（NT）是指胎儿颈后皮肤皱褶厚度。也在妊娠 11~13^{+6} 周期间，通过 B 超测量胎儿颈后皮肤皱褶厚度，来判断胎儿有没有染色体畸形以及结构畸形的重要超声指标。

3. 基础体温（basal body temperature，BBT）测定 基础体温双相型的已婚妇女，停经后高温相持续 18 日持续不降，早孕的可能性大，如高温相持续超过 21 日，则早孕的可能性更大。

4. 宫颈黏液检查 早孕者的宫颈黏液量少、质稠，镜检见椭圆体而无羊齿植物叶状结晶，结合临床早期妊娠的表现，可有助于妊娠的诊断。

（三）诊断

根据患者的症状、体征与辅助检查可做出早期妊娠的临床诊断。诊断妊娠最早的方法是妊娠试验，超声检查是诊断妊娠最准确的方法，如能见到胎囊或胎心搏动即可确定早期妊娠。

第三节　流　产 微课1

胚胎或胎儿尚未具有生存能力而妊娠终止者，称为流产。不同国家和地区对流产妊娠周数有不同的定义。我国仍将妊娠未达到 28 周、胎儿体重不足 1000g 而终止者，称为流产。发生在妊娠 12 周前者，称为早期流产，而发生在妊娠 12 周或之后者，称为晚期流产。流产分为自然流产和人工流产。胚胎着床后 31% 发生自然流产，其中 80% 为早期流产。在早期流产中，约 2/3 为隐性流产，即发生在月经期前的流产，也称生化妊娠。人工流产指因意外妊娠、疾病等原因而采用人工方法终止妊娠，是避孕失败的补救方法。终止早期妊娠的人工流产方式包括手术流产和药物流产。本章主要讲解自然流产。

一、病因

病因包括胚胎因素、母体因素、父亲因素和环境因素。

1. 胚胎因素 胚胎或胎儿染色体异常是早期流产最常见的原因，染色体异常包括数目异常和结构异常，前者以三体最多见，常见的有 13、16、18、21、22 – 三体，其次为 X 单体，三倍体及四倍体少见；后者主要有平衡易位、倒置、重叠和缺失及嵌合体等，引起流产并不少见。

2. 母体因素

（1）全身性疾病　孕妇合并全身性疾病，如高热疾病、重度贫血、心力衰竭、血栓性疾病、慢性肝肾疾病、慢性消耗性疾病或高血压等，均可能导致流产。TORCH（TO：弓形虫；R：风疹病毒；C：巨细胞病毒；H：单独疱疹病毒）感染孕妇，也可感染胎儿导致流产。

（2）免疫因素异常　包括自身免疫功能异常和同种免疫功能异常。自身免疫功能异常患者主要有抗磷脂抗体、抗核抗体、抗 β_2 糖蛋白抗体、抗甲状腺抗体、狼疮抗凝血因子等其中一种或多种抗体阳性，也可同时存在有系统性红斑狼疮等风湿免疫性疾病，可引起流产。母胎免疫耐受是妊娠继续的基础，胎儿属于同种异体移植物，孕妇在妊娠期间同种免疫功能异常，如封闭性因子缺乏、自然杀伤细胞的数量或活性异常升高，T、B 淋巴细胞异常，均可能导致不明原因流产。

（3）生殖器官异常　子宫畸形（如子宫发育不良、纵隔子宫、单角子宫、双子宫、双角子宫等）、子宫肌瘤、子宫腺肌病、宫腔粘连等，均可影响胚囊着床发育而导致流产。宫颈重度裂伤、宫颈内口松弛、宫颈部分或全部切除术后所致的宫颈功能不全，可导致胎膜早破而发生晚期流产。

（4）内分泌功能异常　黄体功能不全、甲状腺功能减退、糖尿病血糖控制不良、高催乳素血症、多囊卵巢综合征等均可导致流产。

（5）强烈应激与不良习惯　妊娠期的手术、性交过频、直接撞击腹部等严重的躯体刺激或焦虑、过度紧张、忧伤、恐惧等精神创伤均可导致流产。孕妇过量吸烟、酗酒、过量饮咖啡，吸食海洛因、吗啡等毒品，均可能导致流产。

3. 父亲因素 有研究证实精子的染色体异常可导致自然流产。

4. 环境因素 过多接触放射线和化学物质如砷、铅、苯、甲醛、氯丁二烯、氧化乙烯等，均可能引起流产。

二、病理

早期流产，多数胚胎在排出前已死亡，随后底蜕膜出血、胚胎绒毛与底蜕膜剥离，已分离的胚胎组织可刺激子宫收缩及宫颈扩张，多能完全排出妊娠物。少数排出不全或完全不能排出，导致出血量较多。妊娠 8 周前，一般出血不多；妊娠 8 周后，出血增多。

晚期流产，多数胎儿在排出前尚有胎心，与足月分娩相似，流产时先出现腹痛，然后排出胎儿和胎盘；或在没有明显产兆下宫口扩张、胎儿排出。少数胎儿在排出前胎心已停止，随后胎儿自行排出，或不能自行排出形成肉样胎块、石胎、纸样胎儿、压缩胎儿、浸软胎儿等。

三、临床表现

主要为停经后阴道流血和腹痛。

1. 早期流产 妊娠物排出前胚胎多已死亡。开始时绒毛与蜕膜剥离，血窦开放，出现阴道流血。剥离的胚胎和血液刺激子宫收缩，产生阵发性下腹部疼痛，排出胚胎及其他妊娠物。胚胎及其附属物完全排出后，子宫收缩，血窦闭合，出血停止。

2. 晚期流产 胎儿排出前后还有生机，其原因多为子宫解剖异常，其临床过程与足月分娩及早产相似，阵发性子宫收缩，胎儿娩出后胎盘娩出，出血不多；也有少数流产前胎儿已死亡，其原因多为非解剖因素所致，如严重胎儿发育异常、血栓前状态、宫内感染、自身免疫异常或妊娠附属物异常等。

四、临床类型

按自然流产发展的不同阶段，分为以下临床类型。

1. 先兆流产 指妊娠 28 周前先出现少量阴道流血，常为暗红色或血性白带，无妊娠物排出，随后出现轻微下腹部阵痛或腰骶背痛。妇科检查宫颈口未开，胎膜未破、子宫大小与停经周数相符。经休息及治疗后症状消失，可继续妊娠；若阴道流血量增多或下腹痛加剧，可发展为难免流产。

2. 难免流产 指流产不可避免。在先兆流产基础上，阴道流血量增多，阵发性下腹痛加剧，或出现阴道流液（胎膜破裂）。妇科检查宫颈口已扩张，有时可见胚胎组织或羊膜囊堵塞于宫颈口内，子宫大小与停经周数基本相符或略小。

3. 不全流产 难免流产继续发展，部分妊娠物排出宫腔，还有部分残留于宫腔内或嵌顿于宫颈口，或胎儿排出后胎盘滞留于宫腔或嵌顿于宫颈口，影响子宫收缩，导致出血多、甚至发生休克。妇科检查见宫颈口已扩张，宫颈口有妊娠物堵塞及持续性血液流出、子宫小于停经周数。

4. 完全流产 指妊娠物已全部排出，阴道流血逐渐停止，腹痛逐渐消失。妇科检查宫颈口已关闭，子宫接近正常大小。

此外，流产还有 3 种特殊情况。

1. 稽留流产 又称过期流产。指胚胎或胎儿已死亡滞留宫腔内未能及时自然排出者。表现为早孕反应消失，有先兆流产症状或无任何症状，子宫不再增大反而缩小。中期妊娠者；胎动消失。妇科检查宫颈口闭，子宫小于停经周数，质地不软，未闻及胎心。

2. 复发性流产 指自然流产连续发生 3 次及 3 次以上者。每次流产多发生于同一妊娠月份。复发性流产大多数为早期流产，少数为晚期流产。早期复发性流产常见原因为胚胎染色体异常、黄体功能不全、甲状腺功能减退、免疫功能异常等；晚期复发性流产常见原因为子宫解剖异常、自身免疫异常、血栓前状态等。

3. 流产合并感染　流产过程中，若阴道流血时间长，有组织残留于宫腔内或非法流产，有可能引起宫腔感染，严重感染可扩展至盆腔、腹腔甚至全身，并发盆腔炎、腹膜炎、败血症及感染性休克。常为厌氧菌及需氧菌混合感染。

？ 想一想

简述先兆流产、难免流产、不全流产、完全流产临床特点的异同？

答案解析

五、诊断

诊断自然流产一般不难，根据病史及临床表现多能确诊，但少数需行辅助检查。确诊自然流产后，还需确定其临床类型，决定相应的处理方法。

1. 病史　有无停经、腹痛、阴道流血（流血量、颜色、持续时间）及阴道排液；有无早孕反应、妊娠物排出及反复流产史。有无发热，阴道分泌物性状及有无臭味等。

2. 体格检查　测量体温、脉搏、呼吸、血压，消毒外阴后妇科检查，观察宫颈口是否扩张，有无妊娠物堵塞于宫颈口内，有无羊膜囊膨出，子宫大小与停经周数是否相符，有无压痛，双侧附件有无压痛。操作特别小心，应轻柔。

3. 辅助检查

（1）超声检查　可明确妊娠囊的位置、形态及有无胎心搏动，协助确定流产类型及鉴别诊断，以指导正确的治疗方法。若妊娠囊形态异常或位置下移，表明预后不良。不全流产及稽留流产均可借助超声协助确诊。妊娠 8 周前经阴道超声检查更准确。

（2）尿、血 hCG 测定　采用早早孕检测试纸条检测尿液，可快速明确是否妊娠。而妊娠的预后判断，多采用敏感性更高的血 hCG 动态测定。正常妊娠 6～8 周时，血 hCG 值每日以 66% 的速度增加，若 48 小时增长速度不到 66%，提示妊娠预后不良。

（3）孕酮测定　体内孕酮呈脉冲式分泌，血孕酮值波动很大，对临床的指导意义不大。

4. 宫颈功能不全的诊断　因宫颈先天发育异常或后天损伤所导致的宫颈功能异常而无法维持妊娠，最终造成流产，称之为宫颈功能不全。主要根据不明原因晚期流产史、非孕期宫颈外口明显松弛、孕期无明显腹痛而宫颈口开大 2cm 以上、宫颈管缩短、超声检查宫颈内口大于 15mm 可做出诊断。

六、鉴别诊断

首先，应分辨流产的类型，分辨要点见表 14-2。早期自然流产应与异位妊娠、葡萄胎及子宫肌瘤等相鉴别。

表 14-2　各型流产的临床表现

类型	病史		妇科检查		
	出血量	下腹痛	组织排出	宫颈口	子宫大小
先兆流产	少	无或轻	无	闭	与妊娠周数相符
难免流产	中多	加剧	无	扩张	相符或略小
不全流产	多	减轻	部分排出	扩张或有组织物堵塞	小于妊娠周数
完全流产	少无	无	全部排出	闭	接近正常大小

七、处理

应根据自然流产的不同类型进行相应处理。

1. 先兆流产 适当休息，禁性生活。黄体功能不全者可肌内注射黄体酮20mg，每日一次，或口服孕激素制剂；甲状腺功能减退者可口服小剂量甲状腺片。若阴道流血停止，超声检查提示胚胎存活，可继续妊娠。若临床症状加重，超声检查发现胚胎发育不良，血hCG持续不升或下降，表明流产不可避免，应终止妊娠。

2. 难免流产 一旦确诊，应尽早使胚胎及胎盘组织完全排出。早期流产时，应及时行刮宫术，术后仔细检查妊娠物，并送病理检查，也可行绒毛染色体核型分析以明确流产的原因。晚期流产时，子宫较大，出血较多，可用缩宫素10~20U加于5%葡萄糖注射液500ml中静脉滴注，促进子宫收缩。胎儿、胎盘及胎膜排出后仔细检查是否完整，不完整时及时行刮宫术，清除宫腔内残留组织，也可行B型超声检查，了解宫内有无妊娠物残留，并予抗生素预防感染。

3. 不全流产 一经确诊，尽快行刮宫术或钳刮术，清除宫腔内残留组织。若阴道流血多伴休克者，应在输血输液抗休克的同时行清宫，并给予抗生素预防感染。

4. 完全流产 流产症状消失，也无感染征象，超声检查证实宫腔内无组织残留，无需特殊处理。

5. 稽留流产 胚胎或胎儿死亡后及胎盘组织在宫腔内稽留时间过长可能发生凝血功能障碍，导致弥散性血管内凝血，造成严重出血。处理前先检查血常规及凝血功能，在充分备血及输液下行刮宫术。若凝血功能正常，因胎盘组织机化，常与子宫壁粘连紧密，致使刮宫困难。可先口服3~5日雌激素类药物，提高子宫肌对缩宫素的敏感性。子宫<12孕周者，可行刮宫术，术中操作特别小心，避免子宫穿孔，术中一次不能刮净者，于5~7日后再次刮宫；子宫≥12孕周者，可口服米非司酮及米索前列醇，或静脉滴注缩宫素，促使胎儿胎盘排出。若凝血功能障碍，应尽早采用新鲜血、新鲜冷冻血浆、纤维蛋白原等，待凝血功能好转后，再行刮宫。术后常规B超检查，了解宫内有无组织残留，并予抗生素预防感染。

6. 复发性流产 ①染色体异常的夫妇，应于妊娠前进行遗传咨询，确定能否妊娠。②子宫畸形、黏膜下肌瘤、肌壁间肌瘤、宫腔粘连应行相应手术治疗。③宫颈功能不全应在妊娠12~18周行宫颈内口环扎术，术后定期随诊，若出现阴道流血及宫缩，经积极治疗无效，及时拆除缝线，以免宫颈撕裂，若无不适者妊娠达到37周或以后拆除环扎的缝线。④抗磷脂抗体阳性患者可在确诊妊娠后口服小剂量阿司匹林或低分子肝素皮下注射。⑤黄体功能不全者，应肌内注射黄体酮20~40mg/d，或使用黄体酮阴道制剂，也可考虑口服黄体酮，用药至妊娠12周或超过以往流产周数时可停药。⑥甲状腺功能减退者应在孕前及整个孕期补充甲状腺素片。⑦不明原因的复发性流产妇女，怀疑同种免疫性流产者，可行淋巴细胞主动免疫。

7. 流产合并感染 治疗原则为控制感染的同时尽快清除宫内残留组织。若阴道流血量少，先选用广谱抗生素抗感染2~3日，待感染控制后再行刮宫。若阴道流血量多，静脉滴注抗生素、输液及输血的同时，先用卵圆钳夹出宫腔内残留大块组织，使出血减少，切忌用刮匙全面搔刮宫腔，以免造成感染扩散。术后继续抗感染，选用广谱抗生素，待感染控制后再彻底刮宫。若已并发感染性休克，应积极抗休克治疗，待病情稳定后再行彻底刮宫。若感染严重并发盆腔脓肿，应行手术引流，必要时切除子宫，去除感染灶。

第四节 痛 经 微课2

痛经为妇科最常见的一种症状，是指行经前后或月经期出现下腹部疼痛、坠胀，伴有腰酸或其他不适，严重者影响日常生活、学习及工作。痛经分为原发性和继发性两类。原发性痛经是指生殖器无器质性病变的痛经，占痛经的90%以上，为功能性痛经；继发性痛经是指由盆腔器质性疾病引起的痛经。本节仅讨论原发性痛经。

一、病因

原发性痛经的发生主要与月经来时子宫内膜前列腺素含量增高有关。研究表明，痛经患者子宫内膜和月经血中 $PGF_{2\alpha}$ 和 PGE_2 含量均较正常女性明显升高，$PGF_{2\alpha}$ 含量增高是造成痛经的主要原因。$PGF_{2\alpha}$ 含量增高可引起子宫平滑肌过度强力收缩、血管挛缩，造成子宫缺血、缺氧而出现痛经。增多的前列腺素进入血液循环，还可引起消化道及心血管等症状。此外，痛经还与血管加压素、内源性缩宫素以及 β–内啡肽等物质含量的增加、精神过度紧张、过度劳累、恐惧、焦虑、寒冷刺激、遗传因素和个体痛阈等因素有关。

练一练14-2

原发性痛经的主要原因是（　　）

A. 子宫组织中 PG 含量增高　　　B. 血中 P 含量增高　　　C. 血中 PRL 含量增高

D. 血中 E_2 含量增高　　　E. 血中 LH 含量增高

答案解析

二、临床表现

原发性痛经在青春期多见，常在初潮后 1~2 年发病。疼痛常呈痉挛性，最早出现在经前12小时，多数在月经来潮后开始，以行经第1天疼痛最剧烈，持续 2~3 天后缓解，疼痛通常位于下腹部耻骨上方，可放射至腰骶部和大腿内侧。可伴有恶心、呕吐、腹泻、乏力、头晕等症状，严重时面色苍白、出冷汗。妇科检查无异常发现。

三、诊断与鉴别诊断

根据月经期下腹部坠胀痛病史，妇科检查无阳性体征，B超检查排除生殖器官器质性病变，即可明确诊断。但诊断时应与子宫内膜异位症、子宫腺肌病、盆腔炎性疾病引起的继发性痛经相鉴别。继发性痛经多发生在月经初潮后数年，常有月经过多、不孕、盆腔慢性炎症疾病或宫内节育器放置史，妇科检查发现有阳性体征。

四、治疗

1. 一般治疗　需重视心理疏导，说明月经时轻微不适是生理反应，消除紧张和恐惧心理、充足睡眠和休息、适度锻炼有缓解疼痛的作用。疼痛不能忍受时可辅以药物治疗。

2. 药物治疗

（1）前列腺素合成酶抑制剂　通过抑制前列腺素合成酶的活性，减少前列腺素产生，防止过强子宫收缩，以达到减轻或消除痛经的目的。常用的药物如布洛芬 200~400mg，每日 3~4 次，或酮洛芬50mg，每日 3 次。月经来潮即开始服药，连服 2~3 日，有效率可达80%。

（2）口服避孕　要求避孕的痛经妇女，可口服避孕药抑制排卵，减少子宫内膜前列腺素含量，有效率可达90%以上。

第五节　绝经综合征 📱微课3

PPT

一、概念

年龄在 40 岁以上，且停经已连续 12 个月以上称为绝经，一般多发生在 45~55 岁，是每一个妇女生命进程中必然发生的生理过程。围绝经期是指女性自规律月经过渡到最后一次月经后 1 年。绝经过渡期一般持续 4~5 年。妇女绝经前后出现性激素波动或减少所致的一系列躯体和精神心理症状称为绝经综合征。绝经有自然绝经和人工绝经，自然绝经是指卵巢内卵泡生理性耗竭所致的绝经，人工绝经是指两侧卵巢经手术切除或接受放射治疗、化疗等损伤所引起的绝经。人工绝经患者更易发生绝经综合征。

二、内分泌变化

绝经前最明显的变化是卵巢功能衰退，随后表现为下丘脑和垂体功能减退。卵巢功能衰退最早表现为卵泡对卵泡刺激素（FSH）敏感性降低，FSH 水平升高，卵泡因受体内高水平 FSH 的过度刺激，引起雌二醇分泌过多。因此，绝经过渡早期雌激素波动很大，甚至高于正常卵泡期水平，整个绝经过渡期雌激素并非逐渐下降，只是在卵泡停止生长时才迅速下降，绝经后卵巢不再分泌雌激素，体内仅有低水平雌激素。绝经过渡期仍有孕酮分泌，但分泌量减少，绝经后无孕酮分泌。

在绝经过渡期 FSH 呈波动型，黄体生成素（LH）仍在正常范围，FSH/LH < 1，绝经后 FSH 较 LH 增加明显，FSH/LH > 1。血雌激素和抑制素水平降低以及 FSH 升高是绝经的主要信号，其抑制素水平下降较雌二醇下降早且明显，可能成为反映卵巢功能衰退更敏感的指标。抗米勒管激素（AMH）水平下降能较早反映卵巢功能衰退。至老年期，雌激素稳定于低水平，促性腺激素也略下降，GnRH 分泌增加。

三、临床表现

（一）月经紊乱

绝经前半数以上妇女出现月经紊乱，常表现为月经周期不规律、出血时间长、经量增多或减少、生育能力下降。为绝经过渡期的常见症状。

（二）与雌激素下降有关的症状

1. 血管舒缩症状　典型症状为不能控制的潮热、出汗，常表现为面部和颈部皮肤阵发性潮红，伴轰热，继之出汗。持续数十秒至数分钟不等，夜间或应激状态更易发生。每天发作次数轻者数次，重者十余次或更多。潮热为绝经过渡期雌激素降低的特征性标志，也是最常见的症状，可持续 1~2 年或更长。

2. 精神神经症状　主要表现为烦躁、焦虑、易激动、头痛、失眠、注意力不集中、记忆力减退、情绪低落、抑郁等。

3. 自主神经失调症状　常出现心悸、眩晕、头痛、失眠等自主神经失调症状。

4. 泌尿生殖道症状　主要为泌尿生殖道萎缩症状，出现阴道干涩、性交困难、盆腔脏器脱垂、反复的阴道炎、尿失禁及反复发生的尿路感染。

5. 心血管疾病　绝经后发生动脉粥样硬化、心肌梗死、高血压、脑卒中等较绝经前明显增加。可能与雌激素水平低下有关。

6. 骨质疏松 一般在绝经后 5 ~ 10 年内发生骨质疏松。由于绝经后雌激素水平低下，骨质吸收速度快于骨质生成而导致骨质疏松。多发生于桡骨远端、股骨颈、椎体等部位，最常发生在椎体，严重者易骨折。

四、诊断

根据病史及临床表现不难诊断，卵巢功能评价等实验室检查更有助于诊断。但需注意除外相关症状的器质性病变及精神疾病。

1. 血清 FSH 值及 E_2 值测定 检查血清 FSH 值及 E_2 值了解卵巢功能。绝经过渡期血清 FSH > 10U/L，提示卵巢储备功能下降。闭经、FSH > 40U/L 且 E_2 < 10pg/ml，提示卵巢功能衰竭。

2. 抗米勒管激素（AMH）测定 AMH 低至 1.1ng/ml 提示卵巢储备功能下降；若低于 0.2ng/ml 提示即将绝经；绝经后 AMH 一般测不出。

五、治疗

（一）一般治疗

加强心理疏导，让患者认识到绝经过渡期是一个正常的生理过程，以消除焦虑、恐惧心理。坚持体质锻炼，以乐观积极的态度正确对待机体的生理变化。老年妇女应注意补充蛋白质和钙，以预防骨质疏松。必要时可选用适量的镇静药以助睡眠，如夜晚服艾司唑仑 2.5mg。也可口服 20mg 谷维素，每天 3 次，有助于调节自主神经功能。

（二）性激素补充治疗

应在有适应证而无禁忌证的情况下，科学、规范、合理地应用并定期监测。用药原则为生理性补充、个体化处理、以最小剂量达到最佳治疗效果。在卵巢功能开始减退及出现相关症状后即可应用，以补充雌激素最为关键。

1. 适应证

（1）绝经相关症状 潮热、盗汗、烦躁、焦虑、激动、疲倦、睡眠障碍、紧张或情绪低落等。

（2）泌尿生殖道萎缩相关的症状 阴道干燥、疼痛、性交痛、反复发作的阴道炎、反复泌尿系统感染。

（3）低骨量及骨质疏松症 有骨质疏松症的危险因素（如低骨量）及绝经后期骨质疏松症。

2. 禁忌证 原因不明的阴道流血、已知或可疑妊娠、已知或可疑患有性激素依赖性恶性肿瘤、已知或可疑患有乳腺癌、最近 6 个月内患有活动性静脉或动脉血栓栓塞性疾病、严重肝及肾功能障碍、耳硬化症、脑膜瘤（禁用孕激素）等。

3. 慎用情况 包括子宫肌瘤、子宫内膜增生史、子宫内膜异位症、尚未控制的糖尿病及严重高血压、有血栓形成倾向、癫痫、偏头痛、哮喘、胆囊疾病、高催乳素血症、系统性红斑狼疮、乳腺良性疾病，乳腺癌家族史，及已完全缓解的部分性激素依赖性妇科恶性肿瘤，如子宫内膜癌、卵巢上皮性癌等。需咨询相关专业的医师，确定应用的时机和方式。

4. 治疗方案

（1）单一雌激素治疗适用于子宫切除术后的妇女。原则上应选择天然雌激素制剂，如戊酸雌二醇、尼尔雌醇、结合雌激素等，我国最常用的是尼尔雌醇，其对子宫内膜作用弱，不易引起子宫出血。用法：结合激素 0.3 ~ 0.625mg，每日 1 次，口服；戊酸雌二醇 0.5 ~ 2mg，每日一次，口服；尼尔雌醇每半个月服 1 ~ 2mg 或每个月服 2 ~ 5mg。

（2）单一孕激素治疗适用于绝经过渡期功能失调性子宫出血，有雌激素应用禁忌证者，可周期性应用或连续性应用。常用醋酸甲羟孕酮口服，每日 2 ~ 6mg；也可口服微粒化孕酮，每日 100 ~ 300mg。

（3）雌、孕激素联合治疗适用于卵巢切除术后，子宫未切除的年轻患者。用药方案有：①雌激素 + 周期性孕激素。适用于年纪较轻的绝经早期妇女。用法：每周期单独应用雌激素 21 ~ 25 日，后 10 ~ 14 日加用孕激素。②雌激素 + 连续性孕激素。适用于绝经多年的患者，有发生不规则阴道出血的可能。用法：每天同时口服雌激素和孕激素。

（4）雌、孕、雄激素联合治疗适用于有子宫并需加用雄激素患者。

（5）雌、雄激素联合治疗适用于不需要保护子宫内膜而需要雄激素者。

（6）经阴道给药的 E_2 栓、E_3 栓和结合雌激素软膏适用于泌尿生殖道局部低雌激素症状明显者。

（7）经皮肤给药的 17 - β - 雌二醇经皮贴膜可使用，每周更换一次或每 2 周更换一次。

5. 注意事项

（1）性激素治疗应选择最小有效剂量，短时间有效用药。

（2）停用激素治疗时应缓慢减量或间歇给药，防止复发。

（3）长期单用雌激素有增加子宫内膜异常增生和子宫内膜癌的危险，因此，应强调雌、孕激素联合使用，可降低其风险性。

看一看：科学备孕

（三）其他药物治疗

谷维素有利于调节自主神经功能。维生素 D、钙剂、降钙素等有利于预防骨质疏松。盐酸帕罗西汀有改善血管舒缩症状和精神神经症状的作用。

❤ 药爱生命

绝经综合征

绝经是每一个妇女生命进程中必然发生的生理过程，多发生在 45 ~ 55 岁。妇女绝经前后出现性激素波动或减少所致的一系列躯体和精神心理症状称绝经综合征。早期表现主要为月经紊乱、血管舒缩功能不稳定、自主神经功能失调以及精神神经症状，其后可表现为泌尿生殖功能异常、骨质疏松及心血管系统疾病等。这些表现严重影响了绝经妇女生活质量。为缓解症状，提高生活质量，在排除禁忌证后，可采用性激素补充治疗；并鼓励绝经妇女营养均衡、适当锻炼，保持心情愉快，建立健康生活方式。

目标检测

答案解析

一、单项选择题

1. 外阴阴道假丝酵母菌病的典型表现是

    A. 黄色水样白带，不痒

    B. 白色凝乳状或豆腐渣样白带，外阴瘙痒

    C. 稀薄均匀白带，外阴瘙痒

    D. 咖啡色白带，外阴不痒

    E. 灰黄色泡沫状白带，外阴瘙痒

2. 关于细菌性阴道病，正确的是

    A. 50% 的患者有临床症状

    B. 甲硝唑为非首选治疗药物

    C. 阴道黏膜充血明显

    D. 阴道分泌物呈灰白色，均质稀薄

    E. 阴道分泌物黏稠，呈灰黄色

3. 关于老年性阴道炎，正确的是

    A. 最易患滴虫感染   B. 诊断需先排除生殖器肿瘤

    C. 口服雌激素治疗无效   D. 宜全身加用广谱抗生素

    E. 常见于围绝经期妇女

4. 早期妊娠黑加征是指

    A. 子宫增大变软   B. 宫颈着色

    C. 乳头着色   D. 子宫峡部极软，宫体与宫颈不相连

    E. 外阴着色

5. 下列哪项不是先兆流产后的症状或体征

    A. 停经后出现少量阴道流血，鲜红色   B. 早孕反应仍存在

    C. 轻微下腹痛、腰痛或下坠感   D. 已破膜

    E. 子宫颈口未开大

6. 关于痛经的表述，下述哪项是错误的

    A. 继发性痛经指生殖器无器质性病变   B. 痛经是子宫收缩压力大而持续时间长

    C. 痛经与子宫内膜的前列腺素有关   D. 痛经者经血中 PGF_2 高于正常妇女

    E. 痛经即指月经前后或行径期出现腹痛腰酸影响生活和工作者

7. 单一雌激素治疗绝经综合征适用于

    A. 合并心血管疾病患者   B. 合并肝脏疾病患者

    C. 子宫已切除患者   D. 严重骨质疏松患者

    E. 合并糖尿病患者

8. 妊娠 10 周时出现阵发性下腹痛，大量阴道流血伴小块组织物排出，并发失血性休克，应首先考虑

    A. 先兆流产   B. 难免流产   C. 不全流产

    D. 完全流产   E. 稽留流产

9. 26 岁已婚妇女，停经 8 周，阵发性下腹痛伴阴道流血 1 天，多于月经量，鲜红色。妇科检查：宫颈口松，容 1 指，子宫如孕 50 天大小，质软，偶有收缩感，最有可能的诊断是

    A. 先兆流产   B. 难免流产   C. 不全流产

    D. 稽留流产   E. 完全流产

10. 26 岁已婚妇女，停经 48 天，下腹痛及阴道大量流血已 10 小时。妇科检查：子宫稍大，宫口有胎盘组织堵塞。本例最有效的止血措施是

    A. 肌内注射止血药物   B. 肌内注射维生素 K_1

    C. 肌内注射或静脉滴注缩宫素   D. 纱布填塞阴道压迫止血

    E. 尽早行刮宫术

11. 女，15 岁，14 岁来月经，24～30 天来潮一次，每次 5 天。近半年月经来潮时腹痛，伴恶心、呕吐，第一天为重。检查未发现器质性病变。痛经的治疗方案考虑下列哪种方案最合理

    A. 宫颈扩张，以利经血流出

    B. 月经来潮即用前列腺素合成酶抑制剂或 PG 拮抗剂

    C. 少女可周期使用性激素

    D. 已婚妇女可用雄激素

    E. 应用镇痛效果好的哌替啶或吗啡类

二、多项选择题

1. 滴虫性阴道炎的传播方式包括
   - A. 衣物传播
   - B. 性交传播
   - C. 公共浴池传播
   - D. 母婴垂直传播
   - E. 不洁器械和敷料传播

2. 以下哪项是细菌性阴道病的诊断标准
   - A. 匀质、稀薄的阴道分泌物
   - B. 阴道 pH < 4.5
   - C. 氨臭味试验阳性
   - D. 分泌物涂片检查线索细胞阳性
   - E. 阴道 pH > 4.5

3. 稽留流产致严重出血的原因有
   - A. 胎盘机化与宫壁紧密贴近，致刮宫困难
   - B. 稽留时间过长，致 DIC
   - C. 子宫肌对缩宫素不敏感
   - D. 妊娠产物未完全刮净
   - E. hCG 缺乏

4. 绝经综合征的临床表现有
   - A. 精神、神经症状
   - B. 月经紊乱
   - C. 泌尿、生殖道改变
   - D. 心血管系统改变
   - E. 骨质疏松

三、简答题

1. 请列出常见的阴道炎类型。
2. 请简述绝经期综合征的药物治疗。

（鄂红莲　罗灿兰）

书网融合……

重点回顾　　微课1　　微课2　　微课3　　习题

第十五章　儿科疾病

📖 导学情景

情景描述：患儿，男，8个月。因发热、呕吐、腹泻3天入院。患儿于3天前无明显诱因出现发热，体温最高39.1℃，继而出现呕吐、腹泻，每天呕吐3~5次，呕吐物为胃内容物，大便10余次/日，为黄色蛋花汤样，无黏液及脓血，无特殊腥臭味，未经任何诊治来诊。患儿自发病以来食欲差，昨日起出现精神萎靡，尿量明显减少。既往体健，无药物及食物过敏史，体格及智力发育与同龄儿相符。查体：体温38.5℃，脉搏132次/分，呼吸38次/分，体重9kg，急性病容，精神萎靡，皮肤干燥、弹性差，全身浅表淋巴结未触及肿大。头颅无畸形，前囟稍凹陷，约1.0cm×1.0cm，眼窝轻度凹陷，咽部轻度充血，扁桃体不大，心率132次/分，律齐，无杂音。腹软，肝脾不大。

情景分析：根据患儿的临床特点和体格检查结果，初步诊断为"腹泻病"。

讨　　论： 1. 腹泻病的临床表现特点是什么？

2. 为进一步明确诊断需要完善的实验室和辅助检查有哪些？

学前导语：腹泻病是一组由多病原、多因素引起的以大便次数增多和大便性状改变为特点的消化道综合征，是造成小儿营养不良、生长发育障碍甚至死亡的主要原因之一。根据病情程度分为轻型和重型，结合该患儿的病情特点给予对症支持治疗的同时，是否需要抗生素的治疗？如何指导预防小儿腹泻病？

第一节　小儿生长发育基本知识

PPT

一、小儿年龄分期

生长和发育是儿童不同于成人的重要特点，儿童的生长发育是一个连续渐进的动态过程。在实际工作中将小儿年龄分为七个时期，以便更好地开展儿童保健和疾病预防工作。

1. 胎儿期　从受精卵形成到胎儿出生为止，共40周。

2. 新生儿期　自胎儿娩出脐带结扎时开始至28天之前。

3. 婴儿期　自出生后到 1 周岁之前为婴儿期。

4. 幼儿期　自 1 周岁至 3 周岁之前为幼儿期。

5. 学龄前期　自 3 周岁至 6~7 岁入小学前为学龄前期。

6. 学龄期　自入小学（6~7 岁）至青春期前为学龄期。

7. 青春期　自第二性征出现至生殖功能基本成熟、身高停止生长的时期。青春期年龄范围一般为 10~20 岁，女孩的青春期开始年龄和结束年龄都比男孩早 2 年左右。

二、生长发育规律

儿童的生长发育在总体速度和各器官、系统的发育顺序上，都遵循一定的规律。

1. 生长发育是连续的、有阶段性的过程　儿童时期生长发育是一个连续的过程，但不同年龄阶段其生长速度不同。例如，体重和身高在出生后第 1 年（尤其是出生后前 3 个月）增长最快，此为出生后第一个生长高峰；第 2 年以后生长速度逐渐减慢，至青春期生长速度又加快，出现第二个生长高峰。

2. 各系统、器官生长发育不平衡　如神经系统的生长发育较早；体格的生长发育在婴儿期、青春期较快；淋巴系统在学龄前期迅速生长发育，于 11~12 岁达顶点，后逐渐降至成人水平；生殖系统的生长发育较晚；心、肝、肾和肌肉的生长发育基本与体格生长发育相平行。

3. 生长发育的个体差异　儿童生长发育虽按一定的总体规律发展，但在一定的范围内受遗传和环境的影响，存在着相当大的个体差异，不会完全相同。

4. 生长发育的一般规律　生长发育遵循由上到下、由近到远、由粗到细、由低级到高级、由简单到复杂的规律。如出生后运动发育的规律是：先抬头、后抬胸，再会坐、立、行（由上到下）；从臂到手、从腿到脚的运动（由近到远）；从全手掌抓握到手指拾取（由粗到细）；先画直线后画圆和图形（由简单到复杂）；先会看、听、感觉事物，逐渐发展到有记忆、思维、分析、判断和认识事物（由低级到高级）。

三、影响生长发育的因素

1. 遗传因素　细胞染色体所载基因是决定遗传的物质基础。

2. 环境因素　营养、疾病、母亲情况、家庭和社会环境等。

生长发育水平是遗传因素和环境因素共同作用的结果。遗传决定了生长发育的潜力，这种潜力从受精卵开始就受到环境因素的作用和调节，表现出个人的生长发育模式。

四、体格生长发育

（一）评价儿童体格生长常用指标

1. 体重　易于测量，是反映儿童体格生长与近期营养状况的重要指标，也是儿科临床计算药量和静脉输液量的重要依据。

我国 2005 年九市城区调查结果显示，平均足月男婴出生体重为 3.33kg ± 0.39kg，女婴为 3.24 kg ± 0.39kg。新生儿出生体重与胎次、胎龄、性别和宫内营养状况有关。生后 1 周内由于奶量摄入不足、水分丢失和胎粪排出，可出现暂时性体重下降或称生理性体重下降，一般下降原有体重的 3%~9%，约在生后第 3~4 日达最低点，以后逐渐回升，多在出生后 7~10 日恢复到出生时的体重。如果体重下降超过出生体重的 10% 或至第 10 天未恢复出生时的体重，则为病理状态，应分析其原因。

小儿体重的增长不是等速的，生后第 1 年体重增长最快，系第一个生长高峰。正常足月儿生后第 1 个月体重增加 1~1.7kg，生后 3~4 个月体重约等于出生时体重的 2 倍，第 1 年内婴儿前 3 个月体重的增加值约等于后 9 个月内体重的增加值，即 12 个月小儿体重约为出生时的 3 倍（10kg）。随着年龄增长，体重的增长逐渐减慢，2 岁至青春前期体重年增长值约 2kg。

2. 身高（长） 是指头部、脊柱与下肢长度的总和。3 岁以下儿童应仰卧位测量，称为身长。3 岁以上儿童立位时测量称为身高。

身高（长）的增长规律与体重相似，年龄越小，增长越快，也出现婴儿期和青春期两个生长高峰。正常新生儿出生时身长平均约为 50cm，1 岁时约 75cm，2 岁时约 87cm，2 岁以后每年平均增长 6 ~ 7cm。2 岁后每年身高增长低于 5cm，为生长速度下降。

身高（长）的增长受遗传、内分泌、宫内生长水平的影响较明显，短期的疾病与营养波动不易影响身高（长）的生长。

3. 坐高（顶臀长） 是头顶到坐骨结节的长度。3 岁以下儿童仰卧位测量的值称为顶臀长。坐高增长代表头颅与脊柱的生长。

4. 头围 经眉弓上缘、枕骨结节左右对称环绕头一周的长度为头围。新生儿出生时头围相对大，平均 33 ~ 34cm。与体重、身长增长相似，第 1 年前 3 个月头围的增长约等于后 9 个月头围的增长值（6cm），即 1 岁时头围约为 46cm。1 岁后头围增长渐减慢，2 岁时约 48cm，5 岁时约 50cm，15 岁时接近成人。头围反映脑和颅骨的发育程度，头围的测量在 2 岁以内最有价值。头围过小常提示脑发育不良，头围过大往往提示脑积水。

5. 胸围 平乳头下缘经肩胛角下缘绕胸一周为胸围。出生时胸围约 32cm，略小于头围，1 岁左右胸围约等于头围，1 岁至青春前期胸围应大于头围（约为头围 + 年龄 − 1cm）。1 岁左右头围与胸围的增长在生长曲线上形成头、胸围的交叉，此交叉时间与儿童营养、胸廓的生长发育有关，生长较差者头、胸围交叉时间延后。

6. 上臂围 经肩峰与鹰嘴连线中点绕臂一周即为上臂围。上臂围代表上臂肌肉、骨骼、皮下脂肪和皮肤的生长。1 岁以内上臂围增长迅速，1 ~ 5 岁增长缓慢，可增长 1 ~ 2cm。WHO 建议在无条件测量身高和体重的情况下，测量上臂围可用于普查 1 ~ 5 岁小儿的营养状况。

7. 指距 两上肢水平伸展时两中指尖的距离，代表上肢长骨的生长。

（二）骨骼和牙齿的生长发育

1. 颅骨 除头围外，还可根据前囟大小、前后囟闭合时间及骨缝闭合情况来评价颅骨的生长发育情况。前囟出生时约 1 ~ 2cm，以后随颅骨生长而增长，6 个月以后逐渐骨化而变小，最迟于 2 岁闭合。在儿科临床中前囟检查很重要，如脑发育不良时头围小、前囟小或关闭早，甲状腺功能减退时前囟闭合延迟，颅内压增高时前囟饱满，脱水时前囟凹陷。后囟出生时很小或已闭合，一般在生后 6 ~ 8 周完全闭合。骨缝为颅骨结合处留下的缝隙，生后 3 ~ 4 个月时完全闭合。

2. 脊柱 生后第 1 年脊柱生长快于四肢，以后四肢生长快于脊柱。出生时脊柱的生理弯曲不明显，呈轻度后凸；3 个月左右抬头动作的出现使颈椎前凸；6 个月后会坐时，出现胸椎后凸；1 岁左右开始行走，出现腰椎前凸。这样逐渐形成了脊柱的自然弯曲，以保持身体的平衡。到 6 ~ 7 岁时这些弯曲才被韧带所固定。

3. 长骨 长骨的生长主要由长骨干骺端的软骨逐步骨化，骨膜下成骨，使长骨增长、增粗，当骨骺与骨干融合时，标志着长骨停止生长。

长骨干骺端的软骨次级骨化中心随年龄增长按一定时间和顺序有规律地出现，骨化中心的出现可反映长骨的生长成熟程度。用 X 线检查测定不同年龄儿童长骨干骺端骨化中心的出现时间、数目、形态的变化，可判断骨骼发育年龄，即骨龄，采用骨龄评价儿童发育成熟度较实际年龄更准确。出生时腕部尚无骨化中心，股骨远端及胫骨近端已出现骨化中心。因此判断长骨的生长，婴儿早期应摄膝部 X

线骨片，年长儿摄左手及腕部 X 线骨片。腕部骨化中心的出现次序为：头状骨、钩骨（3 个月左右）、下桡骨骺（约 1 岁）、三角骨（2～2.5 岁）、月骨（3 岁左右）、大小多角骨（3.5～5 岁）、舟骨（5～6 岁）、下尺骨骺（6～7 岁）、豆状骨（9～10 岁）。10 岁时出全，共 10 个，故 1～9 岁腕部骨化中心的数目大约为其岁数加 1。骨生长与生长激素、甲状腺素、性激素有关。甲状腺功能减退症、生长激素缺乏症骨龄明显延后，真性性早熟、先天性肾上腺皮质增生症骨龄超前。

4. 牙齿 人一生有乳牙（共 20 个）和恒牙（共 28～32 个）两副牙齿。乳牙于生后 4～10 个月开始萌出，13 个月后未萌出者为乳牙萌出延迟。乳牙萌出时间和顺序一般为下颌先于上颌、自前向后，大多于 3 岁前出齐。第一颗恒牙（第一恒磨牙，又称 6 龄齿）6 岁左右萌出，6～12 岁阶段乳牙逐个被同位恒牙替换，12 岁萌出第二恒磨牙，约在 18 岁以后萌出第三恒磨牙（智齿），也有终生第三恒磨牙不萌出者。

（三）生殖系统发育

生殖系统生长发育分胚胎期性分化和青春期生殖器官、第二性征及生殖功能生长发育两个过程。胚胎期性分化从受精开始，Y 染色体短臂决定胚胎的基因性别。胎儿 26 周后，通过下丘脑－垂体－性腺轴的调节，性腺分泌类固醇，抑制黄体促性腺激素释放因子的分泌，导致青春前期性腺及性征不发育。进入青春期后，下丘脑对性激素反馈作用敏感度下降，促性腺激素释放因子分泌增加，垂体分泌促卵泡激素和促黄体生成激素增多，性腺和性征开始发育，持续 6～7 年。青春期发育的年龄和第二性征出现顺序有很大个体差异。性早熟指女童在 8 岁以前、男童在 9 岁以前出现第二性征，性发育延迟指女童 14 岁以后、男童 16 岁以后无第二性征出现。

男童生殖系统发育包括男性生殖器官形态与功能和第二性征发育。男性生殖器官的发育包括睾丸、附睾和阴茎的发育，第二性征的发育主要表现为阴毛、腋毛、胡须、变声及喉结的出现。女性生殖系统发育包括女性生殖器官形态与功能发育和第二性征发育。女性生殖器官的发育包括卵巢、子宫、输卵管和阴道的发育，第二性征的发育主要表现为乳房、阴毛及腋毛的发育。性发育过程的分期见表 15－1。

表 15－1　Tanner 性发育分期

分期	男童	女童
1	婴儿型	婴儿型
2	睾丸和阴囊增大，阴囊皮肤变红、变薄，起皱纹，阴茎稍增大，阴毛稀疏、色浅	乳房出现硬结，乳头及乳晕稍增大，阴毛稀疏、色浅
3	阴囊皮肤色泽变深，阴茎增长、增粗，龟头发育，阴毛变粗、变深	乳房和乳晕增大，侧面呈半圆形，阴毛变粗、变深
4	阴茎增长、增粗，龟头发育，阴毛如成人，但分布面积较少	乳晕和乳头增大，侧面观突起于乳房半圆上，阴毛如成人，但分布面积较少
5	成人型	成人型

五、神经心理行为发育

神经心理行为发育包括感知、运动、语言、情感、性格、意志与行为等方面的发育。神经心理行为发育以神经系统的发育和成熟为物质基础，与体格发育相互影响、相互促进。

（一）神经系统的发育

胎儿期神经系统的发育领先于其他系统，出生时脑重约 390g，为成人脑重的 25%，出生后大脑皮质的神经细胞数目基本不再增加，出生后脑重的增加主要是神经细胞体积的增大、树突的增多与加长、神经髓鞘的形成和发育。神经髓鞘的形成和发育约在 4 岁完成，在此之前，尤其是婴儿期，由于神经髓鞘形成不全，各种刺激引起的神经冲动传导速度较慢，且易于泛化，不易形成兴奋灶，易疲劳而进入睡眠状态。

出生时脊髓的发育已基本完成，3岁左右髓鞘化完成。小儿脊髓相对比成人长，出生时脊髓下端位于第3～4腰椎水平，4岁时上移至第1腰椎，腰椎穿刺时应注意。

小儿出生时即存在角膜反射、吞咽反射、瞳孔对光反射等生理反射，这些反射终生存在。生后最初数月婴儿存在许多暂时性反射，随年龄增长渐消失，如握持反射应于3～4个月时消失，若出现和消失的时间异常或两侧持续不对称则提示大脑发育不全或神经系统病理改变。婴儿肌腱反射较弱，腹壁反射和提睾反射不易引出，1岁时才逐渐稳定。3～4个月以内的婴儿，因四肢曲肌张力高，克尼格（Kernig）征、布鲁津斯基（Brudzinski）征可呈阳性，为正常现象。2岁以内的小儿巴宾斯基（Babinski）征可呈阳性，无临床意义。

（二）感知觉的发育

1. 视觉发育　新生儿已有视觉感应功能，瞳孔有对光反射。在安静清醒状态下可短暂注视物体，但只能看清15～20cm内的事物。新生儿后期视觉发育迅速，1个月时可凝视光源；2个月时可协调地注视物体；3～4个月时喜看自己的手，头眼协调较好；6～7个月时目光可随上下移动的物体垂直方向转动；8～9个月时开始出现视深度感觉；2～3岁能识别物体的大小、距离、方向和位置，视力达0.5；5岁时已可区别各种颜色；6岁时视深度已充分发育，视力达1.0。

2. 听觉发育　出生时因鼓室充满羊水，无空气，听力差；生后3～7日听觉已相当好；3～4个月时头可转向声源处；6个月时能区别父母的声音；7～9个月时能确定声源，区别语言的意义；13～16个月时可寻找不同响度的声源，听懂自己的名字；4岁时听觉发育已经完善。听感知发育和儿童的语言发育直接相关，听力障碍如果不能在语言发育的关键期内（6个月内）或之前得到确诊和干预，则可因聋致哑。

3. 味觉和嗅觉发育

（1）味觉　出生时味觉发育已很完善；4～5个月时甚至对食物轻微的味道改变已很敏感，为味觉发育关键期，此期应适时添加各类转乳期食物。

（2）嗅觉　出生时嗅觉中枢与神经末梢已基本发育成熟；3～4个月时能区别愉快与不愉快的气味；7～8个月时可辨别出芳香的气味。

4. 皮肤感觉的发育　皮肤感觉包括触觉、痛觉、温度觉及深感觉等。新生儿的触觉发育较成熟，尤其是眼、口周、手掌、足底等部位。新生儿对痛觉反应较迟钝，生后2个月逐渐改善。出生时温度觉已很灵敏，尤其是冷刺激。

（三）运动的发育

运动发育可分为大运动（包括平衡）和细运动两大类。

1. 平衡与大运动

（1）抬头　新生儿俯卧时能抬头1～2秒；3个月时抬头较稳；4个月时抬头很稳。

（2）翻身　4～5个月时能从侧卧位翻到仰卧位，7个月时能有意识地从仰卧位翻身至俯卧位，然后从俯卧位翻至仰卧位。

（3）坐　6个月时能双手向前撑住独坐；8个月时能坐稳。

（4）爬　8～9个月可用双上肢向前爬。

（5）站、走、跳　11个月时可独自站立片刻；15个月可独自走稳；2岁时可双足并跳；30个月时会单足跳。

2. 精细动作　3～4个月握持反射消失之后手指可以活动；5个月时大拇指参与握物；6～7个月时

出现换手与捏、敲等探索性动作；9~10 个月时可用拇、示指拾物，喜撕纸；12~15 个月时会用匙，乱涂画；18 个月时能叠 2~3 块方积木；2 岁时可叠 6~7 块方积木，会翻书；5~6 岁时能用笔学习写字，用剪刀剪图形。

（四）语言的发育

语言的发育基础是大脑、咽喉部肌肉的正常发育及听觉的完善。要经过发音、理解和表达 3 个阶段。新生儿已会哭叫，3~4 个月咿呀发音；6~7 个月时能听懂自己的名字；12 个月时能说简单的单词，如"再见""没了"等。18 个月时能用 15~20 个字，指认并说出家庭主要成员的称谓；24 个月时能指出简单的人、物名和图片，而到 3 岁时能指认许多物品名，并说由 2~3 个字组成的短句；4 岁时能讲述简单的故事。

（五）心理活动与行为的发展

1. 早期的社会行为　2~3 个月时小儿以笑、停止啼哭、眼神和发音来表示认识父母；3~4 个月时开始出现社会反应性的大笑；7~8 个月时可表现出认生、对发声玩具感兴趣；9~12 个月是认生的高峰期；12~13 个月的小儿喜欢玩变戏法和躲猫猫游戏；18 个月时逐渐有自我控制力，成人在附近时可独自玩耍很久；2 岁时不再认生；3 岁后可与小朋友做游戏。

2. 注意的发展　婴儿期以无意注意为主，随着年龄的增长逐渐出现有意注意。5~6 岁后儿童能较好控制自己的注意力。

3. 记忆的发展　记忆分为感觉、短时记忆和长时记忆 3 个不同的系统。长时记忆又分为再认和重现。1 岁内的婴儿只有再认而无重现，随年龄的增长，重现能力亦增强。幼年儿童只按事物的表面特性记忆信息，以机械记忆为主。随着年龄的增加和理解、语言思维能力的加强，逻辑记忆逐渐发展。

4. 思维的发展　儿童的思维是在语言发展的基础上，在活动过程中逐渐掌握事物之间一些简单联系而产生。1 岁以后的儿童开始产生思维，在 3 岁以前只有最初级的形象思维；3 岁以后开始有初步抽象思维；6~11 岁以后儿童逐渐学会综合分析、分类比较等抽象思维方法，具有进一步独立思考的能力。

5. 想象的发展　新生儿无想象能力；1~2 岁儿童仅有想象的萌芽；学龄前期儿童仍以无意想象及再造想象为主；有意想象和创造性想象到学龄期才迅速发展。

6. 情绪、情感的发展　新生儿只有愉快和不愉快两种情绪；6~7 个月时开始产生依恋情绪和分离恐惧，15~18 个月时达高峰。婴幼儿情绪特点是时间短暂、反应强烈、容易变化、外显而真实。学龄前儿童的情绪、情感体验已相当丰富，能体验成人情绪的大部分。随着年龄的增长，儿童能够有意识地控制自己，使情绪渐趋向稳定。

7. 个性和性格的发展　Erikson 将儿童期性格发展划分为五个阶段：信任感 – 不信任感（婴儿期）；自主感 – 羞愧及怀疑（幼儿期）；主动感 – 内疚感（学龄前期）；勤奋感 – 自卑感（学龄期）；自我认识 – 角色混淆（青春期）。性格一旦形成即相对稳定。

第二节　营养性维生素 D 缺乏性佝偻病

营养性维生素 D 缺乏性佝偻病，简称佝偻病，是由于体内维生素 D 不足引起钙磷代谢紊乱，导致以骨骼改变为特征的慢性营养缺乏性疾病。多见于 2 岁以下儿童，婴儿期更为常见，是我国重点防治的儿童四病之一。

一、病因

1. 围生期维生素 D 不足

2. 日光照射不足 皮肤中的 7 - 脱氢胆固醇经日光中的紫外线照射生成的维生素 D 是人体维生素 D 的主要来源。生活在较多灰尘和煤烟的空气中、户外活动少、北方寒冷季节日照时间短等因素均可导致紫外线照射不足，引发维生素 D 缺乏。

3. 生长发育速度快 婴幼儿生长发育快，对维生素 D 的需求量大，尤其是早产、双胎儿，体内维生素 D 贮存不足，出生后生长速度较足月儿快，易导致维生素 D 缺乏。

4. 食物补充不足 天然食物中含维生素 D 少，即使母乳喂养，婴儿若不晒太阳，不及时额外补充维生素 D，亦易造成维生素 D 不足。

5. 疾病及药物因素 慢性腹泻、肝胆系统疾病、慢性肾脏病影响维生素 D 的吸收及代谢；长期应用苯妥英钠、苯巴比妥等药物，可加速维生素 D 的分解和代谢；糖皮质激素能拮抗维生素 D 对钙的转运。

二、发病机制

维生素 D 缺乏性佝偻病的发生可以看作是机体为维持血钙水平而对骨骼造成的损害。维生素 D 缺乏造成肠道吸收钙、磷减少和低钙血症，以致甲状旁腺功能代偿性亢进，PTH 分泌增加以动员骨钙释出，使血清钙维持在正常或接近正常的水平；但 PTH 同时也抑制肾小管重吸收磷，尿磷大量排出，血磷降低，导致钙磷乘积下降（<40），使骨样组织钙化过程发生障碍，成骨细胞代偿增生，局部骨样组织堆积，碱性磷酸酶分泌增多，临床即出现一系列佝偻病症状和血生化改变（图 15 - 1）。

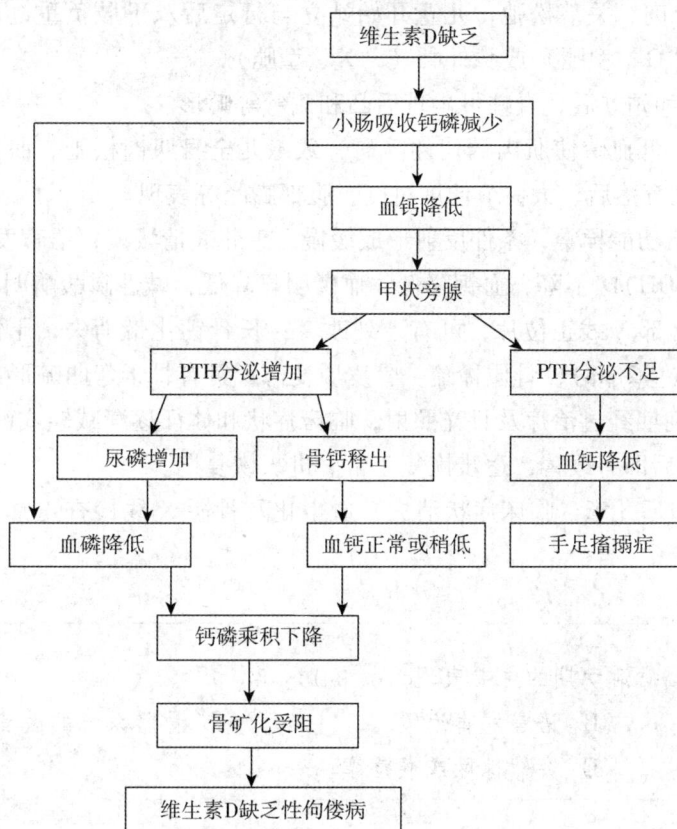

图 15 - 1 维生素 D 缺乏性佝偻病和手足搐搦症形成机制

三、临床表现

1. 初期（早期） 多见于6个月以内，特别是3个月以内的小婴儿。

（1）以神经精神兴奋性增高的表现为主，如易激惹、烦闹、多汗、夜惊等，可有枕秃。神经精神系统改变并非佝偻病的特异性症状，仅作为临床早期诊断的参考依据。

（2）血生化检查 血磷降低，血钙正常或稍低，碱性磷酸酶正常或稍增高，血清25-(OH)D$_3$降低。此期常无明显骨骼改变，骨骼X线正常或临时钙化带稍模糊。

2. 活动期（激期） 本病初期婴儿未经治疗，病情继续加重，除初期的非特异性神经精神症状更加明显外，主要表现为骨骼改变和运动功能发育迟缓。因佝偻病骨骼改变往往在生长快的部位明显，故不同年龄有不同骨骼表现。

（1）骨骼改变

1）头部 ①颅骨软化：多见于6个月以内婴儿，以手指轻压颞骨或枕骨中央部位时有"乒乓球"样感。②方颅：多见于7～8个月以上的患儿，由于骨样组织增生致颞骨及顶骨双侧对称性隆起，呈方形。③前囟增大及闭合延迟：重者可延迟至2～3岁。④出牙延迟：可延迟至1岁才出牙，3岁仍未出齐；有时出牙顺序颠倒，缺乏釉质，易患龋齿。

2）胸部 多见于1岁左右患儿。①肋骨串珠：因骨样组织堆积，肋骨和肋软骨交界处可触及或看到钝圆形隆起，以第7～10肋最明显，上下排列如串珠状。②肋膈沟：由于肋骨软化，膈肌牵拉使其附着部位内陷，形成横沟，也称郝氏沟。③鸡胸或漏斗胸：由于肋骨骺部内陷而致胸骨向外凸出，形成鸡胸；如胸骨剑突部向内凹陷，则形成漏斗胸。

3）四肢 在手腕、脚踝处形成圆形环状隆起，称为"手镯征"或"脚镯征"，多见于6个月以上儿童。由于骨质软化和肌肉、关节松弛，儿童开始站立与行走后双下肢负重，可出现股骨、胫骨、腓骨弯曲，形成膝内翻（"O"型腿）或膝外翻（"X"型腿）。

4）脊柱 小儿会坐和站立后，脊柱可出现后凸和侧弯等畸形。

（2）全身肌肉松弛 低血磷使肌肉糖代谢障碍，致患儿全身肌肉松弛、肌张力低下，可出现头颈部软弱无力、运动功能发育落后、大关节伸展过度、腹部膨隆等表现。

（3）其他 大脑皮质功能异常，条件反射形成缓慢，患儿表情淡漠，语言发育迟缓，免疫力低下。

（4）血生化 25-(OH)D$_3$下降，血钙降低，血磷明显降低，碱性磷酸酶明显增高。

（5）X线 一般摄腕部X线正位片，可有下列改变：长骨钙化带消失，干骺端呈毛刷样、杯口状改变；骨骺软骨盘增宽（>2mm），骨质稀疏，骨皮质变薄；可有骨干弯曲畸形或青枝骨折。

3. 恢复期 以上任何期经过治疗及日光照射，临床症状和体征逐渐减轻或消失，血生化逐步恢复，骨骼X线表现于2～3周后即有改善，逐步恢复正常。进入恢复期。

4. 后遗症期 2岁以后儿童，临床症状消失，血生化及骨骼X线检查正常，仅严重患儿遗留不同程度的骨骼畸形。

✐ **练一练15-1**

维生素D缺乏性佝偻病活动期的主要表现为（ ）

A. 肌肉松弛

B. 语言发育迟缓

C. 骨骼系统的改变

D. 低热、盗汗

E. 突然惊厥或喉痉挛

答案解析

四、诊断与鉴别诊断

1. 诊断 佝偻病的诊断应根据维生素 D 缺乏病史，临床表现及血生化、X 线检查等综合判断。同时要确定佝偻病分期。应注意佝偻病的早期症状和体征，但仅靠临床表现的诊断准确率较低，血清 $25-(OH)D_3$ 水平是最可靠的诊断指标，血生化与骨骼 X 线检查为诊断的"金标准"。

2. 鉴别诊断

（1）软骨营养不良 是一种遗传性软骨发育障碍，出生时头大、四肢短、前额突出、腰椎前凸、臀部后凸。主要依据特殊的体态（短肢型矮小）及骨骼 X 线做出诊断。

（2）黏多糖病 黏多糖代谢异常时，常多器官受累，可出现多发性骨发育不全，如头大、头型异常、脊柱畸形、胸廓扁平等体征。除临床表现外，主要依据骨骼 X 线变化及尿中黏多糖的测定做出诊断。

（3）肾性佝偻病 由于先天或后天原因所致的慢性肾功能障碍，导致钙磷代谢紊乱，血钙低，血磷高，甲状旁腺继发性功能亢进，骨质普遍脱钙，骨骼呈佝偻病改变。多于幼儿后期症状逐渐明显，形成侏儒状态。

（4）其他 还应与肝性佝偻病、脑积水、低血磷抗维生素 D 佝偻病、远端肾小管酸中毒、维生素 D 依赖性佝偻病等相鉴别。

五、治疗

治疗目的在于控制活动期，防止骨骼畸形。

1. 补充维生素 D 以口服为主，$2000 \sim 4000IU/d$，持续 1 个月后，改预防量 $400IU/d$。

2. 补充钙剂 以膳食补充为主，当出现低血钙、严重佝偻病或营养不良时可补充钙剂。

3. 合理营养 供给富含蛋白质、维生素 D 和钙的食物，每天到户外活动，多晒太阳。

4. 后遗症治疗 轻度骨骼畸形在治疗后可自行恢复或在生长过程中自行矫正。患鸡胸、漏斗胸或脊柱弯曲者，在佝偻病治愈后加强体格锻炼，如扩胸运动、俯卧撑、抬头等运动，可加速畸形的矫正。严重下肢畸形至 3 岁后仍未自行纠正并影响行走者，可考虑手术矫正。

六、预防

目前认为确保儿童每日获得维生素 D 400IU 是治疗和预防本病的关键。孕母应多户外活动，妊娠后期可适量补充维生素 D；婴幼儿期预防的关键在于日光浴和适量维生素 D 的补充。早产儿、低出生体重儿生后 1 周开始补充维生素 D $800IU/d$，3 个月后改预防量；足月儿生后 2 周开始补充维生素 D $400IU/d$，均补充至 2 岁，阳光充足时可暂停或减量。

第三节 儿童单纯性肥胖

PPT

儿童单纯性肥胖是由于长期能量摄入超过人体的消耗，使体内脂肪过度积聚、体重超过参考值范围的一种营养障碍性疾病。我国目前部分城市学龄期儿童超重和肥胖已达10%以上，其中有80%的肥胖将延至成年。肥胖不仅影响儿童健康，且与成年期代谢综合征发生密切相关，已成为当今大部分公共健康问题的根源。

一、病因及发病机制

1. 摄入过多 是肥胖的主要原因，不健康的饮食习惯，如煎炸类食品、烧烤类食品、含糖饮料、零食、甜点等摄入增多，饮食不均衡，多余的能量转化为脂肪贮存体内，导致肥胖。

2. 活动量过少 肥胖儿童大多不喜爱运动，脂肪消耗少，长期缺乏活动和体育锻炼，即使摄食不多，也可引起肥胖。

3. 遗传因素 肥胖具有高度的遗传性。目前认为肥胖的家族性与多基因遗传有关，双亲均肥胖的后代发生肥胖者高达 70% ~80%；双亲之一肥胖者，后代肥胖发生率为 40% ~50%；双亲正常的后代发生肥胖者仅 10% ~14%。

4. 其他 进食过快，饱食中枢和饥饿中枢调节失衡以致多食；精神创伤以及心理异常等因素亦可致儿童过量进食。

二、临床表现

儿童单纯性肥胖可发生于任何年龄，最常见于婴儿期、5~6 岁和青春期，男童多于女童。患儿多食欲旺盛且喜食甜食和高脂肪食物。明显肥胖儿童常有疲劳感或腿痛，用力时气短。严重肥胖儿童由于脂肪过度堆积限制胸廓和膈肌运动，使肺通气量不足，呼吸浅快，故肺泡换气量减少，导致低氧血症、气急、发绀、红细胞增多、心脏扩大或充血性心力衰竭，甚至死亡，称肥胖－换氧不良综合征。

体格检查可见患儿皮下脂肪丰满，以大腿、胸腹部、臀部最为明显，可出现皮纹，脐部深陷，腹部膨隆下垂。女孩胸部脂肪堆积应与乳房发育相鉴别，男孩阴茎可隐匿于阴阜脂肪垫中易误诊为隐匿性阴茎。由于体重过重，走路时双下肢负荷过重可导致扁平足、膝内翻或外翻、髋内翻及关节损伤。

肥胖小儿多不喜运动，抵抗力、免疫力较差，易患呼吸道疾病；青春期启动可早于一般儿童，身高略低于正常儿童。女孩月经初潮常提前。由于体胖而怕被人嘲笑，常表现自卑、胆怯、不合群，可出现心理发育障碍，甚至影响智力发育。

三、实验室检查

患儿检查血糖、糖耐量、甘油三酯、胆固醇、低密度脂蛋白、极低密度脂蛋白、载脂蛋白大多升高，而高密度脂蛋白、载脂蛋白 A 正常。严重肥胖儿童的肝脏超声检查常有脂肪肝。

四、诊断与鉴别诊断

1. 诊断 儿童体重超过同性别、同身高参照人群值 10% ~19% 者为超重。超过平均标准体重的 20% 以上、有营养过度、少动或肥胖家族史、呈均匀肥胖而无其他临床表现者，可诊断为单纯性肥胖症。凡体重超过同性别、同身高参照人群平均标准体重的 20% ~29% 者为轻度肥胖；30% ~49% 者为中度肥胖；超过 50% 者为重度肥胖。确诊时须与引起继发性肥胖的疾病鉴别。

2. 鉴别诊断

（1）肥胖性生殖无能综合征 由垂体及下丘脑病变引起，其体脂主要分布在颈、颏下、乳房、下肢、会阴及臀部，手指、足趾显得纤细，身材矮小，第二性征延迟或不出现。

（2）库欣综合征 身材矮，皮脂积聚呈向心性，满月脸，水牛背，四肢细，可伴性早熟、多毛、痤疮、高血压、低钾血症等。

（3）Prader－Willi 综合征 遗传性疾病，可能与位于 15q12 的 SNRPN 基因缺陷有关。表现为周围性肥胖，身材矮小，手脚小，外生殖器发育不良，肌张力低，智力低下。

五、治疗

单纯性肥胖症的治疗原则是减少产热性食物的摄入、增加机体对热能的消耗，使体内脂肪不断减少，达到体重下降的目的。饮食疗法和运动疗法是两项最主要的措施，药物治疗效果不很肯定，外科手术治疗并发症严重，不宜用于儿童。

1. 饮食疗法　既要满足儿童不断生长发育的基本需要，又不能过量。推荐低脂肪、低糖类、高蛋白、高微量营养素、适量纤维素饮食。蛋白质供应不少于2g/（kg·d），以优质蛋白为主。主食量逐渐减少，开始时可减少1/3，以后逐步达到200～250g/d。可多吃些蔬菜、水果和杂粮，避免巧克力、甜点、肥肉、油炸食品等。

2. 运动疗法　根据儿童的年龄和各自不同的身体条件，选择适当的运动项目和运动时间，循序渐进。选择患儿喜欢、有效、易于坚持的运动，如跑步、散步、做操、乒乓球等，每天坚持至少30分钟，活动量以运动后身体略有汗出、轻松愉快、不感到疲劳为原则。饭后不要立即坐下看电视，提倡饭后参加家务和散步。

3. 行为矫正和心理治疗　改变家庭不良习惯和生活方式，杜绝晚餐过饱、吃夜宵、吃零食、进食过快的习惯，少吃煎、炸、快餐等高能量食品，多尝试新食物。避免看电视、玩游戏时间太长。关心、鼓励患儿，帮助其树立决心和信心，不要用食物对儿童进行奖励。严格监督并发挥其主观能动性。

4. 药物治疗　苯丙胺类和马吲哚等食物抑制剂，甲状腺素等增加消耗类药物在儿童肥胖中一般不主张应用。

六、预防

肥胖的预防是全社会的责任。世界卫生组织建议，预防儿童肥胖应从胎儿期开始，母亲孕期不应摄入过多营养品，以免胎儿体重过大，造成儿童日后肥胖。加强健康教育，保持平衡膳食，教育儿童不要偏食、挑食，改变喜食油腻食品、甜食、零食等不良饮食习惯，增加运动，看电视玩游戏时间不能过长，避免少动多睡。

第四节　腹泻病

PPT

腹泻病是一组由多病原、多因素引起的以大便次数增多和大便性状改变为特点的消化道综合征。6个月～2岁婴幼儿发病率高，1岁以内者约占半数，是造成小儿营养不良、生长发育障碍甚至死亡的主要原因之一。

一、病因及发病机制

1. 易感因素

（1）消化系统发育尚未成熟　婴幼儿胃酸和消化酶分泌少，活力较低，不能适应食物质和量的较大变化；小儿生长发育快，所需营养物质相对较多，胃肠负担重，容易发生功能紊乱。

（2）机体防御能力差　婴儿胃酸偏低，胃排空较快，对进入胃内的细菌杀灭能力较弱；血清免疫球蛋白（尤其是IgM、IgA）和胃肠道分泌型IgA均较低，免疫功能较差；正常肠道菌群尚未完全建立，改变饮食或滥用广谱抗生素等易引起肠道菌群失调，易患肠道感染。

（3）人工喂养　由于牛乳等动物乳类中所含的体液因子（分泌型IgA、乳铁蛋白等）、巨噬细胞及粒细胞等在加热过程中被破坏，且食物和食具极易受污染，故人工喂养儿肠道感染发生率明显高于母乳喂养儿。

2. 感染因素

（1）肠道内感染　①病毒：秋冬季节的婴幼儿腹泻80%由病毒感染引起。其中以轮状病毒最常见，其次为星状病毒、诺如病毒、肠道病毒（包括埃可病毒、肠道腺病毒、柯萨奇病毒）、冠状病毒等。②细菌（不包括法定传染病）：可由致腹泻大肠埃希菌、空肠弯曲菌、耶尔森菌、沙门菌、金黄色葡萄球菌等引起。③真菌：念珠菌、曲菌、毛霉菌等，婴儿以白色念珠菌感染多见。④寄生虫：常见为蓝氏贾第鞭毛虫、阿米巴原虫和隐孢子虫等。

（2）肠道外感染　小儿在患中耳炎、上呼吸道感染、肺炎、尿路感染、皮肤感染或急性传染病时，可由于发热及病原体的毒素作用使消化功能紊乱，有时亦可产生腹泻症状。

3. 非感染因素

（1）饮食因素　①喂养不当：是引起轻型腹泻的常见原因，多为人工喂养儿。喂养不定时、饮食量不当、突然改变食物品种、过早喂给大量淀粉类或脂肪类食物，均可引起消化功能紊乱而发生腹泻。②过敏性腹泻：个别婴儿对牛奶或大豆等食物过敏。③原发性或继发性双糖酶（主要为乳糖酶）缺乏或活性降低，肠道对糖的消化吸收不良。

（2）气候因素　气候突然变化，腹部受凉使肠蠕动增加；天气过热消化液分泌减少，口渴吃奶过多，可诱发消化功能紊乱导致腹泻。

4. 导致腹泻的机制

（1）"渗透性"腹泻　肠腔内存在大量不能吸收的具有渗透活性的物质。

（2）"分泌性"腹泻　肠腔内电解质分泌过多。

（3）"渗出性"腹泻　炎症所致的液体大量渗出。

（4）"肠道功能异常性"腹泻　临床上腹泻多是在多种机制共同作用下发生的。

二、临床表现 🄴微课

小儿腹泻病按病程分为急性腹泻（病程在 2 周以内）、迁延性腹泻（病程在 2 周至 2 个月）、慢性腹泻（病程在 2 个月以上）。

（一）急性腹泻

1. 腹泻的共同临床表现

（1）轻型　多由饮食因素或肠道外感染引起。以胃肠道症状为主，表现为食欲缺乏，偶有溢奶或呕吐，大便次数增多，稀便或水便，粪便呈黄色或黄绿色，有酸味，常见白色或黄白色奶瓣和泡沫。无脱水及全身中毒症状，精神尚好，多在数日内痊愈。

（2）重型　多由肠道内感染引起。急性起病或由轻型加重而来，除有较重的胃肠道症状外，还有较明显的水、电解质、酸碱平衡紊乱和全身感染中毒症状。

1）胃肠道症状　食欲低下，常有呕吐，严重者可吐咖啡色液体。腹泻频繁，每日十余次至数十次，量多，多为黄色水样或蛋花汤样便。

2）全身感染中毒症状　发热、精神烦躁或萎靡、嗜睡、面色苍白、意识模糊甚至昏迷、休克。

3）水、电解质和酸碱平衡紊乱　①脱水：依据丢失体液量、精神状态、皮肤弹性、黏膜、前囟、眼窝、肢端、尿量、脉搏及血压的情况进行脱水程度的评估，脱水程度分为轻度、中度、重度（表15-2）。根据血清钠水平分为等渗性脱水（Na^+ 130～150mmol/L）、低渗性脱水（Na^+ <130mmol/L）和高渗性脱水（Na^+ >150mol/L），以前两者多见。②代谢性酸中毒：由于腹泻丢失大量碱性物质；摄入热量不足导致体内脂肪分解增加，产生大量酮体；脱水时血液浓缩使血流减慢，组织缺氧，无氧酵解增多而使乳酸堆积；尿量减少，酸性代谢产物潴留体内。因此绝大多数患儿都有不同程度的酸中毒，出现精神不振、口唇樱红、呼吸深大、呼出气有丙酮味等症状。③低钾血症：由于腹泻和呕吐时丢失

表 15-2　脱水程度评估

	轻度	中度	重度
丢失体液（占体重百分比）	≤5%	5%～10%	≥10%
精神状态	稍差	萎靡或烦躁	嗜睡、昏迷
皮肤弹性	尚可	差	极差，捏起皮肤恢复时间超过 2 秒
黏膜	稍干燥	干燥	明显干燥
前囟、眼窝	稍有凹陷	凹陷	明显凹陷
肢端	尚温暖	稍凉	凉或发绀
尿量	稍少	明显减少	无尿
脉搏	正常	增快	明显增快且弱
血压	正常	正常或稍降	降低

大量钾盐以及钾的摄入量不足；肾脏保钾功能比保钠差，缺钾时仍有一定量的钾继续排出，所以腹泻患儿常有体内缺钾，尤其是久泻和营养不良的患儿。但在脱水未纠正前，由于血液浓缩、酸中毒时钾由细胞内向细胞外转移、尿少等原因，体内钾总量虽然减少，但血清钾多数正常。随着脱水、酸中毒被纠正，排尿后钾排出量增加、大便继续失钾以及输入葡萄糖合成糖原时消耗钾等因素使血钾迅速下降，可出现缺钾症状，如精神不振、无力、腹胀、心律失常等。④低钙和低镁血症：腹泻患儿进食少，吸收不良，钙、镁从大便丢失，可使体内钙、镁减少。但是脱水、酸中毒时由于血液浓缩、离子钙增多等原因，不出现低钙的症状，待脱水、酸中毒纠正后则出现手足搐搦或惊厥。极少数久泻和营养不良患儿输液后出现震颤、手足搐搦或惊厥，用钙治疗无效时应考虑有低镁血症的可能。

2. 几种常见类型肠炎的临床特点

（1）轮状病毒肠炎　是秋、冬季小儿腹泻最常见的病原，经粪 - 口传播，呈散发或小流行，多见于 6～24 个月的婴幼儿。起病急，常伴有发热和上呼吸道感染症状，一般无明显感染中毒症状。病初 1～2 天常发生呕吐，随后出现腹泻。大便次数多、量多、水分多，每日可达几十次，呈黄色水样便或蛋花汤样便，无腥臭味；常并发脱水、酸中毒及电解质紊乱。本病为自限性，数日后呕吐渐停，腹泻减轻，病程为 3～8 天。大便镜检偶有少量白细胞。

（2）诺如病毒肠炎　多见于寒冷季节（11 月至第二年 2 月）。该病毒是集体机构急性暴发性胃肠炎的首要致病原，常见于餐馆、托幼机构、医院、学校等地点。急性起病，首发症状多为阵发性腹痛、恶心、呕吐和腹泻，全身症状有畏寒、发热、头痛、乏力和肌痛等。可伴有呼吸道症状。为自限性疾病，症状持续 12～72 小时。粪便及周围血象检查一般无特殊发现。

（3）产毒性细菌引起的肠炎　多发生在夏季。潜伏期 1～2 天，起病较急，轻症仅大便次数稍增多，性状轻微改变。重症腹泻频繁，量多，呈水样或蛋花样混有黏液，伴呕吐，常发生脱水、电解质和酸碱平衡紊乱。自然病程多为 3～7 天。镜检无白细胞。

（4）侵袭性细菌引起的肠炎　多见于夏季，潜伏期长短不等。常引起志贺杆菌性痢疾样病变。一般表现为急性起病，高热甚至惊厥，腹泻频繁，大便呈黏液状，带脓血，有腥臭味。常伴恶心、呕吐、腹痛和里急后重，可出现严重的中毒症状，如高热、意识改变，甚至感染性休克。大便镜检有大量白细胞及数量不等的红细胞。粪便细菌培养可找到致病菌。

（5）出血性大肠埃希菌肠炎　大便次数增多，开始为黄色水样便，后转为血水便，有特殊臭味，伴有腹痛。大便镜检有大量红细胞，常无白细胞。

（6）抗生素相关性肠炎　①金黄色葡萄球菌肠炎：多继发于使用大量抗生素后。表现为发热、呕吐、腹泻、不同程度中毒症状、脱水和电解质紊乱，甚至休克。典型大便为暗绿色，量多带黏液，少数为血便。大便镜检有大量脓细胞和成簇的革兰阳性球菌，培养有葡萄球菌生长，凝固酶阳性。②伪膜性小肠结肠炎：由难辨梭状芽孢杆菌引起。轻症大便每日数次，停用抗生素后很快痊愈。重症腹泻频繁，黄绿色水样便，可有伪膜排出。可疑病例可行结肠镜检查，大便厌氧菌培养组织培养法检测细胞毒素可协助确诊。③真菌性肠炎：多为白色念珠菌所致，2岁以下幼儿多见。常并发于其他感染或肠道菌群失调时。大便次数增多，黄色稀便，泡沫较多，带黏液，有时可见豆腐渣样细块（菌落）。病程迁延，常伴鹅口疮。大便镜检有真菌孢子体和假菌丝，大便真菌培养阳性。

（二）迁延性和慢性腹泻

病因复杂，感染、食物过敏、酶缺陷、免疫缺陷、药物因素、先天性畸形等均可引起。以急性腹泻未彻底治疗或治疗不当、迁延不愈最为常见。营养不良的婴幼儿患病率高，因为：①胃黏膜萎缩，胃液酸度降低，使胃杀菌屏障作用明显减弱，有利于胃液和十指肠液中的细菌和酵母菌大量繁殖；②十二指肠、空肠黏膜变薄，肠绒毛萎缩、变性，细胞脱落增加，双糖酶活性降低，小肠有效吸收面积减少，引起各种营养物质的消化吸收不良；③患儿腹泻时小肠上段细菌显著增多，十二指肠内厌氧菌和酵母菌过度繁殖，大量细菌对胆酸的降解作用使游离胆酸浓度增高，损害小肠细胞，同时阻碍脂肪微粒形成；④营养不良患儿常有肠动力的改变；⑤长期滥用抗生素引起肠道菌群失调；⑥重症营养不良儿免疫功能缺陷，对病原的易感性增加，同时降低了对食物蛋白抗原的口服免疫耐受。故营养不良患儿患腹泻时易迁延不愈，持续腹泻又加重了营养不良，两者互为因果，形成恶性循环，最终导致多脏器功能异常。

练一练15-2

不符合轮状病毒肠炎的特点是（　　）

A. 夏季多见　　　　　　B. 多见于6～24个月婴儿　　　　　C. 大便呈蛋花汤样

D. 常出现脱水　　　　　E. 常伴有发热

答案解析

三、实验室和其他检查

1. 血常规　白细胞总数及中性粒细胞增多提示细菌感染，降低提示病毒感染，嗜酸性粒细胞增多属寄生虫感染或过敏性病变。

2. 大便检查　大便常规无或偶见白细胞者为侵袭性细菌以外的病原体感染引起，大便内有较多的白细胞者常由于各种侵袭性细菌感染引起。大便培养可检出致病菌。真菌性肠炎大便涂片可见真菌孢子体和假菌丝。疑为病毒感染者应做病毒学检查。

3. 血液生化检查　血钠、血钾测定可反映体内脱水性质、缺钾的程度。血气分析及二氧化碳结合力测定可了解酸碱平衡紊乱程度和性质。重症患儿应测尿素氮，必要时查血钙和血镁。

四、诊断与鉴别诊断

1. 大便无或偶见少量白细胞　为侵袭性细菌以外的病因（如病毒、非侵袭性细菌、喂养不当）引起的腹泻，多为水泻，有时伴脱水症状，除感染因素外应注意下列情况。

（1）生理性腹泻 多见于 6 个月以内婴儿，外观虚胖，常有湿疹，生后不久即出现腹泻，除大便次数增多外，无其他症状，食欲好，不影响生长发育，添加辅食后大便即逐渐转为正常。

（2）导致小肠消化吸收功能障碍的各种疾病 如双糖酶缺乏、食物过敏性腹泻等。可根据各病特点进行鉴别。

2. 大便有较多的白细胞 表明结肠和回肠末端有侵袭性炎症病变，常由各种侵袭性细菌感染所致，仅凭临床表现难以区别，必要时应进行大便细菌培养细菌血清型和毒性检测，尚需与下列疾病鉴别。

（1）细菌性痢疾 常有流行病学史，起病急，全身症状重。便次多，量少，排脓血便伴里急后重。大便镜检有较多脓细胞、红细胞和吞噬细胞，大便细菌培养有志贺痢疾杆菌生长可确诊。

（2）坏死性肠炎 中毒症状较严重，腹痛、腹胀、频繁呕吐、高热，大便呈暗红色糊状，渐出现典型的赤豆汤样血便，有腐败腥臭味，常伴休克。腹部 X 线摄片呈小肠局限性充气扩张，肠间隙增宽，肠壁积气等。

五、治疗

治疗原则：调整饮食，预防和纠正脱水，合理用药，加强护理，预防并发症。

（一）急性腹泻的治疗

1. 饮食疗法 强调坚持继续喂养，可根据病情进行饮食调整。母乳喂养儿继续哺母乳，暂停辅食；人工喂养儿可喂以等量米汤、稀释的牛奶或其他代乳品，由米汤、粥、面条等逐渐过渡到正常饮食。有严重呕吐者可暂时禁食 4~6 小时（不禁水），待好转后继续喂食，由少到多，由稀到稠。病毒性肠炎多有继发性双糖酶（主要是乳糖酶）缺乏，可暂停乳类喂养改为豆制代乳品，或发酵奶、去乳糖配方奶粉以减轻腹泻，缩短病程。腹泻停止后逐渐恢复营养丰富的饮食，并连续 2 周每日加餐 1 次。

2. 纠正水、电解质紊乱及酸碱失衡

（1）口服补液 适用于腹泻时脱水的预防及纠正轻、中度脱水。选用口服补液盐（ORS）口服，轻度脱水 50~80ml/kg，中度脱水 80~100ml/kg，于 8~12 小时内将累积损失量补足。

（2）静脉补液 适用于中度以上脱水、吐泻严重或腹胀的患儿。

1）第 1 天补液 ①定量：总量包括累积损失量、继续损失量和生理需要量。根据脱水程度确定，一般轻度脱水补液总量为 90~120ml/kg，中度脱水为 120~150ml/kg，重度脱水为 150~180ml/kg。②定性：根据脱水性质选用不同张力溶液，一般等渗性脱水选用 1/2 张含钠液，低渗性脱水选用 2/3 张含钠液，高渗性脱水选用 1/3 张含钠液，若临床判断脱水性质有困难时，可先按等渗性脱水处理。③定速：主要根据脱水的程度以及继续损失的量和速度确定。对重度脱水有周围循环衰竭者应快速扩容，用 2∶1 等张含钠液 20ml/kg（总量<300ml），于 30~60 分钟内快速输入。累积损失量（扣除扩容液量）一般在 8~12 小时内补完，为每小时 8~10ml/kg。继续损失量和生理需要量于 12~16 小时内补完，约每小时 5ml/kg。④纠正酸中毒：轻、中度酸中毒，因输入的液体中已含有一部分碱性液，输液后循环和肾功能得到改善，酸中毒即可纠正。重度酸中毒可用 1.4% 碳酸氢钠扩容，兼有扩充血容量及纠正酸中毒的作用，也可根据临床症状和血气测定结果，另给碱性液纠正。⑤纠正低血钾：有尿或补液前 6 小时内排过尿者应及时补钾，静脉补钾的浓度不应超过 0.3%，每日静脉补钾的时间不应少于 8 小时，切忌钾盐静脉推注。补钾的时间一般要持续 4~6 天。⑥纠正低钙和低镁：补液过程中如出现惊厥、手足搐搦，可用等量 5%~10% 葡萄糖液稀释 10% 葡萄糖酸钙（每次 1~2ml/kg，最大量≤10ml）缓慢静脉推注。补钙后手足搐搦不见好转反而加重者要考虑低镁血症，可测定血镁浓度，用 25% 硫酸镁深部肌内注射，每次 0.1~0.2ml/kg，每日 2~3 次，症状缓解后停用。

2）第 2 天及以后的补液　主要是补充继续损失量和生理需要量，继续补钾，供给热量。病情好转可改口服补液。如腹泻仍频繁或口服补液量不足，可继续静脉补液。继续损失量根据吐泻情况，按"丢多少补多少"的原则，用 1/2 ~ 1/3 张含钠液补充；生理需要量用 1/5 张含钠液补充，这两部分液体相加于 12 ~ 24 小时内均匀输注。

3. 药物治疗

（1）控制感染　①水样便腹泻患者多为病毒及非侵袭性细菌所致，一般不用抗生素。②黏液脓血便患者多为侵袭性细菌感染，应根据临床特点，针对病原先经验性选用抗菌药物，后根据大便细菌培养和药敏试验结果进行调整。大肠埃希菌、空肠弯曲菌、耶尔森菌、鼠伤寒沙门菌所致感染常选用庆大霉素、卡那霉素、氨苄西林、红霉素、头孢霉素、诺氟沙星、环丙沙星、呋喃唑酮、复方新诺明等。金黄色葡萄球菌肠炎、伪膜性肠炎、真菌性肠炎应立即停用原使用的抗生素，根据症状可选用万古霉素、新青霉素、利福平、甲硝唑或抗真菌药物治疗。婴幼儿慎用氨基糖苷类抗生素。

（2）微生态疗法　常用双歧杆菌、嗜酸乳杆菌和粪链球菌制剂，有助于恢复肠道正常菌群的生态平衡，抑制病原菌定植和侵袭，控制腹泻。

（3）肠黏膜保护剂　可用蒙脱石散，能吸附病原体和毒素，维持肠细胞的吸收和分泌功能，与肠道黏液糖蛋白相互作用可增强其屏障功能，阻止病原微生物的入侵。

（4）抗分泌治疗　脑啡肽酶抑制剂消旋卡多曲可以通过加强内源性脑啡肽来抑制肠道水、电解质的分泌，可以用于治疗分泌性腹泻。

（5）止泻剂　避免用止泻剂，如洛哌丁醇会抑制胃肠动力、增加细菌繁殖和毒素的吸收，对于感染性腹泻有时是很危险的。

（6）补锌治疗　对于急性腹泻患儿，应每日给予元素锌 20mg（>6 个月），6 个月以下婴儿每日 10mg，疗程 10 ~ 14 天。

（二）迁延性和慢性腹泻治疗

迁延性、慢性腹泻常伴有营养不良和其他并发症，病情较为复杂，必须采取综合治疗。

1. 病因治疗　寻找引起病程迁延的原因，对因治疗，切忌滥用抗生素，避免引起顽固的肠道菌群失调。

2. 营养治疗

（1）调整饮食　母乳喂养儿应继续母乳喂养。人工喂养儿应调整饮食，保证足够热量。双糖不耐受患儿以乳糖不耐受最多见，可采用去双糖饮食，如采用不含乳糖代乳品或去乳糖配方奶粉等。如在应用无双糖饮食后腹泻仍不改善，应考虑食物过敏的可能性，应回避过敏食物，也可采用游离氨基酸或深度水解蛋白配方饮食。

（2）要素饮食　是肠黏膜受损伤患儿最理想的食物，系由氨基酸、葡萄糖、中链甘油三酯、多种维生素和微量元素组合而成。应用时的浓度和量视患儿临床状态而定。

（3）静脉营养　少数不能耐受口服营养物质的患儿可采用静脉营养。推荐方案（每日）：脂肪乳剂 2 ~ 3g/kg，复方氨基酸 2 ~ 2.5g/kg，葡萄糖 12 ~ 15g/kg，电解质及多种微量元素适量，液体 120 ~ 150ml/kg，热量 50 ~ 90cal/kg。病情好转后改为口服。

3. 药物治疗　抗生素仅用于分离出特异病原的感染患儿，并根据药物敏感试验选用。补充微量元素和维生素，如锌、铁、烟酸、维生素 A、维生素 B_{12}、维生素 B_1、维生素 C 和叶酸等，有助于肠黏膜的修复。应用微生态调节剂和肠黏膜保护剂。

4. 中医治疗　中医辨证论治有良好的疗效，并可配合中药、推拿、捏脊等。

六、预防

1. 合理喂养，提倡母乳喂养，及时添加辅助食品，每次限一种，逐步增加，适时断奶。人工喂养者选择合适的代乳品。

2. 生理性腹泻婴儿避免不适当的药物治疗或不按时添加辅食。

3. 养成良好的卫生习惯，注意乳品的保存和奶具、食具、便器、玩具和设备的定期消毒。

4. 注意气候变化，避免过热或受凉。

5. 感染性腹泻患儿，尤其是大肠埃希菌、鼠伤寒沙门菌、轮状病毒肠炎的传染性强，集体机构如有流行，应积极治疗患者，做好消毒隔离工作，防止交叉感染。

6. 避免长期滥用广谱抗生素，对于因败血症、肺炎等肠道外感染必须使用抗生素，特别是广谱抗生素的婴幼儿，应加用微生态制剂，防止难治性肠道菌群失调所致的腹泻。

看一看：口服补液盐（ORS）

7. 轮状病毒肠炎最常见，疫苗接种是理想的预防方法。

? 想一想

1. 小儿为什么容易发生腹泻病？

2. 如何预防小儿腹泻？

答案解析

♥ 药爱生命

"奶奶医生"陈桂芳

1957 年，陈桂芳以优异成绩从广西医学院毕业后支边到海南，把青春年华献给了这座岛。1976～1978 年响应国家需要，前往赤道几内亚做援外医疗队医生，为医疗事业无私奉献。"登革热"疾病突发的 1986 年，陈桂芳决定超剂量使用垂体后叶素对患者进行止血，救回一大批患者。此后还将精湛的医术运用到海南"维生素 B 缺乏症""流行性脑膜炎"和"霍乱"等疾病治疗中，同时创新采用阿奇霉素治疗先天性弓形虫病，让患儿双目复明。退休后，陈桂芳继续发光发热，被医院返聘继续奋斗在诊疗一线。2006 年，陈桂芳战胜癌症病魔再次回归儿科事业，用平凡的坚守得到诸多患者的认可。如今，陈桂芳依然坚持每周两天出诊。陈桂芳的行医经历和感人事迹深受媒体关注，2006 年获得了第三届中国医师奖，2015 年 11 月，陈桂芳荣登"中国好人榜"，2020 年获"中国儿科终身成就医师"称号。

目标检测

答案解析

一、单项选择题

1. 不符合小儿生长发育的一般规律的是

    A. 由上到下   B. 由远到近   C. 由粗到细

    D. 由低级到高级   E. 由简单到复杂

2. 下列关于小儿年龄分期，错误的是

    A. 胎儿期是指从受精卵开始至胎儿出生为止

B. 新生儿期是指自胎儿出生脐带结扎到满 28 天

C. 婴儿期是指自出生 28 天后到满 1 周岁前

D. 幼儿期是指自 1 周岁后到满 3 周岁前

E. 学龄前期是指自 3 周岁后到 6~7 岁入小学前

3. 判断小儿体格发育最常用的指标是

 A. 动作发育能力   B. 语言发育程度   C. 智能发育水平

 D. 神经反射发育   E. 体重、身高、头围

4. 维生素 D 缺乏性佝偻病初期的临床表现是

 A. 免疫力低下   B. 语言发育落后   C. 运动减少

 D. 肌肉松弛   E. 非特异性神经精神症状

5. 男婴，10 个月。出生后牛奶喂养，经常出现多汗、烦躁，近 1 周加重，偶有腹泻、呕吐。查体：枕秃，前囟大，方颅。实验室检查：血钙稍低，血磷降低，碱性磷酸酶增高。X 线示干骺端临时钙化带呈毛刷样。最合适的治疗措施是

 A. 维生素 D 330 万 IU 肌内注射   B. 维生素 D 400~800IU/日 口服

 C. 维生素 D 2000~4000IU/日 口服   D. 补充钙剂

 E. 补充磷酸盐

6. 1 个月婴儿，冬季出生，母乳喂养，为预防佝偻病的发生，最好的办法是

 A. 母亲摄入富含钙、磷的食物   B. 母亲摄入富含维生素 D 的食物

 C. 婴儿每日补充维生素 D 400IU   D. 婴儿每日补充维生素 D 1 万 IU

 E. 婴儿每日肌注维生素 D 30 万 IU

7. 预防儿童肥胖应从什么时期开始

 A. 胎儿期   B. 婴儿期   C. 学龄期

 D. 学龄前期   E. 青春期

8. 小儿腹泻发病率高的年龄组是

 A. <3 月   B. 3~5 月   C. 6 月~2 岁

 D. 3~4 岁   E. 5~6 岁

9. 女婴，10 个月。腹泻 3 天，加重 2 天。暗红色水样便每日 10 余次，量多，腥臭，伴高热、呕吐、少尿。查体：精神萎靡，前囟眼窝凹陷，皮肤弹性差，心音较低钝，腹胀，肝脾不大。实验室检查：粪镜检有大量脓血细胞，血钠 135mmol/L，血钾 3.5mmol/L。该患儿腹泻脱水的程度与性质应该是

 A. 重度等渗性   B. 中度等渗性   C. 中度低渗性

 D. 中度高渗性   E. 重度低渗性

10. 婴儿腹泻重型与轻型的主要区别点是

 A. 腹泻次数   B. 体温高低   C. 呕吐次数

 D. 有无水、电解质紊乱   E. 有无全身中毒症状

11. 男孩，2 岁。秋季发病。低热伴腹泻 2 天，为蛋花汤样，10 余次/天，无腥臭味。粪便常规偶见白细胞。该患者最可能的病原体是

 A. 冠状病毒   B. 肠道腺病毒   C. 柯萨奇病毒

 D. 诺沃克病毒   E. 轮状病毒

二、多项选择题

1. 婴儿感染性腹泻的治疗原则包括

   A. 纠正脱水　　　　　　B. 加强护理　　　　　　C. 调整饮食

   D. 用止泻剂　　　　　　E. 控制感染

2. 儿童单纯性肥胖症最主要的治疗措施包括

   A. 饮食疗法　　　　　　B. 运动疗法　　　　　　C. 手术

   D. 药物治疗　　　　　　E. 节食

三、简答题

请简述营养性维生素 D 缺乏性佝偻病激期的骨骼主要表现。

（林华伟）

书网融合……

　重点回顾　　　　　　　微课　　　　　　　习题

第十六章 皮肤科常见疾病

学习目标

知识目标：

1. 掌握 皮肤常见疾病的临床表现、诊断和治疗原则。

2. 熟悉 皮肤常见疾病的病因及防治。

3. 了解 皮肤常见疾病的发病机制及鉴别诊断。

技能目标：

能运用临床思维方法对皮肤常见疾病进行诊断治疗。

素质目标：

具备实事求是的科学态度和治病救人、全心全意为人民服务的高尚医德。

导学情景

情景描述： 患者，女，24 岁，学生。因面及胸背部丘疹、脓疱反复发作 4 年余就诊。患者 4 年来长期使用各种洗面奶洁面。皮肤科检查：面、胸、背部可见散在分布炎性丘疹、脓疱、结节、黑头粉刺和毛孔粗大。

情景分析： 结合主诉及现病史，根据该患者的临床发病特点初步诊断为"痤疮"。

讨　　论： 1. 痤疮的临床表现特点是什么？

2. 为进一步明确诊断需要进行的下一步检查有哪些？

学前导语： 痤疮是一种毛囊、皮脂腺的慢性炎症性皮肤病，好发于面部，以青少年发病率为高，痤疮可分为不同的临床类型，主要治疗方法为为去脂、溶解角质，杀菌、消炎及调节激素水平。请结合此患者的发病特点给出合理的治疗方案，生活中需要注意的事项有哪些？

第一节　痤　疮

PPT

痤疮是一种毛囊、皮脂腺的慢性炎症性皮肤病，好发于面部，具有一定的损容性。各年龄段人群均可患病，但以青少年发病率为高。

一、病因

痤疮为多因素的疾病，主要与雄激素及皮脂分泌活动增加、毛囊皮脂腺开口处角化过度、痤疮丙酸杆菌感染及继发炎症反应等四大原因相关，部分患者的发生还与遗传、免疫、内分泌障碍、情绪及饮食等因素有关。

二、发病机制

青春期性腺发育，体内雄激素产生增加或雄、雌激素水平失衡。使皮脂腺增大及皮脂分泌增加，毛囊皮脂腺开口处上皮增生及角化过度，使皮脂分泌通道受阻，排泄不畅，当皮脂、角质团块等淤积在毛囊口时即形成粉刺，富有刺激性的游离脂肪酸刺激毛囊引起炎症性皮损。

三、临床表现

1. 临床特点　皮损好发于面颊、额部，其次是胸部、背部及肩部，多为对称性分布，常伴有皮脂溢出。多发于 15 岁到 30 岁之间的青年男女。痤疮的各种类型皮损均是由毛囊不同深度的炎症以及其他继发性反应造成的，包括因毛囊皮脂腺导管阻塞所致的粉刺、发生于毛囊口处的表浅脓疱、炎性丘疹、结节、囊肿及瘢痕等。

疾病早期损害为与毛囊一致的圆锥形丘疹，如闭合性白头粉刺及开放性黑头粉刺，白头粉刺不易挤出内容物，可挑挤出白黄色豆腐渣样物质，为肤色丘疹（1mm 大小）；而黑头粉刺系内含脂栓氧化所致，顶部黑色、体部呈乳白色的脂酸；皮损加重后可形成炎症丘疹，顶端可有小脓疱；继续发展可形成大小不等暗红色结节或囊肿，挤压时有波动感，经久不愈可化脓形成脓肿，破溃后常形成窦道和瘢痕。

本病一般无自觉症状，炎症明显时可有疼痛。痤疮病程慢性，时轻时重，部分患者至中年期病情逐渐缓解，但可遗留或多或少的色素沉着，肥厚性或萎缩性瘢痕。

2. 分型

（1）临床上根据病情轻重采用 Pillsbury 分类法将痤疮分为Ⅰ~Ⅳ度。①Ⅰ度（轻度）：散发至多发的黑头粉刺，可伴散在分布的炎性丘疹。②Ⅱ度（中等度）：Ⅰ度结合炎症性皮损数目增加，出现浅在性脓疱，但局限于颜面。③Ⅲ度（重度）：Ⅱ度结合深在性脓疱，分布于颜面，颈部和胸背部。④Ⅳ度（重度至集簇性）：Ⅲ度结合结节，囊肿，伴瘢痕形成，发生于上半身。

（2）痤疮可分为不同的临床类型，寻常型痤疮最常见，尚有许多特殊类型。①聚合性痤疮属较严重类型，表现为严重结节，囊肿、窦道及瘢痕，好发于男性青年；②暴发性痤疮指少数患者病情突然加重，并出现发热、关节痛，贫血等全身症状；③雄激素、糖皮质激素，卤素等所致的痤疮样损害称为药物性痤疮；婴儿期由于母体雄激素在胎儿阶段进入体内，可引起婴儿痤疮；④月经前痤疮与月经周期密切相关；⑤皮肤清洁消毒剂中的抑菌物质，皂类或洗面奶内含的脂肪酸盐，多种化妆品、香波、防晒剂，增白剂，发胶及摩丝等均可引起皮脂分泌导管内径狭窄、开口处机械性堵塞或毛囊口的炎症，引发化妆品痤疮。

❓ 想一想

简述痤疮的严重程度分类。

答案解析

四、诊断与鉴别诊断

1. 诊断　根据青年男女，发生在颜面、前胸和背部，散在性黑头粉刺，丘疹、脓疱、结节及囊肿等典型皮损，对称分布等特点可以诊断。

2. 鉴别诊断　应与职业性痤疮、颜面播散性粟粒性狼疮等进行鉴别。通过病理检查和病原学检查可以客观地鉴别两种疾病。

五、治疗原则

为去脂、溶解角质，杀菌、消炎及调节激素水平。

1. 一般治疗　应尽可能避免辛辣食物，控制脂肪和糖类食品，多吃新鲜蔬菜、水果和富含维生素的食物。清水（可有控油洁面乳）洗脸保持清洁，原则上不应使用油膏类化妆品，应注意，禁用手挤压及搔抓粉刺。保持良好的睡眠、乐观的心态，此外，劳逸适度，纠正便秘，禁用溴、碘类药也十分重要。

2. 药物　根据临床特点选择用药，轻度痤疮可选择外用药物治疗，如维 A 酸类、抗生素等外用药物治疗即可。中、重度痤疮，需系统口服用药（米诺环素、抗雄激素药物）结合上述外用药治疗。

3. 光疗　联合应用红蓝光照射，可通过光动力学效应破坏痤疮丙酸杆菌及减轻炎症反应而对痤疮有效。主要不良反应有疼痛、结痂、红斑和色素沉着。

4. 辅助治疗　粉刺可用特制的粉刺挤压器将内容物挤出，化脓皮损有时需切开引流；清洁皮损后，用药物按摩或药物喷雾，结合石膏药物倒模，可达到治疗和美容目的。

第二节　皮炎与湿疹

PPT

一、接触性皮炎

接触性皮炎是指皮肤、黏膜由于接触某些外源性物质后，接触部位发生的急性或慢性炎症反应。

（一）病因

根据发病机制的不同，可将病因分为原发性刺激物和接触性致敏物。按其来源可分为三大类：动物性、植物性和化学性物质分类，其中化学性物质致病多见。

1. 动物性　来源于如羊毛、皮革、羽毛、昆虫的毒毛及分泌物等。

2. 植物性　来源于如荨麻、橡树、漆树、补骨脂、某些蔬菜和水果、花粉等。

3. 化学性　来源于金属及其制品、日常生活用品、化妆品、外用药物、化工原料、农药等。

（二）发病机制

可分为刺激性和变应性接触性皮炎。

1. 刺激性接触性皮炎　接触物本身具有强烈刺激性（如接触强酸、强碱等化学物质）或毒性，任何人接触该物质均可发病。某些物质刺激性较小，但一定浓度下接触一定时间也可致病。

2. 变应性接触性皮炎　为典型的Ⅳ型超敏反应。接触物为致敏因子，本身并无刺激性或毒性，多数人接触后不发病，仅有少数人接触后经过一定时间的潜伏期，在接触部位的皮肤黏膜发生超敏反应性炎症。

（三）临床表现　🅔微课

根据病程分为急性、亚急性和慢性。

1. 急性接触性皮炎　起病较急。皮损多局限于接触部位，少数可蔓延或累及周边部位。典型皮损为境界清楚的红斑，其上有丘疹和丘疱疹，严重时红肿明显并出现水疱和大疱，破溃后呈糜烂面，患者常自觉瘙痒或灼痛，少数病情严重的患者可有全身症状。去除接触物后经积极处理，一般 1~2 周内可痊愈，遗留暂时性色素沉着，交叉过敏、多价过敏及治疗不当易导致反复发作、迁延不愈或转化为亚急性和慢性。

2. 亚急性和慢性接触性皮炎　如接触物的刺激性较弱或浓度较低，皮损开始可呈亚急性，表现为轻度红斑、丘疹，境界不清楚。长期反复接触可导致局部皮损慢性化，表现为皮损轻度增生及苔藓样变，可有色素沉着，甚至发生皲裂。

（四）诊断与鉴别诊断

1. 诊断　有接触致敏物史，限于接触部位，界限清楚的急性炎症，皮疹以红斑、水疱为主；伴瘙痒，去除致敏物后病情好转，皮肤斑贴试验阳性。

2. 鉴别诊断　应与急性湿疹、丹毒等疾病相鉴别。

（五）治疗

治疗原则：寻找病因、迅速脱离接触物并积极对症处理。避免再次接触致敏原。

1. 系统药物治疗　视病情轻重可内服抗组胺药或糖皮质激素。治疗重度泛发的炎症首选泼尼松30mg/d，炎症控制后可停药。

2. 外用药物治疗　根据皮损炎症情况依据外用药物原则选择外用药及剂型，可按急性、亚急性和慢性皮炎的治疗原则处理。

（1）急性期　红肿明显外用炉甘石洗剂，渗出多时用3%硼酸溶液冷湿敷，直至控制渗出，有继发性感染，可选用抗生素。

（2）亚急性期　有少量渗出时外用糖皮质激素糊剂或氧化锌油，无渗液时用糖皮质激素霜剂。

（3）慢性期　一般选用具有抗炎作用的软膏，如糖皮质激素软膏或霜剂外用。

👁 **看一看**

光敏性皮炎

春夏季阳光强，皮肤对紫外线不能立刻适应，特殊体质的人就对紫外线过度敏感，发生光敏性皮炎。光敏性皮炎一般好发于裸露部位，如面、颈项、手臂等，表现为这些部位的皮肤出现丘疹、红斑、水疱、脱屑等，常伴有不同程度的瘙痒。

预防方法是外出时要在裸露部位涂有阻挡紫外线的防晒霜，或者戴遮阳帽、遮阳伞。一旦患了光敏性皮炎，到皮肤科就诊，口服抗过敏药物及配合抗炎、抗敏的外用药。找中医皮肤科医生调理，可预防复发。春季少吃或不吃具有增强光敏作用的蔬菜，如油菜、小白菜、芥菜、苋菜、蒲公英、无花果等，以免发生蔬菜－日光性皮炎。也要避免因病吃四环素、氯丙嗪、克尿噻、异丙嗪等，以免发生光敏性药疹。

二、湿疹

湿疹是由多种内、外因素引起的真皮浅层及表皮炎症，临床上急性期皮损以丘疱疹为主，呈多形性，有渗出倾向，伴剧烈瘙痒，慢性期以苔藓样变为主，病程反复。多种因素共同作用导致发病。

（一）病因及发病机制

病因尚不清楚，可能与下列因素有关。

1. 内部因素　遗传因素、神经精神因素、内分泌及代谢改变（如月经紊乱，妊娠等）、慢性感染病灶（如慢性胆囊炎、扁桃体炎、肠寄生虫病等）、血液循环障碍（如小腿静脉曲张等）等有关。

2. 外部因素　各种化学物质（如化妆品、肥皂、合成纤维等）、生活环境（如炎热、干燥等）动物毛皮、食物（如鱼，虾、牛羊肉等）、吸入物（如花粉、屋尘螨等）所诱发或加重。

（二）临床表现

根据病程和皮损特点可分为急性、亚急性和慢性湿疹。

1. 急性湿疹　好发部位为面、耳、手、足、前臂、小腿等外露部位，皮损为多形性，对称性分布，自觉瘙痒剧烈，进行搔抓，严重者可弥漫全身。常表现为红斑、粟粒大小丘疹、丘疱疹、水疱，常融合成片，境界不清楚，因搔抓形成点状糜烂面，有浆液性渗出。如继发感染则形成脓疱、脓痂、淋巴结肿大，可合并发热等症状。

2. 亚急性湿疹 由于急性湿疹演变或治疗不规范后发展而来。表现为红肿及渗出减轻，但仍可有丘疹及少量丘疱疹，皮损呈暗红色，可有少许鳞屑及轻度浸润。仍自觉有剧烈瘙痒。再次接触致敏原新的刺激或治疗不规范可急性发作，迁延不愈，病情反复，则可进展为慢性湿疹。

3. 慢性湿疹 由急性湿疹及亚急性湿疹迁延而来，也可由于刺激轻微、持续，开始就表现为慢性化。表现为患部皮肤浸润性暗红斑上有丘疹、抓痕及鳞屑，局部皮肤肥厚、表面粗糙，有不同程度的苔藓样变，色素沉着或色素减退。自觉亦有明显瘙痒，常呈阵发性。好发于颜面部、耳后、手、足、小腿、肘窝、股部、乳房、外阴、肛门等处，多对称发病。

（三）诊断与鉴别诊断

1. 诊断 根据病史，皮疹特点，瘙痒剧烈伴有烧灼感，多形性、对称性皮损，急性期有渗出倾向，慢性期苔藓样变皮损等特征，本病一般不难诊断。

2. 鉴别诊断 应与接触性皮炎及神经性皮炎相鉴别。

（四）治疗

1. 一般治疗 寻找避免各种可疑致病因素，发病期间应避免食用辛辣食物及饮酒，避免过度烫洗。询问详细病程病史。

2. 系统药物治疗 选用抗组胺药口服，葡萄糖酸钙加维生素 C 静脉注射，用药目的为抗炎、止痒。有继发感染者加用抗生素。

3. 外用药物治疗 遵循外用药物的使用原则。

（1）急性湿疹 无渗液或渗出不多者可用糖皮质激素霜剂，渗出多者可用3%硼酸溶液冷湿敷，渗出减少后用糖皮质激素霜剂，可和油剂交替使用。

（2）亚急性湿疹 可用氧化锌糊或糖皮质激素乳剂，为防止和控制继发性感染，可加用抗生素。

（3）慢性湿疹 可选用软膏、硬膏、涂膜剂；顽固性局限性皮损可用糖皮质激素作皮损内注射。

第三节　带状疱疹

PPT

带状疱疹由潜伏在体内的水痘－带状疱疹病毒（VZV）再激活所致，表现以沿单侧周围神经分布的簇集性小水疱为特征，常伴显著的神经痛。病毒通过飞沫传播或直接接触患者水疱疱液传播，进入人体后，导致原发性感染或隐性感染。本病愈后可获得持久免疫力。

一、病因及发病机制

VZV 为人疱疹病毒Ⅲ型（HHV－3），有立体对称的衣壳，为双链 DNA 病毒，只有一种血清型。VZV 对体外环境的抵抗力较弱，在干燥的痂内不能存活。人是 VZV 的唯一宿主。病毒经呼吸道黏膜进入血液形成病毒血症，发生水痘或呈隐性感染，同时病毒潜伏于脊髓后根神经节或颅神经感觉神经节内。某些诱因（如创伤、疲劳、恶性肿瘤、病后虚弱、使用免疫抑制剂等）导致患者机体抵抗力下降时，潜伏病毒被激活，沿感觉神经轴索下行，到达该神经所支配区域的皮肤内复制，产生水疱，同时受累神经发生炎症、坏死，产生神经痛。

二、临床表现

1. 本病好发于成人，发病率随年龄增大而呈显著上升趋势。

2. 典型表现

（1）发疹前可有低热、乏力、食欲不振等全身症状，患处皮肤自觉灼热或灼痛，触之有明显的痛觉敏感，可无前驱症状即发疹。

（2）好发部位依次为肋间神经、颅神经和腰骶神经支配区域。患处常先出现潮红斑，很快出现粟粒至黄豆大小丘疹，簇状分布而不融合，继之迅速变为水疱，疱壁紧张发亮，疱液澄清，外周绕以红晕，各簇水疱群间皮肤正常。皮损沿某一周围神经呈带状排列，多发生在身体的一侧，一般不超过正中线。

（3）神经痛为本病特征之一，病程 2~3 周，可在发病前或伴随皮损出现，老年患者常较为剧烈，老年人病程为 3~4 周。

3. 特殊表现 包括眼带状疱疹、耳带状疱疹、带状疱疹后遗神经痛及其他不典型带状疱疹。与患者机体抵抗力差异有关。

✎ **练一练**

带状疱疹的好发人群有哪些（　　）

A. 儿童　　　　B. 青少年　　　　C. 孕妇　　　　D. 老人　　　　E. 中青年人

答案解析

三、诊断与鉴别诊断

1. 诊断 根据典型临床表现、病史即可做出诊断。疱底刮取物涂片找到多核巨细胞和核内包涵体有助于诊断，必要时可用 PCR 检测 VZV DNA 和病毒培养予以确诊。

2. 鉴别诊断 应与单纯疱疹和接触性皮炎相鉴别。

四、治疗

治疗原则为抗病毒、止痛、消炎、防治并发症。本病具有自限性。

1. 系统药物治疗

（1）抗病毒药物 早期，足量抗病毒治疗，发疹后 48~72 小时内开始抗病毒治疗，有利于减轻神经痛，缩短病程。选用阿昔洛韦、伐昔洛韦、泛昔洛韦等，疗程均为 7 天。

（2）镇静止痛 依据止痛效果逐渐增加，选用阿米替林、加巴喷丁、普瑞巴林等。建议增加一个营养神经的治疗，去甲钴胺，维生素 B_{12} 等，维生素 B_1 等。

（3）糖皮质激素 应用有争议，多认为及早合理应用可抑制炎症过程。

2. 外用药物治疗 以干燥，消炎为主。疱液未破时可外用炉甘石洗剂、阿昔洛韦乳膏或喷昔洛韦乳膏；疱疹破溃后可酌情用 3% 硼酸溶液或 1:5000 呋喃西林溶液湿敷，或外用 0.5% 新霉素软膏或 2% 莫匹罗星软膏。

3. 物理治疗 如紫外线、频谱治疗仪、红外线等局部照射，可促进水疱干涸和结痂，缓解疼痛。

❤ **药爱生命**

皮肤病的预防

皮肤病的预防工作与其他疾病一样，贯彻"预防为主"的方针，树立整体观念。以下简单讲预防原则有①保持皮肤的清洁卫生：平时积极参加体育活动和锻炼，适度的阳光浴，可增强体质保持皮肤健康，提高皮肤的抗病能力。②化妆品皮肤病的预防：在使用某种未用过的化妆品前，最好进行斑贴试验来帮助选择，以免发生过敏反应。③皮脂腺分泌过多的预防：应主要控制脂肪、糖类、辛辣油炸食物的摄入，常用温水洗患处，避免用手挤捏。

目标检测

答案解析

一、单项选择题

1. 下列选项不属于痤疮皮损的是（　　）

    A. 黑头粉刺　　　　　　　B. 红色丘疹　　　　　　　C. 囊肿

    D. 结节　　　　　　　　　E. 鳞屑

2. 变态反应性接触性皮炎属于（　　）

    A. Ⅰ型变态反应　　　　　B. Ⅱ型变态反应　　　　　C. Ⅲ型变态反应

    D. Ⅳ型变态反应　　　　　E. 速发型变态反应

3. 接触性皮炎好发于（　　）

    A. 遮盖部位　　　　　　　B. 暴露部位　　　　　　　C. 掌跖

    D. 接触部位　　　　　　　E. 臀部

4. 诊断接触性皮炎最可靠的方法是（　　）

    A. 血中查致敏原　　　　　B. 斑贴试验　　　　　　　C. 病理活检

    D. 根据皮损　　　　　　　E. 淋巴细胞转化试验

5. 湿疹最突出的自觉症状是（　　）

    A. 伴有烧灼感　　　　　　B. 瘙痒剧烈　　　　　　　C. 疼痛剧烈

    D. 麻木　　　　　　　　　E. 无自觉症状

6. 几名工人接触同一化工试剂后均出现手部红斑、丘疹伴瘙痒，诊断为（　　）

    A. 原发性刺激性接触性皮炎　　B. 变态反应性接触性皮炎　　C. 湿疹

    D. 自身敏感性皮炎　　　　　　E. 手部过敏性皮炎

7. 关于急性湿疹，描述正确的是（　　）

    A. 病因清楚　　　　　　　B. 苔藓样变　　　　　　　C. 有渗出倾向

    D. 皮疹单一　　　　　　　E. 病程短，易痊愈

8. 面口部带状疱疹的典型临床表现是（　　）

    A. 成簇的红斑、水疱沿一侧三叉神经分布，疼痛剧烈

    B. 成簇的红斑、水疱沿一侧三叉神经分布，严重者可超过中线分布至对侧三叉神经，疼痛剧烈

    C. 成簇的红斑、水疱沿三叉神经对称分布，疼痛剧烈

    D. 颜面部出现红斑，沿一侧三叉神经分布，继而出现水疱，继发感染后成为脓疱，最终结痂，脱痂后留下瘢痕

    E. 以上都不对

9. 患者，女，20岁，面部皮疹2个月就诊。2个月前面部出现粉刺，之后逐渐增多并陆续出现红色丘疹、脓疱，局部可有触痛。检查：额、颞部及颊部可见较密集米粒大小黑头粉刺，期间散在红色丘疹、脓疱。该患者的初步诊断是（　　）

    A. 接触性皮炎　　　　　　B. 脓疱疹　　　　　　　　C. 脂溢性皮炎

    D. 寻常痤疮　　　　　　　E. 酒渣鼻

10. 患者，男，40 岁，肩部贴风湿膏后局部出现红肿、水疱，此时应立即采取的治疗措施是（ ）

  A. 糖皮质激素   B. 0.1% 雷夫奴尔溶液湿敷   C. 抗组胺药物口服

  D. 查过敏原   E. 去除风湿膏

（11~12 题共用题干）

  患者，女，23 岁，口唇红肿伴痒 3 天。发疹前曾外用芦荟唇膏。查体：口唇红肿，边界清楚，表面有水疱和糜烂。

11. 根据病历可能的诊断是（ ）

  A. 亚急性湿疹   B. 接触性皮炎   C. 自身敏感性皮炎

  D. 慢性湿疹   E. 急性湿疹

12. 为进一步确诊应行的检查是（ ）

  A. 血常规   B. 尿常规   C. 皮肤病理

  D. 斑贴试验   E. 血清 IgE 检测

（13~14 题共用题干）

  患者，女，50 岁，双手皮疹反复发作伴痒 10 余年。刷碗、洗衣后皮疹会明显加重或复发。查体：双手掌干燥、粗糙，局部有裂隙，表面少许鳞屑。

13. 根据病历可能的诊断是（ ）

  A. 手癣   B. 自身敏感性皮炎   C. 接触性皮炎

  D. 急性湿疹   E. 慢性湿疹

14. 进行治疗的外用药的适合剂型是（ ）

  A. 溶液   B. 糊剂   C. 涂膜剂

  D. 乳剂   E. 洗剂

二、多项选择题

关于湿疹治疗中的注意事项，下列选项正确的是（ ）

A. 海鲜   B. 洗热水澡   C. 局部搔抓

D. 饮酒   E. 水果

三、简答题

请简述急性湿疹的临床表现。

（闫婷婷）

书网融合……

 重点回顾   微课   习题

第十七章　五官科疾病

学习目标

知识目标：
1. **掌握**　五官科疾病的临床表现、诊断和治疗原则。
2. **熟悉**　五官科疾病的病因及防治。
3. **了解**　五官科疾病的发病机制。

技能目标：
能运用正确的临床思维方法对五官科疾病进行诊断，并能进行准确治疗。

素质目标：
具有人文关怀意识和良好的医德医风等职业操守。

📖 导学情景

情景描述：患者，男，22岁，右眼球结膜和睑结膜充血、水肿5天，伴微痒和有异物感，畏光、流泪；加重2天。就诊。查体：右眼眼睑红肿，睑结膜充血并伴有滤泡增生，球结膜充血、水肿，有水样分泌物。患者诉这5天来曾陆续使用硫酸新霉素滴眼液、氧氟沙星滴眼液、妥布霉素滴眼液、无好转；近2天反而红肿、充血加重。左眼睑结膜稍充血。无发热，无咳嗽，无流涕、鼻塞。其他均正常。

情景分析：结合该患者主诉及现病史，根据该患者的临床发病特点，初步诊断为"急性结膜炎"。

讨　　论：1. 急性结膜炎的临床表现特点是什么？

　　　　　2. 为进一步明确诊断，需要进行的下一步检查有哪些？

学前导语：急性结膜炎是由微生物感染等因素引起的结膜组织急性炎症，表现为单眼或双眼的异物感、烧灼感、瘙痒、眼部分泌物增多等症状；可导致角膜炎发生，角膜表面可见灰白色溃疡等。急性结膜炎的治疗周期视患者病情进展及治疗情况而定。请根据此患者的发病特点给出合理的治疗方案。思考急性传染性结膜炎流行期间应该注意什么？

第一节　急性结膜炎

PPT

急性结膜炎是指微生物感染等因素引起的结膜组织急性炎症，病程一般少于3周，可表现为单眼或双眼的异物感、烧灼感、瘙痒、眼部分泌物增多等症状，重要体征包括结膜充血、水肿、渗出物、乳头增生等。

一、流行病学

急性结膜炎是常见病、多发病，好发于夏、秋季，传染性极强，但一般预后良好。急性结膜炎主要通过接触传播，如与患者握手及接触患者使用过的毛巾、脸盆等。

二、诱发因素

当人体过度劳累时会导致免疫力低下，当有炎症入侵时，机体不能及时清除体内炎症细胞，因此可能诱发急性结膜炎。

三、病因

急性结膜炎是指微生物感染等引起的结膜组织急性炎症，可见于细菌感染、病毒感染、衣原体感染和自身免疫因素等，可通过接触传播，好发于儿童、不注意用眼卫生的人群、有慢性疾病的老年人群，可由机体过度疲劳诱发。主要病因如下。

1. 微生物感染　致病微生物可分为细菌、病毒或衣原体，偶见真菌、立克次体和寄生虫感染。

2. 物理刺激　如风沙、烟尘、紫外线等和化学性损伤，如医用药品、酸碱或有毒气体等也可引起结膜炎。

3. 免疫性病变　如过敏，或与全身状况相关的内因，如肺结核、梅毒，或邻近组织炎症蔓延引起。

四、临床表现

急性结膜炎病情轻重不一，轻者可无明显临床症状，仅表现为眼红、瘙痒，重者表现为眼烧灼感、畏光、流泪等，部分患者还可表现为结膜充血、结膜分泌物、乳头增生等症状。

（一）典型症状

眼部有异物感、烧灼感、瘙痒，眼部分泌物增多。严重者可出现畏光、流泪等症状。

（二）其他症状

1. 结膜充血　表现为表层血管充血，以穹隆部明显，向角膜缘方向充血减少。

2. 结膜分泌物　分泌物可为脓性、黏脓性或浆液性，细菌侵及结膜后可致多形核白细胞反应，起初分泌物呈较稀的浆液状，随着杯状细胞分泌黏液及炎症细胞和坏死上皮细胞的增加，分泌物变成黏液性或脓性。

3. 乳头增生　是结膜炎症的一种非特异性体征，多见于睑结膜，外观扁平，乳头较小时，呈天鹅绒样外观，角结膜缘部的多成圆顶状。滤泡形成，由淋巴细胞反应引起，呈外观光滑、半透明隆起的结膜改变。

4. 真膜和假膜　有脱落的结膜上皮细胞、白细胞、病原体和富含纤维素性的渗出物混合而成。

（三）并发症

急性结膜炎可导致眼部邻近组织遭受炎症侵袭，导致角膜炎发生，除了眼红和不同程度的视力减退外，多有明显的怕光、流泪和眼痛等症状，角膜表面可见灰白色溃疡等。

对于眼睛有畏光、流泪、瘙痒、烧灼感，或者突然觉得视力下降、视物模糊，角膜表面可见灰白色溃疡等症状时，应立即就医。

五、实验室和其他检查

1. 裂隙灯检查　看眼部是否有淋巴滤泡、结膜水肿、充血、分泌物等。

2. 病原学检查　结膜分泌物涂片有助于检查有无细菌感染。

3. 细胞学检查　不同类型的结膜炎，其细胞反应也不相同。

六、诊断标准

急性结膜炎可根据病史、临床症状、体征及实验室检查明确诊断。

1. 细菌性结膜炎 根据临床表现、分泌物涂片或结膜刮片等检查，可以诊断。结膜刮片和分泌物涂片通过 Gram 和 Giemsa 染色可在显微镜下发现大量多形核白细胞和细菌。

2. 病毒性结膜炎 急性滤泡性结膜炎和炎症晚期出现的角膜上皮下浸润是本病的典型特征，结膜刮片见大量单核细胞，中性粒细胞数量增加，病毒培养、血清学检查可协助病原学诊断。

3. 衣原体结膜炎 按照中华医学会眼科学会决定，诊断依据为在下列第一项的基础上，兼有其他三项中之一者可诊断衣原体结膜炎。

（1）上穹隆部和上睑板结膜血管模糊充血，乳头增生或滤泡形成，或两者兼有。

（2）用放大镜或裂隙灯角膜显微镜检查可见角膜血管翳。

（3）上穹隆部或（和）上睑结膜出现瘢痕。

（4）结膜刮片有沙眼包涵体。

七、治疗

急性结膜炎的治疗主要是局部用药治疗，严重或特殊感染的情况下需要全身用药。局部药物有左氧氟沙星滴眼液、妥布霉素滴眼液等，本病根据疾病发展程度以及治疗决定具体的治疗。急性结膜炎的治疗周期视患者病情进展及治疗情况而定，可能需要长期治疗。

1. 抗菌药物治疗 常用的药物有左氧氟沙星滴眼液、妥布霉素滴眼液，可有效杀灭结膜中的细菌来改善症状。

2. 抗病毒药物治疗 常用的药物有阿昔洛韦滴眼液或口服药，能有效杀灭病毒，缓解症状。

3. 糖皮质激素滴眼液 常用的药物有地塞米松滴眼液，可作为辅助用药，减轻炎症反应。

4. 手术治疗 急性结膜炎无需进行手术治疗。

八、预防

急性结膜炎主要是由于微生物感染引起，因此，预防关键是减少感染，可通过注意眼部卫生，做好眼部防护，避免用眼疲劳，积极治疗眼部疾病等措施进行有效预防。

急性传染性结膜炎流行期间，要尽量避免前往人流密集、空气不流通的场所，应保证充足的睡眠，注意休息，避免用眼疲劳。注意个人卫生尤其是用手卫生，经常用肥皂洗手，尽量避免用脏手揉眼。若家中有传染性急性结膜炎患者，其毛巾、脸盆等生活用品应进行单独使用且定期消毒，消毒方法为浸泡在热水里片刻，之后放到阳光下暴晒。

练一练17-1

请思考如何指导"红眼病"的患者避免传染其他人？

答案解析

♥ 药爱生命

浅谈眼药水

眼药水是眼科疾病最常用的药物剂型之一，对于许多眼病，眼药水都有直接、快捷的治疗作用。

随着人们的生活方式和工作条件的改变，用眼的时间越来越多，比如长时间看电脑、看电视、玩电子游戏等等，很容易患视觉疲劳症和干眼症。这两种病症都以眼睛干涩不适为主要表现，于是很多人将眼药水变成了日常"必备药品"。其实眼药水，原则上是能不用就不用，没有必要常规使用。

第二节　沙　眼

沙眼是由微生物沙眼衣原体感染所致的一种慢性传染性结膜角膜疾患，潜伏期为 5 ~ 12 日，双眼发病，儿童少年时期多发。因其在睑结膜表面形成粗糙不平的外观，形似沙砾，故名沙眼。

一、病因

沙眼是由于感染沙眼衣原体而导致，各种途径接触该病原，均可能发病。发病率和严重程度与环境因素，如较差的生活状况、卫生概念的缺乏和落后的医疗水平等有关。

主要是由于感染沙眼衣原体而导致，各种途径接触该病毒，均可能发病。沙眼衣原体种内有三个生物变种（或亚种），眼血清型包括 A、B、Ba、C 四个血清型，生殖血清型包括 D、Da、E、F、G、H、I、Ia、J、K 十个血清型，性病性淋巴肉芽肿血清型包括 L、L2、L2a、L3 四个血清型。地方性致盲沙眼通常由四个眼血清型 A、B、Ba 和 C 引起。

二、流行病学

沙眼于 20 世纪 50 年代以前曾在我国广泛流行，是当时致盲的首要病因。20 世纪 70 年代后，随着生活水平的提高、卫生常识的普及和医疗条件的改善，其发病率大大降低，只在某些地区有散在性的流行，没有成为一个大面积的常见流行病。

1. 传播途径　沙眼衣原体可有多种途径传染，其传播与患者的不良卫生条件、营养不良、居住环境、医疗条件等密切相关。其传播途径主要包括以下几种。

（1）接触传播　可经眼－手－眼途径，接触受感染患者的分泌物和受污染的生活用品而传播。另外，母亲与婴儿的密切接触可传播，是重要的传播途径。

（2）昆虫传播　携带病原体的节肢昆虫也是传播媒介，一般是生活在苍蝇肆虐地区的人群比较易感。

2. 好发人群

（1）低年学龄儿童和学前儿童。

（2）生活在卫生条件差的环境的人群容易患此病。

（3）长期处于亚热带地区、干旱地区容易患此病。

三、病理分期

1. Macallan 分期法

（1）Ⅰ期　为早期沙眼，此时上睑结膜出现未成熟滤泡，轻微上皮下角膜浑浊、弥漫点状角膜炎和上方细小角膜血管野。

（2）Ⅱ期　为活动期沙眼，分为Ⅱa 期、Ⅱb 期、Ⅱc 期。①Ⅱa 期以滤泡增生为主。角膜浑浊、上皮下浸润和明显的上方浅层角膜血管翳。②Ⅱb 期以乳头增生为主。滤泡坏死、上方表浅角膜血管翳和上皮下浸润，滤泡模糊，瘢痕不明显。③Ⅱc 期合并慢性淋菌性结膜炎。

（3）Ⅲ期　为瘢痕前期，此时进行性病变与瘢痕生成共同存在。

（4）Ⅳ期　为非活动性瘢痕期沙眼，此时结膜表面变为平滑，除了白色瘢痕以外，找不到其他活动性病变。

2. 我国常用沙眼分期

（1）Ⅰ期——进行期　即活动期，乳头和滤泡同时并存，上穹隆结膜组织模糊不清，有角膜血管翳。

（2）Ⅱ期——退行期　瘢痕开始出现，最后仅残留少许活动性病变。

（3）Ⅲ期——完全瘢痕期　活动性病变完全消失，代之以瘢痕，无传染性。

四、临床表现

沙眼一般起病缓慢，临床症状轻重不等。急性沙眼感染主要发生在学前和低年学龄儿童，沙眼患者早期无自觉症状，或仅有轻微异物感，似有灰尘侵入眼内等眼部异物和不适感，表现为滤泡性慢性结膜炎，以后逐渐进展到结膜瘢痕形成。

1. 急性期　包括畏光、流泪、异物感，较多黏液或黏液脓性分泌物。可出现眼睑红肿，结膜明显充血，可见乳头增生，上下穹隆部结膜满布滤泡，可合并弥漫性角膜上皮炎及耳前淋巴结肿大。

2. 慢性期　患者症状有所减轻，仅眼痒、异物感、干燥和烧灼感。结膜充血减轻，结膜污秽、肥厚，同时有乳头及滤泡增生，病变以上穹隆及睑板上缘结膜显著，并可出现垂幕状的角膜血管翳。病变过程中，结膜的病变逐渐为结缔组织所取代，形成瘢痕。重复感染时，如并发细菌感染，刺激症状更重，可能出现视力减退。

五、并发症

沙眼治疗不及时或反复感染时可出现以下并发症。

1. 睑内翻与倒睫　沙眼常见的并发症，结膜瘢痕收缩和睑板弯曲，使睑缘内翻，从而牵拉睫毛倒向角膜侧生长，形成倒睫。

2. 上睑下垂　上睑结膜及睑板组织增生使上睑重量增加，而眼部肌肉提睑功能下降，从而引起上睑下垂。

3. 角膜浑浊　衣原体可致角膜上皮炎症，在角膜血管翳的末端可以发生角膜浸润、角膜溃疡，加之内翻、倒睫加重损害，最终可导致角膜浑浊。

4. 实质性结膜干燥症　结膜广泛形成瘢痕，使杯细胞和副泪腺分泌功能遭到破坏，泪腺开口瘢痕性闭塞，导致结膜逐渐出现干燥。

5. 慢性泪囊炎　病变累及泪道黏膜，鼻泪管发生狭窄或阻塞，导致慢性泪囊炎，表现为流泪、流脓，挤压鼻根部可见大量脓液溢出。

六、实验室和其他检查

1. 查看患者有无畏光、流泪症状，检查患者视力情况。

2. 衣原体分离培养　是诊断衣原体感染的金标准。四种衣原体均可用鸡胚卵黄囊接种分离，分离阳性率为20%～30%，可用于初代培养但费时较多，较适宜用以恢复衣原体毒力，用细胞培养分离衣原体是目前分离衣原体最常用的方法。

3. 结膜细胞学检查　此方法是实验室检查沙眼衣原体最传统的方法，沙眼细胞学的典型特点是可检出淋巴细胞、浆细胞和多形核白细胞。结膜刮片后行 Giemsa 染色可显示位于核周围的蓝色或红色细胞浆内的包涵体。

4. 分子生物学方法 原位杂交法检测宫颈或直肠活检标本中沙眼衣原体 DNA，也可用 PCR 法检测，可明显提高检测敏感性，且可用于鉴定其血清型。

七、诊断标准

1. WHO 要求诊断沙眼时至少符合下述标准中的两条

（1）上睑结膜 5 个以上滤泡。

（2）典型的睑结膜瘢痕。

（3）角膜缘滤泡或 Herbert 小凹。

（4）广泛的角膜血管翳。

2. 1979 年第二届中华医学会眼科学会制定了统一的沙眼诊断标准

（1）上穹隆部和上睑板结膜血管模糊充血乳头增生或滤泡形成，或二者兼有。

（2）放大镜或裂隙灯显微镜下检查可见角膜血管野。

（3）上穹隆部和上睑结膜瘢痕。

（4）结膜刮片有沙眼包涵体。

在第一项的基础上，兼有其他三项中之一者可诊断沙眼。若出现上穹隆部及眦部睑结膜充血，有少量乳头增生或滤泡，并已排除其他结膜炎者，可视为疑似沙眼者。

八、鉴别诊断

1. 慢性滤泡性结膜炎 常见于儿童及青少年，皆为双侧。下穹隆及下睑结膜见大小均匀，排列整齐的滤泡，无融合倾向。结膜充血并有分泌物，但不肥厚，数年后不留痕迹而自愈，无角膜血管翳。而沙眼上下穹隆部结膜满布滤泡，病变以上穹隆及睑板上缘结膜显著，并可出现垂幕状的角膜血管翳。

2. 春季结膜炎 为季节性发病，表现为睑结膜增生的乳头大而扁平，上穹隆部无病变，也无角膜血管翳，结膜分泌物涂片中可见大量嗜酸性细胞。而沙眼细胞学的典型特点是结膜分泌图片可检出淋巴细胞、浆细胞和多形核白细胞，可以此鉴别诊断。

3. 包涵体性结膜炎 滤泡以下穹隆部和下睑结膜显著，无角膜血管翳，实验室可通过针对不同衣原体抗原的单克隆抗体进行免疫荧光检测来鉴别其抗原血清型。而沙眼上下穹隆部结膜满布滤泡，病变以上穹隆及睑板上缘结膜显著，并可出现垂幕状的角膜血管翳。

4. 巨乳头性结膜炎 本病有明确的角膜接触镜佩戴史，而沙眼患者多无角膜接触镜佩戴史。

九、治疗

沙眼的治疗包括全身和眼睛局部用药治疗，局部使用眼药水或者眼药膏治疗，全身用药可口服抗生素治疗，必要时需手术治疗。因治疗方式不同，治疗周期也不同。眼睛局部药物治疗，至少需要 10～12 周；全身抗生素治疗，疗程一般为 3～4 周。

1. 药物治疗

（1）四环素 广泛用于衣原体等感染，急性期或严重炎症性沙眼的患者可口服四环素。7 岁以下儿童和孕期女性忌用四环素，避免产生牙齿和骨骼损害。

（2）阿奇霉素 阿奇霉素可用于男女性传播疾病中由沙眼衣原体所致的单纯性生殖器感染，在治疗沙眼衣原体病中是有效的。阿奇霉素没有严重的不良反应，6 个月以上的儿童可以使用，但孕期禁用。

（3）红霉素 属于大环内酯类抗生素，属于快速抑菌剂，对沙眼衣原体具有强大的抗菌作用，局部常用药物为红霉素眼药膏。孕期和哺乳期女性慎用，对大环内酯类药过敏者禁用。

（4）磺胺类药物 对衣原体有抑制作用，可缓解沙眼症状。

2. 手术治疗 针对沙眼并发症进行手术治疗，如睑内翻者行睑内翻矫正术，慢性泪囊炎者行鼻腔泪囊吻合术，角膜浑浊者行角膜移植术。

十、预防

1. 增加洗面和清洁眼部次数可有效防治沙眼相互传播。

2. 改善生活环境，保证使用清洁水源，妥善处置人畜排泄物，减少苍蝇滋生。

3. 不与他人共用眼部化妆品、毛巾、脸盆等个人物品。

✖ 练一练17-2

作为职业药师如何指导得了沙眼的儿童使用药物治疗？哪些药物不能使用？

答案解析

第三节 白内障

PPT

白内障是指晶状体透明度降低或者颜色改变所导致的光学质量下降的退行性改变。各种原因如老化、遗传、局部营养障碍、免疫与代谢异常，以及外伤、中毒、辐射等，都能引起晶状体代谢紊乱，导致晶状体蛋白质变性而发生浑浊，引起白内障。

一、分类

白内障可按不同方法进行分类。

1. 按病因 分为年龄相关性、外伤性、并发性、代谢性、中毒性、辐射性、发育性和后发性白内障等。

2. 按发病时间 分为先天性和后天获得性白内障。

3. 按晶状体浑浊形态 分为点状、冠状和绕核性白内障等。

4. 按晶状体浑浊部位 分为皮质性、核性和囊膜下内障等。

5. 按晶状体浑浊程度 分为初发期、未成熟期、成熟期和过熟期。

二、病因及发病机制

白内障的发病机制较为复杂，是机体内外各种因素对晶状体长期综合作用的结果。晶状体处于眼内液体环境中，任何影响眼内环境的因素，都可以直接或间接破坏晶状体的组织结构，干扰其正常代谢而使晶状体浑浊。

老化、遗传、代谢异常、外伤、辐射、中毒、局部营养障碍以及某些全身代谢性或免疫性疾病，都可以直接或间接破坏晶状体的组织结构，干扰其正常代谢而使晶状体浑浊，进而发生白内障。

三、流行病学

白内障是常见病，是全球致盲性第一位的眼病，多出现于40岁以上人群。我国西藏地区白内障发病率最高，与紫外线的辐射有关。此外，随着生活水平的提高，糖尿病等代谢疾病的发病率逐年增加，白内障亦有逐渐低龄化的趋势。

四、临床表现

流行病学研究显示，紫外线照射、糖尿病、高血压、心血管疾病、机体外伤、过量饮酒及吸烟等均可能诱发白内障。

白内障患者早期症状不明显，可有轻度的视物模糊，疾病发展到中期及以后，患者晶状体浑浊逐渐加重，视物模糊也可进一步加重，随病情发展，有可能完全失明。典型症状如下。

1. 视力下降 这是白内障最明显也是最重要的症状。晶状体周边部的轻度浑浊可不影响视力，而在中央部的浑浊，虽然可能范围较小、程度较轻，但也可以严重影响视力。特别在强光下瞳孔收缩，进入眼内的光线减少，此时视力反而不如弱光下。晶状体浑浊明显时，视力可下降到仅有光感。

2. 对比敏感度下降 白内障患者在高空间频率上的对比敏感度下降尤为明显。

3. 屈光改变 核性白内障因晶状体核屈光指数增加，晶状体屈光力增强，产生核性近视，原有的老视减轻。若晶状体内部浑浊程度不一，也可产生晶状体性散光。

4. 色觉改变 浑浊晶状体对光谱中位于蓝光端的光线吸收增强，使患者对这些光的色觉敏感度下降，晶状体核颜色的改变也可使患眼产生相同的色觉改变。

5. 其他症状

（1）视野缺损 晶状体浑浊使白内障患者视野产生不同程度的缺损。

（2）眩光 晶状体浑浊使进入眼内的光线散射所致。

（3）单眼复视或多视 晶状体内浑浊或水隙形成，使晶状体各部分屈光力不均一，类似棱镜的作用，产生单眼复视或多视。

五、并发症

1. 晶状体溶解性青光眼 在正常情况下，晶状体囊膜可有效地保护晶状体蛋白不致渗漏入前房，但随年龄增加和白内障形成，晶状体蛋白成分发生改变，大分子量蛋白增加，这些可溶性晶状体蛋白质经晶状体囊膜的微细开口渗入前房，可阻塞房角，晶状体蛋白也可刺激炎症反应和巨噬细胞反应，引起眼压升高。这种情况多发生于过熟期白内障患者，大多数患者突然发病，出现眼痛、结膜充血、视力锐减，伴同侧头痛，甚至可出现恶心、呕吐以及衰竭等全身症状。

2. 晶状体源性葡萄膜炎 晶状体源性葡萄膜炎多发生于外伤性白内障或白内障手术后，推测可能是晶状体蛋白抗原大量暴露造成的免疫反应导致了葡萄膜炎，可出现眼红、痛、畏光、视力下降，检查见睫状体充血或混合充血，前房内大量炎性渗出物，可有明显的玻璃体炎症反应。

3. 弱视 多发于先天性白内障患者，由于在视觉系统发育的关键期，晶状体浑浊使进入眼内的视觉刺激不够充分，剥夺了形成清晰物像的机会，从而形成弱视。

六、实验室和其他检查

1. 进行视力和眼压检查。

2. 冲洗泪道，该检查可帮助排除泪道阻塞及泪囊炎。

3. 裂隙灯检查眼前节：结膜、角膜、前房、虹膜、瞳孔、晶状体浑浊程度等。

4. 眼底镜检查或眼底照相，以此排除眼底病变。

七、诊断与鉴别诊断

1. 诊断　在散大瞳孔后，以检眼镜或裂隙灯显微镜检查晶状体。根据晶状体浑浊的形态和视力情况可以做出明确诊断。

2. 鉴别诊断

（1）青光眼　青光眼患者经休息后症状可减轻，白内障患者则不会减轻。青光眼患者花眼进展较快，白内障患者老花眼会减轻。另外，白内障患者可以出现单眼复视。

（2）晶体自然老化　正常晶体位于眼内前段，呈透明，如变为浑浊，则表明发生白内障。随年龄增长，晶状体可呈淡黄色，不透明，且不影响视力，是老年人晶体生理性老化现象，两者可通过裂隙灯显微镜鉴别诊断。

八、治疗

多年来人们对白内障的病因和发生机制进行了大量研究，针对不同的病因应用不同的药物治疗白内障。尽管目前临床上有包括中药在内的十余种抗白内障药物在使用，但其疗效均不十分确切，手术治疗仍然是各种白内障的主要治疗手段。白内障治疗需 8 ~ 10 天，若患者病情较重，治疗周期会适当延长。

1. 药物治疗

（1）辅助营养类药物　口服药物包括维生素 C、维生素 E 等，用于改善晶状体的营养障碍。

（2）抗氧化损伤药物　谷胱甘肽滴眼液可用于初期的老年性白内障。

（3）其他　吡诺克辛钠滴眼液、苄达赖氨酸滴眼液等。

2. 手术治疗

（1）白内障针拨术　用器械将浑浊晶状体的悬韧带离断，使晶状体脱入玻璃体腔，因术后并发症较多已基本被淘汰。

（2）白内障囊内摘除术　将浑浊晶状体完整摘除，手术操作简单，但手术需在大切口下完成，并发症多，在我国目前极少应用。

（3）白内障囊外摘除术　将浑浊的晶状体核和皮质摘除而保留后囊膜。手术需在显微镜下完成，对术者手术技巧要求较高。因为完整保留了后囊膜，减少了对眼内结构的干扰和破坏，防止了玻璃体脱出及其引起的并发症，同时为顺利植入后房型人工晶状体创造了条件。

（4）飞秒激光辅助下白内障摘除术　飞秒激光是一种以超短脉冲形式运转的激光，为白内障领域近 5 年来的突破性医疗技术，也是一项类似外科手术机器人的先进技术。飞秒激光可应用于撕囊、预劈核及角膜切口制作中，具有增加手术精准性、减少手术损伤、提高手术安全性等优点。

（5）人工晶状体植入术　人工晶状体为无晶状体眼屈光矫正的最好方法，已得到普遍应用。人工晶状体按植入眼内的位置主要可分为前房型和后房型两种；按其制造材料可分为硬质和软性（可折叠）两种，均为高分子聚合物，具有良好的光学物理性能和组织相容性。按其焦点设计可分为单焦点人工晶状体和多焦点人工晶状体。植入后可迅速恢复视力、双眼单视和立体视觉。

九、预防及预后

白内障影响患者的生活，但目前无确切有效的措施可以预防白内障，定期做眼部检查等措施可能有一定帮助。对于 40 岁以上白内障好发人群，应每年定期进行视力及眼压等检查。对于长期需要面对强光刺激工作的人群，如电焊工、日光下工作的工人，需每年定期进行筛查。白内障通过系统规范的治疗，可取得较好的手术效果。但患者如有角膜病变、眼底病变，并发青光眼等，有可能术后视力提高不明显。

第四节 急性中耳炎

急性中耳炎主要为金黄色葡萄球菌、溶血性链球菌等病原菌侵犯中耳黏膜引起的中耳急性发炎。主要症状为鼓膜穿孔、耳内流脓、听力下降，病原菌可通过咽鼓管感染中耳，或因鼓膜外伤等经外耳道侵入，或通过血行感染中耳，服用杀菌消炎药物即可好转，大部分患者治疗后症状减轻，生活质量改善，预后良好。

一、病因

急性中耳炎的致病菌为金黄色葡萄球菌、溶血性链球菌，这两种球菌通过咽鼓管途径或外耳道鼓膜途径或血行感染中耳。

金黄色葡萄球菌是一种常见的食源性致病菌，容易引起局部感染，造成中耳炎、肺炎、心包炎，甚至会导致败血症等。

溶血性链球菌感染为人类的常见疾病，是属于细菌侵入人体引起的疾病。分为两类，一类是感染性疾患，如中耳炎、急性扁桃体炎、脓皮病、肺炎等。另一类是变态反应性疾病，如急性肾小球肾炎、风湿热、风湿性心脏病等，多发于10岁左右的儿童。

二、流行病学

急性中耳炎小儿占绝对多数，随之成长发病率减少，在门诊多见。10岁以下小儿多见，但对其患病率高峰期意见不统一。常见的好发人群如下。

1. 急慢性上呼吸道疾病患者 上呼吸道（如鼻、扁桃体）急性炎症、急性传染病等疾病时，病原菌可通过咽鼓管感染中耳，或因鼓膜外伤等经外耳道侵入，或通过血行感染中耳。

2. 不注意耳部卫生的人 不注意耳部卫生的人外耳道容易滋生细菌，细菌通过咽鼓管或外耳道、鼓膜或血行感染中耳。

3. 先天耳部生理构造有缺陷的人 中耳炎患者中小儿居多，若小儿咽鼓管功能障碍，患有小儿腺样体肥大、咽鼓管软骨弹性较差等疾病时，外耳道的细菌极易进入中耳。

三、临床表现

在不洁的水中游泳或跳水，或者不适当的擤鼻、咽鼓管吹张、鼻腔冲洗以及鼻咽部填塞等，都有可能诱发急性中耳炎。

急性中耳炎的典型症状是鼓膜穿孔、耳内流脓、听力下降。大多数人伴有耳鸣、耳闷。小儿全身症状较重，可有高热、呕吐、腹泻等症状，少数人不及时治疗可出现中耳粘连症、鼓室硬化或转为慢性中耳炎等。

1. 典型症状

（1）耳朵疼痛 急性中耳炎最常见的症状是耳朵疼痛、流脓。

（2）上呼吸道感染症状 急性中耳炎常伴有上呼吸道道感染相关症状，如鼻塞、流涕等。

（3）耳部障碍 急性中耳炎初期患者会出现耳闷和轻微听力障碍。

2. 其他症状

（1）急性分泌性中耳炎　急性期可有耳痛，治疗不及时或不彻底，可转为慢性，造成鼓膜内陷、粘连，听骨链破坏、胆脂瘤形成等。

（2）气压损伤性中耳炎　患者会出现耳朵紧绷、疼痛，听力损伤，偶尔还会眩晕。

四、并发症

1. 脑膜炎　脑膜炎是脑膜的弥漫性炎症性改变，由细菌、病毒、真菌、螺旋体、原虫、立克次体、肿瘤以及与免疫相关的各种炎性因子侵犯脑膜引起，具体发病机制不明确。脑膜炎可累及硬脑膜、蛛网膜和软脑膜。

2. 脑脓肿　脑脓肿是由致病菌引起的脑部感染性疾病，葡萄球菌、链球菌、肺炎链球菌或大肠埃希菌等致病菌，通过血液或由头部感染灶蔓延入脑，导致脑脓肿。急性感染时常出现全身中毒症状，如发热、畏寒、头痛、恶心、呕吐、乏力等。

五、实验室和其他检查

1. 耳镜检查　检查鼓膜有无充血、向外膨出、穿孔等情况。

2. 听力检查

（1）音叉试验　用于初步判定耳聋，鉴别传导性或感音神经性聋，验证电测听结果的正确性，但不能判断听力损失的程度。

（2）纯音测听　反映患者在安静环境下所能听到的各个频率的最小声音的听力级，了解听力正常与否以及听力损失的程度和性质，并作为诊断和处理依据。

六、诊断及鉴别诊断

1. 诊断　当患者出现典型中耳炎症状，如耳朵疼痛、发热、耳鸣、耳闷等，并且在耳道分泌物中找到金黄色葡萄球菌或溶血性链球菌，即可确诊。

2. 鉴别诊断　弥漫性外耳道炎是一种常见的耳部疾病，是外耳道皮肤及皮下组织的广泛性感染性炎症。发病与气温和湿度有密切关系，在耳道皮肤外伤或局部抵抗力降低时容易发病，如掏耳朵、游泳进水、化脓性中耳炎长期脓液的刺激等。当外耳道皮肤本身的抵抗力下降或受到损伤，细菌或病毒的进入会引起感染，发生急性弥漫性外耳道炎症。

七、治疗

急性中耳炎的治疗主要需消除诱因，选择全身应用抗菌药物，根据患者的临床分类，决定疗程长短，配合局部用药，必要时手术治疗。急性中耳炎治疗需 7 ~ 14 天。

（1）青霉素　急性中耳炎由金黄色葡萄球菌或溶血性链球菌引起，应该首先使用青霉素抗菌治疗，但是应该注意青霉素的过敏反应。青霉素过敏反应较常见，包括荨麻疹等各类皮疹、白细胞计数减少、间质性肾炎、哮喘发作等和血清病型反应；过敏性休克偶见，一旦发生，必须就地抢救。

（2）麻黄素　中耳炎的治疗中除全身应用抗菌和抗病毒药物外，鼻腔局部滴药显得尤为重要，常用的滴鼻剂为 1% 麻黄素液或呋喃西林麻黄素液滴鼻剂。

（3）萘甲唑啉　又叫鼻炎净，主要成分是萘唑啉，用于过敏性及炎症性鼻出血、急慢性鼻炎，可以改善通气，排出分泌物，缓解鼻塞。但这种药物只是缓解症状，在缓解鼻部症状的同时也可以缓解急性中耳炎的症状。

八、预防及预后

急性中耳炎常与外耳及其他部位真菌病并存，或交叉感染。由于皮肤瘙痒而搔抓，可使手指带菌传至外耳道，故应注意皮肤清洁，保持外耳干燥。合理应用抗生素及激素是预防感染的主要措施，常见预防措施如下。

1. 避免在不干净的水中游泳、跳水等活动。

2. 飞机下降时尽量多做吞咽动作，以促使咽鼓管不断开放，平衡中耳内外压力。

3. 积极预防病毒感染，出现其他疾病如鼻腔、鼓膜疾病和急性传染病等，应及时就医，避免双重感染，引发急性中耳炎。

急性中耳炎经过及时、有效、规范的治疗均可治愈，能够减轻或消除耳道炎症，使得症状消失，听力恢复，维持正常的生活质量。本病预后良好，治愈后不易复发。

第五节　过敏性鼻炎

过敏性鼻炎是特应性个体接触致敏原后由 IgE 介导的介质主要是组胺释放、并有多种免疫活性细胞和细胞因子等参与的鼻黏膜慢性炎症反应性疾病，以鼻痒、喷嚏、鼻分泌亢进、鼻黏膜肿胀等为主要特点。虽然过敏性鼻炎不是一种严重疾病，但可以影响患者的日常生活、学习以及工作效率，并且造成经济上的沉重负担，可诱发支气管哮喘、鼻窦炎、鼻息肉、中耳炎等，或与变应性结膜炎同时发生。

一、病因 　微课1

变态反应性疾病是一个慢性发展过程，与遗传有关。从临床角度看，变应性鼻炎患者常伴有明显家族史。此外，这种过敏性鼻炎是一种由基因与环境共同作用而引起的多因素疾病，遗传学研究表明，过敏性鼻炎是一种复杂的多基因遗传性疾病，而环境因素主要是指存在于人类生活环境的各种变应原。

1. 变应原

（1）吸入变应原　室内变应原主要有尘螨、动物皮毛或来源于植物的过敏原等；室外变应原包括花粉和真菌等。

（2）食入变应原　常见者如牛奶、鸡蛋、肉类、鱼虾及其他海味和某些药物等。

（3）直接接触变应原　如化妆品、肥皂、油漆及某些外用药液。

2. 遗传因素　遗传现象在单受精卵双胞胎中比双受精卵双胞胎更明显，而具有某种基因的儿童可能会特别敏感。

3. 环境因素　空气污染，室外污染主要来源于机动车和大气污染成分，如臭氧、氮氧化物和 SO_2 等。室内污染主要有甲醛、甲苯等。

4. 感染因素　即变应性疾病增加是由于感染性疾病减少的结果。其理论依据是细菌感染或接触细菌的产物而激发 T 辅助 1 型细胞的反应，从而产生抑制 Th2 的反应力，达到减少变应性疾病和哮喘的发病率。此外，有报道发现病毒感染也可以产生类似的效应。

二、流行病学

过敏性鼻炎是上呼吸道常见慢性炎症，在全球范围内该病流行率呈高发趋势。本病以儿童、青壮年居多，男女性别发病比无明显差异。我国在 19 世纪和 20 世纪初有地区性流行率的报道，均在 0.5% ～

1.5%之间，而近年则发现流行率呈快速增加趋势。已发表的多个多中心流行病学报道表明，患变应性鼻炎比无鼻炎史者患哮喘的风险可高出 3~5 倍。好发人群如下。

1. 鼻中隔偏曲者　由于生理结构的异常，鼻腔正常功能受限易发生过敏感染。

2. 有变态反应家族史者　患者家庭多有哮喘、荨麻疹或药物过敏史，以往称此患者为特应性个体，其体内产生 IgE 抗体的能力高于正常人。

3. 职业生活环境不良，长期或反复吸入粉尘者　刺激机体产生 IgE 抗体的抗原物质称为变应原。该变应原物质再次进入鼻黏膜便与相应的 IgE 结合而引起变态反应。

三、临床表现

（一）诱发因素

1. 物理刺激因素　如日光、冷热、气候变化与空气潮湿度改变，都可以诱发过敏性鼻炎。

2. 自主神经因素　以副交感神经功能亢进为主，各种原因导致的副交感神经功能亢进都易诱发过敏性鼻炎。

3. 精神因素　如愤怒、兴奋等情绪波动等都可以诱发过敏性鼻炎。

（二）典型症状

过敏性鼻炎的典型症状主要是阵发性喷嚏连续性发作，大量水样清涕，其次是鼻塞和鼻痒，部分患者有嗅觉减退，但为暂时性。

1. 常年性过敏性鼻炎　发病时间长多持续在 9 个月以上，室内持续存在的过敏原可诱发。患者在一年里症状轻重是不一样的。喷嚏为一反射动作，呈阵发性发作，每次数个到数十个不等，多在晨起、夜晚或接触变应原后发作。鼻涕为大量清水样鼻涕，是鼻分泌亢进的特征性表现。

2. 季节性过敏性鼻炎　每到花粉播散季节便开始发病，每年发病季节基本一致。鼻痒是鼻黏膜感觉神经末梢受到刺激后发生于局部的特殊感觉。季节性鼻炎者可伴有眼痒、耳痒、咽痒等。鼻塞程度轻重不一，间歇性或持续性，单侧、双侧或两侧交替。鼻涕为大量清水样鼻涕，是鼻分泌亢进的特征性表现。

? 想一想

如何指导过敏性鼻炎患者避免季节性发病？

答案解析

（三）其他症状

1. 嗅觉减退　由于鼻黏膜水肿明显，部分患者尚有嗅觉减退，多为暂时性，但也可为持续性。

2. 头痛　合并有变应性鼻窦炎者可出现头痛。

四、并发症

1. 支气管哮喘　过敏性鼻炎是哮喘发作的独立危险因素，40% 的变应性鼻炎患者会发生哮喘。变应性鼻炎和支气管哮喘在流行病、病理改变等方面有很多相同之处。支气管哮喘可与变应性鼻炎同时发病，但大多发生在鼻炎之后，发病后鼻炎症状多明显减轻。有时仅表现为胸闷和咳嗽，是哮喘的另一种类型。

2. 过敏性咽喉炎　过敏性咽喉炎主要表现为咽喉痒和咳嗽，也可有轻度声音嘶哑。

3. 过敏性结膜炎　过敏性鼻炎患者伴有过敏性结膜炎时，可有眼痒、流泪、眼睛发红等症状，尤其是季节性变应性鼻炎患者，过敏性结膜炎的发生率可高达85%。调查显示，变应性鼻炎患者眼部症状的发生率为32%~59%。过敏性结膜炎的诊断并不难，但应注意与其他常见的结膜病变相鉴别。

4. 上呼吸道咳嗽综合征　过敏性鼻炎和鼻窦炎是儿童和成人慢性咳嗽的常见原因。鼻分泌物从鼻子和喉咙反流，直接或间接刺激引起咳嗽，上呼吸道咳嗽综合征与过敏性鼻炎的关联最为频繁。

五、实验室和其他检查

1. 过敏原皮肤试验　过敏原皮肤试验是常用的诊断方法，其原理是以变应原检测皮内肥大细胞表面是否存在该变应原特异性IgE。以适宜浓度和低微剂量的各种常见变应原提取液做皮肤激发试验，如患者对某种变应原过敏，则在激发部位出现风团和红晕，视为阳性，根据风团大小判定阳性程度。

2. 血清特异性 IgE 测定　将患者血清与包被在适宜固相上的变应原提取物反应，以放射免疫或酶标免疫法检测血清中游离的特异性 IgE。变应性鼻炎患者血清特异性 IgE 为阳性。但其血清总 IgE 水平可在正常范围内，若合并支气管哮喘者则可升高。

3. 鼻激发试验　这是变应性鼻炎诊断金标准，但具有风险，临床不作为常规方法。

六、诊断及鉴别诊断

（一）诊断

主要根据前两项即可做出诊断，其中病史和特异性检查结果应相符。

1. 具有鼻痒、喷嚏、鼻分泌物和鼻塞4大症状中至少2项，症状持续0.5~1小时以上，每周4天以上。

2. 变应原皮肤试验呈阳性反应，至少1种为（＋＋）或（＋＋）以上，或变应原特异性IgE 阳性。

3. 鼻黏膜形态炎性改变。

（二）鉴别诊断

1. 脑脊液鼻漏　这是脑脊液通过颅底如颅前窝、颅中窝或颅后窝或其他部位骨质缺损、破裂处流出，经过鼻腔，最终流出体外。主要表现为鼻腔间断或持续流出清亮、水样液体，早期因与血混合，液体可为淡红色。

2. 血管运动性鼻炎　这是神经内分泌对鼻黏膜血管、腺体功能调节失衡而引起的一种高反应性鼻病。鼻黏膜的功能状态由交感神经和副交感神经支配。交感神经兴奋时，鼻黏膜血管收缩，腺体分泌减少；副交感神经兴奋时，黏膜血管扩张，浆液性分泌物增多。反复的交感性刺激如过劳、烦躁、焦虑、精神紧张等，可导致交感性张力减低。

3. 急性鼻炎　此病是鼻腔黏膜的急性感染性炎症。全年均可发生，但以秋、冬、春之交，气候变化不定的季节最盛。感染后有一定的潜伏期、病期、恢复期及免疫期，故列为一独立疾病。发病时常并发咽、喉及气管等上呼吸道炎症。

七、治疗　微课2

过敏性鼻炎的治疗原则主要是对症治疗，找到病因，切断过敏原，结合药物及其他治疗手段，提高患者生存质量。过敏性鼻炎大部分患者目前尚不能治愈，需要终身间歇性治疗，部分患者治疗效果可保持终身。

（一）药物治疗

1. 抗组胺药　主要通过与组胺竞争效应细胞膜上的组胺受体发挥抗 H_1 受体的作用。传统的抗组胺药，如氯苯那敏因其中枢抑制作用，对从事精密机械操作和司乘人员、高空作业人员应慎用或不用。而新型的抗组胺药，近年来临床广泛应用的非镇定性 H_1 受体拮抗剂如西替利嗪、氯雷他定，不但克服了传统抗组胺药的中枢抑制作用，而且抗 H_1 受体的作用明显增强，但亦有一些严重并发症，如心功能障碍等。

2. 肥大细胞稳定剂　色甘酸钠有阻断肥大细胞表面膦酸酯酶 A 的激活作用和防止肥大细胞脱颗粒的作用，或 2% 色甘酸钠水溶液滴鼻，主要缺点是起效慢，需提前 1~2 周用药，且维持时间短。

3. 减充血剂　这可滴鼻或口服如 1% 麻黄碱滴鼻剂、尔可安等，能有效缓解鼻充血，但如使用不当，可引起药物性鼻炎、中枢兴奋和血压升高等。

4. 皮质类固醇　这具有抗变态反应、抗炎作用，能明显减轻各种炎症反应，缓解鼻变态反应，包括鼻塞症状。肌内注射糖皮质激素和鼻内注射糖皮质激素不良反应较多，故现临床不推荐使用。鼻内皮质类固醇是治疗变应性鼻炎最有效的药物，其疗效超过抗组胺药、减充血剂和色甘酸钠，日益成为第一线治疗药物。它不但治疗常年性变应性鼻炎和季节性变应性鼻炎有效，还显示用于鼻息肉切除后可以预防复发。现有的鼻内皮质类固醇制剂有二丙酸倍氯米松、布地奈德、丙酸氟替卡松等。该类制剂按使用剂量使用 1~2 周后，对病情做出评估，并根据疗效调整剂量。用药原则是使用最小剂量达到好的疗效。

（二）手术治疗

黏膜部分下鼻甲切除术，适用于下鼻甲增生肥大的过敏性鼻炎患者，通过纠正解剖学异常改善通气以缓解鼻塞症状。鼻腔黏膜及邻近器官处于急性炎症期者，血液病患者，妊娠期或月经期患者及有全身慢性消耗性疾病患者禁用本方法，鼻腔黏膜如持续渗血，可给予止血药。

（三）免疫学治疗

传统的通过皮下注射小剂量抗原并逐步增加浓度的免疫治疗已应用了近 100 年。目前虽然免疫治疗给 60%~90% 的患者减轻了临床症状，但其不良反应如类过敏反应的发生，甚至少数患者的死亡，以及较长的疗程限制了其在临床的应用。

（四）其他

会降低鼻黏膜敏感性的治疗，如下鼻甲冷冻、激光、射频、微波等治疗，可减少神经末梢的敏感性及减轻鼻塞症状。

八、预防

过敏性鼻炎目前还没有特异而有效的预防方法，但可通过避免接触过敏原减少疾病的发作。建立良好的生活习惯对预防疾病发生，或避免疾病进一步加重有益处。具体预防措施如下。

看一看：皮质类固醇激素类眼药水的用药须知

1. 勤扫房间，及时通风换气，保持空气清洁不刺激呼吸道。

2. 定时清洗被罩，以清除尘螨变应原。

3. 花粉季节戴口罩，少出门。对动物皮毛过敏者，建议不养宠物，与宠物保持距离。

目标检测

答案解析

一、单项选择题

1. 变应性鼻炎患者鼻镜检查见下鼻甲与鼻底、鼻中隔紧靠，收敛后见中鼻甲黏膜息肉样变。此体征分值纪录为

   A. 0 分   B. 1 分   C. 2 分

   D. 3 分   E. 4 分

2. 以下哪项不是分泌性中耳炎的临床表现

   A. 神经性耳聋   B. 耳闷   C. 声阻抗呈"C"型曲线

   D. 耳痛   E. 传导性耳聋

3. 分泌性中耳炎的病因检查中不可忽略的检查是

   A. 鼓膜检查   B. 喉部检查   C. 口咽部检查

   D. 鼻咽部检查   E. 听力检查

4. 急性化脓性中耳炎的抗生素治疗时间至少应为

   A. 5～6 天   B. 7～10 天   C. 10～12 天

   D. 12～15 天   E. 16～20 天

5. 慢性化脓性中耳炎的分型不包括以下哪种

   A. 分泌型   B. 单纯型   C. 骨疡型

   D. 胆脂瘤型   E. 肉芽型

6. 急性鼻炎的致病病原体是

   A. 肺炎双球菌   B. 病毒   C. 链球菌

   D. 流感嗜血杆菌   E. 金黄色葡萄球菌

7. 患者，女，30 岁。间歇性交替性鼻塞，鼻涕较稀薄，易擤出，体检发现鼻黏膜充血水肿，质软，对麻黄碱反应良好，拟诊断为哪种类型的鼻炎

   A. 肥厚型   B. 萎缩型   C. 单纯型

   D. 过敏型   E. 增生型

8. 变态反应性鼻炎的典型临床表现是下列哪一个

   A. 鼻出血   B. 头痛   C. 鼻黏膜充血水肿

   D. 鼻黏膜苍白水肿   E. 大量脓鼻涕

9. 哪一项是急性结膜炎的表现

   A. 疼痛   B. 畏光   C. 眼睑痉挛

   D. 异物感   E. 视力下降

10. 下列何种不是沙眼的并发症

    A. 睑内翻及倒睫   B. 上睑下垂   C. 慢性泪囊炎

    D. 角膜浑浊   E. 结膜炎

11. 沙眼首选的眼药水是

    A. 利巴韦林   B. 庆大霉素   C. 青霉素

    D. 利福平   E. 阿昔洛韦

二、简答题

1. 请简述白内障的分类。

2. 沙眼的临床表现有哪些？

（陈金锐）

书网融合……

重点回顾　　微课1　　微课2　　习题

参考文献

[1] 万学红，卢雪峰．诊断学［M］．9 版．北京：人民卫生出版社，2018.

[2] 葛均波，徐永健，王辰．内科学［M］．9 版．北京：人民卫生出版社，2018.

[3] 曾学军，张昀．协和全科医师手册［M］．北京：中国协和医科大学出版社，2019

[4] 陈孝平，汪建平，赵继宗．外科学［M］．9 版．北京：人民卫生出版社，2018.

[5] 胡忠亚．临床医学概要［M］．2 版．北京：人民卫生出版社，2020.

[6] 薛宏伟，高健群．临床医学概论［M］．3 版．北京：人民卫生出版社，2020.

[7] 谢辛，孔北华，段涛．妇产科学［M］．9 版．北京：人民卫生出版社，2018.

[8] 王卫平，孙锟，常立文．儿科学［M］．9 版．北京：人民卫生出版社，2018.